GTB
Gütersloher Taschenbücher
512

Ökumenischer Taschenbuchkommentar
zum Neuen Testament
Band 7/2
Herausgegeben von
Helmut Merklein und Michael Wolter

Helmut Merklein

Der erste Brief an die Korinther

Kapitel 5,1-11,1

Gütersloher Verlagshaus

Echter Verlag

Originalausgabe

Die Deutsche Bibliothek – CIP-Einheitsaufnahme

Ökumenischer Taschenbuchkommentar zum Neuen Testament /
hrsg. von Helmut Merklein und Michael Wolter. – Orig.-Ausg. –
Gütersloh : Gütersloher Verl.-Haus ; Würzburg : Echter-Verl.
(Gütersloher Taschenbücher ; ...)

Bd. 7. Merklein, Helmut: Der erste Brief an die Korinther
2. Kapitel 5,1-11,1. – 2000

Merklein, Helmut:
Der erste Brief an die Korinther / Helmut Merklein. – Orig.-Ausg. –
Gütersloh : Gütersloher Verl.-Haus ; Würzburg : Echter-Verl.
(Ökumenischer Taschenbuchkommentar zum Neuen Testament ; Bd. 7)

2. Kapitel 5,1-11,1. – 2000
(Gütersloher Taschenbücher ; 512)
ISBN 3-579-00512-X

Umwelthinweis:
Dieses Buch wurde auf chlorfrei gebleichtem und alterungsbeständigem Papier gedruckt. Die vor Verschmutzung schützende Einschrumpffolie ist aus umweltschonender und recyclingfähiger PE-Folie.

ISBN 3-579-00512-X
© Gütersloher Verlagshaus, Gütersloh 2000,
und Echter Verlag, Würzburg 2000

Das Werk einschließlich aller seiner Teile ist urheberrechtlich geschützt. Jede Verwertung außerhalb der engen Grenzen des Urheberrechtsgesetzes ist ohne Zustimmung des Verlages unzulässig und strafbar. Das gilt insbesondere für Vervielfältigungen, Übersetzungen, Mikroverfilmungen und die Einspeicherung und Verarbeitung in elektronischen Systemen.

Umschlag: Dieter Rehder, Aachen
Satz: SatzWeise, Föhren
Druck und Bindung: Těšínská Tiskárna AG, Český Těšín
Printed in Czech Republic

Vorwort der Herausgeber

Zwanzig Jahre nach Erscheinen des ersten Bandes des Ökumenischen Taschenbuchkommentars im Jahre 1977 haben die Gründungsherausgeber Erich Gräßer und Karl Kertelge die Betreuung dieser Kommentarreihe in jüngere Hände gelegt. Die Bilanz der bisherigen Herausgeber ist eindrucksvoll, konnten sie doch die Kommentare zu 13 Büchern des Neuen Testaments vorlegen.

Vom ersten Band an ist der Ökumenische Taschenbuchkommentar zu einem unentbehrlichen Hilfsmittel für die Arbeit am Neuen Testament geworden. Die Durchführung seines Programms, die Schriften des Neuen Testaments sowohl in einer Form, die einem breiteren Leserkreis zugänglich ist, als auch auf hohem wissenschaftlichen Niveau zu kommentieren, verlangte den Autoren der einzelnen Bände natürlich eine Gratwanderung ab, doch zeigen die weite Verbreitung des Kommentars (etliche Bände sind in mehreren Auflagen erschienen) ebenso wie die wissenschaftliche Anerkennung, die das Kommentarwerk auch im internationalen Maßstab gefunden hat, daß die ursprüngliche Zielsetzung voll und ganz aufgegangen ist.

Die beiden scheidenden Herausgeber haben in ihrem Vorwort, das den einzelnen Bänden jeweils beigegeben wurde, hervorgehoben, daß mit dem Ökumenischen Taschenbuchkommentar »eine alte Tradition ... insofern durchbrochen (ist), als die Mitarbeiter nicht mehr nur aus *einem* konfessionellen Lager kommen« und zu dieser Kommentarreihe »sich Exegeten evangelischen und katholischen Bekenntnisses zusammengefunden (haben)«. Demgegenüber können wir heute mit Fug und Recht feststellen, daß es zu den besonderen Verdiensten unserer Vorgänger gehört, zum Entstehen einer *neuen* Tradition beigetragen zu haben: Es ist sicher nicht zuletzt auch den bisher erschienenen Bänden des Ökumenischen Taschenbuchkommentars zu verdanken, daß die Überwindung der konfessionellen Grenzen in der gemeinsamen Arbeit am Neuen Testament inzwischen zu einer Selbstverständlichkeit geworden ist.

Wir möchten den Wechsel in der Herausgeberschaft darum zum Anlaß nehmen, Erich Gräßer und Karl Kertelge Respekt und Dankbarkeit für den bisherigen Erfolg des Kommentarwerks zu bekunden. Daß uns daraus auch Ansporn und Verpflichtung erwächst, versteht sich von selbst.

Helmut Merklein
Michael Wolter

CONVIATORIBUS

Inhalt

Vorwort der Herausgeber 5
Vorwort des Verfassers 12

Literatur und Abkürzungen (Ergänzungen) 14

1. Texte (Quellen und Übersetzungen) 14
2. Hilfsmittel 14
3. Kommentare zum 1. Korintherbrief 15
4. Weitere Kommentare zu biblischen Büchern 15
5. Häufiger zitierte Literatur (Monographien und Aufsätze) 15
6. Abkürzungen 17

Kommentar 19

II. Hauptteil:
Die Reinheit und Heiligkeit der Gemeinde
5,1-6,20 21

0. Gesamtproblematik 22
   0.1 Die literarkritische Situation 22
   0.2 Die Kohärenz mit den Kapiteln 1-4 23
   0.3 Die Abgrenzung zu 1 Kor 7 24
   0.4 Zur semantischen und thematischen Kohärenz von
       1 Kor 5 und 6 24
   0.5 Zur Pragmatik von 1 Kor 5 und 6 26
1. Ein besonders schwerer Fall von Unzucht 5,1-13 . . . 27
   1.1 Zum Text und zur Übersetzung 30
   1.2 Analyse 31
   1.3 Einzelerklärung 32
2. Prozesse vor heidnischen Richtern 6,1-11 47
   2.1 Zum Text und zur Übersetzung 50
   2.2 Analyse 50
   2.3 Einzelerklärung 52
3. Freiheit und Unzucht 6,12-20 67
   3.1 Zum Text 69
   3.2 Analyse 69
   3.3 Einzelerklärung 71
4. Rückblick auf 5,1-6,20: Bedeutung für heute 81

III. Hauptteil:
Regeln für das Gemeindeleben
7,1-14,40 85

1. Teil: Ehe und Ehelosigkeit 7,1-40 87
   1.1 Zum Text und zur Übersetzung 94
   1.2 Analyse 95
   1.3 Einzelerklärung 102
      1.3.1 Ein erster Problemkreis: Zur Sexualität in der Ehe (Verse 1-7) 102
      1.3.2 Ein weiterer Problemkreis: Zur Änderung des sexuellen Status (Verse 8-16) 112
      1.3.3 Der Grundsatz der Beibehaltung des bei der Berufung eingenommenen sozialen Status (Verse 17-24) 123
      1.3.4 Der Spezialfall der »Jungfrauen« bzw. der Unverheirateten (Verse 25-38) 136
      1.3.5 Der Spezialfall der Witwen (Verse 39f.) 156
   1.4 Zur theologischen Sachproblematik von 1 Kor 7 .. 158
2. Teil: Die Stellung der Gemeinde zum heidnischen Kult 8,1-11,1 162
   2.0 Gesamtproblematik 164
      2.0.1 Zur literarkritischen Problematik 164
      2.0.2 Zur Sachproblematik 168
      2.0.3 Zur Argumentation und Rhetorik (Gliederung) .. 171
   2.1 Das Essen von Götzenopferfleisch 8,1-13 172
      2.1.1 Zum Text und zur Übersetzung 175
      2.1.2 Analyse 175
      2.1.3 Einzelerklärung 177
   2.2 Verzicht auf Recht am Beispiel des Apostels 9,1-23 205
      2.2.1 Zum Text und zur Übersetzung 208
      2.2.2 Analyse 209
      2.2.3 Einzelerklärung 212
   2.3 Zielstrebiger Siegeswille als überleitendes Beispiel aus dem Sport 9,24-27 233
   2.4 Die Väter in der Wüste als Warnung 10,1-13 237
      2.4.1 Zum Text und zur Übersetzung 239
      2.4.2 Analyse 239
      2.4.3 Einzelerklärung 243
   2.5 Sakrament und Götzendienst 10,14-22 254
      2.5.1 Zum Text und zur Übersetzung 256
      2.5.2 Analyse 256
      2.5.3 Einzelerklärung 258

2.6 Abschließende Regelungen für das Essen von Götzenopferfleisch 10,23-11,1 268
2.6.1 Zum Text und zur Übersetzung 269
2.6.2 Analyse 270
2.6.3 Einzelerklärung 271
2.7 Rückblick auf 8,1-11,1: Bedeutung für heute 284

Vorwort des Verfassers

Sieben Jahre nach Erscheinen des ersten Bandes folgt nun endlich der zweite Band meines Kommentars zum 1. Korintherbrief. Die Arbeiten sind inzwischen so weit gediehen, daß auch der noch ausstehende dritte Teil – nach menschlichem Ermessen – binnen Jahresfrist vorgelegt werden kann. Mit dieser Prognose ist indirekt bereits ausgesprochen, daß das im Vorwort des ersten Bandes angedeutete Vorhaben, die Kapitel 5 bis 16 in einem Band unterzubringen, nicht verwirklicht werden konnte. Zwar wurden insbesondere die Analysen, zum Teil auch die Einzelerklärungen erheblich gestrafft. Doch hätte die Zusammenfassung der restlichen Kapitel in einem Band Stil und Charakter des Kommentars derart verändert, daß die beiden Bände kaum mehr als Teile eines gemeinsamen Konzeptes erkennbar gewesen wären.

Die Anlage des Kommentars wurde nicht verändert. Im Vordergrund steht die textwissenschaftlich orientierte Erschließung, die sich allerdings nicht als Ersatz der historisch-kritischen Fragestellung versteht, sondern diese zu integrieren sucht. Dabei wurden auch sozialgeschichtliche und wissenssoziologische Aspekte einbezogen, ohne daß diese immer ausdrücklich thematisiert wurden. Doch ist diese Fährte meist am Auftauchen der Stichwörter »Identität« und »Ethos« zu erkennen. Neu gegenüber dem ersten Teil ist der Versuch, am Ende eines Textabschnittes (nach Kapitel 5-6, 7, 8-10) Rückblick zu halten und nach der theologischen Bedeutung für heute zu fragen. Über den fragmentarischen Charakter dieser Ausführungen bin ich mir sehr wohl im klaren, hoffe aber, daß die explizite Erörterung derartiger Fragestellungen zum weiteren Nachdenken anregen könnte. Im übrigen bin ich davon überzeugt, daß der theologische Charakter der Texte auch in der Auslegung schon zum Ausdruck kommt. Jedenfalls habe ich versucht, über die Beschreibung der vielfältigen philologischen, linguistischen, historischen, soziologischen und sonstigen Phänomene hinaus zur Bedeutung der Texte vorzustoßen, wie sie diesen aufgrund ihres eigenen Anspruchs zukommt.

Ein immer größer werdendes Problem stellt die Sekundärliteratur dar, die nicht nur immer schneller anwächst, sondern aufgrund der neuen Medien auch immer präsenter wird. Hier Vollständigkeit zu erreichen, ist aussichtslos und m. E. auch nicht erstrebenswert. Doch sollten interessierten Leserinnen und Lesern wenigstens die

Vorwort des Verfassers

entscheidenden Materialhinweise zur Verfügung gestellt werden. Sie können sicher sein, daß alle angeführten Titel gesichtet und mit Bedacht ausgewählt sind. Leider verbietet der Charakter eines Taschenbuchkommentars eine explizite Auseinandersetzung mit anderen Meinungen. In Ermangelung von Fußnoten mußten vielfach einige in Klammern gesetzte Hinweise im Text genügen. Doch auch hier konnte nur das Allernötigste aufgegriffen werden, um die Lesbarkeit des Textes nicht allzu sehr zu behindern.

Die Kommentierung eines biblischen Buches ist sicherlich die Krönung der exegetischen Arbeit. Sie erfordert Organisation und Materialbeherrschung, methodisches Handwerk und religionsgeschichtliches Wissen, und darüber hinaus ein theologisches Urteilsvermögen, das – so hoffe ich – im Laufe der Jahre an Souveränität gewinnt, nie aber ein abschließendes Maß der Vollkommenheit erreicht. Leider verhindert der heutige Wissenschaftsbetrieb an den Universitäten nicht selten eine kontinuierliche Arbeit, wie sie gerade für einen Kommentar förderlich wäre. Insbesondere der Zeitaufwand für die Verwaltung hat im letzten Jahrzehnt deutlich zugenommen. Nicht zuletzt damit hängt auch zusammen, daß das Erscheinen dieses Bandes länger auf sich warten ließ, als es ursprünglich beabsichtigt war. Daß die Arbeiten vom letzten Jahr an dann doch relativ zügig vorangekommen sind, verdanke ich vor allem einem außerordentlichen Forschungsfreisemester, das mir die Deutsche Forschungsgemeinschaft gewährt hat. Dafür darf ich an dieser Stelle geziemend danken.

Insbesondere was die Bewältigung der Sekundärliteratur betrifft, war ich sehr auf die Hilfe meiner Mitarbeiterinnen und Mitarbeiter angewiesen. Sie haben die Literatur nicht nur gesammelt und gesichtet, sondern haben mir auch inhaltlich wertvolle Hinweise gegeben. Selbstverständlich haben sie auch den beschwerlichen Part des (mehrfachen) Korrekturlesens übernommen. Zu danken habe ich insbesondere meiner Assistentin, Frau Privatdozentin Dr. Marlis Gielen, die organisatorisch und inhaltlich alles überwacht hat. Herr Dr. Stefan Schapdick und Frau Patricia Anslinger haben u. a. das bibliographische Management besorgt. Dabei standen ihnen Frau Susanne Krogull und die Herren Florian Bruckmann, Thomas Faltyn und Thomas Otten zur Seite. Ihnen allen sage ich herzlichen Dank. Ein besonderes Wort des Dankes schulde ich schließlich Herrn Privatdozenten Dr. Joachim Kügler, der im Wintersemester 1998/99 die Lehrstuhlvertretung übernommen hat.

Bonn, den 15. Juni 1999 *Helmut Merklein*

Literatur und Abkürzungen (Ergänzungen)

Die Zitation der Titel erfolgt nach den gleichen Regeln, wie sie in Bd. I angegeben sind. Zur Unterscheidung wird bei der Zitation der hier verzeichneten Titel jeweils ein ^{II} vorangestellt, z.B.: ^{II}*Schrage* II. Die mit Asteriskus gekennzeichneten Titel verweisen auf Literatur untre der Rubrik »Häufiger zitierte Literatur« in Bd. I. Für Bd. II entfällt diese Kennzeichnung für Monographien und Aufsätze, da diese durch den Kurztitel hinlänglich als solche gekennzeichnet sind, z.B.: ^{II}*O. Hofius*, Paulusstudien.

1. Texte (Quellen und Übersetzungen)

NOVUM TESTAMENTUM GRAECE in der Nachfolge von Eberhard und Erwin Nestle gemeinsam verantwortet von B. u. K. Aland, J. Karavidopoulos, C. M. Martini, B. M. Metzger, hrsg. im Institut für Neutestamentliche Textforschung Münster/Westfalen v. B. Aland u. K. Aland, 27. Aufl., Stuttgart 1993 (= *Nestle-Aland*^{27}).

DIE QUMRAN-ESSENER: DIE TEXTE VOM TOTEN MEER, Bd. I: Die Texte der Höhlen 1-3 und 5-11 (UTB 1862), Bd. II: Die Texte der Höhle 4 (UTB 1863), Bd. III: Einführung, Zeitrechnung, Register und Bibliographie (UTB 1916), München – Basel 1995 (I.II), 1996 (III) (= *J. Maier*, Qumran-Essener).

DIE TEMPELROLLE VOM TOTEN MEER UND DAS »NEUE JERUSALEM«, 11Q19 und 11Q20; 1Q32, 2Q24, 4Q554-555, 5Q15 und 11Q18. Übersetzung und Erläuterung. Mit Grundrissen der Tempelhofanlage und Skizzen zur Stadtplanung (UTB 829), 3., völlig neu bearb. u. erw. Aufl., München – Basel 1997 (= *J. Maier*, Tempelrolle).

2. Hilfsmittel

W. Dittenberger (Hrsg.), Sylloge inscriptionum Graecarum I-IV (Leipzig 1898-1901), ³1915-1923 (= 1960) (= SIG).

B. M. Metzger, A Textual Commentary on the Greek New Testament, London – New York 1971.

3. Kommentare zum 1. Korintherbrief

W. H. *Beardslee*, First Corinthians. A commentary for today, St. Louis/Missouri 1994.
R. B. *Hays*, First Corinthians (Interpretation. A Bible Commentary for Teaching and Preaching), Louisville 1997.
F. *Godet*, Kommentar zu dem ersten Briefe an die Korinther I.II, Hannover 1886/1888.
C. F. G. *Heinrici*, Der erste Brief an die Korinther (KEK V), Göttingen [8]1896.
R. A. *Horsley*, 1 Corinthians (Abingdon New Testament Commentaries), Nashville 1998.
F.-J. *Ortkemper*, 1. Korintherbrief (SKK.NT 7), Stuttgart 1993.
W. *Schrage*, Der erste Brief an die Korinther. Teilbd. II: 6,12-11,16 (EKK VII/2), Solothurn – Düsseldorf – Neukirchen-Vluyn 1995 (= *Schrage* II).
P. *de Surgy* – M. *Carrez*, Les épîtres de Paul I. Corinthiens. Commentaire pastoral, Paris – Outremont/Canada 1996.
B. *Witherington III*, Conflict and Community in Corinth. A Socio-Rhetorical Commentary on 1 and 2 Corinthians, Grand Rapids – Carlisle 1995.
C. *Wolff*, Der erste Brief des Paulus an die Korinther (ThHK 7), Berlin 1996.

4. Weitere Kommentare zu biblischen Büchern

R. *Pesch*, Das Markusevangelium I.II (HThK II/1.2), Freiburg – Basel – Wien 1976.1977.
P. *Stuhlmacher*, Der Brief an Philemon (EKK), Zürich – Einsiedeln – Köln – Neukirchen-Vluyn 1975.

5. Häufiger zitierte Literatur (Monographien und Aufsätze)

R. *Bieringer (Hrsg.)*, The Corinthian Correspondence (BEThL 125), Leuven 1996.
J. *Blank*, Paulus und Jesus. Eine theologische Grundlegung (StANT 18), München 1968. (= Paulus 1968)
– Paulus. Von Jesus zum Christentum. Aspekte der paulinischen Lehre und Praxis, München 1982. (= Paulus 1982)
R. *Bultmann*, Die Geschichte der synoptischen Tradition (FRLANT 29), Göttingen [6]1964.
H. *Conzelmann*, Grundriß der Theologie des Neuen Testaments (UTB 1446), bearb. v. A. Lindemann, Tübingen [4]1987.
M. *Dibelius*, Die Geisterwelt im Glauben des Paulus, Göttingen 1909.
– Die Formgeschichte des Evangeliums, Tübingen [5]1966.

E. v. Dobschütz, Die urchristlichen Gemeinden. Sittengeschichtliche Bilder, Leipzig 1902.

G. Eichholz, Die Theologie des Paulus im Umriß, Neukirchen-Vluyn ²1977.

W. Elliger, Paulus in Griechenland. Philippi, Thessaloniki, Athen, Korinth, Stuttgart 1987.

L. Goppelt, Theologie des Neuen Testaments. 2. Vielfalt und Einheit des apostolischen Christuszeugnisses, hrsg. v. J. Roloff, Göttingen 1976.

E. Güttgemanns, Der leidende Apostel und sein Herr. Studien zur paulinischen Christologie (FRLANT 90), Göttingen 1966.

J. M. Gundry Volf, Paul and Perseverance. Staying and Falling Away (WUNT, 2. Reihe 37), Tübingen 1990.

F. Hahn, Christologische Hoheitstitel. Ihre Geschichte im frühen Christentum (FRLANT 83), 5. erweiterte Aufl., Göttingen 1995.

O. Hofius, Paulusstudien (WUNT 51), Tübingen ²1994.

H. Hübner, Biblische Theologie des Neuen Testaments, Bd. 2. Die Theologie des Paulus und ihre neutestamentliche Wirkungsgeschichte, Göttingen 1993.

H.-J. Klauck, Gemeinde – Amt – Sakrament. Neutestamentliche Perspektiven, Würzburg 1989.

W. Kramer, Christos Kyrios Gottessohn. Untersuchungen zu Gebrauch und Bedeutung der christologischen Bezeichnungen bei Paulus und den paulinischen Gemeinden (AThANT 44), Zürich 1963.

W. Kraus, Das Volk Gottes. Zur Grundlegung der Ekklesiologie bei Paulus (WUNT 85), Tübingen 1996.

A. Lindemann, Die biblischen Toragebote und die paulinische Ethik, in: *W. Schrage (Hrsg.)*, Studien zum Text und zur Ethik des Neuen Testaments. FS H. Greeven, Berlin – New York 1986, 242-265.

B. J. Malina, Die Welt des Neuen Testaments. Kulturanthropologische Einsichten, Stuttgart – Berlin – Köln 1993.

W. A. Meeks, Urchristentum und Stadtkultur. Die soziale Welt der paulinischen Gemeinden, Gütersloh 1993.

H. Merklein, Studien zu Jesus und Paulus II (WUNT 105), Tübingen 1998 (= Studien II).

M. M. Mitchell, Paul and the Rhetoric of Reconciliation. An Exegetical Investigation of the Language and Composition of 1 Corinthians (HUTh 28), Tübingen 1991.

J. Murphy-O'Connor, St. Paul's Corinth. Texts and Archaeology (GNS 6), Collegeville/Minnesota (reprint) 1990.

F. Neugebauer, In Christus. ΕΝ ΧΡΙΣΤΩΙ. Eine Untersuchung zum Paulinischen Glaubensverständnis, Göttingen 1961.

J. H. Neyrey, Paul, in other words. A cultural reading of his letters, Louisville/Kentucky 1990.

M. P. Nilsson, Geschichte der griechischen Religion I.II (HAW V,2/1.2), München ³1976.³1974.

E. Norden, Agnostos Theos. Untersuchungen zur Formengeschichte religiöser Rede, Darmstadt ⁵1971.

Literatur und Abkürzungen (Ergänzungen)

P. von der Osten-Sacken, Evangelium und Tora. Aufsätze zu Paulus (TB 77), München 1987.

E. Peterson, ΕΙΣ ΘΕΟΣ. Epigraphische, formgeschichtliche und religionsgeschichtliche Untersuchungen (FRLANT 41), Göttingen 1926.

H. Probst, Paulus und der Brief. Die Rhetorik des antiken Briefes als Form der paulinischen Korintherkorrespondenz (1 Kor 8-10) (WUNT, 2. Reihe, 45), Tübingen 1991.

R. Riesner, Die Frühzeit des Apostels Paulus. Studien zur Chronologie, Missionsstrategie und Theologie (WUNT 71), Tübingen 1994.

J. Roloff, Apostolat – Verkündigung – Kirche. Ursprung, Inhalt und Funktion des kirchlichen Apostelamtes nach Paulus, Lukas und den Pastoralbriefen, Gütersloh 1965.

A. Sand, Der Begriff »Fleisch« in den paulinischen Hauptbriefen (BU 2), Regensburg 1967.

W. Schmithals, Die Korintherbriefe als Briefsammlung: ZNW 64 (1973) 263-288.

W. Schrage, Ethik des Neuen Testaments (GNT 4), Göttingen ²1989.

Th. Söding, Das Wort vom Kreuz. Studien zur paulinischen Theologie (WUNT 93), Tübingen 1997.

E. W. Stegemann – W. Stegemann, Urchristliche Sozialgeschichte. Die Anfänge im Judentum und die Christengemeinden in der mediterranen Welt, Stuttgart – Berlin – Köln 1995.

G. Strecker, Theologie des Neuen Testaments (GLB), bearb., erg. und hrsg. v. F. W. Horn, Berlin – New York 1995.

P. Stuhlmacher, Biblische Theologie des Neuen Testaments, Bd. 1, Grundlegung: von Jesus zu Paulus, Göttingen 1992.

K. Wengst, Christologische Formeln und Lieder des Urchristentums (StNT 7), Gütersloh 1972.

6. Abkürzungen

DDD Dictionary of Deities and Demons in the Bible, hrsg. v. *K. van der Toorn -B. Becking – P. W. van der Horst*, Leiden – New York – Köln 1995.

Kommentar

II. Hauptteil
Die Reinheit und Heiligkeit der Gemeinde
5,1-6,20

Literatur: K. E. Bailey, Paul's Theological Foundation for Human Sexuality: I Cor. 6:9-20 in the Light of Rhetorical Criticism: TRB 3 (1980) 27-41; *K. Berger,* Hellenistische Gattungen im Neuen Testament, in: ARNW II/25.2 (1984) 1031-1432.1831-1885; *J. B. Chance,* Paul's Apology to the Corinthians: PRSt 9 (1982) 145-155; *A. D. Clarke,* Secular and Christian Leadership in Corinth. A Socio-Historical and Exegetical Study of 1 Corinthians 1-6 (AGJU 18), Leiden – New York – Köln 1993; *L. W. Countryman,* Dirt, Greed and Sex. Sexual Ethics in the New Testament and Their Implications for Today, London 1988; *C. von Dehsen,* Sexual Relationships and the Church: An Exegetical Study of 1 Corinthians 5-7, Union Theol. Sem. Diss. 1987; *J. J. Fauconnet,* Confrontation des vices et des vertus dans les épîtres du Nouveau Testament: BLE 89 (1988) 83-96; *B. Fiore,* Passion in Paul and Plutarch: 1 Corinthians 5-6 and the Polemic against Epicureans, in: *D. L. Balch – E. Ferguson – W. A. Meeks (Hrsg.),* Greeks, Romans and Christians. Essays in Honor of Abraham J. Malherbe, Minneapolis 1990, 135-143; *O. Hanssen,* Heilig. Die Auseinandersetzung zwischen Paulus und der korinthischen Gemeinde um die ethischen Konsequenzen christlicher Heiligkeit (Diss. masch.), Heidelberg 1985; *J. Jensen,* Does *Porneia* Mean Fornication? A Critique of Bruce Malina: NT 20 (1978) 161-184; *E. Kamlah,* Die Form der katalogischen Paränese im Neuen Testament (WUNT 7), Tübingen 1964; *H.-J. Klauck,* Kultische Symbolsprache bei Paulus, in: *[II]ders.,* Gemeinde 348-358; *J. R. Lanci,* A new temple for Corinth: rhetorical and archaeological approaches to Pauline imagery (Studies in biblical literature 1), New York u. a. 1997; *B. Malina,* Does *Porneia* Mean Fornication?: NT 14 (1972) 10-17; *ders.,* Die Welt des Neuen Testaments. Kulturanthropologische Einsichten, Stuttgart-Berlin-Köln 1993, 114-177; *C. Maurer,* Ehe und Unzucht nach 1. Korinther 6,12-7,7: WuD NF 6 (1959) 159-169; *W. A. Meeks,* »Since then You would need to go out of the world«: Group Boundaries in Pauline Christianity, in: *T. J. Ryan (Hrsg.),* Critical History and Biblical Faith. New Testament Perspectives, Villanova 1979, 4-29; *H. Merklein,* Die Einheitlichkeit des ersten Korintherbriefes, in: **ders.,* Studien 345-375; *P. S. Minear,* Christ and the Congregation: 1 Corinthians 5-6: RExp 80 (1983) 341-350; *J. H. Neyrey,* Body Language in 1 Corinthians: The Use of Anthropological Models for Understanding Paul and His Opponents: Semeia 35 (1986) 129-170; *H. Preisker,* Art. μέθη κτλ., in: ThWNT IV (1942) 550-554; *W. Radl,* Kult und Evangelium bei Paulus: BZ NF 31 (1987) 58-75; *A. Rakotoharintsifa,* Conflits à Corinthe. Église et société selon 1 Corinthiens. Analyse socio-historique (Le monde de la Bible

36), Genf 1997, 58-89.90-155; *A. Ródenas*, La moral sexual en los catálogos de virtudes y vicios del epistolario paulino: Analecta Calasanctiana 19 (1977) 265-299; *B. S. Rosner*, Paul, Scripture and Ethics. A Study of 1 Corinthians 5-7 (AGJU 22), Leiden – New York – Köln 1994; *J. T. Sanders*, Paul between Jews and Gentiles in Corinth: JSNT 65 (1997) 67-83; *E. Schweizer*, Art. πνεῦμα κτλ., in: ThWNT VI (1959) 387-453; *ders.*, Gottesgerechtigkeit und Lasterkataloge bei Paulus (inkl. Kol und Eph), in: *J. Friedrich u. a. (Hrsg.)*, Rechtfertigung. FS E. Käsemann, Tübingen – Göttingen 1976, 461-477; *G. Sellin*, 1 Korinther 5-6 und der ›Vorbrief‹ nach Korinth. Indizien für eine Mehrschichtigkeit von Kommunikationsakten im ersten Korintherbrief: NTS 37 (1991) 535-558; *W. Strack*, Kultische Terminologie in ekklesiologischen Kontexten in den Briefen des Paulus (BBB 92), Weinheim 1994; *A. Vögtle*, Die Tugend- und Lasterkataloge im Neuen Testament. Exegetisch, religions- und formgeschichtlich untersucht (NTA 16, 4./5. Heft), Münster 1936; *S. Wibbing*, Die Tugend- und Lasterkataloge im Neuen Testament und ihre Traditionsgeschichte unter besonderer Berücksichtigung der Qumran-Texte (BZNW 25), Berlin 1959; *P. S. Zaas*, Catalogues and Context: 1 Corinthians 5 and 6: NTS 34 (1988) 622-629.

0. Gesamtproblematik

0.1 Die literarkritische Situation

Daß mit 5,1 ein neuer Abschnitt beginnt, ist unstrittig. Im Zuge literarkritischer Teilungshypothesen wird im Gegenteil sogar die Kohärenz zum vorausgehenden Text bestritten. Die drei Perikopen von 1 Kor 5 und 6 oder Teile davon werden dann nicht selten unterschiedlichen Briefen zugeteilt. Eine besondere Rolle spielt dabei die Erwähnung eines Vorbriefs in 5,9f. Die unterschiedlichen Vorschläge können hier nicht im einzelnen wiedergegeben werden (s. *H. Merklein*, Einheitlichkeit 346-348; vgl. auch Bd. I, Einleitung 3.2; *G. Sellin*, 1 Korinther 5-6 540f.). Sehr häufig wird 6,12-20 (vereinzelt auch 6,1-11: *ᴵᴵW. Schmithals*, Korintherbriefe 282f.) dem Vorbrief (oder einem vorausgehenden Brief) zugewiesen, während 5,1-6,11 einem darauf reagierenden Brief (teilweise sogar dem [mit 7,1 einsetzenden] sog. Antwortbrief) zugerechnet werden. Die ersten vier Kapitel werden entweder mit 5,1-6,11 zusammengebunden oder (meistens) als separater (späterer) Brief gewertet. Eine besondere Variante legte **G. Sellin* (Hauptprobleme 2968; vgl. *ders.*, 1 Korinther 5-6 554) vor, die für unsere Kapitel zu folgender Abfolge führt: A (Vorbrief): ... 5,1-8; 6,12-20; ...; 6,1-11, B (Antwortbrief): ... 5,9-13; 7,1-9,23; ..., C : 1,1-4,21 (die Zäsur zwischen 5,8 und 5,9 findet sich schon bei *A. Suhl*, Paulus 206-208: A: ... 5,1-8 ...; B: ... 5,9-13; 6,1-11.12-20). Eine kritische Würdigung erfolgte bereits an anderer Stelle und muß hier nicht wiederholt werden. Die grundsätzliche Schwierigkeit aller diesbezüglichen literarkritischen Operationen scheint darin zu bestehen, »daß jeder Versuch, den Bezugstext von 5,9f. zu finden, mehr Probleme schafft, als er ausräumt« (vgl. *H. Merklein*, ebd. 371-375 [Zitat: 374]). Das gilt auch für den Vorschlag *G. Sellins*, da die in 5,10 abgelehnte Schlußfolgerung (sich nicht *allgemein* mit den Unzüchtigen usw. *dieser Welt* einzulassen) sich nicht aus 5,1-8 oder 6,12-20 ableiten läßt und in 6,9f. nicht speziell die Warnung steht, die in 5,9 referiert wird.

0.2 Die Kohärenz mit den Kapiteln 1-4

Die Kapitel 5 und 6 enthalten eine Reihe von semantischen und pragmatischen Rückbezügen auf die ersten vier Kapitel. Schon das satzeinleitende »überhaupt« (›*holōs*‹) ist wohl nicht zureichend als »Übergangswendung« charakterisiert (so zuletzt: *Schrage;* anders, da nicht satzeinleitend ist die Sachlage in 6,7 und 15,29), sondern hat anaphorische Funktion. Im vorausgehenden ersten Hauptteil des Briefes (1,10-4,21) hatte Paulus eine Problematik behandelt, die von der *Gemeinde als ganzer* ausging und die *Gemeinde in ihrem Sosein* (als Tempel Gottes, vgl. 3,16f.) gefährdete. An dieser Dimension der Gefährdung ändert sich auch in den Kapiteln 5 und 6 nichts, wenngleich die konkreten Anlässe, die Paulus hier bedenkt, nicht in konkurrierenden Interaktionen bestimmter Gemeindegruppen (gegen [II]*M. M. Mitchell*, Paul 117f.), sondern in Aktionen einzelner zu suchen sind. Angesprochen und gefordert ist aber hier wie dort die Gesamtgemeinde. Insofern kann Paulus, gerade nachdem er in 4,14-21 abschließend den vorher thematisierten Mißständen mit der Drohung energischen Durchgreifens begegnet ist, nun mit »überhaupt« zur Aufzählung der spezifischen Mißstände von 1 Kor 5 und 6 übergehen. Das in 4,18f. intonierte Thema der Abwesenheit des Apostels wird in 5,3f. wieder aufgegriffen. Die schon für den Parteienstreit verantwortlich gemachte Überheblichkeit der Gemeinde (das »Sich-Aufblähen«: 4,6.18f.) wird auch in 5,2 als verfehlte Grundhaltung der Gemeinde angemahnt. Auf der gleichen semantischen Linie liegt die in 6,12-20 monierte Liberalität, deren Parole »Alles ist mir erlaubt« (6,12) in ähnlicher Weise theologisch und christologisch relativiert wird wie in 3,21-23 die Parteiparolen. Verstärkt wird diese Linie noch dadurch, daß das schon in 1,29.31; 3,21 und 4,7 zurückgewiesene »Sich-Rühmen« auch zur Charakterisierung des in Kapitel 5 angeprangerten Fehlverhaltens verwendet wird (5,6). Insofern sind die Kapitel 5 und 6 weitere Beispiele sowohl für die fehlende Reife bzw. Weisheit der Gemeinde (3,1-4.18-20; vgl. unter diesem Gesichtspunkt auch die Frage von 6,5) wie auch für deren mangelnde Bereitschaft, den Apostel nachzuahmen (4,14-17) (*J. B. Chance*, Apology 154f.; vgl. *Fee* 195). Die Kapitel werden daher mit »überhaupt« durchaus sachgerecht eingeleitet.

0.3 Die Abgrenzung zu 1 Kor 7

Zu einer literarkritischen Abtrennung von 1 Kor 5-6 von den vorausgehenden Kapiteln besteht somit kein Anlaß. Mit 5,1 beginnt kein anderer Brief, sondern ein neuer Abschnitt des mit Kapitel 1-4 angefangenen Briefes. Dieser Abschnitt reicht – die Kohärenz der Kapitel 5-6 einmal vorausgesetzt (siehe den nächsten Punkt) – bis zum Ende des sechsten Kapitels. Zwar stellt das Thema der Sexualität eine Klammer dar, die 6,12-20 mit Kapitel 7 verbindet. Doch ist die mit 7,1 gesetzte pragmatische Zäsur so gravierend, daß es sich nicht empfiehlt, Kapitel 7 noch zu Kapitel 5 und 6 zu ziehen oder mit 6,12 schon den nächsten Teil des Briefes beginnen zu lassen (*C. Maurer*, Ehe 169, spricht von einer »sachliche[n] Einheit« von 6,12-20 und 7). Nach 7,1 reagiert Paulus ausdrücklich auf eine Anfrage der Korinther und Korintherinnen. Dies wie auch die Art und Weise der Antwort deutet auf eine völlig andere Fragestellung, als sie Paulus bei der Erörterung der Probleme von 6,12-20 (oder auch 5,1-13) bewegt.

0.4 Zur semantischen und thematischen Kohärenz von 1 Kor 5 und 6

Syntaktisch sind die drei Abschnitte 5,1-13; 6,1-11 und 6,12-20 asyndetisch aneinandergereiht. Die Satztypen (siehe Bd. I, 99) sind einigermaßen gleichmäßig über den Text verteilt. Weitere syntaktische Merkmale sind bei den einzelnen Perikopen zu besprechen. Das Hauptaugenmerk soll hier der semantischen bzw. thematischen Kohärenz gelten. 5,1-13 und 6,12-20 werden durch das gleiche Stichwort zusammengehalten: ›*porneia*‹ (»Unzucht«: 5,1; 6,18);

vgl. ›*pornē*‹ (»Dirne«: 6,15 f.), ›*porneuō*‹ (»Unzucht treiben«: 6,18). In 5,1-13 wird die ›*porneia*‹ als Ausdruck der *Aufgeblasenheit* behandelt (5,2), in 6,12-20 als Ausdruck *falsch verstandener Freiheit* (6,12: »Alles ist mir erlaubt!«). Auch insofern konvergieren beide Texte. Beide Male ergehen Mahnungen. Sie wären aber nur vordergründig gewürdigt, wenn man in ihnen nur die Korrektur einer moralischen Normverletzung (hier: des sexuellen Fehlverhaltens) als Ziel sehen wollte. Die Normverletzung wird vielmehr moniert, weil sie nicht mit dem Status des Gemeinde- bzw. Christ-Seins zu vereinbaren ist und diesen in Frage stellt. Angeredet werden daher nicht die Individuen, die die Norm verletzt haben, sondern die Gemeinde als ganze (zur Korrelation von individuellem und sozialem »Körper« vgl. *J. H. Neyrey*, Body Language). Ihre letzte Begründung erhalten die Mahnungen nicht durch ethische Maximen, sondern durch den Verweis auf die den Status begründende Tat Christi (5,7; 6,20). Es geht also um die Reinheit und Heiligkeit des Christen bzw. der Gemeinde. Unter dem Gesichtspunkt der Reinheit und Heiligkeit der *Gemeinde* ist aber auch 6,1-11 engstens mit 5,1-13 verbunden, enger sogar noch als 5,1-13 mit 6,12-20. Beide Texte (5,1-13; 6,1-11) wechseln vom konkreten Fall ins Grundsätzliche und legen mit den Lasterkatalogen als negativ formulierten Einlaßbedingungen für das Reich Gottes zugleich die Grenzen zur Wahrung der Reinheit und Heiligkeit der Gemeinde fest (5,9-13; 6,9f.). Angegeben wird jeweils auch der Grund für die Heiligkeit: die Erlösungstat Christi (5,7; 6,11). Vom Standpunkt der Reinheit der Gemeinde aus erscheint 6,12-20 zunächst eher als Anhang, da es dort stärker um das Verhalten der Individuen geht und die monierte Verfehlung ausdrücklich als eine Versündigung gegen den eigenen Leib verurteilt wird (6,18). Dennoch ist auch hier der Bezug zur Gemeinde gegeben. Abgesehen davon, daß die Gemeinde als ganze angesprochen wird, ist der Gedanke, daß die einzelnen Christen Glieder Christi sind (6,15), schon eine Art Hinführung zur Leib-Christi-Vorstellung, wie sie in Kapitel 12 entfaltet wird. Ähnlich – so könnte man sagen – ist die Vorstellung vom Leib als Tempel des heiligen Geistes (6,19) gleichsam die individuelle Adaption des in 3,16f. geäußerten ekklesiologischen Gedankens.

Die semantischen Oppositionen, die für die Thematik von 5,1-6,20 maßgeblich sind, sind durchweg scharf und inhaltlich von der kultisch-rituellen Grenze zwischen heilig und profan, rein und unrein bestimmt. In 5,1-13 sind es die Oppositionen »alter Sauerteig vs ungesäuert« (VV. 6-8), »die draußen vs die drinnen« (VV. 12 f.).

Zur Profanität der »Heiden« (V. 1) und der »Welt« (V. 10) bildet die angesprochene Gemeinde den zwar nicht explizit genannten, aber doch latent vorhandenen Gegensatz. Die Opposition von »Gemeinde vs Welt« taucht dann in 6,1-11 ausdrücklich auf (VV. 2.4). Die »Heiligen« als Variante zur »Gemeinde« (VV. 1 f.; vgl. V. 11) unterstreichen den kultischen Charakter. In 6,12-20 geschieht dies durch die Tempelvorstellung, mit deren Hilfe verdeutlicht wird, daß die somatische Existenz der Christen Gott bzw. dem Herrn übereignet und damit dem Verkehr mit der Dirne grundsätzlich entzogen ist (VV. 19 f.). So wird man die Reinheit und Heiligkeit der Gemeinde als das übergreifende Thema betrachten dürfen, das 5,1-6,20 zusammenhält. Dabei scheint die polare Symbolik des Reinheitsgedankens zunächst recht unsystematisch neben der konzentrischen Symbolik der Heiligkeitsvorstellung zu stehen. Bei genauerem Zusehen entpuppt sich allerdings der Heiligkeitsgedanke als der sachlich übergeordnete und führende. Nicht zufällig formulieren 5,1-13 und 6,1-11 mit ihren Lasterkatalogen Bedingungen, die gleichermaßen die Zulassung bzw. den *Zutritt* zur Gemeinde und zum Reich Gottes regeln. Die Vorstellung ist also die des heiligen Bezirks, von dem alle Unreinheit fernzuhalten ist. Entsprechend definiert 6,12-20 den Leib als Tempel des heiligen Geistes.

0.5 Zur Pragmatik von 1 Kor 5 und 6

Pragmatisch gesehen, handelt es sich bei allen drei Texten um Mahnungen, die mit einem Appell an bereits Bekanntes (allgemeine christliche Einsicht [»wißt ihr nicht ...«] 5,6; 6,3.9.15 f.19; Apostelbrief 5,9; Schriftbezug 6,16) argumentieren und überzeugen wollen. Ziel der Mahnungen ist die Einschärfung des in Christus erreichten Status, an den am Ende einer jeden Perikope erinnert wird (5,12 f.; 6,11; 6,19 f.). Obwohl jeweils die ganze Gemeinde angesprochen ist, lassen sich mit einiger Wahrscheinlichkeit auch noch die spezifischen Verursacher der angemahnten Mißstände ausmachen. Vom Vorwurf der Aufgeblasenheit her (5,2; vgl. 5,6) wird man am ehesten eine Brücke zu 4,6-8 und damit zum Kreis der Apollos-Leute schlagen (siehe Bd. I, 134-152). In bezug auf die Bildung paßt dazu das Stichwort des »Weisen« (6,5), soziologisch das Prozessieren (6,1-11) und ethisch die Parole der Freiheit (6,12). Hinter den Vorfällen von 1 Kor 5 und 6 standen wohl Leute, die die christliche Identität im noëtischen Aufstieg suchten, demgegenüber die vorhandene Welt (der Wahrnehmung) bedeutungslos geworden war. Ein neues Ethos zu entwickeln, das der Materialität und Sinnlichkeit dieser Welt Rechnung trug, war nicht im Sinne der neu gewonnenen (idealistischen) Freiheit. Allerdings darf man aus der vermuteten Nähe zur Apollos-Partei nicht den Schluß ziehen, daß die in 1 Kor 5 und 6 verurteilten Mißstände spezifische Konsequenzen der vorausgesetzten Weisheitschristologie gewesen sind oder gar daß alle Apollos-Leute diese Mißstände gebilligt haben werden. Hier gilt es durchaus zu differenzieren. Aber zumindest ehemalige Heiden und vielleicht auch ein Teil der Gottesfürchtigen (d.h., Heiden, die mit dem Judentum sympathisierten) werden solchen Freiheitsparolen gegenüber anfällig gewesen sein. Dabei wird man nicht einfachhin voraussetzen dürfen, daß die von Paulus monierten Mißstände erst eine Folge der Hinwendung zum christlichen Glauben gewesen sind. Es könnte durchaus sein, daß es sich um eine Fortsetzung bisheriger Praxis handelte, die jetzt allerdings mit der in Christus erreichten Freiheit verteidigt und propagiert wurde. Die Informationen über die in 1 Kor 5 und 6 behandelten Mißstände werden dem Paulus – wie im Falle von 1,10-4,21 – durch die Leute der Chloë zugekommen sein (s. Bd. I, Einleitung 3.3).

1. Ein besonders schwerer Fall von Unzucht 5,1-13

1 Überhaupt hört man von Unzucht unter euch, und (zwar) von derartiger Unzucht, wie (sie) nicht einmal unter Heiden (vorkommt), daß einer die Frau seines (wörtl.: des) Vaters hat. 2 Und ihr seid aufgebläht und seid nicht vielmehr traurig geworden, damit der aus eurer Mitte geschafft werde, der diese Tat begangen hat. 3 Ich freilich – dem Leibe nach abwesend, dem Geiste nach aber anwesend – habe bereits, als wäre ich anwesend, beschlossen, denjenigen, der dieses so vollbracht hat, 4 im Namen [unseres] Herrn Jesus, wenn ihr und mein Geist zusammengekommen sind mit der Kraft unseres Herrn Jesus, 5 diesen (Menschen) (also) dem Satan zu übergeben zum Verderben des Fleisches, damit der Geist gerettet werde am Tage des Herrn. 6 Euer Rühmen (ist) nicht gut! Wißt ihr nicht, daß ein wenig Sauerteig den ganzen Teig durchsäuert? 7 Schafft den alten Sauerteig weg, damit ihr neuer Teig seid, wie ihr ja (auch) Ungesäuerte seid; denn unser Pascha ist (schon) ge-

schlachtet, (nämlich) Christus. 8 Laßt uns also das Fest feiern nicht mit altem Sauerteig und nicht mit Sauerteig der Schlechtigkeit und Bosheit, sondern mit ungesäuerten (Broten) der Lauterkeit und Wahrheit. 9 Ich habe euch in dem Brief geschrieben, nicht mit Unzüchtigen zu verkehren, 10 nicht allgemein mit den Unzüchtigen dieser Welt oder den Habgierigen und Räubern oder Götzendienern; denn sonst müßtet ihr aus der Welt herausgehen. 11 Jetzt aber habe ich euch geschrieben, nicht zu verkehren, wenn einer, der sich Bruder nennen läßt, ein Unzüchtiger oder Habgieriger oder Götzendiener oder Lästerer oder Trunkenbold oder Räuber ist, mit einem solchen (sollet ihr) nicht einmal zusammen essen. 12 Denn was liegt mir daran, die draußen zu richten? Habt ihr nicht die drinnen zu richten (wörtl.: Richtet ihr nicht die drinnen)? 13 Die draußen aber wird Gott richten. *Schafft den Bösen weg aus eurer Mitte!*

Literatur (s. auch die Lit. zu 5,1-6,20): R. *Bohren*, Das Problem der Kirchenzucht im Neuen Testament, Zollikon – Zürich 1952, 108-114; M. T. *Brauch*, Hard Sayings of Paul, Downers Grove/Illionois 1989, 96-107; G. *Braulik*, Pascha – von der alttestamentlichen Feier zum neutestamentlichen Fest: Bi-Ki 36 (1981) 159-165; J. *Cambier*, La chair et l'esprit en I Cor. V. 5: NTS 15 (1968/69) 221-232; B. *Campbell*, Flesh and Spirit in 1 Cor 5:5: An Exercise in Rhetorical Criticism of the NT: JETS 36 (1993) 331-342; G. A. *Cole*, 1 Cor 5:4 »... with my spirit«: ET 98 (1986/87) 205; P. *Colella*, Cristo Nostra Pasqua? 1 Cor 5,7: BeO 28 (1986) 197-217; A. Y. *Collins*, The Function of »Excommunication« in Paul: HThR 73 (1980) 251-263; R. *Le Déaut*, La Nuit Pascale. Essai sur la Signification de la Pâque juive à partir du Targum d'Exode de XII 42 (AnBib 22), Rome 1963; *ders.*, The Paschal mystery and mortality: DoLi 18 (1968) 202-210.262-269; J. D. M. *Derrett*, ›Handing over to Satan‹: an Explanation of 1 Cor. 5:1-7: RIDA 26 (1979) 11-30; [11]*E. v. Dobschütz*, Gemeinden 39-44.269-272; K. P. *Donfried*, Justification and Last Judgment in Paul: ZNW 67 (1976) 90-110; W. *Doskocil*, Der Bann in der Urkirche. Eine rechtsgeschichtliche Untersuchung (MThS.K 11), München 1958; M. S. *Enslin*, The Ethics of Paul, New York-London 1930, 149-154; G. *Forkman*, The Limits of the Religious Community. Expulsion from the Religious Community within the Qumran Sect, within Rabbinic Judaism, and within Primitive Christianity (CB.NT 5), Lund 1972; F. O. *Francis*, The Baraita of the Four Sons: JAAR 42 (1974) 280-297; H. M. *Gale*, The Use of Analogy in the Letters of Paul, Philadelphia 1964, 95-101; I. *Goldhahn-Müller*, Die Grenze der Gemeinde. Studien zum Problem der Zweiten Buße im Neuen Testament unter Berücksichtigung der Entwicklung im 2. Jh. bis Tertullian (GTA 39), Göttingen 1989; G. *Harris*, The Beginnings of Church Discipline: 1 Corinthians 5: NTS 37 (1991) 1-21; I. *Havener*, A Curse for Salvation – 1 Corinthians 5:1-5, in: D. *Durken* (Hrsg.), Sin, Salvation and the Spirit, Collegeville/Minnesota 1979, 334-344; C. *Heil*, Die

Ablehnung der Speisegebote durch Paulus. Zur Frage nach der Stellung des Apostels zum Gesetz (BBB 96), Weinheim 1994; *J. K. Howard*, »Christ our Passover«: A Study of the Passover-Exodus Theme in I Corinthians: EvQ 41 (1969) 97-108; *C.-H. Hunzinger*, Art. Bann II. Frühjudentum und Neues Testament, in: TRE V (1980) 161-167; *J. Jeremias*, Die Abendmahlsworte Jesu, Göttingen ⁴1967; *ders.*, Art. πάσχα, in: ThWNT V (1954) 895-903; *N. G. Joy*, Is the Body Really to Be Destroyed? (1 Corinthians 5.5): BiTr 39 (1988) 429-436; *E. Käsemann*, Sätze heiligen Rechts im Neuen Testament, in: *ders.*, Exegetische Versuche und Besinnungen II, Göttingen ⁶1970, 69-82; *E. Lohse*, Märtyrer und Gottesknecht. Untersuchungen zur urchristlichen Verkündigung vom Sühntod Jesu Christi (FRLANT 64), Göttingen ²1963; *S. D. MacArthur*, ›Spirit‹ in Pauline Usage: 1 Corinthians 5.5, in: *E. A. Livingstone (Hrsg.)*, Studia Biblica 1978, III. Papers on Paul and Other New Testament Authors. Sixth International Congress On Biblical Studies, Oxford 3-7 April 1978 (JSNT.S 3), Sheffield 1980, 249-256; *J. McHugh*, Num solus panis triticeus sit materia valida SS. Eucharistiae? (1 Cor 5,7): VD 39 (1961) 229-239; *S. Meurer*, Das Recht im Dienst der Versöhnung und des Friedens. Studie zur Frage des Rechts nach dem Neuen Testament (AThANT 63), Zürich 1972, 117-132; *C. L. Mitton*, New Wine in Old Wine Skins: IV. Leaven: ET 84 (1972) 339-343; *J. Murphy-O'Connor*, I Corinthians, V,3-5: RB 84 (1977) 239-245; *M. A. Pascuzzi*, Ethics, ecclesiology and church discipline: a rhetorical analysis of 1 Corinthians 5 (Pontificia Universitas Gregoriana. Facultas Theologia), Roma 1997; *V. C. Pfitzner*, Purified Community – Purified Sinner. Expulsion from the community according to Matthew 18:15-18 and 1 Corinthians 5:1-5: ABR 30 (1982) 35-55; *C. J. Roetzel*, Judgement in the Community. A Study of the Relationship between Eschatology and Ecclesiology in Paul, Leiden 1972; *B. S. Rosner*, Temple and Holiness in 1 Corinthians 5: TynB 42 (1991) 137-145; *H.-J. Schoeps*, Paulus. Die Theologie des Apostels im Lichte der jüdischen Religionsgeschichte, Tübingen 1959; *J. T. South*, Disciplinary Practices in Pauline Texts, Lewiston/New York 1992, 23-88; *ders.*, A Critique of the »Curse/Death« Interpretation of 1 Corinthians 5.1-8: NTS 39 (1993) 539-561; *W. Straub*, Die Bildersprache des Apostels Paulus, Tübingen 1937, 81f.; *E. Synofzik*, Gerichts- und Vergeltungsaussagen 53-56; *A. C. Thiselton*, The Meaning of ΣΑΡΞ in I Corinthians 5.5: A Fresh Approach in the Light of Logical and Semantic Factors: SJTh 26 (1973) 204-228; *C. S. De Vos*, Stepmothers, Concubines and the Case of Πορνεία in 1 Corinthians 5: NTS 44 (1998) 104-114; *G. P. Wiles*, Paul's Intercessory Prayers. The Significance of the Intercessory Prayer Passages in the Letters of St Paul (MSSNTS 24), Cambridge 1974, 142-150; *H. Windisch*, Art. ζύμη κτλ., in: ThWNT II (1935) 904-908; *P. S. Zaas*, »Cast Out the Evil Man From Your Midst« (1 Cor 5:13b): JBL 103 (1984) 259-261.

1.1 Zum Text und zur Übersetzung

Textkritisch ist in V. 4 die Überlieferung von »unseres Herrn Jesus« relativ variabel. Während die Hinzufügung von »Christus« sekundär sein dürfte (p46, Sinaiticus, Mehrheitstext u. a.), ist die Zugehörigkeit von »unseres« nicht mehr sicher zu entscheiden. Wenngleich zwar nicht ursprünglich, so aber doch bemerkenswert ist die Einfügung von »*für uns* geschlachtet« in V. 7 (Mehrheitstext u. a.). Die imperativische Wendung von V. 12b »Richtet ihr die drinnen!« (p46 und einige Übersetzungen) gibt unmittelbar die Handlungsanweisung wieder, auf die Paulus hinaus will. Damit soll offensichtlich ein Übersetzungsproblem beseitigt werden. Denn wird der ursprünglich negativ formulierte Satz als Frage verstanden, so führt das leicht zu dem Mißverständnis, daß die Korinther tatsächlich »die drinnen« richten. Diesen Eindruck gewinnt man bei der Version der ZB: »Richtet nicht [auch] ihr die, welche drinnen sind?« In dieser Weise formuliert, widerspricht die Frage dem Tatbestand von VV. 1-5. Dies gilt noch mehr von der positiven Wiedergabe der EÜ: »ihr richtet ja auch nur solche, die zu euch gehören«. Da die Frage aber eine positive Antwort erwartet (vgl. BDR § 427,2a *[ouchi]*), kann der Sinn nur konstatierender Art sein: »Richtet ihr nicht die drinnen, d. h. ist es nicht eure Aufgabe bzw. habt ihr nicht die drinnen zu richten?« (so LB). Eine andere Übersetzungsmöglichkeit ergäbe sich, wenn man V. 12b unter gedanklicher Ergänzung der Einleitung von V. 12a als Ausruf verstehen dürfte: »Die drinnen richtet ihr nicht! D. h. (mich geht es aber an, daß) ihr nicht die drinnen richtet!«

Was die Übersetzung betrifft, so könnte V. 2 auch als Frage verstanden werden (so: ZB, LB). Nicht eindeutig sind die Beziehungen und Abgrenzungen in den VV. 3-5 (zu den Möglichkeiten vgl. *Conzelmann; G. Forkman*, Limits 141 f.; *J. Murphy-O'Connor*, I Corinthians, V,3-5 239; *I. Goldhahn-Müller*, Grenze 125 f.). »Der dieses so vollbracht hat« (›*ton houtōs touto katergasamenon*‹) in V. 3 könnte auch direktes Objekt zum Verbum (›*kekrika*‹) sein: »Ich habe mein Urteil ... über denjenigen, der ..., schon gefällt« (in diesem Sinn: EÜ, ZB, LB). »Im Namen [unsres] Herrn Jesus« V. 4 kann auch auf »zusammenkommen« bezogen (EÜ, LB) oder auf V. 3 zurückbezogen werden und dann entweder mit »Ich habe beschlossen« oder mit »denjenigen, der dieses so vollbracht hat (unter Berufung auf den Namen ...)« in Verbindung gebracht werden. Auch »mit der Kraft unseres Herrn Jesus« in V. 4 läßt sich noch anders kombinieren: mit »mein Geist« (»mein mit der Kraft

... ausgerüsteter Geist«; vgl. LB) oder mit »übergeben« in V. 5 (EÜ). Anstelle von »geschlachtet« in V. 7 kann man auch »geopfert« übersetzen (EÜ, ZB, LB).

1.2 Analyse

Syntaktisch lassen sich in 5,1-13 fünf Abschnitte unterscheiden (VV. 1 – 2-6a – 6b-8 – 9-11 – 12f.). Die erste, zweite, dritte und fünfte Einheit enthält an entscheidender Stelle jeweils einen Objekt-Satz (Satz mit Akkusativ-Objekt [vgl. Bd. I, 99]) (VV. 1b – 3b.5a – 6b.7a – 12ab.13ab), während die vierte von Dativ-Objekten geprägt ist. Die zweite Einheit ist zudem von Sätzen mit Prädikatsnomen eingefaßt (VV. 2a.6a); zwei solcher Sätze stehen auch inmitten der dritten Einheit (V. 7a). Reine Subjekt-Prädikat-Sätze – mit jeweils passivischem Prädikat – finden sich in VV. 1a.2b.5b.7b.
Dieser Syntax in mancherlei Hinsicht konform verläuft die *Pragmatik*. Die Objekt-Sätze enthalten jeweils Tatbestände, sei es, daß der zu erörternde Fall (V. 1b) und das in diesem Fall zu Tuende (VV. 3b.5a.7a.13b) vorgestellt oder das hierbei Geltende (VV. 6b. 12.13a) festgestellt wird. Die den zweiten Abschnitt umfassenden Sätze mit Prädikatsnomen dienen der Wertung des Verhaltens der Gemeinde, während die des dritten Abschnitts deren Status festhalten. Die Einleitung des dritten Abschnitts mit »wißt ihr nicht?« unterstreicht zudem, daß hier ausgesprochen wird, was eigentlich bekannt sein sollte. So ergibt sich eine Argumentationsstrategie, bei der die Sätze mit Subjekt und passivischem Prädikat die entscheidenden Wegmarkierungen sind: Anlaß (Hören von Unzucht: V. 1a) – das zu Tuende (Wegnahme des Übeltäters: V. 2b) – Ziel der Handlung (Rettung des Geistes: V. 5b) – Grund für den Status derjenigen, die handeln sollen (Opfer Christi: V. 7b). Zwischen dem dritten und vierten (syntaktischen) Abschnitt liegt pragmatisch eine tiefere Zäsur, sofern mit V. 9 ein Rückverweis auf einen vorhergehenden Brief des Apostels erfolgt, der bereits zur Frage des Umgangs mit Unzüchtigen Stellung genommen hatte. Zwischen der früheren Stellungnahme und dem akuten Vorfall muß es pragmatisch einen Zusammenhang geben, sei es auf der Ebene der Adressaten oder des Autors. Entsprechend wird man V. 10 als Metatext einzuordnen haben. Eindeutig paulinischer Metatext ist V. 11. Die VV. 12f. schließen die Reflexion ab, greifen gleichzeitig aber auch auf den vorher erörterten Vorfall (VV. 1-8) zurück. Der abschließende Imperativ (V. 13b) bringt das pragmatische Ziel des

Textes bündig zum Ausdruck. Der Rückgriff auf ein Schriftwort (Dtn 17,7) unterstreicht das thematische Anliegen, auf das oben in der Einführung zu 5,1-6,20 (II.4) bereits verwiesen wurde.

Die dort kurz angesprochenen *semantischen* Gegensätze lassen sich noch präzisieren und zu Sinnlinien zusammenfassen. Eine negative Sinnlinie bilden die Begriffe (in der Reihenfolge des Vorkommens): »Unzucht«, »Heiden«, »aufgebläht«, »Satan«, »Verderben des Fleisches«, »Rühmen«, »alter Sauerteig«, »Sauerteig der Schlechtigkeit und Bosheit«, »Unzüchtige ...«, »diese Welt«, »die draußen«, »der Böse«. Dem steht als positive Sinnlinie gegenüber: »unter euch / aus eurer Mitte / wenn ihr zusammenkommt« (als Ausdruck des Gemeinde-Seins!), »im Namen / in der Kraft unseres Herrn Jesus«, »Geist«, »Ungesäuerte«, »unser Pascha, Christus«, »ungesäuerte (Brote) der Lauterkeit und Wahrheit«, »Bruder«, »die drinnen«, »eure Mitte«. Der entscheidende Gegensatz ist der zwischen Gemeinde und Welt (Heiden) bzw. auf der Metaebene zwischen Christus und Satan. Die Unversöhnlichkeit der beiden zuletzt genannten Gegensätze verbietet jeden Kompromiß auf der zuerst genannten Gegensatzebene. Die rituelle Sprachregelung im Kontext mit der Erlösungstat Christi gibt der Gemeinde zudem noch die Qualität des Heiligen bzw. Reinen, das vom Profanum der Welt scharf getrennt ist (zur »language of separation« vgl. *W. A. Meeks*, Since then 8-13).

1.3 Einzelerklärung

Vers 1: Bei der »Frau des Vaters« ist wohl nicht an die eigene Mutter, sondern an die Stiefmutter gedacht (so die meisten). »Haben« (›*echein*‹) deutet auf ein festes Verhältnis, nicht unbedingt auf eine Ehe. Ein ehebrecherisches Verhältnis ist allerdings eher auszuschließen. Ob der Vater verstorben war oder sich von der Frau getrennt hatte, ist nicht mehr auszumachen. Mit »Unzucht, wie sie nicht einmal unter den Heiden (vorkommt),« will Paulus nicht behaupten, daß solche Verhältnisse unter Heiden nicht vorkamen. Tatsächlich waren sie aber verpönt. Nach römischem Recht war die Ehe zwischen Stiefverwandten verboten (Gaius, Institutiones I 63; Cicero, Pro Cluentio 15 [scelus incredibile]; Martial IV 16; vgl. *[II]E. v. Dobschütz*, Gemeinden 269f.; *G. Delling*: RAC IV 685f.). Die negative Formulierung zeigt, daß Paulus die Sache vom jüdischen Standpunkt aus betrachtet. Rechtsgrundlage ist wohl Lev 18,8: »Die Scham der Frau deines Vaters (›*ʼeschaet ʼābīkā*‹;

im Unterschied zu Lev 18,7, wo von der Scham der [leiblichen] Mutter die Rede ist) darfst du nicht aufdecken; die Scham deines Vaters ist sie« (vgl. auch Dtn 23,1; 27,20; Philo, SpecLeg III 20 f.; Pseudo-Phokylides 179; als Sanktion wird Lev 20,11 [vgl. Jub 33,10; JosAnt III 12,1] Todesstrafe [für beide] angedroht [Sanh 7,4 die Steinigung]). Wieso es in Korinth zu diesem Vorfall kam, wird nicht gesagt. Hat man die Konversion (Taufe) so sehr als Neugeburt verstanden, daß die alten Verwandtschaftsverhältnisse passé waren? Man könnte hierfür auf vergleichbare rabbinische Regelungen verweisen, die unter bestimmten Umständen den Proselyten bisher verbotene Ehen erlaubten (vgl. Bill III. 353-358). Paulus ist jedenfalls nicht einverstanden. Häufig wird in den Kommentaren überlegt, warum Paulus die Schuld der Frau nicht erwähnt. War die Frau keine Christin? Oder versteht Paulus – gemeinantiker Auffassung gemäß – den Verstoß als »Einbruch in die Rechte des Vaters« (*Weiß*; vgl. *Lietzmann, Schlatter*)? *Schrage* verweist dagegen auf 1 Kor 7, wo Paulus »von der Gleichverantwortung der Ehepartner« ausgehe. Das ist, was die Verantwortung betrifft (in Kapitel 7 geht es um die gegenseitigen ehelichen Pflichten und das Aufrechterhalten der Ehe), richtig, verkennt aber die antike, insbesondere alttestamentliche »Ontologie« der Ehe. Die Ehe erlaubt und konstituiert Tabus. Durch die Ehe wird die Frau, die dem Mann an sich tabu ist, zugänglich: sie wird zum »Heiligtum« des Ehemannes. Noch heute bedeutet im Arabischen das Wort ›haram‹ »verboten, unverletzlich, heilig; Heiligtum; Ehefrau«. Das ist auch die Sichtweise, von der her Lev 18 die Problematik sexueller Beziehungen unter Verwandten regelt. Dies dürfte auch die »ontologische« Voraussetzung des Paulus sein. Von hier aus ergibt sich übrigens auch eine semantische Klammer zu den vorausgehenden Kapiteln. Dort hatte Paulus darauf hingewiesen, daß der Parteienstreit ein Verstoß gegen den Tempel, d. h. gegen den Heiligkeitsbereich Gottes (die Gemeinde) ist. Es geht hier wie dort um den Gesichtspunkt der Heiligkeit, also nicht nur um eine Normverletzung. Diese wird vielmehr angeklagt, weil durch sie die Heiligkeit der Gemeinde (nicht nur des einzelnen) verletzt wird.

Vers 2: Angesprochen wird daher auch die Gemeinde, nicht der Schuldige. Die Gemeinde hätte traurig sein sollen. Statt dessen ist sie »aufgebläht«. Spricht Paulus damit nur generell den Hochmut der Gemeinde an, der sich auch durch den in V. 1 genannten Fall nicht beeindrucken läßt? Oder moniert er eine Aufgeblasenheit, die *wegen* dieses Vorgangs besteht? Vielleicht handelt es sich aber gar nicht um eine echte Alternative, da die Reaktionen im einzelnen sehr differenziert gewesen sein können. Für letzteres kann man darauf verweisen, daß das gleiche Wort »aufgebläht« schon in 4,6.18.19 zum Einsatz kam, dort vor allem gegen den Weisheitsenthusiasmus der Apollos-Gruppe. Leuten aus diesem Kreis wäre es durchaus zuzutrauen, daß sie den Vorgang als Ausdruck der neuen Freiheit hingenommen und sich dieser vielleicht sogar gerühmt haben. Die einfachen Leute (Paulus-Partei) werden das Treiben hingegen mit Befremden angesehen haben. Getan haben allerdings auch sie nichts. Wahrscheinlich waren sie nicht in der Lage, sich gegen den intellektuellen Druck einer weisheitlich-theologischen Argumentation zu wehren. Dies spräche wieder dafür, daß die aufgeklärten Korinther und Korintherinnen Konversion und Taufe als Neugeburt und Übergang in eine neue Welt verstanden haben, in der es Verantwortlichkeit dieser Welt gegenüber nicht mehr gibt. Insofern ist es denkbar, daß sie die Ehe oder das Konkubinat mit der Stiefmutter als Zeichen der neuen Existenz gewertet haben. Für eine Aufgeblasenheit in diesem Sinn spricht auch die Reaktion des Paulus, der im Falle einer »trübe(n) Liebesaffäre« (*P. Vielhauer*, Geschichte 133) wohl »eher gemahnt und gewarnt« hätte *(Schrage)*, als daß er die Gemeinde massiv des unterlassenen Ausschlußverfahrens bezichtigt hätte (VV. 3-5). Zu weit geht es m. E. aber, wenn man unter Berufung auf die syntaktisch mögliche Verbindung des Schlusses von V. 3 und des Anfangs von V. 4 voraussetzt, daß der Unzüchtige von V. 1 seine Tat »im Namen des Herrn Jesus« vollzogen habe *(Schrage;* vgl. *A. Y. Collins*, Function 253; *J. Murphy-O'Connor*, I Corinthians, V,3-5 240). Paulus wendet sich an die gesamte Gemeinde, von der er eine andere Reaktion erwartet hätte als Applaus oder betretenes Schweigen. Paulus sieht in dem Vorfall (der Sünde des Übeltäters und dem Versagen der Gemeinde) einen Verstoß gegen die Heiligkeit der Gemeinde. Deshalb intoniert er auch sofort in V. 2, was eigentlich zu tun gewesen wäre, aber eben nicht getan wurde und worauf er, Paulus, am Ende in V. 13 hinauskommt: Der Übeltäter muß »aus eurer Mitte geschafft werden« (Dtn 17,7). In Dtn 17,2-7 wird geregelt, daß Menschen, die vom Bund abfallen und sich zu astralen Gottheiten hinwenden, gesteinigt werden sollen. Das Ganze wird abschließend mit dem Grundsatz begründet: Du sollst das Böse aus deiner Mitte wegschaffen. Deutlicher könnte nicht gesagt werden, wo Paulus das Problem sieht (zum biblisch-jüdischen Hintergrund der paulinischen Argumentation vgl. *B. S. Rosner*, Paul 61-93). Es geht ihm um die Ekklesiologie bzw. um das ekklesiale Sosein der Gemeinde, das durch das unsittliche Verhalten eines Gemeindemitgliedes und durch die Duldung bzw. sogar Billigung der Gemeinde verletzt wird.

Verse 3-5: Die antithetische Gegenüberstellung von »Leib« und »Geist« in V. 3 verdankt sich im wesentlichen dem Briefstil (vgl. *G. Karlsson*, Formelhaftes in Paulusbriefen?: Eranos 54 [1956] 138-141). Die beiden Begriffe sind hier rein anthropologisch zu verstehen *(Weiß; Barrett)*. Das schließt nicht aus, daß »mein Geist« in V. 4 »als eine wirksame ›Macht‹ gegenwärtig« gedacht ist (**R. Bultmann*, Theologie 209; weniger als »Mittler der göttlichen Wirksamkeit« [gegen: *Schlatter*]). Paulus hat sein Urteil bereits gefällt. Er will aber, daß die Gemeinde mit ihm zusammen dieses Urteil fällt (V. 4). Die Gemeinde ist ja auch gefordert. Es reicht daher nicht aus, von einem »Rechtsvorgang« zu sprechen, »den der Apostel zugleich anordnet und vorwegnimmt«; es geht nicht nur um eine »Akklamation« der Gemeinde zum apostolischen Urteil (gegen: *E. Käsemann*, Sätze 72f.; vgl. *Conzelmann; C. J. Roetzel*, Judgement 118; *V. C. Pfitzner*, Community 43). Erst recht ist »das Zusammenwirken mit der Gemeinde« nicht »rein fiktiv zu verstehen« (**J. Hainz*, Ekklesia 54). Vielmehr muß die Gemeinde in eigener Kompetenz und selbständig das Urteil fällen. Auf diese Weise kommen Gemeinde und der im Geiste (und daher auch wirksam) anwesende Apostel (vgl. *Weiß*) zusammen (zu den Verstehensmöglichkeiten von »und mein Geist« vgl. *G. A. Cole*, 1 Cor 5:4). Über die Art des Verfahrens (förmliche Abstimmung, Akklamation etc.) und über die Frage, in welcher Weise die einzelnen Gemeindemitglieder zu beteiligen sind (demokratisch?), sagt der Text nichts. Das Urteil ergeht »mit der Kraft des Herrn Jesus« und wird »im Namen [unseres] Herrn Jesus« vollzogen. Setzt man voraus, daß die Taufe »auf den Namen des Herrn Jesus« erfolgt ist (s. zu 6,11), dann wird deutlich, daß es hier um den Vollzug bzw. die Beschwörung der von der Taufe gesetzten Wirklichkeit – nun in negativ-ausgrenzender Weise – geht. Paulus widerspricht also dem enthusiastischen Sakramentalismus der Korinther. Das Sakrament entzieht die Christen der Sünde, aber nicht indem es sie mit der Versetzung in eine höhere Welt der Verantwortung für die sinnlich wahrnehmbare Welt enthebt, sondern indem es sie in den Stand setzt, in dieser Welt nicht mehr zu sündigen. Insofern aber sind die Getauften gerade zur sittlichen Verantwortung gerufen.

Schwierig ist die Bedeutung von V. 5. Sicherlich zielt ›Fleisch vs Geist‹ nicht auf den Gegensatz von Leib und Seele. »Fleisch« meint bei Paulus die »sarkische« Existenz, die den Menschen – mit Leib und Seele! – Sünder und daher dem Tode verfallen sein läßt (zum ganzheitlichen Verständnis vgl. *[11]A. Sand*, Begriff 144 f.). Die Christen hingegen sind durch Glaube und Taufe neue Schöpfung geworden, sind pneumatische Existenz (auch hier mit Seele *und* Leib!). Allerdings, die pneumatische Existenz ist eine Wirklichkeit des Glaubens, ist Vorwegnahme dessen, was erst mit der Auferstehung voll eingeholt sein wird. In der Zwischenzeit stehen die Glaubenden in der Spannung des Schon-gerechtfertigt-Seins, aber Noch-nicht-gerettet-Seins. In dieser Zeit besteht die Gefahr des Rückfalls in das sarkische Leben. Dies ist im konkreten Fall in Korinth ja auch geschehen. Ein Bezug von »Fleisch« und »Geist« auf die Kirche (*B. Campbell*, Flesh 341: »the flesh and the spirit of the church«), kommt allerdings schon aus philologischen Gründen nicht in Frage. Was aber heißt: »dem Satan übergeben zum Verderben des Fleisches, damit ...«? Es geht kaum um eine Art Exkommunikation, die den Bestraften bessern (so: *J. Cambier*, chair; *S. Meurer*, Recht 125 f.) und zur vollen Gemeinschaft mit der Kirche wieder zurückführen soll (*N. G. Joy*, Body), sondern offensichtlich um etwas Endgültiges (vgl. den »Tag des Herrn«). An eine Auslieferung an den Staat bzw. staatliche Behörden kann schon wegen 6,1-11 nicht gedacht sein (gegen: *J. D. M. Derrett*, Handing over 23-30).

An antiken Analogien (nicht Parallelen!) werden vor allem folgende aufgezählt: (1) Die Gemeinde von Qumran kannte ein Verfluchungsritual (1 QS 2,4-10.11-18; 8,21-24; vgl. *G. Forkman*, Limits 39-86; *C. J. Roetzel*, Judgement 121 f.; *A. Y. Collins*, Function 261-263; *C.-H. Hunzinger*: TRE V 162 f.), das von den Leviten und der Gemeinde (»Amen, Amen«) vorgenommen wurde, und zwar gegenüber Außenstehenden bzw. wieder Abtrünnigen; eine endgültige Rettung war dort allerdings nicht vorgesehen (zur Bannpraxis im Judentum vgl. *G. Forkman*, Limits 87-114; *C.-H. Hunzinger*: TRE V 163 f.). (2) Aus den Zauberpapyri kennen wir – im Zuge eines Exorzismus – die Übergabe des Dämons (in 1 Kor 5 wird der Mensch übergeben!) an den Satan und seine Auslieferung an »das schwarze Chaos in der Hölle« (PGM IV 1229-1261). (3) Von der konkreten Formulierung her (»dem Satan übergeben *[›paradidonai‹]*) könnte man schon eher an eine Analogie zur Devotion bzw. Weihe von Feinden an Gottheiten der Unterwelt denken (vgl. **A. Deissmann*, Licht 256 f.). Die Weihung wurde auf eine Tafel geschrieben, die rituell beerdigt wurde. Bekannt ist die Formel »Totendämon, ... ich übergebe (›paradidōmi‹) dir den N. N. ...«. Die Übergabe an den Satan wäre dann eine entsprechende jüdisch-christliche Variante (**A. Deissmann*, ebd., der zudem darauf verweist, daß auch »*mit* [in Gemeinschaft mit] der Kraft unseres Herrn Jesus« in diesen

Zusammenhang paßt). Wie bei (1) fehlt allerdings auch hier der Gedanke einer letztendlichen Rettung. Die »Analogien« passen also nur sehr partiell.

»Dem Satan übergeben« in V. 5 meint konkret zunächst die Ausgrenzung aus der Gemeinde (vgl. VV. 2.13), dem heiligen Bezirk (Tempel) Gottes. Wieder zurückgeworfen in die profane Welt, die jetzt – nach der Berührung mit dem Heiligen – noch mehr als unheiliger, vom Satan beherrschter Bereich erscheinen muß, wird der Mensch in seiner fleischlichen (also nicht nur in seiner leiblichen!) Existenz das finden, was dem Fleisch zukommt: nämlich »Verderben«. Häufig wird zur Erklärung auf 11,30 verwiesen, wo Paulus als Ausdruck des göttlichen Gerichts feststellt: »Deswegen sind unter euch viele Schwache (›astheneis‹) und Kranke (›arrhōstoi‹) und nicht wenige sind entschlafen«. Nimmt man »Schwache und Kranke« nicht als Hendiadyoin, so wird man in den »Schwachen« – wie auch sonst bei Paulus – die im Glauben Schwachen bzw. die ihres Heiles Ungewissen sehen dürfen (vgl. Röm 5,6; 1 Kor 8,7.9f.; 9,22). Zur Fleischlichkeit des Menschen gehören Krankheit und Tod und – gerade deswegen – auch die Ungewißheit des Heils. Interpretiert man »zum Verderben des Fleisches« in V. 5 in dieser Weise, daß also der Ausschluß aus der Gemeinde für den Betroffenen zur körperlichen und seelischen Bedrohung wird, dann würde das Verfahren genau die Überheblichkeit und falsche Heilssicherheit umkehren, die Paulus eingangs (V. 2) kritisiert hatte. Dies soll geschehen, »damit der Geist gerettet werde am Tage des Herrn«. Mit dem »Geist« kann hier nicht der Geist Gottes oder eine vom Menschen isolierbare Gotteskraft bezeichnet sein (gegen: *K. P. Donfried*, Justification 108; *A. Y. Collins*, Function 259), sondern der Mensch selbst in seiner pneumatischen Existenz (vgl. *E. Schweizer*: ThWNT VI 434; *S. D. MacArthur*, Spirit 254f., will darin eine Bezeichnung des Verstorbenen sehen). Dennoch will Paulus hier wohl nicht sagen, »daß die Wirkung der Taufe nicht ungeschehen gemacht werden kann. Auch wer sie desavouiert, kann sie nicht annullieren« *(Schrage)*. Das würde in letzter Konsequenz bedeuten, daß Glaubende des Heils nicht mehr verlustig gehen können. Die Gerichtsaussagen des Paulus würden sich erheblich relativieren. Im übrigen ist zu beachten, daß die in V. 5 in Aussicht gestellte Rettung nicht eine Folge der Taufe ist, sondern das Ziel der Übergabe an den Satan, d. h. des Ausschlusses aus der Gemeinde. Wenn die oben vorgetragene Deutung des »Verderbens« zutrifft, legt sich ein anderes Verständnis nahe. Paulus rechnet wohl damit, daß der Ausschluß und die dadurch zugemutete sarkische Bedrohung dem Ausgeschlossenen schlagartig die ganze Tragweite seiner Verfehlung bewußt machen. Die Rettung am Tage des Herrn muß daher nicht als automatische Folge von Taufe und Geistempfang gedeutet werden, sondern kann durchaus einen Akt der Reue voraussetzen. Dieser dürfte sogar das Ziel der ganzen Aktion der Übergabe an den Satan gewesen sein. Von Wiederaufnahme in die Gemeinde ist allerdings nicht die Rede (gegen: *[11]A. Sand*, Begriff 145; *J. T. South*, Practices 69; *ders.*, Critique 559). Offensichtlich war Paulus der Auffassung, daß die Übergabe an den Satan den alsbaldigen Tod zur Folge hat (*Weiß; Lietzmann; Conzelmann; R. Bohren*, Problem 110f.; *W. Doskocil*, Bann 62f.; *I. Havener*, Curse 338-341; u. v. a.), vielleicht, weil er meinte, daß der aus dem Heiligtum Kommende eine um so begehrtere Beute für den Satan sei. D. h.: der Wiedereintritt in das Profanum ist keine bloße Versetzung in den status quo ante, sondern bringt – da vom Heiligen infiziert – um so schlimmer und drastischer die inhärente Morbidität sarkischer Existenz zur Wirkung. Daß dem Tod Sühnekraft beizumessen ist, muß für Paulus schon aus christologischen Gründen ausgeschlossen werden (gegen: *R. Bohren*, Problem 113; *W. Doskocil*, Bann 64). Inwieweit Apg 5,1-11 (Hananias und Sapphira) vergleichbar ist, wo ebenfalls von einem plötzlichen Tod, allerdings nicht von einer Rettung des Geistes die Rede ist, muß dahingestellt bleiben.

Verse 6-8: V. 6a lenkt noch einmal zurück zur Aufgeblasenheit im Kontext des konkreten Falles (vgl. V. 2). Die folgenden Ausführungen bis einschließlich V. 8 weiten die Mahnung ins Grundsätzliche aus. Daß »ein wenig Sauerteig den ganzen Teig durchsäuert« (V. 6b), ist eine sprichwörtlich bekannte Erfahrungstatsache, die sowohl positiv (Mt 13,33) als auch negativ (Gal 5,9 [in gleicher Formulierung]) verwendet werden kann (Plutarch, Moralia 289; vgl. *H. Windisch:* ThWNT II 906f.). Mit dem Sauerteig ist zunächst der Übeltäter von V. 1 gemeint, dann aber auch das unsittliche Tun (einschließlich seiner Duldung) überhaupt, das alte Existenz festhält und wieder aufleben läßt. Die Christen sind neue Existenz und dürfen daher nicht nach dem Muster alter Verhaltensweisen leben! Die Bilder, mit denen Paulus diese Mahnung in Szene setzt, sind der Paschathematik entnommen. »Schafft den alten Sauerteig weg!« (V. 7a) rekurriert auf Ex 12,14-20 (Ex 13,3-10; 23,15; Dtn 16,3f.; vgl. Bill. III 359f.; *R. Le Déaut*, mystery 203-206):

Ex 12: (14) Diesen Tag sollt ihr als Gedenktag begehen. Feiert ihn als Fest zur Ehre des Herrn! Für die kommenden Generationen macht euch diese Feier zur festen Regel! (15) Sieben Tage sollt ihr ungesäuertes Brot essen. Gleich am ersten Tag schafft den Sauerteig aus euren Häusern! Denn jeder, der zwischen dem ersten und dem siebten Tag Gesäuertes ißt, soll aus Israel ausgemerzt werden.

Paulus allegorisiert zunächst, indem er den Sauerteig auf das unsittliche Tun bezieht. Wie schon eine kleine Menge Sauerteig den ganzen Teig durchsäuert, so verdirbt auch einzelnes unsittliches Handeln – wenn die Gemeinde erst einmal anfängt, es hinzunehmen – die ganze Gemeinde (V. 6b). Deshalb soll sie den Sauerteig wegschaffen (V. 7a), d.h. unsittliches Tun in ihrer Mitte nicht dulden. Daß der Sauerteig jetzt als »alter Sauerteig« bezeichnet wird, deutet auf eine Verschiebung in der Metaphorik. Der Wechsel von der alten zu der neuen Existenz überlagert das Bild (vgl. Röm 6,6; 7,6; Kol 3,9; Eph 4,22). Die Eliminierung der Unsittlichkeit hat zum Ziel, daß die Gemeinde neuer Teig ist. Doch ist dieses Ziel nicht das Ergebnis des sittlichen Wohlverhaltens der Gemeinde. Vielmehr soll sie mit ihrem Tun das einholen, was sie – von Gott her – schon ist: »wie ihr ja Ungesäuerte seid«. Der Indikativ begründet (zum begründenden Charakter von »wie« [›*kathōs*‹] vgl. BDR §453,2) den Imperativ (dazu: *[11]W. Schrage*, Ethik 170-175). *Schrage* betont in seinem Kommentar zu Recht, daß der Imperativ sich nicht »nur auf ein paar Überbleibsel und Restbestände des alten Wesens« beziehe, wie umgekehrt der Indikativ »nicht nur als Ideal oder optimistische Theorie« verstanden werden dürfe. Die Gemeinde ist immer schon ungesäuerter, neuer Teig, und hat zugleich immer die Aufgabe, den alten Sauerteig wegzuschaffen.

Die Gemeinde selbst erscheint als das ungesäuerte Brot des Paschafestes. Wahrscheinlich beginnt hier schon der Übergang von der allegorischen zu der typologischen Schriftauslegung. Paulus will die Aussagen der Schrift nicht nur allegorisch-ethisch interpretieren, sondern er sieht im Geschehen des Pascha bzw. des Exodus einen Typos (Vor-Bild) der Befreiung, die in Christus eschatologisch verwirklicht ist. Die Befreiung aus der Knechtschaft ist für Paulus dann die Befreiung aus der Knechtschaft der Sünde. Ganz sicher typologisch zu verstehen ist der Schluß von V. 7. Für Paulus ist das Schlachten des Paschalammes (in Verbindung mit »schlachten« kann ›*pascha*‹ nur das »Paschalamm«, nicht das »Paschafest« bedeuten; gegen: *P. Colella*, Cristo 211, der temporal übersetzen will: »zur Zeit unseres Pascha«) nicht nur liturgische Erinnerung an die in Ägypten geschlachteten Paschalämmer, deren an die Türen gestrichenes Blut den Auszug aus der Knechtschaft ermöglichte. Für Paulus ist es primär Vor-Verweis (Typos) auf das eschatologische Paschalamm, nämlich Christus, dessen Tod am Kreuz die Befreiung von der Knechtschaft der Sünde brachte. Das Deutemuster (Paschalamm) ist für Paulus singulär, also wohl traditionell (vgl. 1 Petr 1,19; Joh 1,29.36; 19,32-36; Offb 5,6.9.12; 12,11; zur Verbindung mit der Abendmahlstradition s. Mk 14,12-16.22-25; zur Sache: *J. Jeremias:* ThWNT V 899f.). Als Katalysatoren für die soteriologische Anwendbarkeit des Paschalammotivs (vgl. auch die textkritische Variante *»für uns«* [s. o. 1]) fungierten möglicherweise die jüdische Vorstellung von der sühnenden Kraft des (urzeitlichen) Paschablutes (*J. Jeremias,* Abendmahlsworte 216f.) und die Nähe zur Opferung Isaaks (Aqedat Jizchaq; vgl. *H.-J. Schoeps,* Paulus 150-152). Eine Abgrenzung des christlichen Osterfestes vom jüdischen Pesachfest wird man nicht heraushören dürfen. Der Aorist ›*etythē*‹ (»ist geschlachtet«) läßt sich nicht als Einwand gegen die katholische Auffassung von der Repräsentation des Kreuzesopfers in der Eucharistie verwenden (gegen: *Schrage*), wenngleich es Paulus hier ganz gewiß nicht darum zu tun ist. Paulus kommt es im Zusammenhang vor allem darauf an, daß das Paschalamm bereits geschlachtet ist *(Weiß),* d. h. auf die christologische Begründung der christlichen Existenz.

Eben deshalb ist christliche Existenz neue, österlich befreite Existenz. Sie ist die Existenz des permanenten Befreiungsfestes bzw. des Festes der Freiheit. Und eben deshalb kann hier der alte Sauerteig keinen Platz haben. Aus der Aufforderung zur Feier des Festes läßt sich weder eine christliche Fortsetzung der jüdischen Pesachfeier noch eine christliche Paschafeier folgern (gegen: *Allo; J. Jeremias,* Abendmahlsworte 53f.). Für die Frage, welches Brot in der urchristlichen Eucharistiefeier verwendet wurde, gibt die Stelle erst recht nichts her (gegen: *J. McHugh,* panis 232-234, der für Gersten-, nicht Weizenbrot eintritt). Den »Sauerteig« deutet Paulus in V. 8 wieder allegorisch: als »Sauerteig der Schlechtigkeit und Bosheit« (vgl. Röm 1,29). Die Glaubenden, die selbst Ungesäuerte sind (V. 7), sollen das Fest ihrer neuen Existenz mit Ungesäuertem feiern in »Lauterkeit und Wahrheit« (›*eilikrineia kai alētheia*‹). Die beiden Begriffe meinen die ungeteilte Übereinstimmung mit dem, was christliche Existenz ausmacht, also ein mit sich selbst identisches Leben im Gegensatz zu einem der eigenen Existenz entfremdeten Leben. Die Mahnung, die Paulus in V. 8 ausspricht, gilt konkret dem Fall von VV. 1-5, ist aber so allgemein, daß sie auch grundsätzliche Geltung besitzt.

Verse 9-13: In VV. 9-13 lenkt Paulus wieder stärker zum konkreten Fall zurück. In VV. 9f. erinnert er an einen vorhergegangenen Brief an die Korinther. Die beiden Verse wurden vielfach zum Anlaß genommen, um den »Vorbrief« literarkritisch zu rekonstruieren (s. o. 1). Die vorgeschlagenen Bezugstexte (2 Kor 6,14-7,1; 1 Kor 6,12-20; 1 Kor 5,1-8; 1 Kor 5,1-8 + 6,1-11) haben aber alle ihre Probleme (*H. Merklein*, Einheitlichkeit 372-374; *Schrage* 65). Man wird daher annehmen müssen, daß der Vorbrief verlorengegangen ist.

Unsicher ist die Logik des Gedankengangs von V. 9 nach V. 11. In V. 9 kann ›egrapsa‹ (»ich habe geschrieben«) schwerlich Aorist des Briefstils sein. Gilt dies aber auch für ›egrapsa‹ in V. 11 (so die meisten)? Dann ist ›nyn‹ (V. 11) logisch zu verstehen, etwa im Sinne von »in Wirklichkeit« (*Conzelmann; Schrage;* EÜ). Faßt man ›nyn‹ – wie sonst gewöhnlich – zeitlich (»jetzt«), dann muß ›egrapsa‹ V. 11 allerdings Briefstil sein: »Jetzt aber schreibe ich euch« (so: *Lietzmann*). Um eines einheitlichen Verständnisses der beiden ›egrapsa‹ willen würde man am liebsten für die erste Möglichkeit plädieren. Doch gibt es dabei logische Probleme im Verhältnis von V. 10 und V. 11. Wenn Paulus in V. 10 erläutert, wie er V. 9 gemeint hat, wozu dann V. 11, wo er wiederum – noch dazu mit emphatischem Rückbezug auf ›egrapsa‹ von V. 9 – »erklärt, was er wirklich geschrieben = gemeint hat« *(Conzelmann)*? So legt sich vielleicht doch die zweite Möglichkeit nahe. Die Logik läuft dann so: In V. 9 wiederholt Paulus, was er in dem früheren Brief geschrieben hat. In V. 10 erklärt er, wie er den Grundsatz von V. 9 gemeint bzw. nicht gemeint hat. In V. 11 hält er dann ausdrücklich und schriftlich fest, worum es ihm positiv eigentlich geht.

Die Funktion der VV. 9f. im Kontext ist freilich auch damit noch nicht ganz eindeutig. Paulus hatte geschrieben: »Nicht mit Unzüchtigen verkehren!« *(›mē synanamignysthai pornois‹)*. Hatte man in *Korinth* diese Mahnung mißverstanden oder gar – mit Verweis auf den in V. 10 genannten Sachverhalt als Argument – ad absurdum geführt (vgl. **J. C. Hurd*, Origin 149-152)? Oder will *Paulus* mit V. 10 der Gemeinde die Weltlichkeit ihres eigenen Verhaltens vor Augen stellen (pragmatischer Sinn: Es mag ja sein, daß es in der Welt Unzüchtige, Habgierige, Räuber und Götzendiener gibt, bei euch aber darf es solches Verhalten nicht geben!)? Bestimmten Korinthern (s. zum Vorwurf der Aufgeblasenheit in V. 2) ist ersteres durchaus zuzutrauen *(Fee)*, letzteres ist damit zudem vereinbar.

Der Grundsatz »Nicht mit Unzüchtigen verkehren!« ist zunächst ganz allgemein als Verbot des gesellschaftlichen Umgangs mit unzüchtigen, d. h. unmoralischen Menschen zu verstehen. Um die volle Tragweite des Verbots zu erkennen, ist aber zu bedenken, daß in biblischer Tradition mit der ethischen Grenzziehung immer auch der Gedanke der Abgrenzung des heiligen Gottesvolkes von der unheiligen Welt verbunden war. In Hos 7,8; Ez 20,18 LXX wird mit dem gleichen Wort »verkehren« (›*synanamignysthai*‹) die eheliche Verbindung mit Heiden untersagt. Religiös bedingte Abgrenzungen gab es im Judentum sowohl nach außen (gegen die Heiden; vgl. Jub 22,16; 1 Makk 1,11.15.62 f.; 2 Makk 6,18-7,42; u. ö.) wie auch im Innern (Pharisäer, Qumran [z. B. 1 QS 5,16-20; 4 Q 397 Frag. 7/8, Z. 7f = 4 QMMT 92 f.]; zur Sache vgl. *C. Heil*, Speisegebote 39-99). Auch Paulus ging es mit dem Verbot des Verkehrs mit Unzüchtigen um den Gedanken des Gottesvolkes, das seine Heiligkeit – und das ist die eigentliche Stoßrichtung des Verbots – aber auch ethisch zu praktizieren hatte. Die Korinther haben mit dem allgemein formulierten Grundsatz wohl ihre Schwierigkeiten gehabt. Denn extensiv verstanden, könnte er auf eine Beendigung aller gesellschaftlichen Beziehungen hinauslaufen, zumindest soweit diese den Binnenraum der Gemeinde übersteigen. Dies zumal dann, wenn man in den »Unzüchtigen« nicht nur sexuelle Sünder, sondern in jüdisch-metaphorischer Weise allgemein »die Unzüchtigen dieser Welt« erkennt, zu denen dann auch die »Habgierigen, Räuber und Götzendiener« zählen (vgl. V. 10a). Mit Verweis darauf werden die Korinther den von Paulus mitgeteilten Grundsatz in den Wind geschlagen haben. Dabei stand zunächst nicht einmal die Rechtfertigung des in V. 1 geschilderten Vorfalls im Vordergrund. Der unterschiedlichen Auffassung in der Ethik lag ein unterschiedliches christologisches bzw. soteriologisches Konzept zugrunde. Wo die Erlösung noëtisch definiert wird (s. zu 1,10-4,21: 3.2.2 und 3.2.3), zählt das sinnlich Wahrnehmbare zu der Welt, die es zu verlassen gilt. Sexuelle Aszese oder sexueller Libertinismus sind die möglichen Folgen. Letzterer stand wohl auch hinter dem Vorfall von 1 Kor 5. Den aufgeklärten Korinthern erschien die Maxime des Paulus als Moral einer veralteten Welt. Vielleicht verbirgt sich hinter V. 10b sogar ein weiteres Argument der Korinther: Nicht nur, daß die Moral des Paulus angesichts der bestehenden Verhältnisse dieser Welt unrealistisch ist (V. 10a), sie ist auch veraltet, weil es in der Tat darum geht, aus dieser Welt herauszugehen. Ob »aus der Welt herausgehen« metaphorisch an Weltflucht oder euphemistisch an das Sterben *(Bauer)* denken läßt, ist nicht eindeutig zu entscheiden. Paulus gibt das Argument nur zurück. V. 10b ist zugleich feine Ironie korinthischer Heilsauffas-

sung. Auch Paulus will kein Ghetto der Gemeinde. Das bedeutet aber noch lange nicht, daß die Gemeinde zur Bühne weltlichen Handelns werden darf.
Dies stellt Paulus mit V. 11 dann auch ausdrücklich klar. Ihm die Maxime von V. 9 mit dem Argument von V. 10 zu entwenden, verkennt, daß sie in jedem Fall und in erster Linie für den Bereich der Gemeinde gilt. Die Bezeichnung »Bruder« ist mit einem lasterhaften Leben nicht vereinbar. In der Aufzählung der Schlechtigkeit ist Paulus der Gattung der Lasterkataloge verpflichtet.

Lasterkataloge finden sich häufiger im Neuen Testament (Mk 7,21 f.; Offb 21,8; 22,15), vor allem in der paulinischen (1 Kor 5,10.11; 6,9 f.; 2 Kor 12,20 f.; Gal 5,19-21; Röm 1,29-31; 13,13) und deuteropaulinischen (Kol 3,5.8; Eph 5,3-5; 1 Tim 3,2-5; Tit 3,3) Literatur. Von der Stoa entwickelt und vom hellenistischen Judentum rezipiert, sind sie in der (heidnischen und jüdischen) Umwelt weit verbreitet (*K. Berger*, ANRW II/25.2, 1088-1092.1202 f.; vgl. *A. Vögtle*, Tugend- und Lasterkataloge 56-120; *S. Wibbing*, Tugend- und Lasterkataloge 14-76; *E. Kamlah*, Form 39-175; *Conzelmann* 128-130). Bezeichnend ist die katalogartige Reihung, deren Inventar und Abfolge allerdings nicht festgelegt ist, so daß eine gattungsspezifische Systematik nur sehr partiell zu erkennen ist. Auch die paulinischen Lasterkataloge sind sehr variabel (vgl. die Listen bei *J. J. Fauconnet*, Confrontation 83-89). Gal 5,19-21 und Röm 1,29-31 stimmen nur punktuell (Habgier; Unzucht, Götzendienst) mit den Katalogen von 1 Kor überein. Röm 13,13 und 2 Kor 12,20 f. weisen damit überhaupt keine Gemeinsamkeiten auf. Dagegen sind die drei Lasterkataloge des 1 Kor relativ stabil, da sich die in 5,10 genannte Viererreihe durchhält, wenngleich in etwas variierender Reihenfolge:

5,10: 1. *Unzüchtige*, 2. *Habgierige*, 3. *Räuber*, 4. *Götzendiener*.
5,11: 1. *Unzüchtige*, 2. *Habgierige*, 3. *Götzendiener*, 4. Lästerer, 5. Trunkenbold, 6. *Räuber*.
6,9 f.: 1. *Unzüchtige*, 2. *Götzendiener*, 3. Ehebrecher, 4. Weichlinge, 5. mit Männern Verkehrende, 6. Diebe, 7. *Habgierige*, 8. Trunkenbolde, 9. Lästerer, 10. *Räuber*.

Sachlich zeigen die drei Kataloge eine gewisse Situationsgebundenheit (vgl. *A. Vögtle*, Tugend- und Lasterkataloge 31; *P. S. Zaas*, Catalogues 629; anders: **W. Schrage*, Einzelgebote 43 f.). Die Erweiterung in 6,9 f. ist zumindest in bezug auf die sexuellen Verfehlungen thematisch passend. Von einer »chronique scandaleuse« der korinthischen Gemeinde kann freilich nicht die Rede sein (mit *Schrage*). Dazu sind die Aufzählungen viel zu allgemein und (wohl bewußt) undifferenziert (s. u. zur Funktion). Angesichts der Variabilität schon der paulinischen Lasterkataloge wundert es nicht, daß diese nur teilweise mit denen der Umwelt übereinstimmen (vgl. die Auflistung bei *Schrage*). Umgekehrt enthalten die paulinischen Kataloge nichts, wozu es keine Analogie in der Umwelt gibt. Auffällig ist, daß es im jüdischen Bereich relativ viele Übereinstimmungen mit den Katalogen von 1 Kor gibt (zur immer wiederkehrenden Trias ›Götzendienst, Unzucht, Habgier/Raub‹ vgl. *E. Schweizer*, Gottesgerechtigkeit 462 f.; *A. Vögtle*, Tugend- und Lasterkataloge 223-226):

Weish 14,25f (u. a. Diebstahl, widernatürliche Unzucht, Ehebruch, Götzendienst [als aller Übel Anfang, Ursache und Höhepunkt]); *TestAss 2,5-8* (u. a. stehlen, Unrecht tun, rauben, übervorteilen ... Ehebruch, Hurerei ...); *TestLev 14,5-8* (u. a. rauben, stehlen, mit Dirnen verzehren [jeweils in bezug auf die Opfergaben] ... Verkehr mit Huren und Ehebrecherinnen, Ehen mit Heidinnen); *1 QS 4,9-11* (u. a. Habgier, Hurerei); *Sib 3,36-40* (Böse, Gottlose, Lügner, zweizüngige, bösartige Menschen, Ehebrecher, Götzendiener, arglistigen Sinn Hegende ...); *grBar 8,5* (Hurereien, Ehebrüche, Diebstähle, Räubereien, Götzendienste, Trunkenheiten, Morde, Zornesausbrüche, Eifersüchte, üble Nachreden, mürrische Gebärden, Ohrenbläsereien, Wahrsagereien); *Philo, Conf 117* (u. a. Ehebruch, Begierde und Lüste, Diebstahl und Raub, Gottlosigkeit und Ungerechtigkeit); *Agr 83* (u. a. Lust und Begier, Unrecht und Frevel, Raub, Gewinnsucht).

Inhaltlich konvergieren die genannten Aufzählungen und die paulinischen Kataloge (bes. die von Röm 1,29-31; Gal 5,19-21 und 1 Kor) mit den Geboten, die nach rabbinischer Tradition als Grundgebote, adamitische oder noachitische Gebote für alle Menschen verpflichtend sind (vgl. Bill. III 36-38).

Grundgebote, z. B. Sifra 338a (zu Lev 18,4): Verbot von Raub, Unzucht, Götzendienst, Gotteslästerung und Blutvergießen.
Adamitische Gebote, z. B. DevR 2 (198d): Über sechs Dinge wurde dem ersten Menschen Befehl gegeben: betreffs des Götzendienstes, der Gotteslästerung, der Richter (= Gerichtsbarkeit), des Blutvergießens, der Unzucht und des Raubes.
Noachitische Gebote, z. B. tAZ 8,4.6 (473,12.21): Sieben Gebote wurden den Kindern Noachs befohlen, und zwar betreffs der Rechtspflege, des Götzendienstes, der Gotteslästerung, der Unzucht, des Blutvergießens, des Raubes ... und des Gliedes von einem lebenden Tier.

Bei diesen Geboten handelt es sich im wesentlichen um die Vorschriften, die (zumindest theoretisch) ein Fremdling (Beisasse) im Lande Israel zu beachten hatte (vgl. Bill. II 721 f.). Ihre biblische Grundlage haben sie in Lev 17,10 (Blutgenuß); 18,26 (Götzendienst, Unzuchts- bzw. Inzestverbote). Umgekehrt gehören die entsprechenden Laster zu den stereotypen Vorwürfen des Judentums gegen das Heidentum (das gilt ganz besonders für Götzendienst und Unzucht [vgl. Weish 14,12-15,6; Jub 25,1; Röm 1,18-32]). Interessant ist, daß man im frühen Christentum mit Verpflichtungen, die den noachitischen Geboten vergleichbar waren, das Zusammenleben von Juden und Heiden zu regeln versuchte. Es handelt sich um die sog. Jakobusklauseln von Apg 15,20.29; 21,25 (Verbot von Götzendienst, Unzucht [›*porneia*‹ = hier: die in Lev 18,6-18 verbotenen Inzestehen], Ersticktem und Blut; zum rabbinischen Material vgl. Bill. II 729-739). Der Sache nach erfüllen die Lasterkataloge in 1 Kor 5 und 6 eine ganz ähnliche Funktion, wenngleich Paulus die rituellen Bestimmungen der Jakobusklauseln (Verbot des Genusses von Ersticktem und von Blut) nicht nennt (und wohl auch nicht mittragen könnte) und den Begriff der »Unzucht« (›*porneia*‹) über die verbotenen Inzestehen von Lev 18,6-18 hinausgehend verwendet. Ersteres hat seinen Grund wahrscheinlich in der spezifischen Soteriologie des Paulus, der den Tod Christi als das eschatologische Sühnegeschehen schlechthin wertet und daher jede weitere rituelle Reinigung ablehnt (vgl. *H. *Merklein*, Bedeutung 96-106; *C. Heil*, Speisegebote 304 f.). Was die »Unzucht« betrifft, so ist es immerhin bemerkenswert, daß auch bei Paulus der zuerst genannte Fall (5,1) eine von Lev 18,8 verbotene Verbindung anspricht. Da es Paulus gerade in 1 Kor 5 und 6 um die Reinheit und Heiligkeit der Gemeinde geht, wird man die dort aufgeführten Laster nicht nur als ethischen Katalog verstehen dürfen. Die Grenzziehung ist vielmehr primär religiöser Art und hat als solche ihre Wurzel im Bewußtsein Israels als von Gott erwähltes Volk bzw. als heilige Kultgemeinde Gottes. Der eigentliche »Sitz im Leben« der paulinischen Lasterkataloge (zumindest in 1 Kor 5 und 6) ist daher nicht das Ethos, sondern die kultische Vorstellung von der heiligen Gemeinde. Paulus legt allerdings allergrößten Wert darauf, daß das Ethos dem vorgegebenen neuen Sosein zu entsprechen hat. Aus der religiösen Verortung der Lasterkataloge versteht sich deren ins Auge springende Schwarz-Weiß-Malerei. Sie wollen nicht das sittliche Handeln nach der Vielfalt seines praktischen Vollzugs beschreiben, sondern bewußt undifferenziert und scharf die Grenzlinie zwischen der heiligen Gemeinde und der profanen Welt markieren (vgl. *K. *Berger*, Formgeschichte 148 f.).

Paulus zählt in den Katalogen von VV. 9-11 nicht Sünden, sondern Sünder auf. Es geht ihm nicht um abstrakte ethische Lehre, sondern um die Unvereinbarkeit von »Bruder« und Sünder. Die beiden Eckpfeiler der Aufzählung von V. 10 zeigen, daß Paulus aus jüdischer Perspektive urteilt. Unzucht und Götzendienst sind die klassischen Vorwürfe des Judentums gegenüber den Heiden. Der »Unzüchtige« bezieht sich zunächst auf den konkreten Fall von V. 1. Doch ist die Bezeichnung generisch gemeint, d. h. offen für jede Art von illegitimen geschlechtlichen Umgang (vgl. 6,13.15 f.: Verkehr mit Dirnen). Eine Einschränkung des Begriffs auf den Verkehr mit gewerbsmäßigen oder kultischen Prostituierten (neben Ehebruch und Inzest) läßt sich kaum aufrechthalten (mit *J. Jensen*, Porneia 179 f., gegen *B. Malina*, Porneia 17). Die Nennung von Habgierigen und Räubern ist einerseits gattungsbedingt, andererseits aber wohl auch schon ein Vorgriff auf die in 6,1-11 monierten Prozesse vor heidnischen Richtern, wo Paulus mit dem Vorwurf des »Beraubens« (6,7 f.) das mangelnde Sozialverhalten in den Blick faßt. Habgier wird man als Motiv der Prozesse voraussetzen dürfen (vgl. 6,10). Daß Paulus in V. 11 noch den Lästerer und den Trunkenbold anführt, ist schwerlich aus der Situation in Korinth zu erklären (gegen *E. Schweizer*, Gottesgerechtigkeit 464). Das Lästern meint nicht speziell die Gotteslästerung. Immerhin ist Trunkenheit gerade im Judentum verpönt (Spr 23,20 f.; 26,8; Sir 18,30-19,2; 26,8; Tob 4,15; TestJud 14-16; grBar 4,16 f.; zu Philo vgl. *H. Preisker:* ThWNT IV 551 f.) und könnte von daher als typisch heidnische Verfehlung angesprochen sein.

Für Christen kommt solch heidnisches Verhalten nicht mehr in Frage. Es ist das Verhalten einer veralteten, zurückgelassenen Existenz. Die Freiheit, welche die Glaubenden gewonnen haben, ist nicht die Freiheit, tun und lassen zu können, was man will, ist nicht Bindungslosigkeit, sondern die Freiheit von der Sünde. Wer daher als Christ dennoch sündigt, begibt sich wieder in die Knechtschaft der Sünde und entfremdet sich seiner eigenen Identität. Doch geht es Paulus im Zusammenhang nicht um das Problem der individuellen Identität. Wenn die Gemeinde solches Treiben in ihrer Mitte duldet, setzt sie ihre Identität als Gemeinde aufs Spiel, entfremdet sich dem, was sie durch Christi Befreiungstat ist: heiliger Bezirk Gottes, Tempel Gottes.

VV. 12 f. reflektieren noch einmal das eigentliche Anliegen des Paulus; zunächst formal: Er will nicht die Unmoral der Welt beklagen; darüber wird Gott richten (VV. 12a.13a). Das Problem besteht darin, daß die Gemeinde, die drinnen zu richten hat, ihre Kompetenz und Verantwortung nicht wahrnimmt (V. 12b). V. 13b bringt mit direktem Schriftzitat aus Dtn 17,7 (vgl. Dtn 19,19; 22,21.24; 24,7) das sachliche Anliegen des Paulus auf den Punkt (vgl. *B. S. Rosner*, Paul 64-68). Es geht ihm um die Heiligkeit der Gemeinde (vgl. ebd. 68-81; *ders.*, Temple), die dieser aufgrund der Erlösungstat Christi zukommt und die sie in der Praxis zu verwirklichen und einzuholen hat. Von Verlust oder Beschädigung der Heiligkeit spricht Paulus nicht. Die von ihm verlangte Ausstoßung des Übeltäters (V. 13b; vgl. VV. 3-5) ist daher kein Reinigungsritus im eigentlichen Sinn, d.h. sie dient nicht der Wiederherstellung der verlorenen Reinheit, sondern der Aufrechterhaltung der der Gemeinde eigenen Heiligkeit. Diese steht allerdings auch auf dem Spiele. Denn eine Gemeinde, die ihre Freiheit als Toleranz mit dem Sündigen definiert, verdirbt den Tempel Gottes (vgl. 3,16 f.) und damit sich selbst. Deshalb kann es keine Alternative zum Verfahren von V. 13b geben. Die Gemeinde steht vor der Wahl, sich vom Sündigen zu distanzieren oder selbst Welt zu werden.

Die in 5,3-5.12 f. getroffenen Aussagen über das Richten scheinen in Spannung zu stehen zu 6,2 einerseits und 4,5 andererseits (vgl. Röm 14,10-13). Während in 5,13a das Gericht über die draußen Gott vorbehalten bleibt, wird in 6,2a der Gemeinde die Kompetenz zugesprochen, über die Welt zu richten. Die Spannung läßt sich kaum mit dem »futurisch-eschatologischen Charakter« des Richtens von 6,2 ausräumen (gegen *Schrage*), da ja wohl auch bei 5,13a an das künftige Gericht Gottes am Ende gedacht ist. Selbst wenn man V. 13a nicht futurisch (›*krineî*‹ = »wird richten«), sondern präsentisch (›*krínei*‹ = »richtet«) übersetzt, ist der Gedanke an das Endgericht Gottes sachlich nicht auszuschließen. Die Aussagen von 5,13a und 6,2a sind daher neben- und miteinander aufrechtzuerhalten. Daß einmal Gott und das andere Mal die Gemeinde hervorgehoben werden, hängt mit der unterschiedlichen Zielsetzung der jeweiligen Aussagen zusammen. Dagegen erklärt sich die »Spannung« zwischen 5,3-5.12 f. und 4,5 (vgl. Röm 14,10-13) aus dem unterschiedlichen Objekt des Richtens. Selbstverständlich muß die Gemeinde sich vom Sündigen absetzen und muß, wie im Falle von 5,1 f., richterlich tätig werden, wenn sie sie selbst bleiben will. In 4,1-5 (und Röm 14) hingegen geht es nicht um Sünde, sondern um eine (konkurrierende) Qualifizierung des Apostels (bzw. um die Frage der Beachtung von Speisegeboten). Auf diesem Gebiet bzw. diesen Gebieten spricht Paulus der Gemeinde die Kompetenz ab, da ihr die Kenntnis der entsprechenden Kriterien fehlt (3,12-15; 4,3 f.) (bzw. weil Speisen kein Kriterium des Bruder-Seins darstellen können [Röm 14]).

2. Prozesse vor heidnischen Richtern 6,1-11

1 Bringt es einer von euch fertig, der eine (Streit-)Sache mit dem anderen hat, sich vor den Ungerechten gerichtlich auseinanderzusetzen und nicht vor den Heiligen? 2 Oder wißt ihr nicht, daß die Heiligen die Welt richten werden? Und wenn durch euch die Welt gerichtet wird, (da) seid ihr nicht zuständig für geringfügigste Rechtsstreitigkeiten? 3 Wißt ihr nicht, daß wir über Engel richten werden? Erst recht über Alltägliches! 4 Wenn ihr also alltägliche Rechtsstreitigkeiten habt, (dann) setzt ihr gerade die (wörtl.: diese), die in der Gemeinde nichts gelten, zu Richtern ein? 5 Zur Beschämung sage ich euch (das). So gibt es unter euch keinen einzigen Weisen, der zwischen Bruder und Bruder (wörtl.: zwischen seinem Bruder) entscheiden kann?

6 Vielmehr setzt sich Bruder mit Bruder gerichtlich auseinander, und das vor Ungläubigen! 7 [Nun] ist es überhaupt schon ein Fehler an euch, daß ihr miteinander Rechtshändel habt. Warum laßt ihr euch nicht lieber Unrecht tun? Warum laßt ihr euch nicht lieber berauben? 8 Vielmehr tut ihr Unrecht und beraubt, und dies in bezug auf Brüder! 9 Oder wißt ihr nicht, daß Ungerechte Gottes Reich nicht erben werden? Irrt euch nicht! Weder Unzüchtige noch Götzendiener, noch Ehebrecher, noch Weichlinge, noch mit Männern Verkehrende (Männer), 10 noch Diebe, noch Habgierige, nicht Trunkenbolde, nicht Lästerer, nicht Räuber werden das Reich Gottes erben. 11 Und solche (wörtl.: dieses) wart ihr zum Teil (wörtl.: einige [von euch]). Aber ihr habt euch abwaschen lassen, aber ihr seid geheiligt worden, aber ihr seid gerecht gemacht worden im Namen des Herrn Jesus Christus und im Geiste unseres Gottes.

Literatur (s. auch die Lit. zu 5,1-6,20): *E. Bammel*, Rechtsfindung in Korinth: EThL 73 (1997) 107-113; *G. Barth*, Die Taufe in frühchristlicher Zeit (BThSt 4), Neukirchen-Vluyn 1981; *J. Beker*, Zum Problem der Homosexualität in der Bibel: ZEE 31 (1987) 36-59; *J. H. Bernard*, The Connexion Between the Fifth and Sixth Chapters of 1 Corinthians: Exp. (Ser. 7) 3 (1907) 433-443; *W. Carr*, Angels (s. Lit. zu 2,6-16) 120f.; *F. Craddock*, How Does the New Testament Deal with the Issue of Homosexuality?: Encounter 40 (1979) 197-208; *M. Delcor*, Les tribunaux de l'Eglise de Corinth et les tribunaux de Qumran, in: Studiorum Paulinorum Congressus Internationalis Catholicus 1961 II (AnBib 17-18), Rom 1963, 535-548; *G. Delling*, Die Zueignung des Heils in der Taufe. Eine Untersuchung zum neutestamentlichen »taufen auf den Namen«, Berlin 1961; *J. D. M. Derrett*, Judgement and 1 Corinthians 6: NTS 37 (1991) 22-36; *E. Dinkler*, Zum Problem der Ethik bei Paulus. Rechtsnahme und Rechtsverzicht (1 Kor 6,1-11) (1952), in: *ders.*, Signum Crucis. Aufsätze zum Neuen Testament und zur Christlichen Archäologie, Tübingen 1967, 204-240; *R. H. Fuller*, First Corinthians 6:1-11. An Exegetical Paper: Ex Aud 2 (1986) 96-104; *R. Y. K. Fung*, Justification by Faith in 1 & 2 Corinthians, in: *D. A. Hagner - M. J. Harris (Hrsg.)*, Pauline Studies. Essays Presented to Prof. F. F. Bruce on His 70th Birthday, Grand Rapids/Michigan 1980, 246-261; *V. P. Furnish*, The Moral Teaching of Paul. Selected Issues, Nashville ²1985, 52-82; *F. Hahn*, Taufe und Rechtfertigung. Ein Beitrag zur paulinischen Theologie in ihrer Vor- und Nachgeschichte, in: *J. Friedrich u.a. (Hrsg.)*, Rechtfertigung. FS E. Käsemann, Tübingen 1976, 95-124; *H. Halter*, Taufe und Ethos. Paulinische Kriterien für das Proprium christlicher Moral (FThSt 106), Freiburg – Basel – Wien 1977, 142-152; *L. Hartman*, »Auf den Namen des Herrn Jesus«. Die Taufe in den neutestamentlichen Schriften (SBS 148), Stuttgart 1992; *G. Haufe*, Reich Gottes bei Paulus und in der Jesustradition: NTS 31 (1985) 467-472; *T. Holtz*, Zur Frage der inhaltlichen Weisungen bei Paulus: ThLZ 106 (1981) 385-400; *G. Johnston*, »Kingdom of God« Sayings in Paul's Letters, in: *P. Ri-*

chardson – J. C. Hurd (Hrsg.), From Jesus to Paul. Studies in Honour of F. W. Beare, Waterloo/Ont. 1984, 143-156; *E. Kähler*, Exegese zweier neutestamentlicher Stellen (Römer 1,18-32; 1. Korinther 6,9-11), in: *T. Bovet (Hrsg.)*, Probleme der Homophilie in medizinischer, theologischer und juristischer Sicht, Bern – Tübingen 1965, 12-43; *B. Kinman*, »Appoint the despised as judges« (1 Corinthians 6:4): TynB 48 (1997) 345-354; *H. D. Lance*, The Bible and Homosexuality: ABQ 8 (1989) 140-151; *D. E. Malick*, The Condemnation of Homosexuality in 1 Corinthians 6:9: BS 150 (1993) 479-492; *S. Meurer*, Recht (s. Lit. zu 5,1-13) 141-156; *A. C. Mitchell*, 1 Corinthians 6:1-11: Group Boundaries and the Courts of Corinth, Yale/New Heaven (Diss.) 1986; *ders.*, Rich and Poor in the Courts of Corinth: Litigiousness and Status in 1 Corinthians 6,1-11: NTS 39 (1993) 562-586; *A. Oepke*, Art. λούω κτλ., in: ThWNT IV (1942) 297-309; *P. von der Osten-Sacken*, Paulinisches Evangelium und Homosexualität: BThZ 3 (1986) 28-49; *W. L. Petersen*, Can ΑΡΣΕΝΟΚΟΙΤΑΙ Be Translated By »Homosexuals«? (I Cor. 6,9; I Tim. 1,10): VigChr 40 (1986) 187-191; *R. Petraglio*, Obiezione di coscienza. Il Nuovo Testamento provoca i cristiani (Etica teologica oggi 1), Bologna 1984, 105-118; *P. Richardson*, Judgment in Sexual Matters in 1 Corinthians 6:1-11: NT 25 (1983) 37-58; *B. S. Rosner*, Moses Appointing Judges. An Antecedent to 1Cor 6,1-6?: ZNW 82 (1991) 275-278; *U. Schnelle*, Gerechtigkeit und Christusgegenwart. Vorpaulinische und paulinische Tauftheologie (GTA 24), Göttingen ²1986, 37-44; *E. Schweizer*, Die »Mystik« des Sterbens und Auferstehens mit Christus bei Paulus: EvTh 26 (1966) 239-257; *R. Scroggs*, The New Testament and Homosexuality. Contextual Background for Contemporary Debate, Philadelphia 1983; *W. Stegemann*, Paul and the Sexual Mentality of His World: BTB 23 (1993) 161-166; *A. Stein*, Wo trugen die korinthischen Christen ihre Rechtshändel aus?: ZNW 59 (1968) 86-90; *G. Strecker*, Homosexualität in biblischer Sicht: KuD 28 (1982) 127-141; **E. Synofzik*, Gerichts- und Vergeltungsaussagen 56-58; *R. D. Taylor*, Toward a Biblical Theology of Litigation: A Law Professor Looks at I Cor. 6:1-11: Ex Aud 2 (1986) 105-116; *L. Vischer*, Die Auslegungsgeschichte von I. Kor. 6,1-11. Rechtsverzicht und Schlichtung (BGBE 1), Tübingen 1955; *K. Wengst*, Paulus und die Homosexualität. Überlegungen zu Röm 1,26f.: ZEE 31 (1987) 72-81; *U. Wilckens*, Art. σοφία κτλ., in: ThWNT VII (1964) 465-475.497-529; *B. W. Winter*, Civil Litigation in Secular Corinth and the Church. The Forensic Background to 1 Corinthians 6.1-8: NTS 37 (1991) 559-572; *D. F. Wright*, Homosexuals or Prostitutes? The Meaning of ΑΡΣΕΝΟΚΟΙΤΑΙ (1 Cor. 6:9; 1 Tim 1:10): VigChr 38 (1984) 125-154; *ders.*, Translating ΑΡΣΕΝΟΚΟΙΤΑΙ (1 Cor. 6:9; 1 Tim 1:10): VigChr 41 (1987) 396-398.

2.1 Zum Text und zur Übersetzung

Mehrere Handschriften der Vulgata, die syrische Peschitta und eine bohairische Handschrift ergänzen in V. 5 »zwischen dem Bruder *und seinem Bruder*«. Dies ist sicherlich sekundär, bestätigt aber die Breviloquenz des ursprünglichen Textes. »Nun« in V. 7 wird von gewichtigen Textzeugen ausgelassen (p46, Sinaiticus, D, 33 u. a.), bleibt also unsicher. In V. 11 wird teilweise »*unseres* Herrn Jesus Christus« ergänzt (B, 33 u. a.). V. 4 kann auch als Aussage (LB) oder als Ausruf (ZB) verstanden werden.

2.2 Analyse

Während es in 5,1-13 und dann in 6,12-20 um »Unzucht« (›*porneia*‹) geht, stehen in 6,1-11 Rechtsstreitigkeiten zur Debatte. Es wurde schon die Meinung vertreten, daß es sich bei diesen Rechtsstreitigkeiten um Prozesse in sexuellen Angelegenheiten gehandelt habe (so: *P. Richardson*, Judgment; im Anschluß an *J. H. Bernard*, Connexion). Dies hätte zwar den Vorteil, daß dann alle drei Perikopen von 1 Kor 5 und 6 durch eine gemeinsame sexuelle Thematik verklammert wären, läßt sich vom Text her aber nur schwer begründen (*Schrage* 405). Auch so besteht allerdings kein Anlaß, 6,1-11 literarkritisch aus dem Kontext zu entfernen. Der Abschnitt ist mit dem vorausgehenden durch das Stichwort »richten« (›*krinein*‹) verbunden (5,3.12f.; 6,1-3.5). Im übrigen sind Sexualität und Rechtsstreitigkeiten nur die untergeordneten (durch die konkreten Anlässe bedingten) Themen, die durch das übergeordnete (von Paulus ins Spiel gebrachte) Thema, der Reinheit und Heiligkeit der Gemeinde, zusammengefaßt werden (s. o. zu 5,1-6,20: 4).

Syntaktisch gesehen, lassen sich von den Satztypen (s. Bd. I, 99) her relativ klare Blöcke unterscheiden. Objekt-Sätze (Sätze mit Akkusativ-Objekten) finden sich vorwiegend in VV. 2-4 und VV. 9f. (beiläufig auch in VV. 1[in untergeordneter Position].7aβ.8b). Sehr häufig finden sich aber auch präpositionale Näherbestimmungen des Verbums, die meist das Akkusativ-Objekt (auch sachlich) vertreten (VV. 1.5-7) und einmal die Stelle des (sachlichen) Subjekts einnehmen (V. 11). Sätze mit Prädikatsnomen kommen in VV. 2bβ.5bα.7a.11a vor. Daraus ergibt sich eine gewisse Gliederung (VV. 1-2-4-5f. – 7f. – 8-10-11), die sich auch semantisch und pragmatisch auswerten läßt.

Die grundlegende grammatische Subjekt-Objekt-Beziehung, die

syntaktisch in V. 2 in wechselnder Besetzung vorgestellt wird, markiert zugleich die grundlegende *semantische* Opposition: ›die Heiligen vs die Welt‹. Um diese Sinnlinie, die zwischen dem heiligen Bezirk der Gemeinde und der profanen Welt trennt, läßt sich ein Großteil der verwendeten Begriffe anordnen: ›die Heiligen (VV. 1f.), Gemeinde (V. 4), Bruder (VV. 5f.8), Reich Gottes (VV. 9f.) vs Ungerechte (V. 1.9), Welt (V. 2), die in der Gemeinde nichts gelten (V. 4), Ungläubige (V. 6) und die in VV. 9f. aufgezählten Übeltäter‹. Nicht (d.h., semantisch nicht) notwendig, sondern erst durch die auf die ›Welt‹ bezogene Gerichtsaussage (V. 2) (pragmatisch) mit dieser Sinnlinie verbunden sind die Begriffe, die als weitere Gegenstände des Richtens erscheinen: ›(Streit-)Sache (V. 1), Engel (V. 3), Alltägliches (V. 3), alltägliche Rechtsstreitigkeiten (V. 4), Rechtshändel (V. 7)‹. Das Thema des Richtens, das die Verbalaussagen in den VV. 1-8 beherrscht, markiert eine weitere Sinnlinie des Textes.

Die Zuordnung der beiden Sinnlinien mündet in die *Pragmatik*, für die vor allem auch die nicht-referentiellen, autor- oder adressatenbezogenen Äußerungen (»ich sage euch« [V. 5a], »wißt ihr nicht?« [VV. 2a.3a.9a]) und Urteile (Sätze mit Prädikatsnomen: VV. 2bβ. 5bα.7a.11a) zu beachten sind. Überhaupt enthält der Text in ungewöhnlicher Häufigkeit Fragen (Diatribenstil), die ihm ein gewisses Pathos verleihen. Ob man ihn als »affektbeladene Passage« bezeichnen soll (*F. Siegert*, Argumentation [s. Lit. zu 1,10-4,21] 231), ist eine andere Frage. Das Pathos könnte auch rhetorischem Kalkül entspringen. Die Argumentationsstruktur stellt sich folgendermaßen dar: Ausgangspunkt ist das Faktum, daß Gemeindemitglieder vor Gericht gehen (V. 1; Sinnlinie des Richtens). Sie werden dies ganz selbstverständlich getan haben, da das Rechtswesen eben staatlich geregelt war (vgl. *E. Dinkler*, Problem 217f.). Paulus verwirft dies, weil er als Maßstab den Gegensatz bzw. die Sinnlinie von heiliger Gemeinde und profaner Welt anlegt. Dieser Maßstab schlägt schon in der Darlegung des Sachverhaltes in V. 1 durch, wenn die weltlichen Richter als »Ungerechte« den »Heiligen« gegenübergestellt werden. Die Argumentation verläuft dann in mehreren Schüben. In einem ersten Gang (VV. 2-6) verweist der Text zunächst auf die eschatologische Gerichtsbarkeit der Gemeinde über Welt und Engel, die eigentlich selbstverständlich sein sollte (»wißt ihr nicht?«), und zieht daraus die auf den konkreten Vorfall bezogenen Schlüsse, die in die Urteile der VV. 2bβ.5bα münden. Mit dem Urteil von V. 7a beginnt ein neuer Gang, der die Argumentation auf eine höhere Ebene hebt. Die Sinnlinie ›Gemeinde vs Welt« wird jetzt nicht mehr dazu eingesetzt, um ein Agieren im Bereich der unheiligen Welt zurückzuweisen, sondern um das eigentlich fällige Verhalten im Bereich der Gemeinde anzumahnen. Dies geschieht zunächst fallbezogen in den VV. 7f. und wird dann – wiederum mit »wißt ihr nicht?« an eigentlich Selbstverständliches erinnernd – zu einem grundsätzlichen Verdikt eines Ethos, das für Christen wegen ihres Heilsstatus, der sie von der Welt trennt, nicht in Frage kommt (VV. 9-11). Insgesamt ist der Text also bemüht, das Richten (erste Sinnlinie) und darüber hinaus das Verhalten der Gemeinde überhaupt auf die Basis des ihr angemessenen Maßstabs zu stellen, der sich aus ihrem Heilsstatus und damit aus ihrem Gegensatz zur Welt (zweite Sinnlinie) ergibt.

2.3 Einzelerklärung

Vers 1: Paulus geht gleich auf Distanz: »Bringt es einer von euch fertig ...?« Die pathetische Frage unterstreicht, daß das, was in Korinth praktiziert wird, für Paulus überhaupt nicht in Frage kommt. Es geht um Streitsachen (zu ›pragma‹ in diesem Sinn s. *Bauer* s.v., 5) bzw. zunächst um das Forum, vor dem diese Streitsachen ausgetragen wurden: »vor den Ungerechten« und nicht – wie es sich nach Meinung des Paulus eigentlich gehörte – »vor den Heiligen«. Die Korinther trugen also ihre Streitigkeiten vor weltlichen Gerichten aus, statt sie intern innerhalb der Gemeinde zu regeln. Nicht eindeutig zu klären ist, ob es sich wie in 5,1 um einen Einzelfall oder um eine weiter um sich greifende Praxis handelte. Die Formulierung »einer von euch« ist für beide Deutungen offen. *Schrage* gibt wohl zu Recht zu bedenken, »daß man schon angesichts der Größe der Gemeinde nicht mit einer Vielzahl von Prozessen zu rechnen hat.« Die These, daß es Leute von höherem sozialen Stand waren, die Leute von niedrigerem Stand vor Gericht brachten (*A. C. Mitchell*, Rich 562.586.passim; zum sozialgeschichtlichen Hintergrund vgl. *A. D. Clarke*, Leadership 62-64), ist zumindest erwägenswert.

Mit den »Ungerechten« (›adikoi‹) will Paulus nicht die profane, heidnische Gerichtsbarkeit des Unrechts bezichtigen. Die ethische Qualität der heidnischen Richter steht nicht zur Debatte (anders: *B. W. Winter*, Litigation 562-564). »Ungerechte« erklärt sich hier aus der Gegenüberstellung zu den »Heiligen« und grenzt die profane, nicht-heilige und insofern auch ungerechte Welt von den Heiligen des von Gott erwählten eschatologischen Gottesvolkes (der

›*ekklēsia tou theou*‹) ab. Das Selbstverständnis der Gemeinde als »berufene Heilige« (1,1) und »heiliger Tempel Gottes« (vgl. 3,16f.), das es gebietet, den internen Bereich der Gemeinde rein zu halten (so 5,1-13!), verbietet es auch, profane Instanzen zu Schlichtern der Interna zu machen. In jedem Fall aber geht es um das Verhalten der *Gemeinde.* »Eine indirekte Kritik am römischen Zivilprozeßverfahren« (so: *S. Meurer,* Recht 150) oder eine »grundsätzliche Einrede« gegen das griechische Rechtssystem *(Schlatter)* läßt sich daher aus den Ausführungen des Paulus genauso wenig ableiten wie ein Widerspruch zu Röm 13. Die Ordnungsfunktion des Staates oder die grundsätzliche Berechtigung des staatlichen Rechtswesens sind durch 1 Kor 6,1-11 nicht tangiert (vgl. *O. *Merk,* Handeln 94f.). Erst recht bewegt Paulus nicht die kleinkarierte Angst, das Image der Kirche könnte Schaden leiden, wenn Gemeindemitglieder ihren Streit in der Öffentlichkeit austragen (gegen: *Schlatter; Fee* 237; *R. H. Fuller,* First Corinthians 99). Was die Kritik des Paulus diktiert, ist dezidiert die Unvereinbarkeit des Heiligen mit dem Profanen.

Formale Parallelen zum Verbot, interne Rechtshändel nach außen zu tragen, gibt es in der jüdischen wie in der heidnischen Welt. Die Juden genossen im römischen Reich eine gewisse Autonomie in religiösen, aber auch zivilrechtlichen Fragen. Dies betraf besonders (zur Zeit des Paulus) die Provinz Judäa, aber auch die Gemeinden in der Diaspora (mit unterschiedlichen Regelungen) (vgl. *E. Schürer,* The history of the Jewish people in the age of Jesus Christ III/1 [rev. and ed. by G. Vermes, F. Millar, M. Goodman], Edinburgh 1986, 118-120; *J. Juster,* Les Juifs dans l'Empire Romain. Leur Condition juridique, économique et sociale II, Paris 1914, 93-214; *S. Applebaum,* The Legal Status of the Jewish Communities in the Diaspora, in: *S. Safrai – M. Stern (ed.),* The Jewish People in the First Century I, Assen 1974, 420-463; *ders.,* The Organization of the Jewish Communities in the Diaspora, in: ebd. 464-503; Bill. III 362f.).

JosAnt XIV 10,17: Der Proprätor und Proquästor Lucius Antonius bestätigt den Juden von Sardis das Recht zu »ihrem Gesetz gemäßen eigenen Zusammenkünften und zu einem eigenen Gerichtshof, vor dem sie ihre Streitigkeiten schlichten und ihre Verträge schließen«. Vgl. auch die übrigen Erlasse bei JosAnt XIV 10 und JosAnt XVI 6,3; s. auch: Apg 18,12-16; 9,2; 22,19; 26,11; 2 Kor 11,24. Zur internen Gerichtsbarkeit vgl.: 1 QS 5,1-7a; 8,1-4; 9,5b-11; 1 QSa 1,13-17a. 19f.24.29; CD 10,4-10a.

bGit 88b Bar: Rabbi Tryphon (um 100) sagte: Wenn du irgendwo (Gerichts)-Kollegien von Nichtjuden findest, so darfst du, selbst wenn ihre Gesetze denen der Israeliten gleichen, dich ihnen nicht anschließen, denn es heißt: Das sind die Gesetze, die du ihnen vorlegen sollst (Ex 21,1), »ihnen«, nicht aber Nichtjuden.

Doch auch in heidnischen Vereinen und vor allem in Mysterienkulten gab es ähnliche Verbote (vgl. *E. Ziebarth*, Das griechische Vereinswesen, Leipzig 1896 [Nachdr. Wiesbaden 1969], 166-183 [174]; *F. Poland*, Geschichte des griechischen Vereinswesens, Leipzig 1909 [Nachdr. Wiesbaden 1969], 446-452). So stellten z. B. die Statuten der Athener Iobakchen nicht nur das Schlagen unter Strafe, sondern untersagten auch dem Geschlagenen, öffentlich zu klagen:

11Dittenberger, SIG III 1109,88-94 (272): Als Strafe werde ihm (dem Schlagenden) auferlegt, so lange nicht an der Versammlung teilzunehmen, wie man es für richtig hält, und dazu ein Strafgeld bis zu fünfundzwanzig Silberdenaren. Dieselbe Strafe soll auch für den gelten, der geschlagen worden ist, aber seine Klage nicht bei dem Priester oder bei dem Archibakchos, sondern öffentlich vorgebracht hat (zit. nach *J. Leipoldt – W. Grundmann [Hrsg.]*, Umwelt des NT II, Berlin 1967, 87).

Die Norm, an der Paulus die Gemeinde mißt, hat also durchaus ihre soziologischen Analogien in der heidnischen und jüdischen Umwelt. Diese lassen sich allerdings nur begrenzt auf Situation und Intention von 6,1-11 übertragen. Wenig wahrscheinlich ist, daß »die von Paulus gerügten Korinther ihre Rechtshändel vor jüdischen Richtern in den Rechtsformen der synagogalen Prozeßtradition angebracht haben« (so: *A. Stein*, Christen 88). Dagegen spricht schon die massive Negativzeichnung der Richter in VV. 1 und 4, ganz abgesehen vom überwiegend heidenchristlichen Charakter der korinthischen Gemeinde. Ob die zur Schlichtung Angerufenen professionelle Richter oder – wie nach rabbinischem Recht für Vermögensprozesse vorgesehen (vgl. Bill. III 363-365) – Laienrichter waren (*L. Vischer*, Auslegungsgeschichte 15; *R. H. Fuller*, First Corinthians 103 f.), läßt sich vom Text her nicht entscheiden. Der vermittelnde Lösungsvorschlag, wonach die Korinther analog zu den Laienrichtern der jüdischen Praxis ihre heidnischen Nachbarn zu Schlichtern eingesetzt hätten (*R. H. Fuller*, ebd. 100 f.), bleibt ebenfalls Hypothese. Worin Paulus mit den angeführten Analogien übereinstimmt, ist die (gerade für Minderheiten) bezeichnende Trennung zwischen Insidern und Outsidern. Analog zu seinen biblisch-jüdischen Vorgaben (zum biblischen Hintergrund vgl. *B. S. Rosner*, Paul 95-115) verschärft Paulus diese Grenze noch dadurch, daß er die Insider für »heilig« (und daher gerecht) und die Outsider (da profan) für »ungerecht« hält. Von einem »eschatologischen Recht« *(Schrage)* kann man aber bestenfalls in abgekürzter Redeweise sprechen. Das Grundmuster der paulinischen Unterscheidung ist kultischen bzw. sakralrechtlichen Charakters, wenngleich diese durch den Bezug auf Christus (vgl. V. 11) ganz ohne Zweifel eschatologisch verschärft ist. Damit sind wir beim ureigensten Ansatzpunkt des Paulus. Nach seiner Überzeugung ist das, was in und an Jesus geschehen ist, eschatologische Tat Gott. Die Situation des (glaubenden) Menschen stellt sich völlig neu dar, so daß Paulus die antithetische Symbolik der bisherigen sakralen Welt auf die Gemeinde überträgt und diese als heilige Welt Gottes der profanen Welt der Ungerechten gegenüberstellt. Aus diesem Grund kann es für ihn nicht angehen, daß die Gemeinde aus ihrem Ort der Heiligkeit, wo Gerechtigkeit in einem letzten Sinn überhaupt erst möglich ist, heraustritt, um sich in der Welt, dem potentiellen und tatsächlichen Ort der Ungerechtigkeit, Gerechtigkeit zu verschaffen. Mit Berührungsängsten vor der Welt hat dies nichts zu tun, da es ja gerade das Ziel des Paulus ist, die Welt zur heiligen Welt Gottes zu machen. Dies geschieht aber durch die Verkündigung des Evangeliums vor und in der Welt und nicht durch die Übernahme weltlicher Gerechtigkeit seitens der Gemeinde. So gesehen, wird der Vorgang in Korinth – trotz möglicher sachlicher Geringfügigkeit – zur Bedrohung der Gemeinde. Daher wohl auch das Pathos der paulinischen Reaktion.

Vers 2: Umstritten ist, ob die Frage (»Wißt ihr nicht ...?), mit der Paulus V. 2a einleitet, nur rhetorischer Kunstgriff ist oder ob die Korinther und Korintherinnen tatsächlich darum gewußt haben, daß »die Heiligen die Welt richten werden«. In jedem Fall muß ihnen das unterstellte Wissen inhaltlich plausibel erschienen sein, da sonst die Grundlage der paulinischen Schlußfolgerung dahinfiele. Konkret greift Paulus den apokalyptischen Gedanken auf, daß die Gerechten bzw. Heiligen am eschatologischen Gericht beteiligt sind und über die Gottlosen und Ungerechten zu Gericht sitzen werden (Dan 7,22 [vgl. Weish 3,8; *P. Volz*, Eschatologie 275 f.]; äthHen 38,5; 48,9; 95,3.7; 96,1; 98,12; 1 QpHab 5,4; vgl. Mt 19,28; Offb 20,4). Vielleicht hätten die Korinther (und insbesondere die unmittelbar betroffenen) die Sache etwas weniger apokalyptisch formuliert und eher daran gedacht, daß ihre jetzt schon bestehende Herrschaft über die Welt (vgl. 4,8; 3,21b.22; 6,12a) einmal offenbar werden wird, sei es beim Verlassen der wahrnehmbaren Welt im individuellen Tod, sei es beim endgültigen Verschwinden dieser Welt am Ende. Auch das wäre ja ein Gericht über die Welt. Der Unterschied zwischen Paulus und den Korinthern bestünde dann darin, daß deren Gerichtsvorstellung auf eine Entweltlichung hinausliefe, während Paulus die Welt in die Gemeinde hineinholen möchte, so daß das Gericht nicht über die Welt an sich ergeht, sondern über die Welt, sofern sie sich dem Heilszuspruch des Evangeliums verschließt und sich in diesem Sinne erst als »Welt« konstituiert (vgl. zu 1,21). Es wird deutlich, daß zumindest bei Paulus der Begriff »Welt« zur »Menschenwelt« tendiert. In den Kontext dieser Erwägungen würde auch passen, daß die Korinther eher geneigt waren, eine Verantwortung für die Dinge dieser Welt abzulehnen, während Paulus diese geradezu fordern mußte. Und schließlich ließe sich der (singuläre) Gedanke von der Richterfunktion der Gemeinde relativ leicht in ein übergeordnetes theologisches Konzept einfügen und mit dem sonst vorherrschenden Gedanken vom Gericht Gottes (vgl. Röm 3,6.19; 1 Kor 11,32) in Einklang bringen. Das Richten der Gemeinde wäre dann das eschatologische Pendant zu ihrer Glaubensentscheidung, die sachlich nicht von der Erwählung durch Gott zu trennen ist, der eschatologisch wiederum das Gericht Gottes entspricht. Eine Auferstehung der Ungläubigen ist für dieses Richten der Gemeinde nicht erforderlich, so daß ein möglicher Widerspruch zu 15,23f. entfällt (gegen *Schrage*). Wie immer man den Charakter der Frage von V. 2a beurteilt, Paulus geht jedenfalls davon aus, daß die Korinther und Korintherinnen sie verstehen und sich aneignen können. Vielleicht ist die apokalyptische Diktion schon Teil seiner rhetorischen Strategie. Die Schlußfolgerung, die er in V. 2b zieht, läuft a maiore ad minus. Wenn die Gemeinde für das Weltgericht zuständig ist, wie kann sie sich dann aus der Verantwortung für ihre eigenen Streitigkeiten stehlen? Mit den »geringfügigsten Rechtsstreitigkeiten« (›kriteria elachista‹) will Paulus kaum andeuten, daß die korinthischen Streitigkeiten juristische Bagatellfälle waren oder für die Gemeinde bedeutungslos sein sollten. Dann wäre seine Argumentation eher kontraproduktiv. Die semantische Minimierung ergibt sich vielmehr aus der Relation: Wer über eschatologisches Heil oder Unheil entscheidet, der hat auch die Kompetenz und die Fähigkeit, Streitfälle, die im Vergleich damit in der Tat nur von geringfügigster Natur sein können, zu entscheiden. Worum es sich dabei konkret gehandelt haben könnte, soll beim nächsten Vers erörtert werden.

Vers 3: V. 3a steigert zunächst noch den Parameter, den Paulus in V. 2 für seine Schlußfolgerung angelegt hatte. Nicht nur die »Welt«, sondern sogar die »Engel« werden von den Heiligen gerichtet. An welche Engel Paulus hier gedacht hat, ist schwer zu sagen. Wohl kaum an die gefallenen Engel von Gen 6. Zumindest nach apokalyptischer Auffassung sind diese schon endgültig gerichtet (vgl. äthHen 13 f.; 16). Oder setzt Paulus voraus, daß beim eschatologischen Gericht alles göttliche Richten noch einmal lebendig und von der eschatologischen Gemeinde mitvollzogen wird? Oder muß man sich mit der allgemeinen Auskunft zufrieden geben, daß Paulus »an böse Engelmächte« denkt *(Schrage)*, ohne daß man diese näher identifizieren kann. Unter dem Gesichtspunkt einer strukturellen Semantik liegt es nahe, die »Engel« als Substitution der »Welt« von V. 2 zu verstehen und in ihnen dann sachlich das metaphysische bzw. metahistorische Pendant zur Welt der physischen bzw. historischen Wahrnehmung zu sehen. Im Hintergrund stünde dann die apokalyptische Idee von den Völkerengeln (so: *M. Dibelius*, Geisterwelt [s. Lit. zu 2,6-16] 10-13; *O. Cullmann*, Christus und die Zeit, Zürich ³1962, 176; vgl. *L. Vischer*, Auslegungsgeschichte 12, der dann aber doch skeptisch ist), welche die metahistorischen Drahtzieher weltlicher Herrschaft sind. Wenn die Welt gerichtet wird, müssen selbstverständlich auch diese Engel gerichtet werden (äthHen 90,22-25; 91,15 f.). V. 3b fährt dann – die Schlußfolgerung a maiore ad minus auf höherer Ebene wiederholend – fort: »Erst recht über Alltägliches!« »Alltägliches« (›*biōtika*‹) sind Dinge, die zum alltäglichen bzw. irdischen Leben (›*bios*‹) gehören (vgl. Polybios 4,73,8; Diod. Sic. 2,29,5; Philo, VitMos 2,158; Lk 21,34). Daß diese für das eschatologische Heil nicht von Belang sind, ist an sich schon richtig. Vielleicht war dies auch der Grund, daß die Korinther meinten, in solchen Sachen unbeschadet vor Gericht ziehen zu können. Dies hinwiederum bestreitet Paulus. Nach Philostrat (Vit.Soph. I 25,3) soll man alltägliche Streitigkeiten im Gegensatz zu schweren Vergehen nicht vor Gericht bringen, sondern zu Hause austragen. Legt man dieses Verständnis zugrunde, so könnte man fragen, ob die Korinther ihre Streitfälle für »Alltägliches« gehalten haben. Dann könnte die Bezeichnung bereits ein Teil der paulinischen Bewertung sein. Worüber man im einzelnen gestritten hat, bleibt allerdings offen. Von VV. 7 f. her – »Unrecht tun« bzw. »berauben« (›*aposterein*‹) – ist wohl an finanzielle bzw. geschäftliche Auseinandersetzungen zu denken.

Vers 4: V. 4a will folgern. Umstritten ist, wer in V. 4b die sind, »die in der Gemeinde nichts gelten«: geringgeschätzte Gemeindemitglieder (*Allo* 134 f.; *Gutjahr* 138 f.; *Strobel*) oder heidnische Richter (so die meisten). Im ersten Fall wäre V. 4b als Aufforderung zu übersetzen, im zweiten Fall als Feststellung oder Frage. Semantisch und kontextuell wird man sich für die zweite Möglichkeit zu entscheiden haben. Als Aufforderung verstanden, fügt sich V. 4b nur schwer zu V. 5a, der sich dann nicht auf V. 4, sondern auf V. 1 zurückbeziehen müßte. Im übrigen wird man zu berücksichtigen haben, daß die den Text beherrschenden Oppositionen die Insider positiv und die Outsider negativ zeichnen. Im Rahmen dieser Semantik paßt der Ausdruck »die in der Gemeinde nichts gelten« eigentlich nur zu den Außenstehenden. Ob man den Satz dann als Feststellung oder Frage zu verstehen hat, ist sachlich nicht so bedeutsam (dezidiert für einen »Befehl« [»command«] tritt *J. D. M. Derrett*, Judgement 28f., ein). Beide Male drückt Paulus Erstaunen bzw. Befremden aus. Vom sonstigen Stil des Abschnittes liegt vielleicht die Frageform näher (so auch: *Weiß; Wendland; Conzelmann; Orr – Walther*). Das »Einsetzen« wird man sich nicht als konstitutiven Akt vorstellen dürfen *(Lang)*. Gemeint ist die praktische Inanspruchnahme heidnischer Richter (*Weiß; Schrage. S. Meurer*, Recht 147f., und *L. Vischer*, Auslegungsgeschichte 14, denken an die römische Zivilprozeßordnung, wo die Parteien sich vertraglich einigen, wen sie als Richter anerkennen). Ihre Bezeichnung als »nichts Geltende« erklärt sich aus der Semantik der Oppositionen. Die »nichts Geltenden« (›*exouthenēmenoi*‹) gehören auf die Seite der »Welt«, die ins Verderben geht (1,18), die Gott nicht erkennt (1,21), deren Herrscher vernichtet werden (2,6). Die Bezeichnung ist das Gegen-Urteil aus der Sicht der »Gemeinde«, die aus der Sicht der »Welt« ihrerseits zu dem »nichts Geltenden« bzw. »Verachteten« (›*exouthenēmena*‹) gehört (1,28). Ein unangemessenes Richten, das der Aussage von 5,12a.13a widerspräche, kommt damit nicht ins Spiel (gegen *Schrage*), da die Wertung von V. 4b nur die (religiöse) Grenzziehung fortschreibt, die die Gegenüberstellung von drinnen und draußen etabliert hat. Es geht Paulus auch hier nicht um eine sittliche Verurteilung der heidnischen Richter. Vielmehr will die wohl sehr bewußt relational formulierte Bezeichnung (»die *in der Gemeinde* nichts Geltenden«) der *Gemeinde* klar machen, daß sie sich auf einem ungebührlichen Felde bewegt, wenn sie mit ihren Rechtsstreitigkeiten zu heidnischen Richtern geht.

Vers 5: Deshalb sind die Ausführungen, wie Paulus in V. 5a reflektierend festhält, »zur Beschämung« geschrieben. Am Ende seiner Ausführungen in 1 Kor 1–4 hatte er noch betont, daß er die Gemeinde nicht beschämen will (4,14a). Jetzt tut er es. Der Grund liegt wohl in der Sache, die zur Debatte steht. Die Streitigkeiten, um die es in Kapitel 1 bis 4 ging, blieben innerhalb der Gemeinde und hatten ihren Grund letztlich in der mangelnden Einsicht in die Bedeutung des Gekreuzigten. Dies konnte Paulus noch der Unmündigkeit und Kindlichkeit der Korinther zugute halten (vgl. 3,1-4; 4,14b). Jetzt aber bemühte man heidnische Gerichte zur Lösung der internen Streitigkeiten. Daß dies verkehrt war, war evident und bedurfte keiner besonderen Reife, so daß Paulus nicht mehr mahnen, sondern nur noch beschämen konnte. Daß der Begriff des »Weisen« an den »weisen Baumeister« von 3,10 erinnern soll *(Schlatter)*, ist wohl überscharf beobachtet. Der Begriff ist auch kaum ein Rückgriff auf den jüdischen Titel des Rechtsgelehrten (›chokham‹; vgl. *Bill. III 365; U. Wilckens: ThWNT VII 505-508; E. Dinkler, Problem 208; M. Delcor, tribunaux, denkt an Parallelen zu Qumran)*, sondern eher eine ironische Spitze gegen die Korinther. Sie, die um Weisheit streiten und sich in der Inanspruchnahme der Weisheit gegenseitig übertrumpfen, versagen gerade dort, wo Weisheit gefordert wäre. Gefordert ist allerdings nicht die Weisheit dieser Welt, die man vor (heidnischen) Gerichten erstreiten kann, sondern jene Weisheit, die für die Gemeinde allein maßgeblich sein kann: die Weisheit Gottes, die im gekreuzigten Christus offenbar wurde (1,18-25; 2,6-10). Diese Weisheit freilich ließe, wenn sie wirklich die Praxis der Gemeinde bestimmen würde, Rechtsstreitigkeiten nicht einmal aufkommen. Diese Konsequenz führt Paulus dann auch in den VV. 7 f. aus. Zunächst aber bleibt er noch bei den tatsächlichen Streitigkeiten und insistiert auf die richterliche Kompetenz und Autonomie der Gemeinde. Wie ein richterliches Verfahren der Gemeinde aussehen soll, läßt sich dem Text nicht entnehmen (gegen *Bachmann; Grosheide*). »Zwischen seinem Bruder« (›ana meson tou adelphou autou‹) ist wohl Breviloquenz für »zwischen (dem Bruder und) seinem Bruder« (vgl. V. 6 und oben 1). Ein Bezug auf Ez 34,17.20 LXX, wo mit der gleichen Wortverbindung (›diakrinein ana meson ... [kai ana meson] ...‹) Gott als der gute Hirt zugunsten der schwachen Schafe eintritt, wäre schön (vgl. *Schrage*), läßt sich aber kaum belegen. Eher schon ist mit *B. S. Rosner* an Dtn 1,16 zu denken (Paul 100 f.104-106; *J. D. M. Derrett*, Judgement 29 f., denkt an Ps 82,1b). *Rosners* These, daß die von Mose eingesetzten Richter von Dtn 1,9-17 und Ex 18,13-26 den Prototyp für die von Paulus gewünschten Schlichter bilden, verdient überhaupt Beachtung (vgl. *ders.*, Moses).

Vers 6: Die Formulierung (»Bruder mit Bruder«) bestätigt die Breviloquenz von V. 5. V. 6 ist eine nochmalige entrüstete Feststellung (wohl keine Frage) dessen, was in Korinth vorgeht. Dabei ist es der zweite Versteil, der den Vers zu einer Art Zusammenfassung der bisherigen Thematik macht (keine Prozesse vor Ungläubigen!), während der erste Versteil für sich genommen schon zu den beiden folgenden Versen überleitet, die Rechtshändel überhaupt in Frage stellen.

Verse 7 und 8: Nun kommt zum Vorschein, was der tiefere Grund für das Versagen der Gemeinde ist. Ihr fehlt in der Tat die Weisheit, die nötig wäre, um solche irdischen Streitigkeiten zu bewältigen. Diese Weisheit käme darin zum Ausdruck, daß man sich lieber Unrecht antun und sich lieber berauben ließe, als miteinander Rechtshändel zu führen. Mit »Unrecht tun« und »berauben« will Paulus nicht auf zwei verschiedene Sachverhalte hinaus. Der Sinn der beiden Ausdrücke ergibt sich wohl aus Lev 19,13: »Du sollst dem Nächsten kein Unrecht tun und (ihn) nicht berauben!« (›ouk adikēseis ton plēsion kai ouch harpaseis‹ [LXX]). Der Satz gehört zu einer Reihe von Sozialgeboten Lev 19,11-18 (»soziale Reihe«), die mit dem Gebot endet: »Du sollst deinen Nächsten lieben wie dich selbst!« In diesem Gebot sieht Paulus die Zusammenfassung und Erfüllung des ganzen Gesetzes (Gal 5,14) und kann in diesem Zusammenhang auch vom »Gesetz Christi« sprechen (Gal 6,2). Was in Korinth geschieht, ist eine Mißachtung grundlegenden christlichen Sozialverhaltens, letztlich der Liebe. Um des eigenen (finanziellen) Vorteils willen wird das Recht des Bruders mißachtet. Selbstverständlich ist es das gute Recht des geschädigten Bruders, sich dagegen gerichtlich zu wehren. Aber auch dies will Paulus ausschließen, ohne damit andeuten zu wollen, daß die Gemeinde einfach Rechtsbeugung dulden soll. Dagegen verwahrt sich V. 8, wobei – in negativer Entsprechung zum Ende von V. 6 – die Innergemeindlichkeit des Unrechts dessen Qualität noch steigert. Es geht Paulus also nicht nur um das Gebot des Rechtsverzichts, wie es etwa in dem Jesuswort Mt 5,39-42 par zum Ausdruck kommt (gegen *Bousset*). Das Wort wird bezeichnenderweise auch nicht zitiert (vgl. dazu: *Weiß*). Paulus verwahrt sich gegen beides, woraus ein Rechtsstreit entsteht: Unrecht tun und auf sein Recht nicht verzichten. Miteinander Rechtshändel zu haben, ist der entscheidende Fehler der Korinther (V. 7). Insofern bezeichnet »Fehler« (›hēttēma‹) in V. 7 nicht ein zusätzliches negatives Element, das zur Unfähigkeit, die Streitigkeiten selbst zu regeln, hinzukommt. Mit ›hēttēma‹ ist vielmehr die grundsätzliche »Niederlage« der Gemeinde als Gemeinde zum Ausdruck gebracht. Was Paulus bewegt, ist weder ein ethisches Prinzip (vgl. Plato, Gorgias 509c: »Das größere Übel, sagen wir [= Sokrates], ist das Unrechttun, das kleinere das Unrechtleiden«) noch praktische Klugheit (vgl. Xenophon, Memorabilia II 9,1: [dem Sokrates wird unterstellt, daß er] »lieber Geld zahle als Prozesse führe«) noch philosophische Unerschütterlichkeit (vgl. Musonius X [52,1-14]). Schon näher liegt die Einsicht des Seneca, der mit Blick auf die von der Natur gegebene Verwandtschaft aller sagt: »Sie hat uns gegenseitige Liebe eingepflanzt und uns zum Leben in der Gesellschaft befähigt. Sie hat Billigkeit und Recht geschaffen, nach ihrer Verfügung ist es erbärmlicher zu schaden, als Schaden zu erleiden« (Ep. mor. 95,52). Der Unterschied zu Paulus bleibt dennoch deutlich. Für ihn ist der entscheidende Gesichtspunkt die Gemeinde. Wo man gemeindeintern um das Recht streitet, wird das der Heiligkeit der Gemeinde allein entsprechende Verhalten der Liebe – von beiden Kontrahenten – nicht verwirklicht. Die Folge sind Prozesse vor dem Forum der Welt, aus der die Gemeinde ausgegrenzt ist. Wenn die korinthische Gemeinde derartige Statusverletzungen vermeiden will, muß sie sich um Liebe bemühen. Dies wäre auch der Weg, um die in V. 5 geforderte Entscheidung herbeizuführen.

Verse 9 und 10: In den VV. 9f. führt Paulus wieder einen Lasterkatalog an (s. zu 5,10f.). Der Katalog ist, wie der Vergleich mit 5,10f. und insbesondere mit Gal 5,19-21 zeigt, traditionell. In Gal 5,21 wird die gleiche Schlußfolgerung gezogen wie in V. 10: Diejenigen, die das und das tun, *werden das Reich Gottes nicht erben*. Auch diese Formulierung ist im Sprachgebrauch des Paulus eher ungewöhnlich (außer Gal 5,21 und 1 Kor 6,9f. noch 1 Kor 15,50; vgl. Eph 5,5) und deutet auf Tradition (vgl. Mt 25,34; *G. Johnston*, Kingdom 145-148; *G. Haufe*, Reich Gottes). Wie schon erwähnt (s. zu 5.10f.), sind die Lasterkataloge in der Aufführung der einzelnen Laster trotz der Traditionalität aber keinesfalls festgelegt, sondern weitgehend variabel. Dies ergab sich schon aus einem Vergleich der genannten konkreten Kataloge (vgl. auch Kol 3,5.8). Daß Paulus zweimal ansetzt und in V. 9a zunächst nur die »Ungerechten« als Nicht-Erben des Reiches Gottes apostrophiert, ergibt sich aus der bisherigen Argumentation. Mit den »Ungerechten« greift er den in V. 8 genannten Sachverhalt des Unrechttuns und Raubens auf, also ein Sozialverhalten, das das Recht des anderen mißachtet. Der Sachverhalt des Raubens wird überdies noch am Ende des ausführlichen Kataloges in V. 10 mit dem Begriff der »Räuber« aufgegriffen, so daß man die »Ungerechten« in V. 9 und die »Räuber« in V. 10 als Klammer verstehen kann, die den Lasterkatalog mit der konkreten Situation in Korinth verbindet. Daß Paulus aus den vorausgegangenen Ausführungen nur diejenigen aufgreift, die aktiv Unrecht tun, und nicht auch diejenigen vom Reich Gottes ausschließt, die nicht lieber Unrecht erleiden (V. 7), deutet an, daß er hier doch gewisse Unterschiede macht.

Gegenüber denjenigen, die aktiv Unrecht tun, findet Paulus eine deutliche Sprache: Wer das Recht des Bruders beugt, wird das Reich Gottes nicht erben (V. 9a). Indirekt ist damit auch eine Zulassungsbedingung für die Gemeinde genannt, da die Gemeinde ja das eschatologische Volk (›ekklēsia tou theou‹) ist, das sich für das Reich Gottes sammelt. Insofern erfüllen die Lasterkataloge eine ähnliche Funktion wie Dtn 23,2-9. Doch während dort die Zugehörigkeit zum ›qahal JHWH‹ von der körperlichen und ethnischen Makellosigkeit (als Voraussetzung für die Kultfähigkeit) abhängig gemacht wird, bestimmt Paulus die Zugehörigkeit zur »Gemeinde Gottes« ethisch. Doch ist die ethische Komponente, wie gleich aus V. 11 zu erfahren sein wird, nicht eigentlich die Voraussetzung, sondern eher der Ausweis für die Zugehörigkeit zur Gemeinde. Die eigentliche Voraussetzung für die Zugehörigkeit zur ›ekklēsia‹ bestimmt Paulus – in einem tieferen Sinn wiederum mit Dtn 23 vergleichbar – vom Erwählungsgedanken her. Dabei ist es das Spezifikum der in Jesus Christus geschehenen Erwählung, daß sie den Sündern gilt und damit auch die Grenzen zwischen Israel und den Heiden überwindet. Insofern sind die in Dtn 23 formulierten ethnischen Grenzen überwunden. Das Kennzeichen des eschatologischen Gottesvolkes der Heiligen und Gerechten ist vielmehr dessen heiliges und gerechtes Verhalten. Damit dürfte die ekklesiologische Funktion der Lasterkataloge zutreffend beschrieben sein.

Im einzelnen gibt es freilich noch Probleme. So ist es nicht immer ganz deutlich, was mit einzelnen der aufgezählten Begriffe gemeint ist (vgl. dazu *Schrage* [mit reichem Belegmaterial]). Das gilt ganz besonders für die »Weichlinge«. Das griechische Wort ›malakoi‹ (= eigentlich »Weiche«) läßt es offen, ob speziell an die »Lustknaben« (*Bauer;* die meisten Übersetzungen) als den passiven Teil in einer päderastischen Beziehung gedacht ist oder ganz allgemein an weichliche Lebemenschen. Im ersten Fall müßte man dann bei den folgenden »mit Männern Verkehrenden« (›arsenokoitai‹) an die aktiven Partner päderastischer Beziehungen denken, die in der Regel auch die älteren waren. Ob man diese als »Knabenschänder« bezeichnen kann (so: LB, EÜ), bleibt fraglich. Das Wort ›arsenokoitēs‹ gibt dies jedenfalls nicht her. Es bezeichnet einfach einen Mann, der gleichgeschlechtlichen Verkehr hat (so auch: *D. E. Malick*, Condemnation 487). Daß speziell an männliche Prostituierte gedacht sein soll (›*arseno*-‹ also nicht als Objekt, sondern als Subjekt verstanden; so: *H. D. Lance*, Bible 146 f.), ist wenig überzeugend (vgl. *D. F. Wright*, Homosexuals; *ders.*, Translating; *R. Scroggs*, New Testament 108).

Es fällt auf, daß in dem Lasterkatalog die sexuellen Verfehlungen gehäuft vorkommen (Unzüchtige, Ehebrecher, evtl. Lustknaben und mit Männern Verkehrende [Männer]), obwohl der in 6,1-11 unmittelbar behandelte Vorfall nichts damit zu tun hat. Vielleicht hat Paulus die sexuellen Verfehlungen von 5,1-13 und 6,12-20 vor Augen und will hier umfassend sexuelles Fehlverhalten anprangern (zur Sexualmoral in den paulinischen Katalogen vgl. *A. Ródenas*, moral sexual). Deutlich ist, daß der Lasterkatalog in VV. 9b.10 aus der Perspektive biblisch-jüdischer Tradition verfaßt ist (vgl. *A. Vögtle*, Tugend- und Lasterkataloge 223-226). Götzendienst und Unzucht sind die traditionellen Vorwürfe gegen die Heiden; nicht selten kommt dazu noch die Habsucht (s. o. zu 5,10 f.). Diese geschichtliche Verortung und Bedingtheit gilt es zu beachten. Denn wenn es richtig ist, daß zum Beispiel Homosexualität konstitutionellen Charakter besitzt, wie uns heute die Humanwissenschaften lehren, dann wird man ihr nicht mit einem derartigen Lasterkatalog gerecht (zur Problematik der Homosexualität vgl. oben die Arbeiten von *F. Craddock*, *G. Strecker*, *V. P. Furnish* [78-82], *P. von der Osten-Sacken*, *J. Becker*, *K. Wengst*, *H. D. Lance*). Im übrigen gilt es überhaupt zu sehen, daß Lasterkataloge immer recht plakativ sind. Das moraltheologische Problem, was Unzucht, Götzendienst, Diebstahl usw. ist, ist damit noch nicht geklärt.

Im übrigen gilt es, die Funktion eines derartigen Lasterkatalogs im Kontext zu beachten. Wenn es richtig ist, daß der Lasterkatalog eine Art negativer Verhaltenskodex für die zur »Gemeinde« (›*ekklēsia*‹) Gehörigen ist, dann haben die aufgezählten Beispiele nur exemplarischen Charakter, sind also keineswegs erschöpfend. Darüber hinaus sind mit den aufgezählten Lastern als negativen Beispielen nur Verbote ausgesprochen, die ihren eigentlichen Sinn aus dem dahinterstehenden positiven Anliegen gewinnen. Dieser positive Sinn konnte oben (s. zu VV. 7 f.) als Verhalten der Liebe verdeutlicht werden. D. h., der Lasterkatalog ist ein Katalog nicht verwirklichter Liebe. Von der Liebe her – als dem Ausweis der heiligen Gemeinde Gottes – bekommt der Lasterkatalog seinen Sinn; von daher ist er auch zu interpretieren.

Vers 11: V. 11a erinnert an die lasterhafte Vergangenheit. Paulus differenziert, indem er nicht pauschal alle, sondern nur einen Teil der Gemeinde (»einige«) mit solchen Lastern behaftet. Ob er dabei speziell an die Heidenchristen gedacht hat (vgl. *E. Kamlah*, Form 178), muß offen bleiben. In keinem Fall darf man aus der Differenzierung schließen, daß die übrigen nach Meinung des Paulus schon vor ihrer Bekehrung Gerechte gewesen seien. Paulus zielt nicht auf Ausgrenzung, weder von Sündern noch von Gerechten. Trotz der Differenzierung ist die ganze Gemeinde angesprochen (vgl. die Konstruktion »Und solche *wart ihr [›ēte‹]* zum Teil«). Vor ihrer Hinkehr zu Christus war sie eben nicht heiliges Gottesvolk, was im lasterhaften Leben einiger seinen augenfälligen Ausdruck fand. Jetzt aber – so formuliert V. 11b mit dreifachem »aber« die Antithese unterstreichend – »habt ihr euch abwaschen lassen, seid ihr geheiligt worden, seid ihr gerecht gemacht worden«. Meist wird vorausgesetzt, daß Paulus hier traditionelle Taufterminologie verwendet (vgl. *U. Schnelle*, Gerechtigkeit 38-42). Das mag sein, obwohl es schon verwundert, wenn gleichzeitig festgestellt werden muß, daß mit dem »Abgewaschen-werden« (im Neuen Testament) »nirgendwo die Taufe selbst ... gekennzeichnet wird«, daß »Geheiligt-werden« »in Anspielung auf die Taufe ... selten gebraucht« wird (vgl. Eph 5,26; 1 Petr 1,2) und daß »der ursprüngliche Sinn von ›Gerechtfertigtwerden‹ im Kontext der vorpaulinischen Tauftradition ... unklar (bleibt)« (*Schrage* 427). Im Mittelpunkt der folgenden Überlegungen soll die textinterne Semantik stehen, die unter primär traditionsgeschichtlicher Fragestellung nicht selten zu kurz kommt. »(Sich) abwaschen (lassen)« (›*apolouesthai*‹; *Conzelmann* will das Wort passivisch verstehen) begegnet im Alten Testament und im Frühjudentum vor allem im Zusammenhang mit der (rituellen) Reinheit (vgl. *A. Oepke:* ThWNT IV 302-304). Dies konvergiert mit dem neutestamentlichen Sprachgebrauch, wo zum Wortfeld von »sich abwaschen lassen« das »Abwaschen der Sünden« (Apg 22,16), das »Heiligen« und »Reinigen« (Eph 5,26; vgl. Joh 13,10 und das »reine Wasser« Hebr 10,22) sowie das »Vor-sich-Hinstellen« bzw. das »Hinzutreten« (Eph 5,27; Hebr 10,22 [Kultfähigkeit!]) gehört. In dieses kultisch-rituell geprägte Wortfeld fügt sich auch die Aussage des Paulus, dem es im Kontext um die Reinheit und Heiligkeit der Gemeinde geht. Mit »sich abwaschen lassen« und »geheiligt werden« spricht Paulus die Korinther und Korintherinnen auf den Vorgang an, der sie – die ehemals Profanen, die Un-Heiligen, das Nicht-Volk – zum heiligen Tempel bzw. zum heiligen Volk Gottes gemacht hat. Daß mit diesem Vorgang sachlich die Taufe gemeint ist, wird man nicht bestreiten, selbst wenn man der These traditioneller Taufterminologie skeptisch gegenübersteht. Das Bild vom »Sich-abwaschen-Lassen« stellt zudem eine natürliche semantische Assoziation zur Taufe her. Bemerkenswert ist, daß Paulus zum »Sich-abwaschen-Lassen« und »Geheiligt-Werden« noch das »Gerecht-gemacht-Werden« (›*edikaiōthēte*‹) hinzufügt und damit in das kultisch-rituell geprägte Wortfeld einen Begriff aus der Kategorie der Sittlichkeit einfügt. Die Betonung der Sittlichkeit erinnert an Philo. Die konkrete Art und Weise, wie Paulus die sittliche Kategorie einbringt, unterscheidet ihn allerdings sogleich wieder von jenem. Rituelle Termini, etwa im Zusammenhang mit entsprechenden Vorschriften des Pentateuch, werden von Philo in aller Regel allegorisch-ethisch umgedeutet (z.B.: Som I 82 [zu Lev 22,6f.]; SpecLeg I 198-211 [zu Lev 1,1 ff.]). Paulus hingegen macht keinen Versuch, die rituell-kultische Terminologie zu ethisieren. Er sagt nicht: Die wahre rituelle Abwaschung und die eigentliche kultische Heiligkeit bestehen in einem gerechten Leben. Für ihn sind Reinheit und Heiligkeit nicht wie bei Philo durch Tugend zu erlangen. Paulus bleibt vielmehr insofern im kultischen Vorstellungskreis, als er die Gerechtigkeit passivisch als Geschenk Gottes artikuliert: »ihr seid gerecht gemacht *worden*« (›*edikaiōthēte*‹)! Kultische Reinigungsriten sind keine magischen Handlungen, sondern symbolische Repräsentation einer von *Gott* eingeräumten Möglichkeit, wodurch Menschen von den begangenen Sünden befreit und somit wieder kultfähig (und insofern heilig) gemacht werden. Eine ganz analoge Vorstellung steht hinter dem, was Paulus in V. 11 beschreibt. Die Korinther und Korintherinnen werden darauf angesprochen, daß sie eine von *Gott* geschaffene Möglichkeit der Reinheit, Heiligkeit und Gerechtigkeit ergriffen haben. Die Taufe, das Sich-abwaschen-Lassen, erscheint als Symbol der von Gott gesetzten Möglichkeit, daß aus Sündern Heilige und Gerechte werden. Daß die Taufe dabei nicht vom Glauben (als der subjektiven Aneignung der gottgesetzten Heilsmöglichkeit) isoliert werden kann, wird hier nicht reflektiert, versteht sich aber von selbst. Was die von Paulus angesprochene Möglichkeit über die Möglichkeiten kultisch-ritueller Reinigung und Sündenvergebung hinaushebt, ist der eschatologische Charakter der in Christus eröffneten Reinheit, Heiligkeit und Gerechtigkeit. Die Taufe erscheint geradezu als eschatologischer Reinigungsritus. Diejenigen, die sich ihm unterziehen, sind nicht nur von den begangenen Sünden befreit (bis zur nächsten Verfehlung), sie sind vielmehr *eschatologisch*, und d.h. zumindest *potentiell endgültig*, gereinigt, so daß sie nicht nur (wieder) kultfähig, sondern selbst der heilige Tempel Gottes geworden sind. Der in V. 11 beschriebene Vorgang läuft auf einen *Existenzwechsel* hinaus. Es geht nicht nur um die wieder einmal – und daher immer wieder – fällige Aufarbeitung einzelner vergangener Verunreinigungen und Sünden, sondern um eschatologische Neuschöpfung (vgl. Tit 3,5; *E. Dinkler*, Problem 227, spricht zu Recht von der »Taufhandlung als Schöpfungsakt«; vgl. auch *S. Wibbing*, Tugend- und Lasterkataloge 123-127). Sprachlich wird der Existenzwechsel noch dadurch unterstrichen, daß Paulus die Korinther nicht nur an ihre vormaligen Sünden bzw. ihr tatsächliches Sündigen, sondern präzise an ihre (heidnische) *Existenz als Sünder* erinnert (VV. 9b.10.11a). Nicht zufällig ist der Lasterkatalog (VV. 9b.10) nicht sachlich (Sünden), sondern personal (Sünder) formuliert. Umgekehrt ist, wer sich hat abwaschen lassen, nicht nur in den status quo ante zurückversetzt, sondern ist *existentiell zum Nicht-Sünder* geworden, hat die Existenz des Sünders mit der des Heiligen und Gerechten vertauscht. Aus den Unreinen, die vor Gott nicht hintreten dürfen, werden Berufene (vgl. 1,2.24), die beständig vor Gott stehen. Aus den Unheiligen wird der heilige Tempel Gottes, in dem der Geist Gottes selbst wohnt (3,16f.; vgl. 6,19). Aus den Sündern, die sich durch Sündigen »auszeichnen«, werden Gerechte, die die Freiheit besitzen, nicht mehr zu sündigen. Der in V. 11b beschriebene Vorgang ist die *iustificatio impii*. Der spätere Gedanke der Befreiung aus der Macht der Sünde (Gal, Röm) deutet sich an.

Die eschatologische Qualität der in der Taufe erfolgenden Reinigung, Heiligung und Gerechtmachung hat ihren Grund im Bezug zu Jesus Christus, in dem Gott Gerechtigkeit, Heiligung und Erlösung aufgerichtet hat (1,30). Der »Name« steht im Neuen Testament »weithin als Zusammenfassung des an den Namen Jesu gebundenen Heilshandelns Gottes« (*G. Barth*, Taufe 52; vgl. *G. Delling*, Zueignung 42f.68f.). Die konkrete Formulierung »im Namen des Herrn Jesus Christus« ist wahrscheinlich der Nachklang einer Taufformel »taufen auf (›eis‹) den Namen des Herrn Jesus (Christus)« (Apg 8,16; 19,5; 2,38 [›epi‹]; vgl. Mt 28,19; 1 Kor 1,13.15; Apg 22,16). Auch »taufen im (›en‹) Namen Jesu Christi« ist belegt (Apg 10,48; zum Wechsel von »in« und »auf« und zur Entstehung der Formel vgl. *G. Delling*, Zueignung 83-93; *G. Barth*, Taufe 44-59; *L. Hartman*, Auf den Namen 39-52). Durch die Formel wird die christliche Taufe von anderen Tauchbädern unterschieden. Die Formel fügt zum reinigenden Tauchbad nicht ein zweites Motiv hinzu (**R. Bultmann*, Theologie 140: »ein mit dem Taufbad konkurrierendes selbständiges Sakrament«), sondern »interpretiert diese Waschung, indem sie sie auf das an den Namen Jesu gebundene Heilsgeschehen bezieht« (*G. Barth*, Taufe 58). Paulus wird speziell an die Übereignung an den »Herrn« Jesus Christus gedacht haben (vgl. *U. Schnelle*, Gerechtigkeit 40f.). Die in der Taufe hergestellte Relation zu Christus muß sich in einem entsprechenden Leben bewähren. Das vorher angemahnte Ethos wird zum Gehorsam auf der Basis des diesen ermöglichenden (christologischen) Heilsgeschehens. »Im Geiste unseres Gottes« ist primär instrumental zu verstehen. Der Existenzwechsel ist durch den Geist Gottes bewirkt (vgl. 12,13a), der allein zu Schöpfung und eschatologischer Neuschöpfung fähig ist. An die Gabe des Geistes (vgl. bes. Röm 8) ist primär hier nicht gedacht. Doch wenn in der Wendung auch zum Ausdruck kommt, daß »in der Taufe ... die Getauften dem Kyrios *und dem Pneuma* unterstellt« werden (*Schrage*; Hervorhebung v. Verf.), dann ist damit noch stärker, als es die Vorstellung von der Gabe zuläßt, der Existenzwechsel angedeutet, um den es Paulus hier geht.

3. Freiheit und Unzucht
6,12-20

12 Alles ist mir erlaubt, aber nicht alles nützt. Alles ist mir erlaubt, aber ich soll mich nicht von irgendetwas beherrschen lassen.   13 Die Speisen (sind) für den Bauch und der Bauch für die Speisen, Gott aber wird sowohl diesen wie auch diese zunichte machen. Der Leib aber (ist) nicht für die Unzucht, sondern für den Herrn, und der Herr für den Leib.   14 Gott aber hat den Herrn auferweckt, er wird auch uns auferwecken durch seine Kraft.   15 Wißt ihr nicht, daß eure Leiber Glieder Christi sind? Soll ich nun die Glieder Christi nehmen und zu Gliedern einer Dirne machen? Auf keinen Fall!   16 [Oder] wißt ihr nicht, daß der, der sich an eine Dirne hängt, (mit ihr) ein Leib ist? Denn *es werden* – heißt es – *die zwei ein Fleisch sein*.   17 Der aber, der sich an den Herrn hängt, ist (mit ihm) ein Geist.   18 Meidet (wörtl.: flieht) die Unzucht! Jede Sünde, die ein Mensch tut, ist außerhalb des Leibes. Der aber, der Unzucht treibt, sündigt gegen den eigenen Leib.   19 Oder wißt ihr nicht, daß euer Leib Tempel des heiligen Geistes in euch ist, den ihr von Gott habt,

und daß ihr euch nicht selbst gehört? 20 Denn ihr wurdet gegen Bezahlung erworben. Verherrlicht also Gott in eurem Leibe!

Literatur (s. auch die Lit. zu 5,1-6,20): *G. Bof*, Il σῶμα quale principio della sessualità in Paolo: BeO 19 (1977) 69-76; *T. A. Burkill*, Two into One. The Notion of Carnal Union in Mark 10:8; 1 Kor. 6:16; Eph. 5:31: ZNW 62 (1971) 115-120; *B. Byrne*, Eschatologies of Resurrection and Destruction: The Ethical Significance of Paul's Dispute with the Corinthians: DR 104 (1986) 288-298; *ders.*, Sinning against One's Own Body: Paul's Understanding of the Sexual Relationship in 1 Corinthians 6:18: CBQ 45 (1983) 608-616; *G. Dautzenberg*, εὔγετε τὴν πορνείαν (1 Kor 6,18). Eine Fallstudie zur paulinischen Sexualethik in ihrem Verhältnis zur Sexualethik des Frühjudentums, in: *H. Merklein (Hrsg.)*, Neues Testament und Ethik, FS R. Schnackenburg, Freiburg – Basel – Wien 1989, 271-298; *G. Delling*, Paulus' Stellung zu Frau und Ehe, Stuttgart 1931; *B. N. Fisk*, ΠΟΡΝΕΥΕΙΝ as Body Violation: The Unique Nature of Sexual Sin in 1 Corinthians 6.18: NTS 42 (1996) 540-558; *E. Fuchs*, Die Herrschaft Christi. Zur Auslegung von 1. Korinther 6,12-20, in: *ders.*, Wagnis des Glaubens. Aufsätze und Vorträge, Neukirchen – Vlyun 1979, 232-241; *R. W. Graham*, Paul's Pastorate in Corinth. A Keyhole View of his Ministry: LexTQ 17 (1982) 45-58; [11]*E. Güttgemanns*, Apostel 226-240; *R. H. Gundry*, SŌMA in Biblical Theology with Emphasis on Pauline Anthropology (MSSNTS 29), Cambridge 1976; *W. Haubeck*, Loskauf durch Christus. Herkunft, Gestalt und Bedeutung des paulinischen Loskaufmotivs, Gießen – Basel 1985; *E. Käsemann*, Zur paulinischen Anthropologie, in: *ders.*, Paulinische Perspektiven, Tübingen ³1993, 9-60; *R. Kempthorne*, Incest and the Body of Christ: A Study of I Corinthians VI.12-20: NTS 14 (1967/68) 568-574; *R. Kirchhoff*, Die Sünde gegen den eigenen Leib. Studien zu πόρνη und πορνεία in 1 Kor 6,12-20 und dem sozio-kulturellen Kontext der paulinischen Adressaten (StUNT 18), Göttingen 1994; *G. L. Klein*, Hos 3:1-3 – Background to 1 Cor 6:19b-20?: Criswell Theological Review 3 (1989) 373-375; *P. W. Meyer*, The Holy Spirit in the Pauline Letters. A Contextual Exploration: Interp. 33 (1979) 3-18; *M. Miguens*, Christ's »Members« and Sex (1 Cor 6,12-20): Thom. 39 (1975) 24-48; *W. D. Moore*, The Origin of ›Porneia‹ Reflected in 1 Cor 5-6 and Its Implications to an Understanding of the Fundamental Orientation of the Corinthian Church (Diss. masch.), Waco/Tex. 1978; *J. I. Miller*, A Fresh Look at I Corinthians 6.16f.: NTS 27 (1980) 125-127; *J. Murphy-O'Connor*, Corinthian Slogans in 1 Cor 6:12-20: CBQ 40 (1978) 391-396; *ders.*, Interpolations in 1 Corinthians: CBQ 48 (1986) 81-94; *S. E. Porter*, How Should ΚΟΛΛΩΜΕΝΟΣ in 1 Cor 6,16.17 Be Translated?: EThL 67 (1991) 105f.; *T. Radcliffe*, ›Glorify God in your bodies‹: 1 Corinthians 6,12-20 as a sexual ethic: NBl 67 (1986) 306-314; *J. Renard*, Temple and Building: Pauline Images of Church and Community: RR 41 (1982) 419-431; *B. S. Rosner*, Temple Prostitution in 1 Corinthians 6: NT 40 (1998) 336-351; *N. Schneider*, Eigenart (s. Lit. zu 1,10-4,21) 77-79; *U. Schnelle*, 1 Kor 6:14 – eine nachpaulinische Glosse: NT 25 (1983) 217-219; *W. C.*

Spohn, St. Paul on Apostolic Celibacy and the Body of Christ: Studies in the Spirituality of Jesuits 17 (1985) 1-30; *S. K. Stowers*, A »Debate« over Freedom: I Corinthians 6:12-20, in: *E. Ferguson (Hrsg.)*, Christian Teaching. Studies in Honor of LeMoine G. Lewis, Abilene/TX 1981, 59-71; *ders.*, Paul on the Use and Abuse of Reason, in: *D. L. Balch – E. Ferguson – W. A. Meeks (Hrsg.)*, Greeks, Romans and Christians, Essays in Honor of Abraham J. Malherbe, Minneapolis 1990, 253-286; *A. J. M. Wedderburn*, The Problem of the Denial of the Resurrection in I Corinthians XV: NT 23 (1981) 229-241; *K. Weiß*, Art. συμφέρω κτλ., in: ThWNT IX (1973) 71-80.

3.1 Zum Text

Anstelle des Futurs »er wird auferwecken« (›exegereî‹) in V. 14 lesen B und andere Textzeugen den Aorist »er hat auferweckt« (›exēgeiren‹), wieder andere (p11, p46, A, D u. a.) lesen das Präsens »er erweckt auf« (›exegeírei‹). Der Kontext fordert jedoch das Futur (vgl. V. 13). Der Aorist wird in Angleichung an V. 14a entstanden sein, das Präsens dürfte ein Schreibfehler sein (›exegereî‹ ›exegeírei‹). »Oder« in V. 16 fehlt in p46, D und vielen anderen Handschriften. Eine sichere Entscheidung ist nicht möglich. Bemerkenswert ist, was der Mehrheitstext u. a. – sicherlich sekundär – in V. 20 hinzufügen: »... in eurem Leibe *und in eurem Geiste, die Gott gehören*«.

3.2 Analyse

Vorherrschend sind (im griechischen Urtext) Sätze mit Dativ-Objekt (VV. 12aα.bα. 13a[bis].c[bis].d. 16aβ.17). Das syntaktische Phänomen hat einen durchaus sachlich-semantischen Grund. Es geht um Beziehungen bzw. Zugehörigkeiten: Speisen→Bauch, Bauch→Speisen (V. 13a), Leib→Unzucht, Leib→Herr, Herr Leib (V. 13cd), der (→) Dirne bzw. dem (→) Herrn anhangen (VV. 16aβ.17). Die Oppositionen bewegen sich zunächst auf der Verbal- und damit auf der Satzebene (schon in V. 12aαβ.bαβ): Dem »Vernichten« in V. 13 steht das »Auferwecken« in V. 14 gegenüber. Die damit gebildeten Objekt-Sätze (Sätze mit Akkusativ-Objekt [vgl. Bd. I, 99]) lassen – bei gleichem Subjekt (»Gott«) – auch die Objekte (›diesen [= Bauch], diese [= Speisen]‹ und ›Leib, Herr‹) einander in gewisser Weise gegenübertreten. Es handelt sich dabei allerdings nicht um semantische (begriffliche) Oppositionen im strengen Sinn, sondern eher – vor allem, was ›Bauch‹ und ›Leib‹ betrifft – um eine pragmatisch intendierte Substitution. Der eigentliche semantische Gegensatz des Textes kommt in V. 15 zum Tragen: ›Glieder *Christi* vs Glieder *der Dirne*‹. Die Opposition ›Dirne vs Herr‹ beherrscht auch die beiden folgenden VV. 16f. Die Prädizierungen der davon geprägten Beziehungen (›der Dirne vs dem Herrn anhangen‹ = ›ein Leib‹ bzw. ›ein Geist‹) dürfen jedoch nicht ebenfalls als semantische Opposition verstanden werden. ›Leib‹ V. 16 soll durch die Gegenüberstellung zu ›Geist‹ V. 17 nicht negativ gezeichnet werden. Das verbieten schon die beiden anderen Sätze mit Prädikatsnomina (VV. 15a.19a), wo die ›Leiber‹ bzw. der ›Leib‹ als ›Glieder Christi‹ bzw. als ›Tempel des heiligen Geistes‹ beurteilt werden. Es geht in VV. 16f. vielmehr jeweils um die somatische bzw. pneumatische *Einheit*, die durch die Beziehung hergestellt wird, so daß die eine Beziehung (mit der Dirne) mit der anderen (mit dem Herrn) unvereinbar ist. Daraus resultieren die beiden (wie die Feststellungen von VV. 13f. und die Frage von V. 15b als Objekt-Sätze formulierten) Imperative: »Flieht die Unzucht!« (V. 18a) und »Verherrlicht Gott (in eurem Leibe)!« (V. 20b). V. 19a zeigt, daß die Opposition von ›Dirne, Unzucht vs Herr, Gott‹ ihren tieferen Grund im Gedanken der Heiligkeit hat, die auch und gerade die somatische Existenz der Christen und der Gemeinde betrifft. Dies will Paulus den Korinthern, die an dieser Stelle anders urteilen, in 6,12-20 vermitteln. Als argumentative Mittel verwendet er die Substitution von ›Bauch‹ und ›Leib‹ in VV. 13f., sowie die Urteile von VV. 15a.16a.(17a).19a, die durch die diatribenhafte Einleitung mit »wißt ihr nicht?« als nahezu selbstverständlich oder wenigstens – durch die nachfolgenden Ausführungen (rhetorische Frage [V. 15bc], Schriftverweis [V. 16b], Verweis auf die Erlösungstat Gottes [V. 20a]) – als leicht akzeptabel erscheinen.

Auf seiten der betroffenen Korinther steht hinter 6,12-20 eine ähnliche Haltung wie hinter 5,1-13: Die Christen sind frei; als Pneumatiker haben sie die Welt und insbesondere die leibliche Existenz überwunden. Konkret wird man die Befürworter des Verkehrs mit Prostituierten, vor allem soweit sie mit der Parole von V. 12 (»Alles ist mir erlaubt!«) aufgetreten sind, am ehesten im Kreis der Apollos-Partei suchen dürfen. Allerdings wird eine derartige Praxis wohl vorwiegend für ehemalige Heiden, weniger für Juden in Frage gekommen sein (zum »Kundenkreis« der Prostituierten allgemein vgl. *R. Kirchhoff*, Sünde 51 f.). Angesichts der in Griechenland (vgl. Bd. I: Einleitung 1) herrschenden gesellschaftlichen Unbedenklichkeit gegen Dirnenverkehr wird man in solcher Zuweisung nur eine Tendenzanzeige sehen dürfen. Die pauschale Annahme, daß die an der alten Praxis Festhaltenden durch Parteigrenzen zu fixieren sind oder gar eine eigene Gruppe bildeten, dürfte jedenfalls nicht zutreffen.

3.3 Einzelerklärung

Vers 12: V. 12a greift wahrscheinlich ein Schlagwort der Korinther auf (vgl. 10,23). Eine spezifische Gegnerschaft (gnostischer [*W. Schmithals*, Gnosis 217-219], stoischer *[Weiß]* oder judaisierender [*W. D. Moore*, Origin 101-104.209] Provenienz) wird man aus dem Wort jedoch nicht ableiten dürfen (so zu Recht *R. Kirchhoff*, Sünde 69-84, die V. 12a als Slogan allerdings gänzlich ablehnt [ebd. 83]). Vergleichbare philosophische (kynische, stoische) und religiöse (gnostische) Maximen sind in der antiken Welt weit verbreitet (Belege bei **J. Dupont*, Gnosis 298-305; *Conzelmann*). Aus dem Schlagwort spricht das Bewußtsein der Souveränität über die Welt (vgl. 4,8). Ob die Korinther dieses »aus der paulinischen Lehre von der Freiheit abgeleitet« haben *(Conzelmann)*, mag dahingestellt bleiben. Von unmittelbarem Einfluß dürfte die weisheitliche Erlösungslehre gewesen sein, die man sich unter Berufung auf Apollos zurechtgelegt hatte (vgl. Bd. I, zu 1,10-4,21: 3.2.2). Von daher erklärt sich auch, daß die in Anspruch genommene Freiheit sich auf die irdische Wirklichkeit bezieht (Sexualität: 6,12; Speisen: 10,23), die es nach dem Verständnis der weisheitlich eingestellten Korinther zu verlassen galt. Prinzipiell erkennt Paulus das Schlagwort an. Den Gedanken der Souveränität hatte er seinerseits schon in 3,21 (»Alles gehört euch!«) für seine Argumentation fruchtbar gemacht. Paulus wäre der letzte, der die christliche Freiheit leugnen wollte. Aber »Freiheit« will richtig definiert sein. Paulus gibt zunächst eine zweifache Begrenzung an: (1) »Nicht alles nützt«, und (2) der Christ darf sich »nicht von irgendetwas beherrschen lassen«. Zu beiden Grundsätzen gibt es philosophisches Vergleichsmaterial (zum ersten vgl. *K. Weiß:* ThWNT IX 72-76; zum zweiten vgl. das Gespräch zwischen Sokrates und Euthydemos bei Xenophon, Memorabilia IV 5). Genau besehen, geht es beiden Grundsätzen gar nicht um Begrenzung, sondern um Ermöglichung von Freiheit. Während die Philosophen (bes. die Stoa) das Nützliche sachlich vor allem vom »Guten« her definierten (vgl. *K. Weiß*, ebd. 74 f.), wird Paulus es in 10,33 und 12,7 an der Allgemeinheit bzw. der Gemeinde messen (vgl. 2 Kor 12,1; 8,10). Kriterium des

Nützlichen ist letztlich der »Aufbau« (›oikodomē‹) der Gemeinde, wie die Parallelisierung in 10,23 eindrucksvoll belegt (vgl. *W. A. Meeks*, Since then 16). Meine Freiheit hat ihre Grenze in der Freiheit des anderen. Insofern ist die Freiheit des anderen zugleich die Ermöglichung der eigenen Freiheit, die ihr Ziel wieder im Nutzen der anderen hat. Da – paulinisch gesprochen – die anderen die Gemeinde sind, zu der das seine Freiheit suchende Subjekt selbst gehört, ist das individuell Zuträgliche vom ekklesial Nützlichen nicht zu trennen. Genau darum geht es Paulus in 6,12-20. Wer seine Freiheit im Sinne der Korinther praktiziert, verstößt gegen das eigene Wohl (vgl. V. 18). Im Kontext der Kapitel 5 und 6 ist dies aber zugleich ein Verstoß gegen die Heiligkeit der Gemeinde. Daß Paulus die Freiheit nicht einschränken, sondern auf ihre Ermöglichung hin definieren will, wird noch deutlicher beim zweiten Grundsatz. Positiv gewendet, hieße er: »Ihr aber gehört Christus!« (vgl. 3,23a). Freiheit als Unabhängigkeit ist dem Menschen nicht möglich (im übrigen auch nicht wünschenswert). Freiheit ist die souveräne Wahl der Abhängigkeit, die dem Menschen zu seiner wahren Identität verhilft. Dies ist nach paulinischer Überzeugung der Kyrios. Der »Herr« Jesus Christus ist der Ermöglichungsgrund und der Garant der Freiheit.

Vers 13: V. 13a scheint unvermittelt zu folgen. Möglicherweise steckt dahinter ein korinthisches Schlagwort (vgl. *J. Murphy-O'Connor*, Slogans 394f.; *B. Byrne*, Eschatologies 290f.; *S. K. Stowers*, Paul 263) bzw. wenigstens eine korinthische Argumentationsfigur etwa folgender Art: Der »Bauch« (›koilia‹) ist zum Verderben bestimmt. Für Christen gibt es daher keine verpflichtenden Speisevorschriften (vgl. Mk 7,19) und – so die mögliche Analogie der Korinther – auch keine verbindlichen Verpflichtungen bei der Befriedigung des Geschlechtstriebes. Als anthropologischer Begriff hat »Bauch« (›koilia‹) häufig einen negativen Beigeschmack (vgl. Sir 23,6, wo um Bewahrung vor dem »Streben des Bauches« [›orexis koilias‹ im Kontext mit »Beischlaf« und »schamlosen Sinn«] gebetet wird; bei Paulus: Röm 16,18; Phil 3,19). Vielleicht ist ›koilia‹ bei den betreffenden Korinthern überhaupt die Chiffre für die (negativ beurteilte) leibliche Existenz. Nimmt man V. 13a als korinthisches Argument, so ergeben sich offenkundig Verbindungen zu Kapitel 8-10 (Götzenopferfleisch) (vgl. auch Röm 14f.). Hier aber ist der Verweis auf die Speisen nur ein Hilfsargument. Wenn Gott die ›koilia‹ vernichtet, dann ist auch die Sexualität, die die Korinther als Äußerung der ›koilia‹ betrachten, nichts Bleibendes und damit für das Heil irrelevant. Die Korrektur des Paulus folgt in V. 13b (gegen *A. J. M. Wedderburn*, Problem 237). Als Sexualwesen ist der Mensch nicht »Bauch« (›*koilia*‹), sondern »Leib« (›*sōma*‹).

Zum Begriff »Leib« s. **R. Bultmann*, Theologie 193-203; *E. Käsemann*, Anthropologie 36-46; *[II]E. Güttgemanns*, Apostel 206-210; *B. Byrne*, Sinning 610-612. Anders: *R. H. Gundry*, SŌMA 51-80, der Wert darauf legt, daß ›*sōma*‹ zwar die ganze Person repräsentieren kann, nicht aber die »ganze Person« meint (80). Mit der Betonung der »ganzen Person« wird jedoch ein »holistisches« (»holistic«) Verständnis von ›*sōma*‹ unterstellt (vgl. die Überschrift zu Teil I), das so auch von *Bultmann* und *Käsemann* nicht vorausgesetzt wird. Selbstverständlich soll nicht behauptet werden, daß die Person sich im ›*sōma*‹ erschöpft.

›*sōma*‹ meint hier nicht den Körper im Gegensatz zur Seele. Für Paulus gilt: »der Mensch *hat* nicht ein ›*sōma*‹, sondern er *ist* ›*sōma*‹« (**R. Bultmann*, Theologie 195). »Leib« = ›*sōma*‹ ist die Person, sofern sie sich äußert und mit anderen in Kommunikation tritt (vgl. zu diesem Aspekt: *E. Käsemann*, Anthropologie 43). »Leib« = ›*sōma*‹ ist der Mensch als kommunizierende Existenz. Insofern ist der »Leib« nicht für die Unzucht bestimmt, sondern – dies ist die spezifisch christliche Betrachtungsweise – dazu da, um mit dem Herrn in Kommunikation zu treten. Eine höchst anspruchsvolle Anthropologie kommt zum Vorschein. Die leibliche (somatische) Existenz des Menschen ist geradezu die Voraussetzung, um mit dem Kyrios in Verbindung treten zu können (vgl. *E. Fuchs*, Herrschaft 240: »an unserem Leib wird sichtbar, wem wir gehören«). Der Leib ist der Ort, wo der Mensch dem Kyrios begegnet, bzw. das Feld, auf dem die Herrschaft des Kyrios sich verwirklicht. Von daher versteht sich auch der Umkehrschluß: »… und der Herr für den Leib«. Wenn der Mensch durch den Leib die Verbindung zum Kyrios hält, dann kommt diese Verbindung auch dem Leib zugute (im Griechischen Dativus commodi). In bezug auf das ›*sōma*‹ stimmt eben nicht, was die Korinther unter Bezug auf die ›*koilia*‹ sagen. Mag die ›*koilia*‹ dem Verderben geweiht sein, nicht aber das ›*sōma*‹!

Vers 14 formuliert die Konsequenz daraus in positiver Weise. Wie Gott den Kyrios auferweckt hat, so wird er auch »uns« auferwecken »durch seine Kraft«. »Gott« als Subjekt des Auferweckens ist traditionell (vgl. 15,15; 2 Kor 4,14; Gal 1,1; Röm 8,11). Dies gilt auch für den Verweis auf die »Kraft« Gottes (vgl. 2 Kor 13,4; Mk

12,24), die das Auferwecken als schöpferischen Akt erscheinen läßt. »Uns« substituiert das von der Logik des Gedankengangs zu erwartende »unsere Leiber« (*U. Schnelle*, 1 Kor 6:14, will daher V. 14 als Glosse ausscheiden; vgl. dagegen: *J. Murphy-O'Connor*, Interpolations 85-87). Die anthropologische Dimension des auf den ganzen Menschen abzielenden Leib-Begriffs wird noch einmal deutlich. Der Mensch ist von seinem Wesen her somatische Existenz. Deshalb gehört auch die Leiblichkeit des Menschen in die eschatologische Hoffnung, wie sie Paulus dem Kerygma entnimmt (vgl. Röm 8,11). Die Differenz zwischen Paulus und den Korinthern betrifft also Anthropologie und Eschatologie gleichermaßen. Beide Aspekte bedingen sich gegenseitig. Die noëtische Anthropologie der Korinther führt zur Abwertung des Leibes (›*koilia*›!) und schließt ihn aus der eschatologischen Erwartung aus. Die Folge davon ist die im Dirnenverkehr sichtbar werdende Fehlbewertung der menschlichen Sexualität. Für Paulus ist das alles begründet in einer falschen Einschätzung des Kerygmas. Wer in der Rede von der Auferstehung Christi eine Chiffre für den noëtisch-pneumatischen Aufstieg sieht (s. zu 1,10-4,21: 3.2.2.2), verfälscht den Begriff des »Auferweckens«. Er beraubt den Begriff seines Objektes, ohne das er von seiner jüdischen Vorgeschichte her nicht zu denken ist, so daß er von einer Auferweckung »des Leibes« nicht mehr sprechen kann. Vielleicht ist dies auch der Grund, daß Paulus das auferweckende Handeln Gottes hier nur sehr zurückhaltend auf »uns« und nicht sogleich auf »unsere Leiber« bezieht. Argumentativ wäre dann zu erwarten, daß die Leiblichkeit als Teil der menschlichen Identität den Korinthern erst noch nahegebracht werden wird. Eben dies geschieht in den folgenden Ausführungen.

Vers 15: »Wißt ihr nicht, daß eure Leiber Glieder Christi sind?« Die Korinther werden es tatsächlich nicht gewußt haben, bzw. diejenigen, die den Verkehr mit Prostituierten für unbedenklich gehalten haben, werden es anders gesehen haben. Der Leib-Christi-Gedanke steht hier wohl noch nicht dahinter (gegen: *Weiß, Lietzmann, Conzelmann* u. v. a.), wenngleich er durch derartige Äußerungen vorbereitet wird. Der Glied-Gedanke zielt auf die Identität (zur Sache und zum religionsgeschichtlichen Befund vgl. **H. Merklein*, Entstehung und Gehalt 327-332). Der Christ gewinnt seine Identität durch die Verbindung mit Christus, der insofern auch der Herr ist. Worauf es Paulus hier aber speziell ankommt, ist, daß die Christen in ihrer leiblichen Existenz Glieder Christi sind. Der Mensch *ist* leibliche Existenz. Die Leiblichkeit des Menschen ist daher nicht auf die ›*koilia*‹ als der Sphäre seiner Triebabläufe zu reduzieren. Die Leiblichkeit gehört zur Identität des Menschen. Insofern ist auch die Sexualität ein Aspekt menschlicher Identität (vgl. *G. Bof*, σῶμα 76). Insofern ist die Leiblichkeit aber auch das Feld, über das der Mensch seine christliche Identität gewinnt (indem er Glied Christi wird). Wenn die Korinther dies verstehen würden, ist V. 15b eigentlich klar. Die negativ zu beantwortende Suggestivfrage stellt nur die Schlußfolgerung dar. Kann man »die Glieder Christi nehmen und zu Gliedern einer Dirne machen?« (V. 15b). Der Genitiv »einer Dirne« (›*pornēs*‹) ist generisch gemeint (»Glieder von Dirne«), so daß man auch »zu Dirnengliedern« übersetzen könnte.

R. Kirchhoff hat zu Recht auf die Übersetzungsproblematik aufmerksam gemacht (vorher schon *B. Malina*, Porneia, und *J. Jensen*, Porneia). Im Deutschen wird ›*pornē*‹ meist mit »Dirne«, »Hure« oder »Prostituierte« wiedergegeben. Ein deutsches Wort, das keine unangemessenen Konnotationen einträgt oder als exaktes Äquivalent des Begriffs dienen könnte, gibt es nicht. *R. Kirchhoff* kann plausibel machen, daß Paulus »mit seinem Gebrauch von πορνεία und πόρνη in 1 Kor 6,12-20 in der jüdischen Tradition (steht), die πορνεία als umfassende Bezeichnung für verbotene sexuelle Handlungen gebrauchte und eine Frau πόρνη nennt, mit der ein jüdischer Mann sexuell nicht verkehren darf. ... Paulus verbietet also in 6,12-20 nicht speziell den Verkehr mit Frauen, die sich gewerbsmäßig prostituieren, sondern jeden Verkehr mit einer Frau, für die der betreffende Christ nicht der einzige (noch lebende) Sexualpartner ist« (Sünde 35 f.). *R. Kirchhoff* vermeidet daher die Übersetzung und bevorzugt eine Umschreibung von ›*pornē*‹ mit »eine Frau, die regelwidrigen Sexualverkehr hat« (ebd. 36; vgl. 67 f.). Sachlich wird man diesem Vorschlag gerne zustimmen. Ob er praktikabel ist, kann bezweifelt werden. Da es im konkreten Fall auch nach Meinung von *R. Kirchhoff* »faktisch ... vor allem Prostituierte (waren), zu denen die Adressaten von 1 Kor 6,12-20 nichtehelichen Sexualkontakt aufnahmen bzw. unterhielten« (Sünde 196; vgl. *J. Jensen*, Porneia 179-183), empfiehlt es sich vielleicht doch, bei herkömmlichen Übersetzungen wie »Prostituierte« bzw. – im Anschluß an eingebürgerte Übersetzungsgewohnheiten – »Dirne« zu bleiben. Festzuhalten ist jedoch, daß es Paulus gerade im Duktus der konkreten Argumentation nicht darum geht, die »Dirne« als solche als negativ (als Verführerin) Agierende zu zeichnen (vgl. *R. Kirchhoff*, ebd. 152-158). Die Adressaten der paulinischen Mahnung sind nicht die Dirnen, sondern die Männer, die zu ihnen gehen.

Im Klartext will Paulus wissen: Verträgt es sich, daß Christen ihre Identität, die sie von Christus her gewinnen, nun – durch den Verkehr mit Dirnen – durch »Dirne« bestimmen lassen? Paulus übersetzt hier allerdings noch nicht in den Klartext. Er bleibt noch im Bild. Mit gutem Grund! Denn daß der Verkehr mit Dirnen die Identität beeinflußt bzw. gar Identität schafft, das hätten die betroffenen Korinther energisch bestritten. Also muß Paulus dies erst argumentativ absichern bzw. erweisen.

Vers 16: V. 16a stellt zunächst die These auf, die Paulus vertritt. »Sich an jemanden hängen« meint allgemein den engen Anschluß, die enge Bindung (*Bauer* s.v., b), hier im Syntagma mit »Dirne« den Geschlechtsverkehr (vgl. Sir 19,2; anders: *J. I. Miller*, Look). Wer mit einer Dirne verkehrt, wird *ein* Leib mit ihr. Sexualität ist mehr als nur Abreagieren sexueller Bedürfnisse (des »Bauches«). Sexuelle Kommunikation schafft neue Identität. Paulus begründet das mit V. 16b, in dem er Gen 2,24 LXX zitiert (vgl. Mk 10,7f.; Mt 19,5, wo mit dieser Schöpfungsgegebenheit die Entlassung der Frau verboten wird; Eph 5,31 wird damit die Einheit von Christus und Kirche veranschaulicht; zur Traditionsgeschichte vgl. *G. Dautzenberg*, εὐγετε 277-284; *R. Kirchhoff*, Sünde 159-167). Zu »heißt es« [›*phēsin*‹] als Zitationsformel vgl. Hebr 8,5; 1 Klem 30,2. »Fleisch« (›*sarx*‹) darf hier selbstverständlich nicht als Gegensatz zu »Geist« (›*pneuma*‹) ausgelegt werden. Im Kontext ist es semantisches Substitut für »Leib« (›*sōma*‹; vgl. Eph 5,29). Paulus ist es hier primär um das »*eine* Fleisch« (die ›*sarx* **mia**‹) zu tun, um die neu gefundene Einheit bzw. um die neue Identität.

Zu beachten ist die Funktion des Zitats im Kontext. Man wird daraus nicht folgern dürfen, daß die in der Ehe konstituierte Identität mit der durch Christus bestimmten Identität nicht vereinbar, oder gar, daß der Geschlechtsverkehr an sich für Paulus sündig sei (gegen: *G. Delling*, Stellung 62-66). Was die durch Dirnenverkehr gestiftete Identität mit der christlichen Identität inkompatibel macht, ist nicht der Gedanke der Identität als solcher, sondern der Umstand, daß die durch die *Dirne* gestiftete Identität den mit ihr Verkehrenden zu einem »Unzüchtigen«(›*porneuōn*‹), d.h. zu einem Sünder, macht. Daß wegen der Anwendung von Gen 2,24 von einer eheähnlichen, d.h. dauernden Unzuchtssituation wie in 5,1 auszugehen sei (*M. Miguens*, Members 44-47), überfordert die Funktion des Zitats im Kontext.

Vers 17 schießt über die unmittelbare Argumentation etwas hinaus und wird daher nicht selten mißverstanden. Die enge Verbindung mit dem Herrn, die ebenso wie in V. 16 mit »sich an jemanden hängen« zum Ausdruck gebracht ist (*S. E. Porter*, How should, plädiert daher [m. E. zu Unrecht] für eine »economic subordination metaphor«), wird hier durch den Gehorsam (vgl. Dtn 6,13; 10,20; Ps 72,28 LXX) bzw. den Glauben hergestellt (zum Schriftbezug allgemein vgl. *B. S. Rosner*, Paul 130-134). In beiden Fällen geht es Paulus aber nicht nur um einen engen Kontakt, sondern um die dadurch zustande kommende Identität. Aus der Gegenüberstellung zu V. 16 darf man nicht einen Gegensatz von »Leib« (›sōma‹) und »Geist« (›pneuma‹) herauslesen (ebenso wenig einen Gegensatz von »Fleisch« [›sarx‹] und »Geist«; gegen: *Conzelmann*). Der »eine Geist« (›hen pneuma‹), zu dem der dem Herrn Anhangende wird, will nicht das ›sōma‹, die leibliche Existenz des Menschen, abwerten. Wenn Paulus so differenzieren würde, dann hätte er genau den Standpunkt der Korinther eingenommen und seine ganze Argumentation fiele dahin. Bliebe Paulus exakt in der Sequenz seiner eigenen Argumentation, dann könnte er durchaus sagen: »Der aber, der sich an den Herrn hängt, ist *ein Leib* mit ihm« (*Kümmel*; **O. Merk*, Handeln 96f.). Der Gegensatz zu V. 16a bestünde dann darin, daß die somatische Identität einmal von der Dirne bestimmt ist (die den Menschen zum Unzüchtigen und Sünder macht), während sie in Wahrheit von Christus her bestimmt sein soll. Wahrscheinlich fürchtet Paulus aber, daß eine derartige Formulierung mißverstanden und das Somatische als solches als das eigentlich Identitätsbestimmende ausgelegt werden könnte. Tatsächlich aber verändert die Verbindung mit Christus auch die Qualität der Identität. Gerade weil der »Leib« die Sphäre ist, über die der Mensch sich dem Kyrios unterwirft, bzw. über die der Kyrios sich des Menschen bemächtigt, hat dies auch Auswirkungen auf den »Leib«, dem die Herrschaft des Kyrios zugute kommt (V. 13). Eben deshalb wird Gott, wie er den Herrn auferweckt hat, auch das ›sōma‹ auferwecken. In 1 Kor 15,44 spricht Paulus konsequenterweise dann vom Auferstehungsleib als einem »geistlichen Leib« (›sōma pneumatikon‹). Die somatische Identität mit Christus hat eine Perspektive, die die somatische Identität mit der Dirne nie geben kann (vgl. *E. Fuchs*, Herrschaft 238). Wer sich – wohlgemerkt: mit seinem Leib, mit seiner leiblichen Existenz – an den Herrn hängt, hat Teil an dessen pneumatischer Existenz, wird – wie Paulus in V. 17b sagt – »ein Geist« (›hen pneuma‹) mit ihm. Noch einmal: ›pneuma‹ ist nicht die Aufhebung oder die Negation des ›sōma‹, sondern gerade die Existenzweise, die das ›sōma‹ in der Identität mit Christus erlangt (ähnlich *Conzelmann*). »Geist« ist in diesem Zusammenhang also weit mehr als nur eine Gabe. »Geist« bezeichnet die neue Identität, die der Christ als »Glied«

Christi (V. 15a) bzw. in der Unterstellung unter Christus als »Herrn« (V. 17a) erlangt. »Sich an den Herrn hängen« ist der Beginn einer neuen Existenz, die nicht nur vom Geist bewirkt ist, sondern selbst pneumatische Existenz, d. h. neue Schöpfung (vgl. 2 Kor 5,17) ist. Wer »ein Geist« mit dem Herrn ist, hat teil an der gleichen geistlichen Identität wie der Herr, dessen Existenzweise und Existenzsphäre der Geist ist.

In *2 Kor 3,17* heißt es: »Der Herr aber ist der Geist *(›ho de kyrios to pneuma estin‹)*. Wo aber der Geist des Herrn ist, da ist Freiheit«. Kyrios und Pneuma sollen damit nicht schlechthin gleichgesetzt werden. Der Vers ist epexegetisch. Er erläutert das vorausgehende Schriftzitat: »Sobald sich aber einer zum Herrn hinwendet, wird die Decke (Hülle) entfernt« (V. 16). Der Sinn von V. 17 läßt sich dann so paraphrasieren: »Sich zum Herrn hinwenden« bedeutet »sich zum Geist hinwenden«. Der Herr ist das Signum, der Garant und die Ermöglichung des Geistes. Wer sich zum Herrn bekennt, ist selbst geistliche Existenz, deren Kennzeichen die »Freiheit« ist.

Vers 18: V. 18a zieht aus den vorausgehenden die praktische Schlußfolgerung: »Meidet die Unzucht!« Der logische Duktus von V. 18b zu V. 18c hat schon zu vielen gelehrten Überlegungen Anlaß gegeben (vgl. *G. Dautzenberg*, εὔγετε 271-276). Selbstverständlich gibt es neben der Unzucht auch noch andere Laster, die dem Leib zum Schaden sind (*Weiß* verweist auf Völlerei und Selbstmord). Ist also V. 18b nur »ad hoc formuliert« *(Conzelmann)*? Oder ist V. 18b als Zitat korinthischer Auffassung zu verstehen, auf das Paulus mit V. 18c korrigierend reagiert (*J. Murphy-O'Connor*, Slogans 393; *Klauck*)? Damit wird dem Vers aber vielleicht doch eine zu glatte Logik unterlegt (zur Kritik vgl. *Barrett*), wenngleich es schon richtig beobachtet sein dürfte, daß sich von V. 18c her erschließt, worauf Paulus hinauswill.

Auf die sachliche Parallele zur Sünde »gegen den eigenen Leib« (V. 18c; zum Ausdruck vgl. Sir 23,17) bei Musonius Rufus (1. Jh. n. Chr., Lehrer Epiktets) ist schon oft verwiesen worden. Musonius widerspricht der Meinung, daß der Verkehr mit einer Dirne oder einer unverheirateten Frau unbedenklich sei, da dadurch im Gegensatz zum Ehebruch niemandem Unrecht getan werde: »Ich aber halte nicht an mich zu sagen, daß jeder, der eine Sünde begeht, auch sogleich ein Unrecht tut, wenn auch gegen keinen seiner Nächsten, so doch, indem er sich selbst schlechter und ehrloser darstellt. Denn wer sündigt, ist, sofern er sündigt, schlechter und ehrloser« (XII [ed. O. Hense, 1905, 65]).

Paulus geht es freilich weniger um die Persönlichkeit oder um die sittliche Würde des Menschen, wie dies bei Musonius der Fall ist. Paulus ist ganz konkret um »den eigenen Leib« besorgt. Wie oben bereits gezeigt (V. 13), ist damit jedoch nicht der Körper gemeint, sondern der Mensch als kommunikable und kommunikative Existenz, der gerade deswegen in der Sphäre des Leibes zu seiner Identität findet. Unzucht ist nicht nur eine Sache des Bauches, sondern berührt die Identität. Unter dieser Rücksicht wird man aus V. 18b nicht schließen dürfen, daß andere Sünden nicht die Identität tangieren. Insofern ist V. 18b tatsächlich auf V. 18c hin zugespitzt. Richtig dürfte aber schon gesehen sein, daß es kaum ein anderes Gebiet gibt, das die Identität des Menschen so sehr bestimmt wie die Sexualität. »Meiden«, eigentlich »fliehen« *(›pheugein‹)*, begegnet oft in ethischen Kontexten (10,14; 1 Tim 6,11; 2 Tim 2,22; Sir 21,2). Wer hier von Weltflucht sprechen will, muß differenzieren. Paulus läßt sich jedenfalls nicht dazu hinreißen, der korinthischen These von der Erlösung als Entweltlichung, die die Welt dem ethischen Belieben preisgibt, die Forderung aszetischer Weltflucht entgegenzusetzen. Die von ihm als Erlösung verkündete Heiligung (vgl. 6,11) will vielmehr die in der Welt lebende Gemeinde (vgl. 3,16f.) bis in die somatische Existenz ihrer einzelnen Glieder hinein (vgl. V. 19f.) erfassen. Die Welt bleibt damit prinzipiell Schöpfung bzw. konstituiert sich in einem negativen Sinn – als Feld der Unreinheit – letztlich (eschatologisch) erst im Gegenüber zur Gemeinde (vgl. 6,2). Aus diesem Feld der Unreinheit haben die Christen zu fliehen. Doch wird dieses Feld nicht durch räumliche Grenzen markiert, sondern existentiell durch die Glaubensentscheidung bzw. das ihr entsprechende Verhalten definiert. Aus einem in diesem Sinn weltlichen Verhalten, nicht aus der Welt an sich haben die Christen auszuziehen. Wenn man daher die Unzucht, vor der es zu fliehen gilt, – zu Recht – als »negative Macht« charakterisiert (*G. Dautzenberg*, εὐγετε 291 f.), bleibt immer auch zu berücksichtigen, daß diese Macht eine »Folge der Tat (ist) und ... nicht bereits vor der Tat wirksam« ist (*R. Kirchhoff*, Sünde 151; anstelle von »Macht« bevorzugt sie deshalb »Tatsphäre«).

Verse 19 und 20 überhöhen die Argumentation im Blick auf das Thema der Kapitel 5 und 6. Der Gedanke von der Heiligkeit der Gemeinde wird nun – unter der Prämisse der VV. 13-17 – auf den »Leib« angewandt. Daß Paulus in V. 19a vom »Leib« spricht, bestätigt die oben vorgelegte Auslegung zu »ein Geist« *(›hen pneuma‹)* in V. 17. Zugleich wird deutlich, wie der Mensch »ein Geist«

mit dem Herrn wird: nämlich indem sein *Leib* »Tempel des heiligen Geistes« wird (zur Tempelvorstellung s. zu 3,16 f.). Die Korinther werden mit Paulus übereingestimmt haben, daß sie Pneumatiker sind und deshalb der Geist in ihnen wohnt. Die Vorstellung von der Einwohnung Gottes bzw. des göttlichen Geistes im Menschen ist im übrigen allgemein verbreitet, vor allem in stoischem Gedankengut (Epiktet I 14,13 f.; II 8,11-13; Seneca, Epistulae Morales 41,2; 66,12). Philo kann die Seele dazu auffordern, für Gott »Haus, heiliges Heiligtum und schönster Aufenthalt« zu werden (›*theou oikos, hieron hagion, endiaitēma kalliston*‹ [Som I 149]; *B. S. Rosner*, Paul 141, erinnert an TestJos 10,1-3). Was die Korinther noch zu lernen hatten, war, daß der *Leib* der Wohnort des heiligen Geistes ist. Gerade dies sollte die vorausgehende Argumentation einsichtig machen. Der Gedanke der Einwohnung ist für sich genommen allerdings noch zu schwach. Der Geist *verändert* das Haus, in dem er einwohnt. Um im Bild zu bleiben: das Haus wird zum Tempel, also selbst zu einer geistlichen Größe. Das entspricht dem Gedanken der neuen geistlichen Identität, wie er in V. 17 artikuliert war.

Von einer Spiritualisierung der Tempelvorstellung kann man hier wie in 3,16 f. nicht reden. Wie Paulus dort auf die konkrete Gemeinde abzielte, so ist jetzt in V. 19 die konkrete somatische Existenz der einzelnen Christen in den Blick gefaßt. Die Leiblichkeit ist konstitutiver Bestandteil des von Paulus gemeinten Tempels. Was diesen Tempel vom Tempel in Jerusalem unterscheidet, ist nicht seine Immaterialität, sondern der Umstand, daß dieser Bereich der Heiligkeit nicht mehr ein Bezirk ist, in den Menschen (sofern sie rein sind) hineingehen können, sondern daß die Menschen selbst zu diesem Bezirk der Heiligkeit werden. Der Grund dafür ist der Geist, dessen eschatologisches Wirken die Glaubenden nicht nur kultfähig macht, sondern in ihrem Sosein verändert, so daß sie als Reingewaschene, Geheiligte und Gerechtgemachte (vgl. 6,11) selbst zu Tempeln Gottes werden.

Von daher ist klar, daß die Glaubenden dem Profanum entzogen sind. Als vom Geist durchwalteter Tempel gehört die Gemeinde (3,16 f.) und gehört jeder einzelne Gott, von dem der Geist stammt. Gott allein ist verfügungsberechtigt. Der Christ gehört nicht mehr sich selbst, und das heißt, auch sein *Leib* gehört nicht mehr ihm selbst. Denn der Leib ist der Aspekt des Menschen, über den die Person in Kommunikation tritt und – sich abgrenzend und sich unterwerfend – ihre Identität findet.

V. 20 hat eine ähnliche Funktion wie 5,7b im Kontext von 5,1-13 oder 6,11 im Kontext von 6,1-11. Der Vers will die objektive

Grundlage dafür festhalten, daß die Christen »ein Geist« mit Christus und »Tempel des heiligen Geistes« sind. Nur wird der Gedanke hier nicht speziell kultisch, sondern – der Isotopie des Kontextes entsprechend – mit der Vorstellung vom Kauf gegen Bezahlung bzw. vom Loskauf ausgedrückt. Als der Akt, wo dies geschehen ist, kommt nur der Kreuzestod Christi in Frage (vgl. Gal 3,13; 2 Kor 5,21; 1 Kor 1,13; 8,11; 15,3). Über die Höhe des Preises (›timēs‹ *heißt einfach »gegen Bezahlung« [Bauer s.v., 1] und nicht »um einen teuren Preis« [EÜ] oder »teuer« [LB]*) oder, wem er zu zahlen war, wird nichts gesagt. Insofern läßt das Bild nur einen sehr engen Auslegungsspielraum. Nimmt man 7,23 hinzu (vgl. auch 1,30), so ist an den Loskauf von der Sklaverei gedacht (vgl. *W. Haubeck*, Loskauf 140f.), allerdings wohl nicht im sakralrechtlichen Sinn (gegen: **A. Deissmann*, Licht 271-277; vgl. *Conzelmann*). Aus dem Kontext ergibt sich zumindest indirekt, daß es sich um einen Loskauf von der Sünde handelt. Insofern stellt »ihr wurdet erworben« (›ēgorasthēte‹) in 6,20 eine Parallele zu »ihr habt euch abwaschen lassen« in 6,11 dar. Dabei bringt gerade die Vorstellung vom »Loskauf« deutlich zum Zuge, daß es nicht nur um die Bewältigung einzelner sündiger Taten geht, sondern um eine grundsätzliche, dauerhafte, die Existenz und damit das Sosein betreffende Veränderung: aus den Sklaven werden Freie, aus den Sündern Gerechte. Auch hier kommt also wieder zum Vorschein, daß Paulus eine neue Existenz, eine neue Identität im Auge hat. Auf der Ebene des praktischen Handelns ist damit der Gedanke der Abhängigkeit und Knechtschaft bzw. der Gedanke der Herrschaft ins Spiel gebracht. Christliche Freiheit darf sich nicht von der Sünde beherrschen lassen (vgl. V. 12b). Unzucht knechtet den Menschen, indem sie seinen »Leib« desorientiert und damit seine Identität gefährdet. Gerade insofern gilt V. 20b: »Verherrlicht also Gott in eurem Leibe!« Dies ist die wahre Freiheit! Was Paulus als Imperativ formuliert, ist die Konsequenz der Tempelsymbolik, die er in V. 19 auf die christliche Existenz angewandt hatte. Der Tempel ist der Ort, der von der »Herrlichkeit Gottes« erfüllt ist (Ex 40,34f.; Ez 43,5; vgl. Ps 26,8).

4. Rückblick auf 5,1-6,20: Die Bedeutung der Texte heute

Die Texte erscheinen uns heutigen Menschen fremd, da sie Probleme berühren und behandeln, die in dieser Weise nicht die unsrigen sind. Immerhin mag die positive Sicht, die Paulus in 6,12-20 der Leiblichkeit gegenüber einnimmt, für ein nicht selten zur Leibfeindlichkeit neigendes Christentum auch heute noch bemerkenswert sein. Vor dem Hintergrund einer Dichotomie, die das Denken und die Gefühle immer noch beherrscht, ist es wohltuend, wie entschieden Paulus den Menschen (!) als »Leib« ins Auge faßt und den Leib als das Feld auch der religiösen Bindung (an den Herrn) herausstellt. Weil dem so ist, wird man der heute propagierten sexuellen Freizügigkeit und der vielfach praktizierten Unverbindlichkeit in der sexuellen Beziehung genauso entgegentreten müssen, wie Paulus den Korinthern, die im Namen der Freiheit die Sexualität in das Feld individueller Beliebigkeit gerückt haben. Dabei kann das paulinische Argument, daß sexuelle Bindung die Identität berührt und prägt, auch heute noch wegweisend und hilfreich sein, da es auch heute noch Evidenz und Plausibilität besitzen dürfte. Wegen ihres identitätsprägendenden Charakters wird man der Sexualität des Menschen auch von seiten der Kirche größere Beachtung schenken müssen. Über den gewohnten Erlaß von ethischen Normen, an denen gewiß kein Mangel zu beklagen ist, hinausgehend ist zu wünschen, daß auch die pastorale Praxis die sexuelle Geprägtheit menschlicher Identität noch mehr ernst nimmt. Innerkirchliche Mechanismen, die – vom Prinzip her oder wenigstens in ihrer praktischen Verwirklichung – dazu führen, daß Menschen ihre Sexualität verdrängen und der eigenen Identitätsfindung selbst im Wege stehen, müßten sensibel bedacht und geändert werden.

Selbstverständlich ist nicht zu bestreiten, daß die Weisungen des Paulus, vor allem in der katalogartigen Form von 5,11 und 6,9f., nicht immer ein hilfreiches Erbe für den Prozeß ethischer Normenfindung waren. Von ihrem Kontext gelöst, führten die Lasterkataloge nicht selten zu einer ethischen Schwarz-Weiß-Malerei (wiederum nicht zuletzt auf sexuellem Gebiet), die weder der Problematik der angesprochenen Phänomene noch der Besonderheit der einzelnen Betroffenen gerecht zu werden vermochte. Gerade bei der Rezeption der genannten Pauluswortes ist daher der zeit- und kulturgeschichtliche Kontext solch katalogartiger Weisungen und ihre argumentative Funktion im konkreten Kontext der brieflichen Kommunikation unter allen Umständen zu beachten.

Völlig ratlos scheint der heutige Mensch vor dem Gedanken der Reinheit und Heiligkeit zu stehen, der das thematische Rückgrat der drei Perikopen von 1 Kor 5 und 6 bildet. In der Fremdheit des Gedankens liegt allerdings auch eine Chance. Mit der Vorstellung von Reinheit und Heiligkeit war dem antiken Menschen eine symbolische Welt zugänglich, die ihm inmitten seiner Erfahrungswelt handgreiflich vor Augen stellte, was als Grundstruktur seiner anthropologischen Existenz und als Grundlage jeder Theologie zu gelten hat: die Unerreichbarkeit (Transzendenz) des Göttlichen, dessen Nähe der Mensch nur um den Preis seines eigenen Lebens gewinnen kann und trotz seiner Tödlichkeit suchen muß, weil er nur in dieser Nähe sinnvoll leben kann. Die Gemeinde erscheint als der Ort, wo diese Nähe gegeben ist, und zwar nicht nur für ein ausgesondertes Kultpersonal, sondern für die Gemeinde insgesamt. Die Gemeinde ist heiliger Bezirk und Kultpersonal in einem. Sie markiert durch ihr Sein die Grenze zwischen der Welt Gottes, die als Vorort des Reiches Gottes erscheint, und der profanen Gegenwelt, die vom Satan beherrscht auf das Verderben aus ist und selbst – am Tag des Herrn – dort endet. Die Heiligkeit des einzelnen wie der Gemeinde insgesamt ist etwas durchaus Seinshaftes, das durch sittliche Anstrengung (des unheiligen Menschen) nicht erreichbar und vor aller sittlichen Anstrengung geschenkt ist. Dieses neue Sosein bewältigt nicht nur vergangene Sünden, sondern macht aus den Sündern Gerechte und Heilige und schafft somit Gemeinde als Raum der Heiligkeit. Dieses Bewußtsein wird heute nicht mehr so leicht und selbstverständlich wie damals mit Hilfe der Reinheits- und Tempelsymbolik zu vermitteln sein. Dennoch kann auch heutige Gemeinde nicht schadlos darauf verzichten, sich als heiligen Bezirk Gottes inmitten einer unreinen Welt wahrzunehmen und dieses ihr selbst vorgegebene Sosein in symbolischer Konstitution zu etablieren. Dies geschieht durch gemeinsame Lebensvollzüge, d.h. überall dort, wo die Gemeinde als Gemeinde – betend, singend, hörend, lernend, diskutierend, feiernd usw. – zusammenkommt. Die Bedeutung, die dabei dem sakralen Raum (Kirchenbau) und der sakralen Handlung (Liturgie) zukommt, sollte man nicht unterschätzen. Das Entscheidende bei der symbolischen Konstitution gemeindlichen Soseins bleibt freilich das sittliche Tun, durch das die Gemeinde ihr vorgegebenes Sosein je neu einzuholen hat. Auf diesem Gebiet bedarf es für die Applikation keiner allzu großen Anstrengung, wenngleich man dem sachlichen Anliegen der Texte nicht einfach dadurch gerecht wird, daß man die Lasterkataloge als Weisung für alle Fälle undifferenziert auf heute überträgt. Vor allem muß man sich davor hüten, die geforderte ethische Heiligkeit zum alleinigen Maßstab des Gemeinde-Seins der Gemeinde zu machen. Zwar wird ein unsittliches Verhalten auch immer das heilige Sein der Gemeinde gefährden, doch liegt dieses sachlich allem sittlichen Tun der Gemeinde voraus. Selbst die sündigende Gemeinde ist demnach heilige Gemeinde, die ihre Heiligkeit nicht als Rechtfertigung, sondern als Spiegel ihres Tuns zu betrachten hat. Mit Paulus ist daher das (gefährliche) Programm einer ethisch oder ideologisch verbrämten reinen Gemeinde nicht zu rechtfertigen. Paulus postuliert keine Gemeinde der Katharer; unter dieser Voraussetzung hätte er in Korinth wohl gleich Schluß machen können. Erst recht ruft Paulus nicht (auch nicht in 5,1-13) nach einer Gemeindejustiz nach Art der späteren Ketzerverfolgungen oder Hexenprozesse. Was Paulus geißelt, ist die Indolenz, die Unempfindlichkeit der Gemeinde gegen die Sünde. Wo in der Gemeinde das Sündigen geduldet wird bzw. positiv die Liebe als Regulativ mißachtet wird, verstößt die Gemeinde gegen die sie konstituierende Heiligkeit. Dabei bleibt zu beachten, daß es bei den monierten Sünden nicht nur um bloße menschliche Unzulänglichkeiten ging, sondern um ein Fehlverhalten, das im Bewußtsein einer neu gewonnenen Freiheit positiv und mit Stolz als deren Kennzeichen propagiert wurde. Zu leugnen, daß dies auch heute eine Gefahr sein kann, hieße eine offensichtlich permanente Gefährdung des Christ-Seins verkennen. Doch wird man hier nicht nur die von außen kommende Gefährdung der Moral durch den liberalistischen Zeitgeist, sondern auch die von innen kommende Gefahr einer doktrinären Abgebrühtheit gegen die eigene Lieblosigkeit zu bedenken haben.

Christliche Gemeinde braucht nicht mehr Reinigungsriten und Tempel. In ihr selbst ist eschatologisch verwirklicht, was die alte Symbolik immer nur vorläufig zum Ausdruck bringen konnte. Die konkrete Gemeinde ist – bis in die somatische Existenz des einzelnen hinein – der heilige Bezirk Gottes, in dem – durch das Opfer und den Loskauf Christi ermöglicht (5,7; 6,20) – die ehedem Unreinen rein, die ehemals Unheiligen heilig und die ehemaligen Sünder Gerechte geworden sind (vgl. 6,11), durch die Nähe Gottes von der Knechtschaft der Sünde und des Sündigens befreit sind. Durch ihr Sosein hat die Gemeinde die Freiheit zu einem gerechten Leben bzw. die Freiheit zur Liebe. Diese Freiheit muß sie aber auch praktizieren, sonst gefährdet sie ihre eigene Identität.

III. Hauptteil
Regeln für das Gemeindeleben
7,1-14,40

Sicherlich beginnt mit 7,1 insofern ein neuer Abschnitt des Briefs, als Paulus nun ausdrücklich auf eine Anfrage der Korinther und Korintherinnen eingeht. Die gleiche kommunikative Situation kann man allerdings nicht unkritisch für die weiteren, mit ›peri de‹ (»was ... betrifft«) eingeleiteten Passagen (8,1; 12,1; 16,1.12) voraussetzen (vgl. Bd. I, Einleitung 3.3). Doch stimmen zumindest 7,1-40; 8,1-11,1 und 12,1-14,40 pragmatisch darin überein, daß sie eine Problemdarstellung aus der Sicht der besser situierten und gebildeten Gemeindemitglieder voraussetzen, die mit der Apollos-Gruppe der Kap. 1-4 in Verbindung stehen dürften, ohne daß man einfachhin von einer Identifizierung ausgehen könnte. Insofern spricht einiges dafür, daß nicht nur in 7,1, sondern auch in 8,1 und 12,1 auf eine korinthische Anfrage Bezug genommen wird. Nicht zwingend sind dazu die Themen von 16,1.12 zu rechnen. Sie könnten durchaus von Paulus selbst eingeführt worden sein. Die pragmatische Konvergenz von 7,1-40; 8,1-11,1 und 12,1-14,40 unterscheidet diese Passagen von den Kapiteln 5 und 6, die eine Problemdarstellung aus der Sicht der einfacheren Gemeindemitglieder voraussetzen. Wird somit einerseits die Zäsur zwischen 6,20 und 7,1 noch einmal unterstrichen, so ist andererseits das dafür maßgebliche pragmatische Kriterium noch nicht ausreichend, um 7,1-14,40 als einen in sich (einigermaßen) geschlossenen und von anderen Briefteilen zu unterscheidenden Hauptteil zu begründen. Es bleibt das Problem, daß 11,2-33 sich unter dem gleichen Kriterium wie ein Fremdkörper im Kontext von 7,1-14,40 ausnimmt und in der Problemdarstellung eher – darin Kapitel 5-6 vergleichbar – die Perspektive der einfachen Leute voraussetzt. Daß 11,2-33 dennoch nicht im Anschluß an 5-6, sondern eingebettet in 7,1-14,40 erscheint, hat wahrscheinlich semantische bzw. thematische Gründe. Zumindest lassen sich alle Perikopen von 7,1-14,40 auf den gemeinsamen thematischen Nenner der »Gemeindedisziplin« bringen. Das gilt in gewisser Weise auch für die Perikopen der Kapitel 5-6, wo Paulus nicht nur eine ethische Norm einschärfen, sondern die Gemeinde in die Pflicht nehmen will. Aber die gemeindliche Aktivität, die nach Meinung des Paulus dort eigentlich fällig gewesen wäre, ist kasueller Art. Es geht um Einzelfälle, bei denen die Gemeinde versagt hat, während die in 7,1-14,40 behandelten Fälle eher grundsätzlicher Art sind bzw. (in der damaligen Situation) zu den Regularien des Gemeindelebens gehören. D. h., was Paulus in diesen Kapiteln schreibt, ist im Ansatz eine Gemeindeordnung, die allerdings der Gemeinde erst noch argumentativ nahegebracht werden muß. Im einzelnen ergibt sich dann folgendes Bild:

Kapitel 7 behandelt die grundsätzliche Frage: Wie steht die Gemeinde zu Ehe und Sexualität? Um eine ebenso grundsätzliche Frage geht es in 8,1-11,1: Wie steht die Gemeinde zum heidnischen Kult? Gibt es gesellschaftliche Gründe, die eine Beteiligung von Christen und Christinnen rechtfertigen? Dürfen diese Fleisch essen, wenn dieses, wie in einer Stadt wie Korinth üblich, zum überwiegenden Teil aus Schlachtungen heidnischen Kultbetriebes stammte? Handelte es sich bei diesen beiden Problemkreisen um Anfragen der Korinther und Korintherinnen, so werden die Gegenstände von 11,2-33 von Paulus selbst eingebracht, wohl aufgrund von mündlichen Nachrichten, die dem Apostel zu Ohren gekommen sind (vgl. 11,18). Nichtsdestoweniger handelt es sich auch hier um grundsätzliche Fragen des Gemeindelebens, die jetzt den Gottesdienst betreffen: Wie sollen Frauen in der Gemeindeversammlung auftreten, wenn sie prophetisch reden (11,2-16)? Wie hat sich die Gemeinde bei der Feier des Herrenmahles zu verhalten (11,17-33)? Thematisch kongruent schließt sich die Problematik der Kapitel 12-14 an, auf die Paulus nun wieder aufgrund einer Gemeindeanfrage eingeht. Denn auch hier geht es nicht abstrakt um die Frage der Geistesgaben, sondern um die Frage, welche Geistesgaben den Charakter christlicher Identität am besten zum Ausdruck bringen und daher auch bevorzugt in der Gemeindeversammlung zu praktizieren sind (aus der Sicht der Korinther: Weisheitsrede oder Glossolalie).

Der Gegenstand des Kapitels 15 scheint nicht auf eine korinthische Anfrage zurückzugehen. Auch inhaltlich geht es eher um ein doktrinäres Problem, nämlich um eine Widerlegung der in Korinth aufgekommenen These, daß es eine (leibliche) Auferstehung von den Toten nicht gebe (vgl. 15,12). Insofern steht 1 Kor 15 pragmatisch und semantisch auf einem anderen Blatt, so daß sich auch von daher die Abgrenzung eines dritten Hauptteils 7,1-14,40 empfiehlt. Als Generalthema läßt sich formulieren: Ansätze einer Gemeindeordnung bzw. Regeln für das Gemeindeleben. In Entsprechung zu den eben erörterten Fragestellungen lassen sich dann wiederum vier Teile unterscheiden: 7,1-40; 8,1-11,1; 11,2-33; 12,1-14,40.

1. Teil
Ehe und Ehelosigkeit
7,1-40

Der Übersichtlichkeit halber wird die Übersetzung von 1 Kor 7 den einzelnen Abschnitten der Einzelerklärung (1.3) vorangestellt.

Literatur (zu allen Einzelabschnitten von 1 Kor 7): H. Achelis, Virgines subintroductae. Ein Beitrag zum VII. Kapitel des I. Korintherbriefs, Leipzig 1902; *M. Adinolfi*, Il matrimonio nella libertà dell'etica escatologica di 1 Cor. 7: Anton. 51 (1976) 133-169; *ders.*, Motivi parenetici del matrimonio e del celibato in 1 Cor. 7: RivBib 26 (1978) 71-91; *K. Aland*, Die Säuglingstaufe im Neuen Testament und in der alten Kirche. Eine Antwort an Joachim Jeremias (TEH NF 86), München 1961; *ders.*, Die Stellung der Kinder in den frühen christlichen Gemeinden – und ihre Taufe, in: *ders.*, Neutestamentliche Entwürfe (TB 63), München 1979, 198-232; *J.-J. von Allmen*, Maris et femmes d'après saint Paul (CTh 29), Neuchâtel – Paris 1951; *D. L. Balch*, Backgrounds of I Cor. VII: Sayings of the Lord in Q; Moses as an Ascetic ΘΕΙΟΣ ΑΝΗΡ in II Cor. III: NTS 18 (1971/72) 351-364; *ders.*, 1 Cor 7:32-35 and Stoic Debates About Marriage, Anxiety, and Distraction: JBL 102 (1983) 429-439; *H. Baltensweiler*, Die Ehe im Neuen Testament. Exegetische Untersuchungen über Ehe, Ehelosigkeit und Ehescheidung (AThANT 52), Zürich – Stuttgart 1967; *E. Bammel*, Markus 10,11 f. und das jüdische Eherecht: ZNW 61 (1970) 95-101; *M. L. Barré*, To Marry or to Burn. πυροῦσθαι in 1 Cor 7,9: CBQ 36 (1974) 193-202; *S. S. Bartchy*, μᾶλλον χρῆσαι: First-Century Slavery and the Interpretation of 1 Corinthians 7:21 (SBL.DS 11), Missoula/Mont. 1973; *W. J. Bartling*, Sexuality, Marriage and Divorce in 1 Corinthians 6,12-7,16. A Practical Exercise in Hermeneutics: CTM 39 (1968) 355-366; *C. Basevi*, La dottrina di san Paolo sulla sessualità umana e la condizione della donna in 1 Cor. Studio di 1 Cor 7 e 1 Cor 11,3-15: Annales theologici 1 (1987) 51-72; *N. Baumert*, Ehelosigkeit und Ehe im Herrn. Eine Neuinterpretation von 1 Kor 7 (FzB 47), Würzburg 1984; *ders.*, Antifeminismus bei Paulus? Einzelstudien (FzB 68), Würzburg 1992; *ders.*, Frau und Mann bei Paulus. Überwindung eines Mißverständnisses, Würzburg ²1993; *H. Bellen*, μᾶλλον χρῆσαι (1 Cor. 7,21) – Verzicht auf Freilassung als asketische Leistung?: JAC 6 (1963) 177-180; *E. Best*, 1 Corinthians 7:14 and Children in the Church: IBS 12 (1990) 158-166; *A. Blaschke*, Beschneidung. Zeugnisse der Bibel und verwandter Texte (TANZ 28), Tübingen – Basel 1998; *J. Blinzler*, Zur Auslegung von 1 Kor 7,14, in: *ders. – u.a. (Hrsg.)*, Neutestamentliche Aufsätze. FS J. Schmid, Regensburg 1963, 23-41; *ders.*, Die »Heiligkeit« der Kinder in der alten Kirche, in: *ders.*, Aus der Welt und Umwelt des Neuen Testaments, Stuttgart 1969, 158-184; *J. F. Bound*, Who Are the »Virgins« Discussed in 1 Corinthians 7:25-38?: EJ 2 (1984) 3-15; *H. Braun*, Die Indifferenz gegenüber der Welt bei Paulus und bei Epiktet, in: *ders.*, Gesammelte Studien zum Neuen Testament und seiner Umwelt, Tübingen ³1971, 159-167; *B. J. Brooten*, Konnten Frauen im alten Judentum die Scheidung betreiben? Überlegungen zu Mk 10,11-12 und 1 Kor 7,10-11: EvTh 42 (1982) 65-80; *dies.*, Zur Debatte über das Scheidungsrecht der jüdischen Frau: EvTh 43 (1983) 466-478; *B. Bruns*, »Die Frau hat über ihren Leib nicht die Verfügungsgewalt, sondern der Mann ...«. Zur Herkunft und Bedeutung der Formulierung in 1 Kor 7,4: MThZ 33 (1982) 177-194; *C. Burchard*, Εἰ nach einem Ausdruck des Wissens oder Nichtwissens: Joh 9,25; Act 19,2; I Cor. 1,16; 7,16, in: *ders.*, Gesammelte Studien zu Joseph und Aseneth (SVTP 13), Leiden 1996, 213-221; *J.-M. Cambier*, Doctrine paulinienne du mariage chrétien. Étude critique de 1 Cor 7 et d'Eph 5,21-33 et essai de leur traduction actuelle: EeT 10 (1979) 13-59; *C. C. Caragounis*, »Fornication« or »Concession«? Interpreting 1 Cor 7,1-7, in: [11]*R. Bieringer (Hrsg.)*, Correspondence 543-560; *D. R. Cartlidge*, 1 Corinthians 7 as a Foundation for a Christian Sex Ethic: JR 55 (1975) 220-234; *J. Chmiel*, Die Interpretation des paulinischen HOS ME in 1 Kor 7,29-31: ACra 18 (1986) 197-204; *G. Claudel*, 1 Kor 6,12-7,40 neu gelesen: TThZ 94 (1985) 20-36; *R. F. Collins*, The Bible and Sexuality: BTB 7 (1977) 149-167; *ders.*, The Unity of Paul's Paraenesis in 1 Thess. 4.3-8. 1 Cor. 7.1-7, a Significant Parallel: NTS 29 (1983) 420-429; *K. Condon*, Κλῆσις – call and calling: IBS 6 (1984) 71-84; *T. P. Considine*, The Pauline Privilege: ACR 40 (1963) 107-119; *J. C. Cooper*, St. Paul's Evaluation of Women and Marriage: LuthQ 16 (1974) 291-302; *J. Coppens*, L'appel paulinien à la virginité: EThL 50 (1974) 272-278; *O. Cullmann*, Die Tauflehre des Neuen Testaments. Erwachsenen- und Kindertaufe (AThANT 12), Zürich 1958; *G. Dautzenberg*, Stellung; *G. W. Dawes*, »But if you can gain your freedom« (1 Corinthians 7:17-24): CBQ 52 (1990) 681-697; *G. Delling*, Paulus' Stellung zu Frau und Ehe (BWANT 4,5), Stuttgart 1931; *ders.*, Art. Ehebruch, Ehegesetze, Ehehindernisse, Eheleben, Ehescheidung, Eheschließung in: RAC IV (1959) 666-731; *ders.*, Nun aber sind sie heilig, in: *ders.*, Studien zum Neuen Testament und zum hellenistischen Judentum. Gesammelte Aufsätze 1950-1968, Göttingen 1970, 257-269; *ders.*, Lexikalisches zu τέκνον. Ein Nachtrag zur Exegese von I. Kor. 7,14, in: *ders.*, Studien 270-280; *ders.*, Zur Exegese von I. Kor. 7,14, in: *ders.*, Studien 281-287; *ders.*, Art. παρθένος, in: ThWNT V (1954) 824-835; *W. Deming*, A Diatribe Pattern in 1 Cor. 7:21-22: A New Perspective on Paul's Directions to Slaves: NT 37 (1995) 130-137; *ders.*, Paul on marriage and celibacy. The Hellenistic background of 1 Corinthians 7 (MSSNTS 83), Cambridge 1995; *J. D. M. Derrett*, The Disposal of Virgins, in: *ders.*, Studies in the New Testament I, Leiden 1977, 184-192; *A.-L. Descamps*, Les textes évangéliques sur le mariage: RTL 11 (1980) 5-50; *K. G. E. Dolfe*, 1 Cor 7,25 Reconsidered (Paul a Supposed Adviser): ZNW 83 (1992) 115-118; *D. J. Doughty*, Heiligkeit und Freiheit. Eine exegetische Untersuchung der Anwendung des paulinischen Freiheitsgedankens in 1 Kor 7, Göttingen 1965; *ders.*, The Presence and Future of Salvation in Corinth: ZNW 66 (1975) 61-90.; *F. Dreyfus*, L'actualisation de l'écriture: RB 86 (1979) 5-58.161-193.321-384; *A.-M. Dubarle*, Paul et l'antiféminisme: RSPhTh 60 (1976) 261-280; *D. L. Dungan*, The Sayings of Jesus in the Churches of Paul. The Use of the Synoptic Tradition in the Regulation of Early Church Life, Oxford 1971; *W. Eck – J. Heinrichs (Textausw. u. Übers.)*, Sklaven und Freigelassene in der Gesellschaft der römischen Kaiserzeit (TzF 61), Darmstadt 1993; *J. K. Elliott*, Paul's Teaching on Marriage in I Corinthians: Some Problems Considered: NTS 19 (1972/73) 219-225; *H. R. England*, Divorce and Remarriage in 1 Corinthians 7,10-16, Ann Arbor 1982; *C. Ers*, Mariage et célibat dans la Première aux Corinthiens: VieCon 46 (1974) 65-77; *E. Fascher*, Zur Witwerschaft des Paulus und der Auslegung von I Cor 7: ZNW 28 (1929) 62-69; *J. A. Fischer*, 1 Cor. 7:8-24 – Marriage and Divorce: BR 23 (1978) 26-36; *ders.*, Paul on Virginity: BiTod 72 (1974) 1633-1638; *P. Force*, Une péricope ›sauvage‹ de Saint Paul (1 Cor. VII,34) chez les encratites égyptiens du IVe siècle?, in: *Institut d'égyptologie (Hrsg.)*, Hommages à Francois Daumas II, Montpellier 1986, 253-260; *J. M. Ford*, Levirate Marriage in St Paul (I Cor. VII): NTS 10 (1963/64) 361-365; *ders.*, »Hast thou tithed thy meal« and »is thy child kosher?« (I Cor. X,27 ff. and I Cor. VII,14): JThS 17 (1966) 71-79; *ders.*, The Rabbinic background of St. Paul's use of ὑπέρακμος (1 Cor. VII:36): JJS 17 (1966) 89-91; *A. Funk*, Mann und Frau in den Briefen des hl. Paulus: US 32 (1977) 280-285; *V. P. Furnish*, The Moral Teaching of Paul. Selected Issues, Nashville ²1985, 29-51; *A. van Gansewinkel*, Ehescheidung und Wiederheirat in neutestamentlicher und moraltheologischer Sicht: ThGl 76 (1986) 193-211; *D. E. Garland*, The Christian's Posture Toward Marriage and Celibacy. 1 Corinthians 7: RExp 80 (1983) 351-362; *R. Gayer*, Die Stellung des Sklaven in den paulinischen Gemeinden und bei Paulus. Zugleich ein sozialgeschichtlich vergleichender Beitrag zur Wertung des Sklaven in der Antike (EHS.T 78), Bern – Frankfurt/M. 1976; *R. Geiger*, Die Stellung der geschiedenen Frau in der Umwelt des Neuen Testamentes, in: **G. Dautzenberg – H. Merklein – K. Müller (Hrsg.)*, Frau 134-157; *E. S. Gerstenberger – W. Schrage*, Frau und Mann (BiKon), Stuttgart u. a. 1980; *C. H. Giblin*, 1 Corinthians 7 – A Negative Theology of Marriage and Celibacy: BiTod 41 (1969) 2839-2855; *M. E. Glasswell*, Some Issues of Church and Society in the Light of Paul's Eschatology, in: *M. D. Hooker – S. G. Wilson (Hrsg.)*, Paul and Paulinism. Essays in honour of C. K. Barrett, London 1982, 310-319; *P. W. Gooch*, Authority and Justification in Theological Ethics. A Study in I Corinthians 7: JRE 11 (1983) 62-74; *J. D. Gordon*, Sister or Wife: 1 Corinthians 7 and cultural anthropology (JSNT.S 149), Sheffield 1997; *R. W. Graham*, Paul's Pastorate in Corinth. A Keyhole View of His Ministry: LexTQ 17 (1982) 42-58; *ders.*, Women in the Pauline Churches. A Review Article: LexTQ 11 (1976) 25-34; *P. A. Gramaglia*, Le fonti del linguaggio in 1 Cor. 7,35 e 7,1: Aug 28 (1988) 461-501; *G. Greenfield*, Paul and the Eschatological Marriage: SWJT 26 (1983) 32-48; *H. Greeven*, Ehe nach dem Neuen Testament, in: *G. Krems – R. Mumm (Hrsg.)*, Theologie der Ehe, Regensburg – Göttingen 1969, 37-79; *W. Grundmann*, Art. στήκω κτλ., in: ThWNT VII (1964) 635-652; *H. Gülzow*, Christentum und Sklaverei in den ersten drei Jahrhunderten, Bonn 1969; *J. M. Gundry Volf*, Celibate Pneumatics and Social Power: On the Motivations for Sexual Asceticism in Corinth: USQR 48 (1994) 105-126; *dies.*, Controlling the Bodies. A Theological Profile of the Corinthian Sexual Ascetics (1 Cor 7), in: [II]*R. Bieringer (Hrsg.)*, Correspondence 519-541; *K. Haacker*, Ehescheidung und Wiederverheiratung im Neuen Testament: ThQ 151 (1971) 28-38; *G. Harder*, Miszelle zu 1. Kor. 7,17: ThLZ 79 (1954) 367-372; *J. A. Harrill*, Paul and slavery: the problem of I Corinthians 7,21: BR 39 (1994) 5-28; *ders.*, The manumission of slaves in early Christianity (HUTh 32), Tübingen 1995; *W. Haubeck*, Loskauf durch Christus. Herkunft, Gestalt und Bedeutung des paulinischen Loskaufmotivs, Gießen u. a. 1985; *F. Hauck*, Art. ὀφείλω κτλ., in: ThWNT V (1954) 559-565; *G. Hierzenberger*, Weltbewertung bei Paulus nach 1 Kor 7,29-31. Eine exegetisch-kerygmatische Studie, Düsseldorf 1967; *M. Hill*, Paul's Concept of ›Enkrateia‹: RefTR 36 (1977) 70-78; *T. Holtz*, Zur Frage der inhaltlichen Weisungen bei Paulus: ThLZ 106 (1981) 385-400; *J. Jeremias*, War Paulus Witwer?: ZNW 25 (1926) 310-312; *ders.*, Nochmals: War Paulus Witwer?: ZNW 28 (1929) 321-323; *ders.*, Die Kindertaufe in den ersten vier Jahrhunderten, Göttingen 1958; *ders.*, Nochmals: Die Anfänge der Kindertaufe. Eine Replik auf Kurt Alands Schrift: »Die Säuglingstaufe im Neuen Testament und in der alten Kirche« (TEH 101), München 1962; *ders.*, Die missionarische Aufgabe in der Mischehe (1. Kor. 7,16), in: *ders.*, Abba. Studien zur neutestamentlichen Theologie und Zeitgeschichte, Göttingen 1966, 292-298; *E. Kähler*, Die Frau in den paulinischen Briefen unter besonderer Berücksichtigung des Begriffes der Unterordnung, Zürich – Frankfurt a. M. 1960; *G. Kehnscherper*, Die Stellung der Bibel und der alten christlichen Kirche zur Sklaverei. Eine biblische und kirchengeschichtliche Untersuchung von den alttestamentlichen Propheten bis zum Ende des Römischen Reiches, Halle 1957; *W. Klassen*, Musonius Rufus, Jesus, and Paul: Three First-Century Feminists, in: *P. Richardson – J. C. Hurd (Hrsg.)*, From Jesus to Paul. Studies in Honour of F. W. Beare, Waterloo, Ont. 1984, 185-206; *H. Klees*, Herren und Sklaven. Die Sklaverei im oikonomischen und politischen Schrifttum der Griechen in klassischer Zeit (FASk VI), Wiesbaden 1975; *J. Kottakal*, Pauline Teaching on Marriage: BiBh 3 (1977) 213-229; *H. Kruse*, Matrimonia ›Josephina‹ apud Corinthios?: VD 26 (1948) 344-350; *ders.*, Eheverzicht im Neuen Testament und in der Frühkirche: FKTh 1 (1985) 94-116; *S. Kubo*, I Corinthians VII.16: Optimistic or Pessimistic?: NTS 24 (1978) 539-544; *W. G. Kümmel*, Verlobung und Heirat bei Paulus (1 Kor 7,36-38) (1954), in: *ders.*, Heilsgeschehen und Geschichte. Gesammelte Aufsätze 1933-1964 (MThSt 3), Marburg 1965, 310-327; *L. J. Kuyper*, Exegetical Study on I Corinthians 7:14: RefR (H) 31 (1977) 62-64; *J. C. Laney*, Paul and the Permanence of Marriage in 1 Corinthians 7: JETS 25 (1982) 283-294; *F. Lang*, Art. πῦρ κτλ., in: ThWNT VI (1959) 927-953; *F. Laub*, Die Begegnung des frühen Christentums mit der antiken Sklaverei (SBS 107), Stuttgart 1982, 63-67; *L. Legrand*, Saint Paul et le Célibat, in:

J. Coppens (Hrsg.), Sacerdoce et Célibat, Gembloux – Louvain 1971, 315-321; *ders.*, The Spiritual Value of Virginity according to St. Paul: IndES 1 (1962) 175-195; *X. Léon-Dufour*, Mariage et continence selon s. Paul, in: À la rencontre de Dieu. Mémorial A. Gelin (BFCTL 8), Le Puy 1961, 319-329; *ders.*, Mariage et virginité selon saint Paul: Christus 11 (1964) 179-194; *W. H. Leslie*, The Concept of Woman in the Pauline Corpus in Light of the Social and Religious Environment of the First Century, Ann Arbor 1976; *G. Lohfink*, Jesus und die Ehescheidung. Zur Gattung und Sprachintention von Mt 5,32, in: *H. Merklein – J. Lange (Hrsg.)*, Biblische Randbemerkungen. FS R. Schnackenburg, Würzburg 1974, 207-217; *W. F. Luck*, Divorce and Remarriage. Recovering the Biblical View, San Francisco 1987; *D. Lührmann*, Wo man nicht mehr Sklave oder Freier ist. Überlegungen zur Struktur frühchristlicher Gemeinden: WuD 13 (1975) 53-83; *F. Lyall*, Roman Law in the Writings of Paul – the Slave and the Freedman: NTS 17 (1970/71) 73-79; *ders.*, Legal Metaphors in the Epistles: TynB 32 (1981) 81-95; *M. Y. MacDonald*, Early Christian women married to unbelievers: SR 19 (1990) 221-234; *dies.*, Women Holy in Body and Spirit: The Social Setting of 1 Corinthians 7: NTS 36 (1990) 161-181; *D. Marinelli*, De virginibus in 1 Cor 7,36-38: SBFLA 4 (1953/54) 184-218; *T. Matura*, Le célibat dans le Nouveau Testament d'après l'exégèse récente: NRTh 97 (1975) 481-500. 593-604; *C. Maurer*, Ehe und Unzucht nach 1. Korinther 6,12-7,7, in: WuD NF 6 (1959) 159-169; *P.-H. Menoud*, Mariage et célibat selon Saint Paul, in: *ders. (Hrsg.)*, Jésus-Christ et la foi, Recherches néotestamentaires, Neuchâtel – Paris 1975, 13-23; *ders.*, Saint Paul et la femme: RThPh 19 (1969) 318-330; **H. Merklein*, Es ist gut; *ders.*, Der Theologe als Prophet. Zur Funktion prophetischen Redens im theologischen Diskurs des Paulus, in: [II]*ders.*, Studien II 377-404; *W. Michaelis*, Ehe und Charisma bei Paulus: ZSTh 5 (1928) 426-452; *I. Minestroni*, Matrimonio, celibato e passaggio a seconde nozze: RBR 8 (1973) 61-94; *E. Modersohn*, Die Frauen des Neuen Testaments (TeT 336), Stuttgart 1982; *J. Moiser*, A Reassessment of Paul's View of Marriage with Reference to 1 Cor 7: JSNT 18 (1983) 103-122; *H. Montgomery*, Women and Status in the Greco-Roman World: StTh 43 (1989) 115-124; *H. Moxnes*, Social Integration and the Problem of Gender in St. Paul's Letters: StTh 43 (1989) 99-113; *U. B. Müller*, Prophetie und Predigt im Neuen Testament. Formgeschichtliche Untersuchungen zur urchristlichen Prophetie (StNT 10), Gütersloh 1975, 158-162; *J. Murphy-O'Connor*, Works Without Faith in I Cor. VII,14: RB 84 (1977) 349-361; *ders.*, The Divorced Woman in 1 Cor 7:10-11: JBL 100 (1981) 601-606; *P. Nejsum*, The Apologetic Tendency in the Interpretation of Paul's Sexual Ethics: StTh 48 (1994) 48-62; *E. Neuhäusler*, Ruf Gottes und Stand des Christen. Bemerkungen zu 1 Kor 7: BZ 3 (1959) 43-60; *K. Niederwimmer*, Zur Analyse der asketischen Motivation in 1 Kor 7: ThLZ 99 (1974) 241-248; *ders.*, Askese und Mysterium. Über Ehe, Ehescheidung und Eheverzicht in den Anfängen des christlichen Glaubens (FRLANT 113), Göttingen 1975; *A. Oepke*, Urchristentum und Kindertaufe: ZNW 29 (1930) 81-111; *ders.*, Art. γυνή, in: ThWNT I (1933) 776-790; *ders.*, Art. Ehe, in: RAC IV (1959) 650-666; *A. P. O'Hagen*, Divorce – Marriage in Tension with this Age: SBFLA 22 (1972) 95-108; *S. N. Olson*, Epistolary Uses of Expressions of Self-Confidence: JBL 103 (1984) 585-597; *J. C. O'Neill*, 1 Corinthians 7,14 and Infant Baptism, in: *A. Vanhoye (Hrsg.)*, L'Apôtre Paul. Personnalité, style et conception du ministère, Leuven 1986, 357-361; *J. J. O'Rourke*, A Note on an Exception: Mt 5:32 (19:9) and 1 Cor 7:12 Compared: HeyJ 5 (1964) 299-302; *F.-J. Ortkemper*, Als Christ leben. Denkanstöße aus der paulinischen Ethik: BiKi 40 (1985) 125-132; *R. E. Oster, Jr.*, Use, Misuse and Neglect of Archaeological Evidence in Some Modern Works on 1 Corinthians: ZNW 83 (1992) 52-73; *A. Padgett*, Feminism in First Corinthians. A Dialogue with Elizabeth Schüssler-Fiorenza: EvQ 58 (1986) 121-132; *H. Paulsen*, Einheit und Freiheit der Söhne Gottes – Gal 3,26-29: ZNW 71 (1980) 74-95; *R. Pesch*, Paulinische »Kasuistik«. Zum Verständnis von 1 Kor 7,10-11, in: *L. Alvarez Verdes (Hrsg.)*, Homenaje a Juan Prado, Madrid 1975, 433-442; *W. E. Phipps*, Is Paul's Attitude toward Sexual Relations Contained in 1 Cor. 7.1?: NTS 28 (1982) 125-131; *J. Piegsa*, »Zu einem Leben in Frieden seid ihr berufen« (1 Kor 7,15). Friede aus christlicher Sicht: ThG 26 (1983) 14-18; *W. Pötscher*, Die Wortbedeutung von γαμίζειν (1 Kor. 7,38): WüJbA 5 (1979) 99-103; *J. C. Poirier – J. Frankovic*, Celibacy and Charism in 1 Cor 7:5-7: HThR 89 (1996) 1-18; *H. Preisker*, Christentum und Ehe in den ersten drei Jahrhunderten. Eine Studie zur Kulturgeschichte der Alten Welt, Berlin 1927; *ders.*, Das Ethos des Urchristentums, Darmstadt ³1968; *B. Prete*, Matrimonio e continenza nel cristianesimo delle origini. Studio su 1 Cor. 7,1-40 (Studi biblici 49) Brescia 1979; *F. Raber*, Art. Divortium, in: KP II (1975) 109f.; *R. A. Ramsaran*, More Than an Opinion: Paul's Rhetorical Maxim in First Corinthians 7:25-26: CBQ 57 (1995) 531-541; *K. H. Rengstorf*, Mann und Frau im Urchristentum (VAFLNRW.G 12), Köln – Opladen 1954, 7-52; *P. Richardson*, »I say, not the Lord«: Personal Opinion, Apostolic Authority and the Development of Early Christian Halakah: TynB 31 (1980) 65-86; *R. L. Roberts, Jr.*, The Meaning of Chorizo and Douloo in I Cor 7:10-17: RestQ 8 (1975) 179-184; *H. Rusche*, Ehelosigkeit als eschatologisches Zeichen: BiLe 5 (1964) 12-18; *S. Schiwietz*, Eine neue Auslegung von I Kor. 7,36-38: ThGl 19 (1927) 1-15; *H. Schlier*, Art. ἐλεύθερος κτλ., in: ThWNT II (1935) 484-500; *K. L. Schmidt*, Art. καλέω κτλ., in: ThWNT III (1938) 488-539 (bes. 492-495); *L. Schottroff*, Wie berechtigt ist die feministische Kritik an Paulus? Paulus und die Frauen in den ersten christlichen Gemeinden im Römischen Reich: Einwürfe 2 (1985) 94-111; *W. Schrage*, Die Stellung zur Welt bei Paulus, Epiktet und in der Apokalyptik. Ein Beitrag zu 1 Kor 7,29-31: ZThK 61 (1964) 125-154; *ders.*, Zur Frontstellung der paulinischen Ehebewertung in 1 Kor 7,1-7: ZNW 67 (1976) 214-234; *G. Schrenk*, Art. θέλω κτλ., in: ThWNT III (1938) 43-63; *H. Schürmann*, Neutestamentliche Marginalien zur Frage der Institutionalität, Unauflöslichkeit und Sakramentalität der Ehe (Kirche und Bibel), Paderborn 1979, 409-430; *E. Schüssler Fiorenza*, Die Rolle der Frau in der urchristlichen Bewegung: Conc 12 (1976) 3-9; *dies.*, Women in the Pre-Pauline and Pauline Churches: USQR 33 (1978) 153-166; *E. Schweizer*, Scheidungsrecht der jüdischen Frau? Weibliche

Jünger Jesu?: EvTh 42 (1982) 294-300; *ders,*, Zum Sklavenproblem im Neuen Testament: EvTh 32 (1972) 502-506; *R. H. A. Seboldt*, Spiritual Marriage in the Early Church. A Suggested Interpretation of 1 Cor. 7:36-38: CTM 30 (1959) 103-119.176-189; *T. K. Seim*, Ascetic Autonomy? New Perspectives on Single Women in the Early Church: StTh 43 (1989) 125-140; *E. Stauffer*, Art. ἑδραῖος κτλ., in: ThWNT II (1935) 360-362; *W. Stenger*, Zur Rekonstruktion eines Jesuswortes anhand der synoptischen Ehescheidungslogien: Kairos 26 (1984) 194-205; *F. Stummer*, Art. Beschneidung, in: RAC II (1954) 159-169; *L. Swain*, Paul on Celibacy: CleR 51 (1966) 785-791; *S. Terrien*, Till the Heart Sings. A Biblical Theology of Manhood and Womanhood, Philadelphia 1985; *M. Theobald*, Jesu Wort von der Ehescheidung: Gesetz oder Evangelium?: ThQ 175 (1995) 109-124; *J.-Y. Thériault*, La femme chrétienne dans les textes pauliniens: ScEs 37 (1985) 297-317; *K. J. Thomas*, Husband-Wife Relations: A Hermeneutical Case Study: TRB 3 (1980) 20-30; *T. C. G. Thornton*, Jewish Bachelors in New Testament Times: JThS 23 (1972) 444-445; *K. Thraede*, Frauen im Leben frühchristlicher Gemeinden: US 32 (1977) 286-299; *H. Thyen*, »... nicht mehr männlich und weiblich ...«. Eine Studie zu Galater 3,28, in: *F. Crüsemann – H. Thyen*, Als Mann und Frau geschaffen. Exegetische Studien zur Rolle der Frau, Gelnhausen – Berlin – Stein/Mfr. 1978, 107-201; *W. Trilling*, Zum Thema: Ehe und Ehescheidung im Neuen Testament: ThGl 74 (1984) 390-406; *P. Trummer*, Die Chance der Freiheit. Zur Interpretation des μᾶλλον χρῆσαι in 1 Kor 7,21: Bibl. 56 (1975) 344-368; *C. M. Tuckett*, 1 Corinthians and Q: JBL 102 (1983) 607-619; *J. H. van Tilborg*, Exegetische Bemerkungen zu den wichtigsten Ehetexten aus dem NT, in: *P. Huizing (Hrsg.)*, Um eine neue kirchliche Eheordnung, Düsseldorf 1975, 9-25; *B. Vawter*, Divorce and the New Testament: CBQ 39 (1977) 528-542; *S. Vollenweider*, Freiheit als neue Schöpfung. Eine Untersuchung zur Eleutheria bei Paulus und in seiner Umwelt (FRLANT 147), Göttingen 1989, 233-246; *G. Wagner – I. Wieser*, Das Bild der Frau in der biblischen Tradition: US 35 (1980) 296-316; *H. Wansbrough*, Divorce in the New Testament: AmpJ 83 (1978) 57-63; *R. B. Ward*, Musonius and Paul on Marriage: NTS 36 (1990) 281-289; *ders.*, Paul: How He Radically Redefined Marriage: BiRe 4 (1988) 26-31; *D. Wenham*, Paul's Use of the Jesus Tradition: Three Samples: Gospel Perspectives 5 (1985) 7-37; *W. L. Westermann*, The Slave Systems of Greek and Roman Antiquity, Philadelphia ³1964; *P. H. Wiebe*, The New Testament on Divorce and Remarriage: Some Logical Implications: JETS 24 (1981) 131-138; *H.-U. Wili*, Das Privilegium Paulinum (1 Kor 7,15f.) – Pauli eigene Lebenserinnerung?: BZ 22 (1978) 100-108; *D. Williams*, The Apostle Paul and Women in the Church, Van Nuys 1977; *M. J. Williams*, The Man/Woman Relationship in the New Testament: ChM 91 (1977) 33-46; *T. Williams*, The Forgotten Alternative in First Corinthians 7. A Case for Celibacy: ChrTo 17 (1973) 870-872; *V. L. Wimbush*, Paul. The Wordly Ascetic. Response to the World and Self-Understanding according to 1 Corinthians 7, Macon, GA 1987; *B. W. Winter*, Secular and Christian Responses to Corinthian Famines: TynB 40 (1989) 86-106; *ders.*, 1 Corinthians 7:6-7: a caveat and a framework for »the sayings« in 7:8-24: TynB

48 (1997) 57-65; *ders.*, Puberty or Passion? The Referent of ΥΠΕΡΑΚΜΟΣ in 1 Corinthians 7:36: TynB 49 (1998) 71-89; *W. Wolbert*, Ethische Argumentation und Paränese in 1 Kor 7 (MSS 8), Düsseldorf 1981; *O. L. Yarbrough*, Not like the Gentiles. Marriage Rules in the Letters of Paul (SBL Dissertation Series 89), Atlanta 1985; *J. J. Young*, New Testament Perspectives on Divorce Ministry: PastPsy 33 (1985) 205-216; *M. und R. Zimmermann*, Zitation, Kontradiktion oder Applikation? Die Jesuslogien in 1 Kor 7,10f. und 9,14: Traditionsgeschichtliche Verankerung und paulinische Interpretation: ZNW 87 (1996) 83-100.

1.1 Zum Text und zur Übersetzung

In *V. 13* lesen A, B, der Mehrheitstext u. a. »eine Frau, welche ...« anstelle von »wenn eine Frau ...« (so: p46, Sinaiticus, D u. a.). Eine endgültige Entscheidung ist kaum möglich. Gewichtige Textzeugen (p46, B, D, auch der Mehrheitstext u. a.) bieten in *V. 15* »uns« statt »euch« (so: Sinaiticus, A, C u. a.). Dennoch dürfte ersteres nicht ursprünglich sein; es handelt sich wahrscheinlich um eine Verallgemeinerung. In *V. 34* variiert die Textüberlieferung sehr stark. Außer der in der unten dargebotenen Übersetzung übernommenen Lesart, die u. a. von p15 und B gestützt wird, existieren noch verschiedene andere, die teilweise auch die Satzeinteilung verändern, so z. B. die Lesart des Mehrheitstextes (auch D u. a.): »Und geteilt (= verschieden) ist auch die Frau und die Jungfrau (= das Verhalten der Frau und der Jungfrau). Die Unverheiratete sorgt sich ...« (so: ZB).

Bei den Übersetzungsproblemen ist zunächst *V. 1* zu nennen, wo es umstritten ist, ob die zweite Vershälfte – wie in der unten vorgelegten Übersetzung – als Parole der Korinther (so auch: EÜ) oder als These des Paulus (LB; vgl. ZB) zu verstehen ist (s. dazu die Analyse). Versteht man ›*ti oidas, ei*‹ in *V. 16* – in der Übersetzung wiedergegeben mit: »was weißt du, ob« (vgl. BDR §368,2 [3]) – als Umschreibung für »vielleicht« (*J. Jeremias*, Aufgabe; vgl. BDR §375 [1]), bekommen VV. 15c.16 einen anderen (gegenteiligen) Sinn, indem sie zur Aufrechterhaltung der Ehe auffordern: »zum Frieden aber (d. h., nicht zur Trennung!) hat euch Gott berufen. Denn vielleicht, Frau, wirst du den Mann (doch noch) retten, oder vielleicht, Mann, wirst du die Frau (doch noch) retten.« In *V. 26* könnte man auch »wegen der *gegenwärtigen* Not« übersetzen. ›*hyperakmos*‹ in *V. 36* – in der unten dargebotenen Übersetzung auf »Jungfrau« bezogen (»wenn sie überreif ist«) – könnte auch auf den Mann bezogen werden, wobei dann die Vorsilbe ›*hyper-*‹ nicht zeitlich, sondern steigernd zu verstehen ist: »wenn er übermäßig stark ist« (vgl. *Bauer*, s. v.). So haben es wohl D u. a. verstanden, die am Ende des Verses »*er soll heiraten*« (›*gameitō*‹) lesen. ›*gamizein*‹ in V. 38 – in der vorgelegten Übersetzung mit »heiraten« wiedergegeben – heißt eigentlich »(eine Frau) in die Ehe geben, verheiraten« (*Bauer*, s. v.). Doch kann das Wort auch mit ›*gamein*‹ = »heiraten« gleichgesetzt werden (s. ebd.; vgl. BDR § 101 [16]).

1.2 Analyse

Die *Textabgrenzung* bedarf keiner ausführlichen Begründung. Durch die Einleitung (»Was aber das betrifft, was ihr geschrieben habt«) ausdrücklich gekennzeichnet, beginnt mit 7,1 ein neues Thema. Eine ähnlich lautende Einleitung markiert in 8,1 den Beginn des nächsten Themas. Die Einleitung in 7,1 stellt sicher, daß Kapitel 7 nicht die Thematik von Kapitel 5 und 6 fortführt, sondern an eine außerhalb des Vortextes liegenden Problematik anknüpft, die im Schreiben der Korinther angesprochen war. Die Kohärenz zu den vorausgehenden und den nachfolgenden Kapiteln ist also primär pragmatisch bedingt, d. h. durch den Willen des Briefschreibers einerseits, der die Themen so zusammengestellt hat, und durch die Situation in Korinth andererseits, die die unterschiedlichen Themenkreise zu einer (situativen) Einheit verbindet. Die semantische Klammer, die sich aus dem Thema »Sexualität« zwischen 6,12-20 und 7,1-40 ergibt, dürfte auf den kompositorischen Willen des Autors zurückgehen, der die pragmatisch differenten, aber semantisch verwandten Themen aneinandergerückt hat. Dies könnte einerseits bedeuten, daß die Antworten, die Paulus in bezug auf Ehe (7,1), Götzenopferfleisch (8,1) und Geistesgaben (12,1) gibt, nicht unbedingt der Reihenfolge der korinthischen Anfrage entsprechen müssen. Da sich aber andererseits die Kapitel 12-14 wegen ihrer sachlichen Verwandtschaft mit Kapitel 1-4 (s. zu 1,10-4,21: 3.2.3.2) auch ebenso gut nach diesen hätten einfügen lassen, spricht wohl mehr dafür, daß Paulus sich mit seinen Antworten an die vorgegebene Reihenfolge der Anfragen gehalten und die ihm aus anderer Informationquelle zugekommenen Probleme an thematisch geeigneter Stelle eingefügt und behandelt hat.

Die *Struktur* von 1 Kor 7 springt in ihren Grundzügen schon beim ersten Lesen ins Auge. Eine detaillierte Analyse erübrigt sich daher.

Doch können einige analytische Beobachtungen von Nutzen sein, bei denen jedoch nicht streng nach *Syntax*, *Semantik* und *Pragmatik* getrennt wird. Besonders signifikativ ist die Verteilung der grammatischen Personen. Die meisten Verben weisen die 3. Person Singular auf (ca. 70mal), viele davon in imperativischer Form (VV. 2ab.3ab.12bβ.13b.15aβ. 17bα.18aβ.bβ.20b.21aβ.24b.36aβ). Pragmatisch bedeutet dies, daß es dem Text um generelle Feststellungen bzw. generelle Handlungsanweisungen zu tun ist. Als generelle Handlungsanweisungen sind auch die Imperative der 3. Person Plural (VV. 9aβ.36c) und die dem Diatribenstil verpflichteten Imperative der 2. Person Singular zu interpretieren (VV. 21bβ.27aβ.bβ), während die nur zweimal vorkommenden Imperative der 2. Person Plural (VV. 5a.23b) eher eine konkrete Applikation an die Adressaten darstellen. Analog zu den Imperativen der 2. Person Singular fügen sich die Indikative der 2. Person Singular, die sämtlich diatribenhaft-generisch zu verstehen sind (VV. 16aαβ.bαβ.21aα.bα.27aα.bα.28aαβ), zum feststellenden Charakter des Textes. Dazu paßt der Umstand, daß der Text eine Reihe von urteilenden Prädikatssätzen (mit »ist ...«) enthält (VV. 9b.14bc.19aαβ.22ab.29aβ.34bβ.39bβ.40a). Sachlich zählen dazu auch die Urteile mit ›*kalōs (kreisson) poiei*‹ (»tut gut [besser]«) (VV. 37b.38ab) und ›*kalon*‹ (»[es ist] gut«), wobei es im Griechischen offen bleibt, ob ›*einai*‹ (Infinitiv) oder ›*estin*‹ (Indikativ) zu ergänzen ist (VV. 1b.8b.26ab). Generelle Feststellungen bzw. Urteile und generelle Handlungsanweisungen machen den argumentativen Stil des Textes aus, der sich so als äußerst sachlich und bar jeder emotionalen Aufgeregtheit präsentiert. Dagegen spricht auch nicht die häufig gebrauchte 1. Person Singular, mit der Paulus in performativer Weise seine eigenen Urteile und Wünsche einbringt (VV. 7a.8a.10a.12a.17b.26a.28d.29a.32a) bzw. den Charakter seiner Feststellungen metasprachlich qualifiziert und nuanciert (VV. 6.25ab.35ab.40b). Gerade letzteres gibt der Argumentation einen sehr differenzierten Charakter fernab jeder Schwarz-Weiß-Malerei. Unterstrichen wird das durch die sorgsame Gegenüberstellung von eigener Anordnung und Anordnung des Kyrios (VV. 10a.12a).

Die performativen Verben der 1. Person Singular können geradezu als textstrategische Signale einer ersten Textgliederung verstanden werden, die sich durch syntaktische und thematische Beobachtungen noch weiter präzisieren läßt. Die VV. 6f. haben eindeutig anaphorischen Charakter, so daß sie als Abschluß des Abschnitts VV. 1-7 gelten können, die thematisch das sexuelle Verhalten von

Eheleuten behandeln. Mit V. 8 beginnt ein neuer Abschnitt, der – gestaffelt nach Unverheirateten bzw. Witwen (VV. 8f.), Verheirateten (Christen und Christinnen) (VV. 10f.) und übrigen (mit heidnischen Partnern verheirateten Christen und Christinnen) (VV. 12-16) – einen möglichen Wechsel des (sozial relevanten) sexuellen Standes bedenkt und wertet. Für eine möglichst unveränderte Beibehaltung des bei der christlichen Berufung innegehabten Status treten VV. 17-24 ein. Die Exempel, an denen der dreimal wiederkehrende Grundsatz demonstriert wird (VV. 17.20.24), kommen allerdings aus völlig anderen sozialen Bereichen (›Beschneidung vs Unbeschnittenheit‹ [VV. 18f.], ›Sklave vs Freier‹ [VV. 21-23]), so daß die Verse wohl als demonstrativer Exkurs zu bezeichnen sind. Nach diesen verallgemeinernden Bemerkungen setzt der Text mit V. 25 völlig neu an, was durch die Wiederholung der Referenzwendung von V. 1 (»Was aber ... betrifft«) noch unterstrichen wird. Thematisch stellt sich der folgende Text als Auskoppelung und Vertiefung von VV. 8f. dar, wobei der größere erste Teil auf das Thema der Jungfrauen bzw. Unverheirateten (VV. 25-38) und der kürzere zweite Teil auf das der Witwen entfällt (VV. 39f.). VV. 25-38 lassen sich wiederum durch die sprecherorientierten performativen Verben (1. Person Singular) in die Abschnitte VV. 25-28.29-31.32-34.35-38 aufteilen. Die Ausführlichkeit, mit der die Frage der Jungfrauen bzw. Unverheirateten behandelt wird, hat ihren sachlichen Grund darin, daß für diesen Fall keine verbindliche Weisung des Kyrios vorliegt und Paulus nur eine Empfehlung zu geben hat. Sie ist allerdings nicht unverbindlich bzw. hat ihre Verbindlichkeit und Überzeugungskraft in der Begnadung und Vertrauenswürdigkeit des Paulus (V. 25) bzw. in den dafür anzuführenden Sachgründen, die bereits in V. 26a und V. 28b – die Empfehlung von VV. 26b-28a umrahmend – kurz angedeutet werden. Explizit werden die Sachgründe in zwei Anläufen (VV. 29-31.32-34), bevor dann – durch die metasprachliche Qualifizierung von V. 35 eingeleitet – die VV. 36f. die Empfehlung wiederholen und durch die komparativische Wertung von V. 38 auf den Punkt bringen. Die VV. 39f. wenden die vorausgehenden Ausführungen und die Wertung von V. 38 auf den Fall der Witwe an. Insgesamt ergibt sich so eine Zweiteilung des Kapitels mit jeweiligen Unterabteilungen: VV. 1-24 (1-7.8-16[8f.10f.12-16].17-24) und VV. 25-40 (25-38[25-28.29-31.32-34.35-38].39f.).

Unter situativer und kommunikativer Hinsicht könnte man fragen, ob die Zweiteilung des Kapitels auf eine zweigeteilte Anfrage der Korinther und Korintherinnen reagiert. Doch während V. 1 eindeutig auf eine korinthische Anfrage Bezug nimmt, läßt sich dies trotz der Einleitung mit ›peri ...‹ (»Was ... betrifft«) in V. 25 für den zweiten Teil nicht mit Sicherheit sagen. Es fällt auf, daß die VV. 25-40 keinen adaptierenden Imperativ der 2. Person Plural aufweisen, ja überhaupt kein Verbum, das die Adressaten direkt in der 2. Person Plural anspricht (die Formen der 2. Person Singular [VV. 27aαβ.bαβ.28aαβ] sind durchweg [wie die des ersten Teils] diatribisch-generell gemeint). Es wäre daher durchaus denkbar, daß die VV. 25-40 Folgeüberlegungen des Paulus sind, denen nicht unbedingt eine unmittelbare Anfrage der Korinther zugrundeliegen muß. Stellt man zudem in Rechnung, daß die VV. 25-40 eine Auskoppelung und Entfaltung von VV. 8f. sind, dann bleibt zu überlegen, ob das Stichwort »Folgeüberlegung« nicht auch auf VV. 8-16 zutrifft, so daß der eigentliche konkrete Fall, weswegen die Korinther bei Paulus angefragt haben, sich hinter VV. 1-7 verbirgt. Letzteres wird in jedem Fall zutreffen. Sofern jedoch das Urteil über das sexuelle Verhalten in der Ehe, um das es in diesen Versen geht, leicht auch Auswirkungen im Blick auf das Urteil über den Status des Verheiratetseins haben kann, wird man die in VV. 8-16 angesprochenen Probleme schon für die innerkorinthische Diskussion voraussetzen dürfen. Die Auskoppelung und ausführliche Behandlung des Problems von VV. 8f. in VV. 25-40 dagegen scheint zumindest partiell dem Interesse des Paulus zu entstammen, der seine eigene Ehelosigkeit als das Bessere ansieht. Möglicherweise hat er diese bei seiner ersten Verkündigung in Korinth sogar als beispielhaft dargestellt, so daß er zum Entstehen der korinthischen Problematik mit beigetragen hat.

Worin aber bestand das *Problem*, weswegen die Korinther und Korintherinnen bei Paulus nachgefragt haben? Nach V. 1b geht es um das Vermeiden von sexuellen Kontakten (»eine Frau nicht anzufassen«). Ob die damit verbundene Wertung (»[Es ist] gut für den Menschen«) auf das Konto des Paulus oder der Korinther geht, ist in der Forschung umstritten. Für eine Entscheidung verdient es Beachtung, daß Anweisungen, die mit ›kalon‹ (»es ist gut«) oder vergleichbaren Wertungen eingeleitet werden, den ganzen Text durchziehen und somit eine wichtige Sinnlinie markieren. Eine Tabelle soll die Übersicht erleichtern:

positive Wertung	**positive** oder NEGATIVE Anweisung	*komparativische Wertung*	**positive** oder NEGATIVE Anweisung
V. 1b: *Es ist gut* für den Menschen	eine Frau NICHT ANZUFASSEN		
V. 8: *Es ist gut* für Unverheiratete bzw. Witwen	so zu sein wie ich (= UNVERHEIRATET)	V. 9: *Es ist besser* (für Unverheiratete bzw. Witwen)	**zu heiraten** als zu brennen
V. 26: *Es ist gut* für den Menschen	so zu sein (= Jungfrau bzw. UNVERHEIRATET)		
V. 37: *Er tut gut,*	seine Jungfrau zu bewahren (= NICHT ZU HEIRATEN)		
V. 38: *Er tut gut,*	seine Jungfrau **zu heiraten**	V. 38: *Er tut besser,*	seine Jungfrau NICHT ZU HEIRATEN

Beachtlich erscheint zunächst, daß die *formale Wertung* nie verneint, sondern nur gesteigert wird. Auf dieser Ebene gibt es also keine Oppositionen, sondern nur Komparationen: ›gut‹ *(positiv)* ›besser‹ *(komparativisch)*. Dagegen begegnen die Anweisungen sowohl in **positiver** (halbfette Schrift) wie in NEGATIVER (Umriß-Schrift) Form, d. h. in oppositioneller Weise: ›heiraten bzw. sexuelle Kontakte haben‹ vs ›nicht heiraten bzw. keine sexuellen Kontakte haben‹. Bei der Kombination von formaler Wertung und inhaltlicher Anweisung zeigt sich eine gewisse Vorliebe für die Verbindung von positiver Wertung und negativer Anweisung. Doch besteht keine Gesetzmäßigkeit: auch die positive inhaltliche Anweisung kann mit einer komparativischen formalen Wertung verbunden werden (V. 9); und ebenso können positive Wertung und positive Anweisung verquickt werden (V. 38a), was dann die Verbindung von komparativischer Wertung und negativer Anweisung zur Folge hat (V. 38b). Dies bedeutet, daß der Text selbst (bzw. Paulus) die Anweisung von V. 1b nicht als allgemeingültige Gesetzmäßigkeit verstanden haben kann. Das entspricht auch der konkreten Formulierung (»es ist gut«), die nicht an eine unbedingte Pflicht, sondern eher an eine starke Empfehlung denken läßt. Dies gilt in gewisser Weise sogar, wenn man V. 1b als Parole der Korinther ansehen müßte. Allerdings ist hier einzuschränken. Denn wären die Korinther fähig gewesen, die Aussage von V. 1b in ähnlicher Weise zu relativieren, wie es in der Folge des Textes geschieht, dann hätten sie kaum einen Grund gehabt, deswegen bei Paulus nachzufragen. Die Unfähigkeit zur Relativierung deutet darauf hin, daß die Korinther zumindest die Tendenz hatten, V. 1b im Sinne einer Gesetzmäßigkeit zu verstehen. Dies läßt umgekehrt aber wieder fragen, ob sie unter dieser Voraussetzung V. 1b so formuliert hätten, wie er formuliert ist. D. h., eine befriedigende Lösung des mit V. 1b gestellten Problems erfordert die Beantwortung von zwei Fragen: 1. Wie kam es zur Formulierung von V. 1b?, und: 2. Worin bestand die abweichende Auffassung der Korinther, die Paulus durch die Interpretation bzw. durch die Relativierung von V. 1b korrigieren wollte? Beginnen wir mit der ersten Frage. Die Annahme, daß die Korinther V. 1b völlig selbständig als Parole gebildet haben könnten, ist problematisch; das wurde bereits gesagt. Als noch unwahrscheinlicher muß allerdings die Möglichkeit beurteilt werden, daß Paulus V. 1b zur Beantwortung der Anfrage der Korinther ad hoc gebildet und als Grundsatz seinen Ausführungen vorangestellt hätte. Denn dann hätte Paulus einen Grundsatz formuliert, den er alsbald – schon ab V. 2 – wieder relativieren, ja im Blick auf den Status des Verheiratetseins sogar energisch hätte zurückweisen müssen. So deutet alles darauf hin, daß die Formulierung von V. 1b Teil des kommunikativen Prozesses *zwischen* Paulus und der Gemeinde von Korinth war. Daß Paulus selbst an einer positiven Wertung des Unverheiratetseins interessiert war, zeigt schon die Verteilung in der obigen Tabelle. Tatsächlich stellt Paulus sein eigenes Unverheiratetsein deutlich als wünschenswerten Status heraus: »Ich wünschte ..., daß alle Menschen so wie ich wären« (V. 7a; vgl. VV. 8.25 f.). Es ist zumindest gut denkbar, daß Paulus derartige Gedanken schon bei seinem ersten Wirken in Korinth geäußert hatte, vielleicht sogar in der Form, wie sie in V. 7a oder V. 8b (»Es ist gut, ...«) vorgetragen werden. Vor dem Hintergrund von 1 Kor 7 ist klar, daß Paulus damit weder die sexuelle Enthaltung in der Ehe noch die Auflösung bestehender Ehen propagieren wollte. Schon eher könnte man sich vorstellen, daß er den Unverheirateten und Witwen zum Bleiben in der Ehelosigkeit geraten hatte (vgl. V. 8b). Die Korinther scheinen dieses Votum des Paulus, das er ja auch in 1 Kor 7 aufrecht erhält, mißverstanden zu haben, indem sie ihm eine Tendenz zum Grundsätzlichen gegeben haben. Exakt in diesen Zusammenhang paßt die Formulierung von V. 1b. Sie legt mit ihrer Wertung keine unbedingte Pflicht fest und bleibt in ihrem Urteil bis zu einem gewissen Grade ambivalent, so daß sie Paulus nicht pauschal zurückweisen muß. In der Generalisierung der Aussage, daß es »für den *Menschen* (= den Mann generell) gut sei, eine Frau (= die Frau generell) nicht anzufassen«, kommt aber eine Tendenz zum Grundsätzlichen zum Zuge, die Paulus nicht teilen kann. V. 1b dürfte demnach eine Formulierung der Korinther sein, an deren Zustandekommen Paulus aber nicht ganz unschuldig ist.

Daß die betreffenden Korinther sich auf ein Herrenwort gestützt hätten (so: *D. L. Balch*, Backgrounds 352-358), ist aus dem Text nicht zu ersehen. Noch weniger ist eine Berufung auf Mose (vgl. 2 Kor 3) zu erkennen, der nach Philo (VitMos II 66-70) zum Zwecke des Offenbarungsempfangs Enthaltsamkeit übte (gegen: ebd. 358-362; zur Kritik: *W. Schrage*, Frontstellung 224f.226-228).

Damit können wir uns der zweiten Frage zuwenden. Der unmittelbar mit V. 2 einsetzenden Korrektur des Paulus zufolge muß die abweichende Auffassung der Korinther und Korintherinnen darin bestanden haben, daß sie das Votum des Paulus bezüglich der Unverheirateten als Votum zur sexuellen Enthaltsamkeit interpretierten. Davon betroffen waren zunächst die Eheleute, denen nahegelegt wurde, auf geschlechtlichen Verkehr zu verzichten (vgl. VV. 2-5). Bei rigoroser Interpretation konnte aus dem Votum zur sexuellen Enthaltsamkeit leicht ein Affront gegen die Geschlechtsgemeinschaft der Ehe überhaupt werden. Tendenzen dazu scheint es in Korinth gegeben zu haben, zumindest wenn man VV. 10-16 als Reaktion des Paulus verstehen darf. Verstärkend in diesem Sinn könnte das Axiom von Gal 3,28 gewirkt haben, das man mit gutem Grund als in Korinth bekannt voraussetzen darf (s. Bd. I, Einleitung 2.1 und unten zu VV. 17-24). Insbesondere die Negation der letzten der dort genannten Polaritäten (›männlich vs weiblich‹) konnte leicht dazu verwendet werden, einen Verzicht der praktischen Realisierung der geschlechtlichen Differenzen zu begründen.

Zum Schluß bleibt noch die Frage, ob es für die so umschriebene Forderung der sexuellen Enthaltsamkeit eine *spezifische Trägergruppe* in der Gemeinde von Korinth gab. Geht man von den Parteiparolen aus, so könnte man zunächst an die Apollos-Gruppe denken. Ihr weisheitlich-noëtisches Erlösungsverständnis läßt ethisch durchaus ambivalente Konsequenzen zu, sei es, daß man in »libertinistischer« Praxis Verpflichtungen gegenüber der sinnlich-wahrnehmbaren Welt negierte (vgl. 1 Kor 5-6), sei es, daß man in bewußter Aszese sich von ihr fernzuhalten suchte. Diese Ambivalenz warnt allerdings auch vor einer allzu glatten Identifizierung der spezifischen Verfechter des Votums von V. 1b mit der Apollos-Gruppe. Was den Inhalt von V. 1b betrifft, wird die Apollos-Gruppe also nur partiell involviert gewesen sein. Dagegen ist es gut denkbar, daß V. 1b in den Reihen der Glossolalen vertreten wurde. Zur Glossolalie als »Sprache der Engel« (vgl. 13,1) würde sich gut das Nicht-Heiraten als Postulat einer engelgleichen Existenz (vgl. Mk 12,25) fügen. In beiden käme eine innovatorische Interpretation des Axioms von Gal 3,28 zum Zuge, der zufolge die Gemeinde der Ort ist, an dem das in Christus eröffnete Heil als Gegen-Welt zu realisieren ist (s. Bd. I, Einleitung 2.1). Dies entspräche auch soziologisch dem Profil der Glossolalen, die wir mit der Paulus-Gruppe identifizieren konnten (s. zu 1,10-4,21: 3.2.3.2). Daß die Anfrage bezüglich V. 1b dann doch eher von seiten der gebildeteren Gemeindemitglieder zu vermuten ist (s. Bd. I, Einleitung 3.3), ist leicht erklärlich. Denn abgesehen davon, daß ein Postulat wie V. 1b auch in ihren Reihen zumindest partiell auf Anerkennung stoßen konnte, so mußte es bei ihnen, die soziologisch weniger an einer Veränderung des Status quo interessiert waren, doch zu einer theologischen Verunsicherung führen. Gerade sie dürfte der Grund gewesen sein, daß man wegen V. 1b bei Paulus nachfragte.

1.3 Einzelerklärung

1.3.1 Ein erster Problemkreis:
Zur Sexualität in der Ehe (Verse 1-7)

1 Was aber das betrifft, was ihr geschrieben habt: (Es ist) gut für den Menschen, eine Frau nicht anzufassen. 2 Aber wegen der Unzuchtssünden soll jeder seine (eigene) Frau haben, und jede soll den eigenen Mann haben. 3 Der Frau gegenüber soll der

Mann die (schuldige) Pflicht erfüllen, ebenso aber auch die Frau dem Mann gegenüber. 4 Die Frau verfügt nicht über den eigenen Leib, sondern der Mann; ebenso aber verfügt auch der Mann nicht über den eigenen Leib, sondern die Frau. 5 Entzieht euch einander nicht, außer etwa aus Übereinstimmung auf Zeit, damit ihr euch dem Gebet widmet und (dann) wieder zusammen seid, damit euch der Satan nicht versuche wegen eurer Unenthaltsamkeit. 6 Dies aber sage ich als Zugeständnis, nicht als Befehl. 7 Ich wünschte (wörtl.: will) aber, daß alle Menschen so wie ich wären; doch jeder hat eine eigene Gnadengabe von Gott, der eine so, der andere so.

Vers 1: Paulus bezieht sich auf eine schriftliche Anfrage der Korinther (V. 1a). Ob V. 1b als eine These (Parole) der Korinther oder als These (Grundsatz) des Paulus zu verstehen ist, wird in der Forschung unterschiedlich beurteilt (vgl. *J. C. Hurd*, Origin 68.158-163; *W. Schrage*, Frontstellung 215 Anm. 4; *H. Merklein*, Es ist gut 389 Anm. 4, 390 Anm. 7). Performativ enthält V. 1b zwar kein striktes Verbot, favorisiert aber doch eindeutig (»es ist gut«) eine bestimmte Handlungsweise. Inhaltlich geht es darum, eine Frau »nicht anzufassen«, d. h. mit ihr keinen Geschlechtsverkehr zu haben. Aufgrund des lexikalischen Befundes läßt sich dabei (mit lexikalischen Mitteln) weder aus »Frau« noch aus »anfassen« erschließen, ob speziell der eheliche Verkehr oder der Geschlechtsverkehr überhaupt diskriminiert werden sollte (vgl. dazu *W. Schrage*, Frontstellung 217). »Frau« (›gynē‹) kann sowohl die Frau allgemein als auch speziell die Ehefrau bezeichnen (vgl. *Bauer*). »Anfassen« (›haptesthai‹) ist Euphemismus für Geschlechtsverkehr, dessen inhaltliche Spezifizierung (ehelich oder nichtehelich) sich aus dem Kontext ergibt. Dem unmittelbaren Kontext nach (VV. 2-5) ist zunächst an die Ehe zu denken. Von der Formulierung her besitzt das Postulat aber eine generalisierende Tendenz, so daß eine alternative Entscheidung der Sache von 1 Kor 7 nicht angemessen sein dürfte.

Wie die Analyse ergeben hat, handelt es sich bei V. 1b wahrscheinlich um eine These, die in Korinth die Gemüter beunruhigte. Daß man deswegen bei Paulus anfragte, wird nicht nur in dessen Autorität als Apostel und Gemeindegründer begründet gewesen sein. Diesbezüglich gab es durchaus unterschiedliche Auffassungen innerhalb der Gemeinde (vgl. 1 Kor 1-4). Die Anfrage bei Paulus macht auch deswegen einen guten Sinn, weil Paulus selbst wohl nicht ganz unschuldig am Entstehen des Postulats von V. 1b gewesen sein dürfte (s. die Analyse). Man bittet Paulus gleichsam um die authentische Interpretation eines Sachverhaltes, der in gewisser Weise mit dem Apostel in Verbindung gebracht wurde (und von seinen Befürwortern wohl auch mit diesem autorisiert wurde). Allerdings kann die konkrete Formulierung nicht einfach auf den Apostel zurückgeführt werden. Paulus widerspricht denn auch im folgenden dem korinthischen Postulat, und zwar nicht nur in bezug auf seine Anwendung auf die Ehe (so daß man mit ihm den geschlechtlichen Vollzug bereits bestehender Ehen verbieten könnte), sondern auch in bezug auf seine Verwendung als *Grundsatz* christlicher Lebensführung (so daß man mit ihm das Heiraten überhaupt unterbinden könnte). Auch aus diesem Grund ist es unwahrscheinlich, daß V. 1b der Grundsatz ist, den *Paulus* über die folgenden Ausführungen gestellt haben soll. Das schließt nicht aus, daß Paulus das Votum der Korinther in bestimmter Hinsicht teilt, allerdings mit der Maßgabe, daß es nicht auf die Ehe anzuwenden und nicht als Prinzip zu beanspruchen ist. Eine aszetische Tendenz oder eine »Ritual-Angst vor der dämonischen Mächtigkeit des Sexuellen und speziell der Frau« (*K. Niederwimmer*, Askese 85) wird man Paulus nicht unterstellen dürfen. Denn selbst dort, wo er sich für die Ehelosigkeit ausspricht (VV. 7 f.25-40), ist sein Votum nicht aszetisch oder rituell, sondern eschatologisch bzw. christologisch motiviert.

Eine Lösung gleichsam in der Mitte zwischen korinthischem Postulat und paulinischem Grundsatz vertritt *N. Baumert*. Auch nach ihm ist V. 1b nicht der allgemeine Grundsatz für die Ausführungen des gesamten Kapitels 7. V. 1b sei vielmehr von VV. 2-5 her zu interpretieren, d.h. V. 1b beziehe sich bereits auf eine konkrete Anfrage der Korinther bezüglich der *Eheleute:* »Was sagst du dazu, wenn *Eheleute* sich aus *religiösen Gründen* des Verkehrs (ganz oder zeitweilig) *enthalten?*« (*N. Baumert*, Ehelosigkeit 37). Der positive Sinn von V. 1b bestünde dann darin, daß Paulus mit einem entwaffnenden »Augenzwinkern oder Schmunzeln ... diese(n) ›fromme(n)‹ Leuten« (ebd. 44) in einer »captatio benevolentiae« (ebd. 43) zu verstehen gäbe: »›Natürlich ziert es den Mann, wenn er sich von seiner Ehefrau zurückhält – aber macht daraus bitte kein Prinzip!‹« (ebd. 43). Dies ist jedoch schon philologisch nicht zwingend. Denn vorausgesetzt, V. 1b sei als reine Kataphor (Vorverweis) auf VV. 2-5 zu verstehen, würde man eher »Mann« (›*anēr*‹) anstatt »Mensch« (›*anthrōpos*‹) erwarten (eventuell auch den Artikel bei »Frau«). Im übrigen ist die (augenzwinkernde) Psychologisierung der Pragmatik, wie sie von *Baumert* vorgenommen wird, vom Text her methodisch nicht zu verifizieren. Gegenüber einer einfacheren pragmatischen Erklärung kann sie daher nur schwerlich überzeugen.

Es bleibt demnach festzuhalten: V. 1b ist das Postulat bestimmter Korinther. So wie es formuliert ist, besitzt es zumindest tendenziell generalisierenden Charakter. Allerdings war es im konkreten Fall wohl vor allem die Anwendung auf die Ehe, die in der Gemeinde für Unruhe sorgte. Als ein striktes (unter allen Umständen einzuhaltendes) Verbot wird V. 1b auch in Korinth nicht verstanden worden sein. Doch ließ das Postulat keinen Zweifel daran, was die im Sinne der christlichen Existenz bessere und eigentlich authentische Handlungsweise war: gerade für Eheleute eine höchst beunruhigende These! Unter welchen situativen und theologischen Voraussetzungen es zu dieser These kam, wurde in der Analyse bereits zu klären versucht. Als geistiges Milieu dafür kommt griechisches, kaum jüdisches Gedankengut in Frage.

In der *griechisch-hellenistischen Kultur* war die Ehe die Regel. Ihr Zweck war zunächst die Fortpflanzung. In philosophischen Überlegungen wurde aber auch die Gemeinschaft als Eheideal herausgestellt (Musonius XIII [ed. O. Hense 67f.]: »Die Gemeinschaft des Lebens und der Erzeugung von Kindern sei die Hauptsache der Ehe. ... [die Eheleute sollen] miteinander leben und wirken und alle Dinge als gemeinsamen Besitz ansehen und nichts als Eigenes, selbst nicht den [eigenen] Leib. ... In der Ehe muß in jeder Hinsicht ein Zusammenleben [›symbiōsis‹] stattfinden und eine gegenseitige Fürsorge von Mann und Frau ... schön [›kalē‹] ist eine solche Gemeinschaft [›koinōnia‹]«; vgl. Plutarch, Praecepta Coniugalia 34). Extreme Standpunkte gab es nach beiden Seiten. Einerseits wurde die sexuelle Freizügigkeit verherrlicht, andererseits der Aszese das Wort geredet. Für Epiktet war die »Königsherrschaft des Kynikers« der bessere Weg gegenüber der Heirat und dem Kinderzeugen (III 22,67-82). Die teilweise schon in älterer Zeit belegte Tabuisierung des Geschlechtsverkehrs aus kultischen Gründen führte mit wachsender Verbreitung der Mysterienkulte zu einer Intensivierung der Sexualaszese, die im Neuplatonismus ihren Höhepunkt erreichte (zu Sexualität und Ehe in der griechisch-hellenistischen Welt vgl. *H. Preisker*, Christentum 13-37.43-51.55-66; *A. Oepke*: ThWNT I 779; *ders.*: RAC IV 650-655; *G. Delling*, Stellung 2-49; *ders.*: RAC IV 666-731 passim; *W. Erdmann*, Die Ehe im alten Griechenland [MBPF 20], München 1934; *[E. S. Gerstenberger] – W. Schrage*, Frau 149f.; *W. Deming*, Paul 50-107).

Die Auffassung des *rabbinischen Judentums*, daß die Ehe aufgrund von Gen 1,28 ein Pflichtgebot sei (vgl. Bill. II 372f.; *J. Jeremias*, War Paulus; *ders.*, Nochmals: War Paulus), kann sachlich auch schon für das *Frühjudentum* vorausgesetzt werden. Nur an den Rändern und unter dem Einfluß der hellenistischen Welt tauchte gelegentlich Sympathie für die Ehelosigkeit auf (Philo, VitCont 68). Dagegen dürfte die Ehelosigkeit der Essener (Philo [Eusebius, Praeparatio evangelica VIII 11,14]; Plinius d. Ä., Naturalis Historia V 17,4; differenzierter ist Josephus [vgl. Ant XVIII 21

mit Bell II 120f.160f.]) eher als kultisch bedingte Enthaltsamkeit zu interpretieren sein (vgl. *H. Stegemann*, Die Essener, Qumran, Johannes der Täufer und Jesus. Ein Sachbuch, Freiburg i. Br. 1993, 267-274; zur Jachad-Lebensweise vgl. *J. Maier*, Geschichte der jüdischen Religion, Freiburg i. Br. ²1992, 62f.).
Eine *gnostische oder enkratitisch-dualistische Leibfeindlichkeit* (Belege bei *W. Schrage*, Frontstellung 220-222) wird man hinter 7,1b – schon wegen der zu wenig grundsätzlichen Formulierung – nicht vermuten dürfen. Daß der hinter 6,12-20 stehende (libertinistische) Trend und die aus 7,1b sprechende (aszetische) Tendenz »als verschiedene Konsequenzen aus derselben negativen Grundeinstellung zu ›sōma‹ und ›sarx‹ aufzufassen« seien (*W. Schrage*, ebd. 220), wird man nur mit Einschränkungen behaupten können. Denn die Vertreter der Parolen von 6,12aα und 15,12b, denen man in der Tat eine gewisse Leibfeindlichkeit unterstellen darf, lassen sich nicht einfachhin mit den Vertretern des Postulates von 7,1b identifizieren. Im übrigen spielt die Leiblichkeit in der Argumentation von 1 Kor 7 (anders als in 6,12-20 und 15) keine besondere Rolle, so daß man daraus auch kaum eine gegenteilige Tendenz der Kontrahenten erschließen kann. So werden es vor allem die Faszination der neuen Existenz und der damit verbundenen Geistererfahrung (das gilt besonders für die Glossolalen) und weniger eine dezidierte Leibfeindlichkeit (die bei den Weisheitsanhängern ihre Sympathisanten gehabt haben dürfte) gewesen sein, die dem Postulat von 7,1b in Korinth Plausibilität verliehen. Daß die Befolgung des Postulats auf eine faktische Abwertung des Leibes hinausläuft, wird damit nicht bestritten.

Vers 2: Die Antwort des Paulus ist moderat, aber deutlich. Da er das korinthische Postulat in bestimmter Hinsicht durchaus teilt, erwidert er nicht mit einer direkten Ablehnung. Was er aber sofort ausschließt, ist die Anwendbarkeit auf die Ehe. »Jeder soll seine (eigene) Frau *haben*« ist nicht auf das Eingehen der Ehe zu beziehen (*H. v. Campenhausen*, Die Begründungen kirchlicher Entscheidungen beim Apostel Paulus. Zur Grundlegung des Kirchenrechts, in: *ders.*, Aus der Frühzeit des Christentums. Studien zur Kirchengeschichte des ersten und zweiten Jahrhunderts, Tübingen 1963, 30-80, hier 51 Anm. 38; **O. Merk*, Handeln 101). Das stünde im Widerspruch zu VV. 7f. (*H. Greeven*, Ehe 73 Anm. 62, möchte deswegen ›echein‹ mit »behalten« übersetzen). »Haben« ist antithetische Substitution von »nicht anfassen« aus V. 1b und tendiert zur Bedeutung »geschlechtlichen Umgang haben« (vgl. 5,1). Folgerichtig wird dann auch in V. 3 die eheliche Pflicht angesprochen. Aus dem Befund, daß Paulus »seine (eigene) (›tēn heautou‹) Frau« und dann »den eigenen (›ton idion‹) Mann« betont, läßt sich nicht schließen, daß 1 Kor 7 wie 6,12-20 gegen sexuelle Freizügigkeit gerichtet sei (gegen: *C. Maurer*, Ehe 160 f.). Das widerspräche dem Duktus des ganzen Kapitels. Die betonten Relationsangaben stellen sicher, daß Paulus jetzt von der Ehe spricht. Die Reziprozität der Aussagen in V. 2a und 2b ist bemerkenswert (s. VV. 3 f.). An Partnerschaft wird Paulus freilich nicht gedacht haben. Wer für das moderne Verständnis antike Rückendeckung sucht, muß eher zu Musonius (s. zu V. 1) als zu Paulus gehen. Selbst die Nachkommenschaft wird nicht als Begründung genannt, wie es aus jüdischer Tradition zu erwarten wäre (Ob dies damit zu tun hat, daß es »wegen des nahen Endes besser (sei), keine Kinder zu haben« [*Conzelmann* 148 Anm. 18], ist aus dem Text nicht zu eruieren). Paulus scheint nur negativ zu begründen: »wegen der Unzuchtssünden«. Also: die Ehe als bloßes remedium concupiscentiae (Heilmittel gegen die Begierde) oder »mehr kultur-philosophisch als ein Damm gegen die Barbarei« *(Weiß)*? Das greift zu kurz! Es ist zu bedenken, daß in Korinth die Enthaltsamkeit als Zeichen christlicher Existenz und damit christlicher Freiheit propagiert wurde. Vor diesem Hintergrund ist die Reaktion des Paulus auf V. 1 ganz ähnlich wie die in 6,12aβ.bβ auf 6,12aα.bα. Wie dort geht es auch hier letztlich nicht um Einschränkung, sondern um Ermöglichung von Freiheit. Nicht Ehe oder ehelicher Verkehr führen in die Unfreiheit, sondern ein Postulat wie V. 1b, wenn es ohne Charisma angeeignet oder Eheleuten empfohlen wird. Als Schöpfungswerk, das vom Kyrios bestätigt ist (vgl. VV. 10 f.), bleibt die Ehe für Paulus ein Ort der Freiheit (Insofern ist *C. Maurer*, Ehe 162, im Recht, wenngleich die VV. 2-5 nicht unmittelbar als Auslegung von Gen 2,24 [vgl. 6,16] zu verstehen sind und sich nicht gegen sexuelle Libertinage, sondern gegen das Postulat der Enthaltsamkeit richten). Wahre Freiheit ist die Freiheit von der Sünde bzw. positiv das »Halten der Gebote« (V. 19b). Es zeigt sich, daß die Ehe für Paulus doch ein hohes Gut ist, zwar nicht aus modernen anthropologischen Gründen, sondern aus der schlichten jüdischen Überzeugung, daß Ehe und Gebot gottgegebene Wege der Freiheit und des Lebens sind. Eschatologische Neuschöpfung und eschatologische Freiheit setzen Schöpfungsordnung und Gebote nicht außer Kraft.

Verse 3 und 4: Von daher ist es nur folgerichtig, daß Paulus jetzt auf die »(schuldige) Pflicht« zu sprechen kommt. Dabei darf die (im katholischen Raum bis zum II. Vaticanum dominante) vertragsrechtliche Sicht der Ehe, wiewohl sie wirkungsgeschichtlich unter dem Einfluß von V. 4 stehen dürfte, nicht dazu verleiten, diese Pflicht einseitig vertragsrechtlich aus der gegenseitigen Übergabe des ius in corpus zu begründen. V. 4 ist nicht die Begründung, sondern die Erläuterung zu V. 3. Die Pflicht dürfte nicht juristisch oder anthropologisch, sondern theologisch konzipiert sein. Es geht um die Pflicht, wie sie in der Schöpfungsordnung grundgelegt ist (*F. Hauck:* ThWNT V 564; *W. Schrage*, Frontstellung 229). Paulus denkt möglicherweise an Gen 2,24, vielleicht in Verbindung mit Gen 1,28. Das beiden, Mann und Frau, aufgetragene Gebot ist auch der Grund, daß Paulus wechselseitig formuliert.

Die Bedenken von *Weiß* gegen die Symmetrie gehen am Sinn vorbei. Daß »der Begriff ›exousia t. sōmatos‹ (Recht über den Leib, Anm. d. Verf.) … eigentlich nur (passe), sofern sie von dem Manne über das Weib ausgeübt wird« (*Weiß* 173 Anm. 2) kann heute nur noch als Kuriosität wahrgenommen werden. Der Verweis von *Weiß* auf Plutarch, Praecepta coniugalia XVIII (140c), wird von *Conzelmann* zu Recht als »typische, ›bürgerliche‹ Männerethik, von *Weiß* romantisch mißdeutet« apostrophiert.

Umgekehrt besteht die Gefahr moderner Überinterpretation, wenn man die Symmetrie im Sinne »der ›opheilē‹ der Liebe und der gegenseitigen Verantwortung« auswertet (*W. Schrage*, Frontstellung 229; vgl. *Allo; E. Kähler*, Frau 14-21). Zumindest läßt sich dies nicht aus dem paulinischen Gebrauch der Begriffe ›opheilē‹ und ›opheilein‹ ableiten, die semantisch relativ indefinit sind. Eher schon ergäbe sich diese Bedeutung, wenn man ›sōma‹ nicht nur – wie vom Kontext als semantisches Minimum geboten – als »Körper«, sondern im Sinne von 6,12-20 als den kommunikativen Aspekt der menschlichen Person verstehen dürfte (s. zu 6,13). Dann ginge es in der Tat nicht bloß um die (sexuelle) eheliche Pflicht, sondern um die Ehe als Möglichkeit zur Verwirklichung menschlicher Identität im Sinne von Gen 2,24. Das Verfügungsrecht, das die Frau dem Mann und der Mann der Frau einräumt, wäre nur die andere Seite der Freiheit (›exousia‹), die der Schöpfer – vom Kyrios sanktioniert (V. 10 f.) – dem Menschen eingeräumt hat. Daß Paulus die hier angedeuteten konzeptionellen Möglichkeiten nicht nutzt und keine positive Ehelehre entfaltet, liegt natürlich an der Gesamtintention, die ihn leitet. Sie läßt ihn mit den Korinthern – wenngleich aus völlig anderen Motiven – darin übereinstimmen, daß die Ehelosigkeit gegenüber der Ehe in der jetzigen Situation das Bessere ist. So bleibt er bei den negativen Feststellungen des V. 4, mit denen er die abzulehnende Spitze des korinthischen Postulats (nämlich seine Anwendbarkeit auf die Ehe) provozierend klar kappen kann.

Vers 5: Die an beide Ehepartner gerichtete reziproke Forderung »Entzieht euch einander nicht!« ist die logische Folgerung aus V. 4. Das Folgende hat den Charakter einer Konzession, deren Modalitäten genauestens geregelt werden. Enthaltsamkeit in der Ehe bedarf der gemeinsamen Entscheidung. Auch das ist nur eine Konsequenz von V. 4. Sie soll ferner zeitlich begrenzt sein. Das ist schon im Blick auf den dadurch gewonnenen Zeitraum gesprochen, der dem Gebet gewidmet sein soll. An welche Art von Gebetszeiten Paulus hier gedacht hat, ist schwer zu konkretisieren. Das rabbinische Judentum kennt den Verzicht auf ehelichen Verkehr aufgrund von Gelübden (eine oder zwei Wochen) oder zum Zwecke des Torastudiums (in der Regel 30 Tage) (Bill. III 372). Am nächsten kommt unserer Stelle TestNaph VIII 8: »Denn es gibt eine Zeit für das Zusammenkommen mit der Frau und eine Zeit der Enthaltsamkeit für sein Gebet«. Doch ist es hier jeweils der Mann, der die Initiative ergreift, während Paulus auf eine gemeinsame Entscheidung Wert legt. Immerhin wäre es denkbar, daß Paulus vergleichbare jüdische Gewohnheiten als Modell für seine Anweisung vor Augen hat. Über die Länge des Zeitraums wird nichts gesagt. Doch wird man wenigstens an einige Tage dauernde religiöse Übungen (der sog. Mehrheitstext spricht in diesem Sinn von »Fasten und Gebet«) zu denken haben. Daß in dieser Zeit auf Geschlechtsverkehr verzichtet wird, hat vornehmlich praktische Gründe, zumal wohl vorausgesetzt ist, daß die Eheleute die Gebetszeit nicht zusammen verbracht haben. Eine kultische Motivation des sexuellen Verzichts (vgl. Ex 19,15; Lev 15,18; weitere [auch profane] Belege bei *Weiß* und *Lietzmann*) ist durch nichts angezeigt (in TestNaph VIII 9 wird beides [Geschlechtsverkehr und Gebet] als Gottes Gebot gewertet). Die Enthaltsamkeit wird auch nicht als Voraussetzung für das Gebet gefordert, sondern umgekehrt ist das Gebet der Grund, um gelegentliche Enthaltsamkeit zu konzedieren. Erläutert der erste Teil des Damit(›hina‹)-Satzes den Zweck des durch den Verzicht ermöglichten Zeitraums, so betont der zweite Teil seine zeitliche Begrenzung. »Wieder zusammen sein« (›palin eis auto einai‹) muß nicht unmittelbar auf den ehelichen Verkehr bezogen werden. Es geht um die normale eheliche Lebensgemeinschaft, in der dieser möglich ist. Als Grund für die nur sehr eingeschränkte Konzession sexuellen Verzichts wird angegeben: »damit euch nicht der Satan versuche wegen eurer Unenthaltsamkeit«. Eine Ontologisierung der »Unenthaltsamkeit« liegt ferne (gegen *Conzelmann*, der die »incontinentia« als »das Wesen der Verheirateten« bezeichnet). Der Begriff lenkt zurück zu den »Unzuchtssünden«, die Paulus zu Beginn seiner Argumentation als Grund für den ehelichen Verkehr angegeben hatte. Daß Paulus die schöpfungsmäßige geschlechtliche Veranlagung des Menschen hier so negativ unter dem Begriff der »Unenthaltsamkeit« faßt, hängt mit dem argumentativen Ziel zusammen, das er in diesen Versen verfolgt: Er will *gegen* das Postulat der Korinther die der göttlichen Ordnung entsprechende Pflicht des geschlechtlichen Umgangs in der Ehe herausstellen. Eben deshalb betont er so drastisch, was geschieht, wenn Eheleute sich dieser Pflicht entziehen. Es kommt zur Versuchung durch den Satan, der sich die natürliche Veranlagung der Menschen zunutze macht. Die vom Schöpfer gegebene Veranlagung wird zur »Unenthaltsamkeit« pervertiert. Die Folge ist die Unzucht.

Verse 6 f.: Nicht leicht zu sagen ist, worauf sich »dies« bezieht. Was ist es also, das Paulus als »Zugeständnis« verstanden wissen will? Nach *Weiß* soll Paulus befürchtet haben, man könne »aus V. 5 schließen, er habe die Wiederaufnahme des ehelichen Verkehrs *gefordert*«. Das aber sei – so V. 6 – »nicht der Fall; vielmehr ließe sich auch eine dauernde ›enkrateia‹ (Enthaltsamkeit, Anm. d. Verf.) auf Grund gegenseitiger Übereinkunft denken, und dies würde im Grunde seinem Ideal und Wunsch (›*thelō*‹ [»ich wünsche«, Anm. d. Verf.] V. 7) entsprechen« (ähnlich auch schon Origenes, Tertullian, Hieronymus). Dann freilich hätte Paulus dem Postulat von V. 1b im nachhinein voll recht gegeben und seine eigene Argumentation ad absurdum geführt. Ganz im Gegensatz zu *Weiß* vertritt *W. Schrage* die Meinung, »dies« sei »auf die zeitweilige Enthaltung vom ehelichen Geschlechtsverkehr zu beziehen, die Konzession also in der befristeten Trennung zu sehen« (Frontstellung 233; **ders.*, Einzelgebote 147 Anm. 23; *J.-J. von Allmen*, Maris 43 f.; *H. Baltensweiler*, Ehe 161-163). Mit dieser Interpretation erhält man in der Tat ein geschlossenes Sinngefüge. Paulus würde sich in den VV. 2-5 vehement für die Ehe aussprechen und selbst die zeitweilige Enthaltung nur als Konzession akzeptieren. Dennoch bleiben Bedenken. Da in V. 5 sowohl das Zusammensein wie die Trennung angesprochen ist, fällt es schon schwer, »dies« so eindeutig auf die Trennung zu beziehen (nicht umsonst ist gerade bei Bezug auf V. 5 die Unsicherheit in der Deutung besonders groß: *G. Delling*, Paulus' 69, sieht eine Konzession an die Unenthaltsamkeit; für **J. C. Hurd*, Origin 162 f., bezieht sich die Konzession auf den geschlechtlichen Verkehr). Auch der Übergang zu V. 7 läuft so nicht ganz glatt (s. u.). Mit der Mehrheit der Ausleger wird man »dies«

daher doch besser auf V. 2 bzw. auf VV. 2-5 insgesamt beziehen (vgl. *Lietzmann; Conzelmann; Bachmann; Robertson-Plummer; Allo; H. Preisker*, Christentum 125 f.; **O. Merk*, Handeln 99 Anm. 128). Wahrscheinlich hat Paulus Sorge, sein relativ klares Votum für den Geschlechtsverkehr in der Ehe könnte zu dem Mißverständnis führen, daß die Ehe als solche (das Heiraten) – und sei es wegen der Gefahr der Unzucht – ein »Befehl«, d. h. ein Gebot, sei. Auch der generalisierende Charakter seiner Ausführungen (insbesondere in V. 2: »jeder«/»jede«!) könnte dem Vorschub leisten. Demgegenüber stellt V. 6 klar, daß das Plädoyer für die eheliche Geschlechtsgemeinschaft in VV. 2-5 nicht zum Heiraten verpflichten will, sondern unter dieser Rücksicht als »Zugeständnis« zu betrachten ist. V. 6 verhindert also, die Aussage insbesondere von V. 2 (»jeder soll seine Frau bzw. jede soll ihren eigenen Mann *haben*«) im Sinne des Eingehens der *Ehe* zu monosemieren.

Bestätigt wird diese Auslegung durch V. 7a. »Ich wünschte aber« nimmt V. 6b wieder auf. Paulus wollte keinen »Befehl« formulieren. Im Gegenteil, sein eigentlicher Wunsch bestünde sogar darin, daß alle Menschen so seien wie er. Die Bemerkung setzt voraus, daß die Korinther davon wissen, daß Paulus ehelos ist (vgl. V. 8b). Daß Paulus Witwer gewesen sein soll (*J. Jeremias*, Paulus; *ders.*, Nochmals [Witwer]), läßt sich VV. 7 f. kaum entnehmen (vgl. *E. Fascher*, Witwerschaft). Die Gegenüberstellung von Befehl und Wunsch ist nur sinnvoll, wenn das in V. 6 auszuräumende Mißverständnis sich auf die Ehe als solche bezogen hat. An dieser Stelle (V. 7) wird eine deutliche Differenz zur traditionellen jüdischen Auffassung sichtbar. Blieb Paulus in bezug auf die Ehe als Geschlechtsgemeinschaft ganz traditionellen Denkmustern verhaftet (hier anders zu denken hinderte ihn auch das Wort des Kyrios [VV. 10 f.]), so trägt er in bezug auf das Eingehen der Ehe Innovatives vor. Das Heiraten erscheint nicht mehr als Pflichtgebot (s. zu V. 1). Der Grund dafür liegt in der neuen Situation, die mit Christus gekommen ist, also in der Christologie und Eschatologie (vgl. dazu VV. 29-31.32-34 [s. auch zu VV. 17-24 allgemein]). Diese seine Position, die Paulus hier nur eben andeutet, könnte allerdings – gerade weil sie in bestimmter Hinsicht (in bezug auf das Heiraten) mit den Korinthern übereinstimmt – von diesen wiederum leicht mißverstanden werden, und zwar im Sinne einer grundsätzlichen Geltung des Postulats von V. 1b.

Deshalb betont V. 7b, daß jeder eine »eigene Gnadengabe *(›charisma‹)*« von Gott hat. Ob damit auch die Ehe oder nur die Ehelosigkeit als Charisma qualifiziert wird, ist umstritten. Selbstverständ-

lich kann die »Ehelosigkeit nicht als solche« als Charisma gelten
(W. Schrage, Frontstellung 233). Ob freilich die Kriterien des Dienstes und der (Gemeinde-)Erbauung, die zweifellos in 1 Kor 12-14 im Vordergrund stehen, auch hier anwendbar sind (ebd.), ist m. E. nicht so sicher. Jedenfalls nennt Paulus diese Kriterien in 1 Kor 7 nicht expressis verbis, und auch die ungeteilte Hingabe an den Herrn, die er ausdrücklich nennt (VV. 32-34), wird man nicht ausschließlich in diesem Sinn interpretieren dürfen. Ist aber immerhin soviel klar, daß Ehelosigkeit um der ungeteilten Bindung an den Kyrios willen ein Charisma ist, so wird man aus V. 7bβ nicht schließen dürfen, daß dann auch die Ehe (unter bestimmten Bedingungen) ein Charisma sei. Die (charismatische) Alternative zur Ehelosigkeit muß nicht die Ehe, sondern kann irgendein anderes Charisma sein (vgl. *Lietzmann*). Da es Paulus im Kontext nicht darauf ankommt, die Ehe als Charisma zu werten (daß sie »zu einem Charisma *werden* kann« [*W. Schrage*, Frontstellung 234], steht ebenfalls nicht zur Debatte), sondern darauf, daß das Postulat von V. 1b nur dann auf die Unverheirateten anzuwenden ist, wenn diese die entsprechende Disposition, d. h. das Charisma dafür, haben, wird man auch V. 7b in diesem Sinn interpretieren müssen. V. 7 ließe sich dann so paraphrasieren: »Ich wünschte zwar, daß alle Menschen ehelos lebten wie ich, aber nicht jeder hat das Charisma dazu.« Damit will Paulus nicht sagen, daß die Verheirateten kein Charisma hätten. Nach Paulus hat jeder Christ ein Charisma (12,4-11; Röm 12,3-8). Aber – und darauf will »der eine so, der andere so« hinaus – wer nicht das Charisma zur Ehelosigkeit besitzt, hat eben ein anderes.

1.3.2 Ein weiterer Problemkreis: Zur Änderung des sexuellen Status (Verse 8-16)

8 Ich sage aber den Unverheirateten und den Witwen: (Es ist) gut für sie, wenn sie bleiben so wie ich. 9 Wenn sie sich aber nicht enthalten (können), mögen sie heiraten; denn es ist besser für sie zu heiraten als (vor Begierde) zu brennen. 10 Den Verheirateten aber gebiete ich, (das heißt) nicht ich, sondern der Herr, daß eine Frau sich vom Mann nicht trennen soll 11 – wenn sie sich aber doch getrennt hat, soll sie unverheiratet bleiben oder sich mit dem Mann versöhnen – und ein Mann die Frau nicht wegschicken soll. 12 Den übrigen aber sage ich, nicht der Herr: Wenn ein Bruder eine ungläubige Frau hat und

diese ist einverstanden, mit ihm (zusammen) zu wohnen, soll er sie nicht wegschicken. 13 Und wenn eine Frau einen ungläubigen Mann hat und dieser ist einverstanden, mit ihr (zusammen) zu wohnen, soll sie den Mann nicht wegschicken. 14 Denn der ungläubige Mann ist durch die Frau geheiligt, und die ungläubige Frau ist durch den Bruder geheiligt; denn sonst wären eure Kinder unrein, nun aber sind sie heilig. 15 Wenn aber der Ungläubige sich trennen will (wörtl.: sich trennt), soll er sich trennen. Der Bruder oder die Schwester ist in solchen Fällen nicht gebunden; in (= zum) Frieden aber hat euch Gott berufen. 16 Denn was weißt du, Frau, ob du den Mann retten wirst? Oder was weißt du, Mann, ob du die Frau retten wirst?

Der Hinweis auf die eigene Ehelosigkeit in V. 7 verschafft Paulus die Möglichkeit, das Postulat von V. 1b, das er in den VV. 2-5 mit Blick auf seine Anwendbarkeit in der Ehe erwogen hatte, nun auch bezüglich der Anwendbarkeit auf die Unverheirateten ins Auge zu fassen. V. 9 zeigt allerdings, daß es sich hier nur um ein Zwischenthema handelt, das letztlich im Hinblick auf die dennoch bestehende Möglichkeit, eine Ehe einzugehen, erörtert wird. Unter dieser Rücksicht gehören die VV. 8f. mit den VV. 10f.12-16 zusammen. Während die VV. 2-5(6f.) die Frage des ehelichen Verkehrs behandelten, sprechen die VV. 8-16 von der Ehe als Stand. Das eine ergibt sich im Grunde aus dem anderen. Denn wenn es Christen und Christinnen zu empfehlen wäre, auf den ehelichen Verkehr zu verzichten, dann müßte man konsequenterweise die Frage stellen, ob der Stand der Ehe für Christen und Christinnen überhaupt eine empfehlenswerte Möglichkeit sei. Insofern könnte der im Fortgang von VV. 2-5(6f.) zu VV. 8-16 vollzogene Perspektivenwechsel pragmatisch durch entsprechende Schlußfolgerungen und Forderungen in Korinth bedingt sein. Sicherheit läßt sich an diesem Punkt allerdings nicht erreichen, da es auch Paulus gewesen sein könnte, der solche zu befürchtenden Konsequenzen ausschließen wollte. Im einzelnen diskutiert Paulus drei unterschiedliche Ausgangspunkte, was die Einstellung zum Stand der Ehe betrifft: den Status des Unverheiratet-Seins (VV. 8f.), den Status einer christlichen Ehe (VV. 10f.) und den Status einer Mischehe (VV. 12-16).

Verse 8f.: Paulus faßt zunächst diejenigen ins Auge, die noch nicht oder nicht mehr im Stand der Ehe leben: die Unverheirateten und die Witwen. Die Vermutung, daß mit den »Unverheirateten« wegen der Kombination mit den »Witwen« nicht »noch nicht Verheiratete«, sondern »nicht mehr Verheiratete« gemeint seien (*X. Léon-Dufour*, Mariage et continence 320f.), ist auf Satzebene zwar ansprechend, im Blick auf das gesamte Kapitel aber zu eng gefaßt (vgl. VV. 7.32-34.39f.). Was Paulus diesbezüglich zu sagen hat, nähert sich formal V. 1b an. Paulus greift sogar die Wertung »(Es ist) gut (›*kalon*‹)« aus dem korinthischen Postulat auf. Möglicherweise hatte Paulus den Unverheirateten und Witwen es früher selbst als »gut« empfohlen, so zu bleiben wie er, so daß er am Zustandekommen des Postulats von V. 1b nicht ganz unschuldig war. Dies würde auch erklären, daß er sowohl am Ende seiner Ausführungen über das Verhalten in der Ehe (VV. 2-7) als auch zu Beginn seiner Darlegungen zum Stand der Ehe jeweils sein Votum für die Ehelosigkeit einbringt, freilich mit der das Mißverständnis der Korinther ausschließenden Modifikation. Schon der Umstand, daß Paulus das sexuell fixierte »nicht anfassen« von V. 1b nicht übernimmt bzw. durch »wenn sie bleiben wie ich« ersetzt, macht klar, daß das paulinische Votum für die Ehelosigkeit nicht von Sexualtabus motiviert ist. Paulus will mit seiner Wertung weder einen Grundsatz aufstellen, der allgemeine Gültigkeit beansprucht, noch eine Empfehlung aussprechen, die im Sinne eines Tugendstrebens auf der Handlungsebene zu verallgemeinern ist. Beides ist durch V. 9 ausgeschlossen. Die Ehelosigkeit fordert das Charisma der Enthaltsamkeit (V. 7b). Dieses Charisma kann zwar negativ verspielt, nicht aber positiv »als Tugend eingeübt« werden *(Conzelmann)*. Wo dieses Charisma nicht gegeben ist, ist der Stand der Ehe die bessere Möglichkeit zur Verwirklichung christlicher Existenz. V. 9b drückt das recht drastisch aus: »es ist für sie besser zu heiraten als zu brennen«. Mit »brennen« ist die sexuelle Begierde gemeint (*F. Lang*; ThWNT VI 950: »vom Feuer des geschlechtlichen Verlangens verzehrt werden«; *M. L. Barré*, To marry, bezieht es auf das eschatologische Gericht). So sehr also Paulus in der Bevorzugung der Ehelosigkeit mit dem Postulat von V. 1b übereinstimmt (V. 8), so widerspricht er in V. 9 jedem (tatsächlichen oder möglichen) Versuch, die Unverheirateten und Witwen von der Eheschließung mit dem Argument abzubringen, daß der Stand der Ehe mit der christlichen Berufung nicht vereinbar oder auch nur generell als schlechter oder weniger empfehlenswert zu bewerten sei.

Verse 10f.: Das gleiche Anliegen steht auch hinter VV. 10f. Allerdings formuliert Paulus im Blick auf die Verheirateten, denen er sich nun zuwendet, noch viel entschiedener: Er »gebietet«, denn in diesem Fall geht es nicht um sein Wort, sondern um das Gebot des Herrn. Bezugnahmen auf Jesusworte finden sich auch sonst bei Paulus, direkt allerdings nur noch 9,14 (1 Thess 4,15 spricht wohl Paulus selbst als Prophet, vgl. *H. Merklein*, Theologe; 11,23-26 wird das Jesuswort über eine doppelte metasprachliche Reflexionsebene [Kyrios, Paradosis] vermittelt), sonst meist indirekt (vgl. bes. Röm 12,9-21; 13,8-10). Mit der Rückführung auf den Kyrios will Paulus nicht den nachösterlichen Ursprung andeuten oder eine Offenbarung des Erhöhten reklamieren. Nach dem Verständnis des Paulus handelt es sich um ein Wort des irdischen Jesus, das seine Dignität und bleibende Gültigkeit allerdings dem Umstand verdankt, daß dieser Jesus jetzt der erhöhte Christus und der der Gemeinde präsente Kyrios ist.

Das in VV. 10b.11b angeführte Herrenwort ist auch in der synoptischen Tradition bezeugt. Die unterschiedlichen Variationen machen deutlich, daß die unbedingte Gültigkeit des Gebots, an der auch Paulus keinen Zweifel läßt, nicht von dessen geschichtlicher Verortung zu trennen ist, ja, daß das Gebot um seiner unbedingten Gültigkeit willen jeweils die nötige geschichtliche Konkretion erfahren muß. Die Q-Version (Mt 5,32 par [ohne den Zusatz »außer bei Unzucht«]) dürfte am ehesten die Kriterien einer ipsissima vox erfüllen (*H. Merklein*, Die Gottesherrschaft als Handlungsprinzip. Untersuchung zur Ethik Jesu [FzB 34], Würzburg ³1984, 275-280); sie ist ganz dem jüdischen Horizont verpflichtet (vgl. Bill. I 303-321; *M. Epstein*, Marriage Laws in the Bible and the Talmud, Cambridge/Mass. 1942; *E. Neufeld*, Ancient Hebrew Marriage Laws, London 1944) und verbietet die Entlassung der Frau bzw. – in Konsequenz davon – die Heirat einer entlassenen Frau (ein *allgemeines* Scheidungsrecht der jüdischen Frau läßt sich aus den von *E. Bammel*, Markus 10,11 f., und *B. J. Brooten*, Frauen; *dies.*, Debatte, beigebrachten Belegen m. E. nur schwer ableiten). Demgegenüber ist die Fassung bei Mk 10,11 f. wechselseitig auf Mann und Frau bezogen und trägt insofern hellenistisch-römischen Verhältnissen Rechnung, wo auch die Frau die Ehe auflösen konnte (vgl. *G. Delling*: RAC IV 709-713; *F. Raber*: KP II 109 f.; *W. Erdmann*, Die Eheschließung im Rechte der graeco-aegyptischen Papyri von der Besetzung bis in die Kaiserzeit: ZSRG.R 60 [1940] 151-184; *Conzelmann* 153 Anm. 22; zur jüdischen Möglichkeit einer von der Frau zu fordernden Entlassung vgl. Bill. II 23 f.). In der markinischen Version kommt noch eine weitere Entwicklung zum Zuge, indem das Wort Jesu, das provokativ die Ehescheidungspraxis seiner Umwelt in Frage stellte (vgl. *H. Merklein*, Gottesherrschaft 282-285; *G. Lohfink*, Jesus), nun seinerseits zu einer in der Gemeindepraxis anwendbaren Regel umformuliert wurde. Dies geschah dadurch, daß nicht schon die Entlassung, sondern erst die nachfolgende Heirat einer anderen Frau bzw. eines anderen Mannes als Ehebruch und damit als für Christen inakzeptable Praxis inkriminiert wurde. In ähnlicher Weise hat Lk 16,18 das Q-Logion adaptiert. Eine etwas andere Richtung schlug das (noch stärker dem jüdischen Kulturkreis verhaftete) Matthäusevangelium ein, das mit der Maßgabe »außer bei Unzucht« (gemeint sind wohl Ehebruch oder ähnlich schwerwiegende Vergehen, die im Judentum die Entlassung der Frau zum Pflichtgebot machten [vgl. Bill. I 315-318; *H. Merklein*, Gottesherrschaft 289-291]) eine echte Ausnahme formulierte und in diesem Fall die Entlassung der Frau nicht als Verstoß gegen das Gebot Jesu ansah (Mt 5,32; 19,9). Das von Paulus angeführte Herrenwort steht in seiner Reziprozität der markinischen Version nahe, allerdings mit zwei Unterschieden. Der erste scheint geringfügig zu sein. Während in der zweiten Hälfte – sachlich vergleichbar mit allen Versionen der synoptischen Tradition – von der Entlassung der Frau durch den Mann die Rede ist (V. 11b), spricht die erste Hälfte davon, daß die Frau sich vom Mann »trennt« (zu Mk 10,9 als traditionsgeschichtlichem Hintergrund vgl. *H. Merklein*, ebd. 280 f.). Damit kommt nicht nur die auch bei Mk 10,12 zu beobachtende Möglichkeit einer von der Frau betriebenen Auflösung der Ehe zum Ausdruck, sondern wird auch stärker der privatrechtliche Charakter einer Scheidung in der griechisch-römischen Welt betont (zur Möglichkeit einer einvernehmlichen Trennung vgl. die Belege bei *Conzelmann* 152 Anm. 18 [»sich voneinander trennen« = ›*chōrizesthai ap' allēlōn*‹]). Der zweite Unterschied besteht darin, daß Paulus im *Herrenwort* die Verquickung von Entlassung *und* Wiederheirat noch nicht kennt, so daß er dieses wohl als unbedingt gültigen *Grundsatz*, nicht aber als unter allen Umständen einzuhaltendes Regulativ der Praxis angesehen haben muß. Das bestätigt die Parenthese in V. 11a, die offensichtlich von Paulus in das Herrenwort eingefügt wurde. Sie zeigt, daß Paulus sich trotz des grundsätzlichen Herrenwortes in der Praxis doch eine Entlassung vorstellen konnte. Allerdings schwenkt er, was die Praxisregulierung betrifft, auf eine ähnliche Regel wie Mk 10,11 f. ein, wo die Wiederheirat untersagt wird. Offensichtlich gab es derartige Regulierungsbestrebungen im Urchristentum auf breiter Front, wobei die paulinische Parenthese traditionsgeschichtlich noch vor der von Mk 10,11 f. bezeugten Gemeindepraxis anzusiedeln ist. Auch die Versöhnung, die als Alternative zum Unverheiratetbleiben angegeben wird, will beachtet sein.

Aufgrund des in VV. 10b.11b zitierten Herrenwortes kommt für Christen und Christinnen eine Auflösung der Ehe grundsätzlich nicht in Frage. Bezogen auf die korinthische Problematik (V. 1b) heißt das: Wenn Christen und Christinnen im Stand der Ehe leben, so ist dies nicht nur mit der christlichen Berufung vereinbar, sondern es ist dann sogar geboten, am Stand der Ehe festzuhalten. Dies bedeutet für Paulus allerdings nicht, daß er das Herrenwort als unter allen Umständen anzuwendende Regel für die Praxis versteht. In der Parenthese konstatiert er sogar einen abweichenden Fall, wobei man die Parenthese wohl als Formulierung des Paulus ansehen muß, die nach dessen Verständnis aber im vollen Einklang mit dem Herrenwort steht, so daß sie in gleicher Weise wie das Herrenwort selbst unter die Autorität des Kyrios gestellt werden kann. Es ist nicht ausgeschlossen, daß Paulus an einen konkreten Fall denkt, sei es an einen in Korinth tatsächlich anstehenden Einzelfall, sei es an einen im urchristlichen Erfahrungsbereich typischen Fall. Vorauszusetzen ist wahrscheinlich, daß eine Frau, die sich (wohl schon vor ihrer Bekehrung) von ihrem Mann getrennt hatte, sich nun dem christlichen Glauben zugewandt hat (vgl. *R. Pesch*, Kasuistik; anders: *J. D. Gordon*, Sister, die den Fall voraussetzt, daß eine Frau sich das Recht erkämpfen will, *in der Ehe* zölibatär zu leben). Gerade dann erhebt sich die Frage, ob man dieser Frau nicht nahelegen soll, am gegenwärtigen Status des Getrenntseins festzuhalten, um so dem Postulat von V. 1b bzw. dem paulinischen Wunsch, so zu bleiben wie er (V. 8b), zu entsprechen. Es ist bezeichnend, daß Paulus dieser Konsequenz nicht nachgibt, obwohl sie ihm in gewisser Weise hätte verlockend erscheinen können. Er sagt nicht: »wenn sie sich aber doch getrennt hat, soll sie *so* bleiben«, sondern: »..., soll sie *unverheiratet* bleiben«. Er favorisiert nicht die Ehelosigkeit, sondern untersagt die Wiederheirat. Die Bekehrung ist nicht in dem Sinn neue Schöpfung, daß mit ihr vergangene Bindungen nicht mehr zählten (zur eherechtlichen Bedeutung der Bekehrung im Judentum vgl. zu 5,1 und Bill. II 423 f.). Das Herrenwort verbietet es Paulus, den Zustand der Trennung positiv zu verbrämen. Das Herrenwort gilt auch in bezug auf die vor der Bekehrung eingegangene Bindung. Paulus folgert daraus, daß die Frau unverheiratet bleiben soll. Man kann allerdings bezweifeln, ob Paulus dabei ein »Eheband« (vinculum matrimonii) im Sinn des späteren Kirchenrechts vor Augen hatte. Die Alternative, die er anbietet (»oder [soll] sich mit dem Mann versöhnen«), weist eher in eine andere Richtung. Das Verbot der Wiederheirat ist offensichtlich zweckgerichtet, d. h., es soll die Möglichkeit zur Versöhnung offen halten. Was zu tun ist, wenn eine Versöhnung überhaupt nicht mehr möglich ist, hat Paulus nicht reflektiert. Man wird zumindest nicht ausschließen können, daß Paulus das Verbot der Wiederheirat genauso wenig als unter allen Umständen zu beachtende Regel durchsetzen wollte (vgl. VV. 15 f.), wie er das Verbot der Trennung als Grundsatz ohne Möglichkeit zur Konzession gesehen hat. Doch sind das moderne Probleme, die an den Text herangetragen werden. Im Sinne der textimmanenten Argumentation bleibt festzuhalten, daß Paulus weder dem Postulat von V. 1b noch seiner eigenen Vorliebe für die Ehelosigkeit nachgibt, wenn es darum geht, den einmal eingegangenen Ehestand aufrechtzuerhalten.

Verse 12 f.: Paulus kommt nun auf die »übrigen« zu sprechen. Wie sich gleich herausstellt, sind konkret die Ehen von Christen oder Christinnen mit heidnischen Partnern gemeint. Die verallgemeinernde Ausdrucksweise »die übrigen« hat dennoch ihren Sinn (gegen *Lietzmann*), weil Paulus davon überzeugt ist, daß das in VV. 10 f. zitierte Herrenwort für alle Christen und Christinnen gilt, die im Stand der Ehe stehen. So wendet er den Grundsatz des Herrenwortes auch auf den Fall an, daß »ein Bruder eine ungläubige Frau hat« bzw. daß »eine Frau einen ungläubigen Mann hat«, und folgert, daß »er sie bzw. sie den Mann nicht wegschicken soll« (die gleiche Formulierung wie in V. 11!). Mischehen werden in den frühchristlichen Gemeinden nicht selten gewesen sein, da die Bekehrung zum Christentum nicht immer von beiden Ehepartnern vollzogen wurde. In Korinth waren Mischehen vom Postulat des V. 1b in besonderer Weise betroffen. Denn wenn dieses die Frage aufwarf, ob es für Christen und Christinnen nicht besser sei, sich des ehelichen Verkehrs zu enthalten (vgl. VV. 2-7), so mußte diese Frage im Blick auf die Mischehen in noch brisanterer Weise verunsichern. Aus V. 14 läßt sich vielleicht sogar schließen, daß man zumindest die Sorge hegte, der christliche (heilige) Ehepartner könnte durch den heidnischen in seiner Heiligkeit beeinträchtigt werden. Paulus bleibt auch im Fall der Mischehe dem Herrenwort verpflichtet. Allerdings, wie er dieses in Anwendung auf den konkreten Fall einer bereits getrennten Frau (V. 11a) nicht einfach als striktes Trennungsverbot ausgelegt hat, so will er daraus auch im Fall der Mischehe nicht das unter allen Umständen zu urgierende Verbot ableiten, den heidnischen Partner wegzuschicken. Eine von diesem gewünschte und betriebene Trennung hätte der christliche Teil ohnehin nicht verhindern können. Dies ist allerdings auch nicht das Problem, um das es hier und in Korinth geht. Mit dem negativ formulierten Imperativ (»soll nicht wegschicken!«) verfolgt Paulus ein positives Ziel: Die Betroffenen sollen an der Ehe festhalten – das entspricht dem Herrenwort –, sofern – und hier formuliert Paulus wieder die konkrete Anwendung – der ungläubige Teil »einverstanden ist«, mit dem christlichen Ehepartner »zu wohnen«, d. h. die häusliche und eheliche Gemeinschaft aufrecht zu erhalten. Ist diese Bereitschaft nicht gegeben, kann der christliche Teil den ungläubigen offensichtlich »wegschicken«. Die entsprechende Folgerung findet sich in VV. 15 f. Soviel bleibt aber jetzt schon festzuhalten: Die konkrete Formulierung von VV. 12f. legt nicht die Annahme nahe, daß Paulus eine Ausnahme, d.h. ein christliches Privileg gegenüber den sog. Naturehen, statuieren wollte. Die Formulierung erklärt sich vielmehr hinreichend unter der Voraussetzung, daß das Herrenwort nur für Christen und Christinnen gilt. Gerade deswegen ist es aber dessen ureigenste Konsequenz und bedarf keines Privilegs, daß es im Falle einer durch den nichtchristlichen Partner unmöglich gemachten Anwendbarkeit nicht mehr verpflichtet.

Vers 14: Wie schon in den vorausgehenden Versen ist auch hier reziprok im Blick auf Mann und Frau formuliert. Im Gegensatz zum christlichen Mann, der »Bruder« genannt ist, wird allerdings die christliche Frau (wie schon in V. 13) nicht als »Schwester«, sondern als »Frau« angesprochen. Die argumentative Strategie des Verses ist nicht ganz eindeutig. Soll mit ihm die vorausgehende Aussage begründet werden? Dann müßte V. 14 auch in Korinth unstrittig gewesen sein. Oder soll eine gegensätzliche Meinung der Korinther und Korintherinnen zurückgewiesen werden? Im ersten Fall bliebe freilich zu fragen, wieso diese überhaupt Schwierigkeiten mit Mischehen bekommen konnten. So wird das einleitende »denn« wohl doch eher die Funktion haben, die *paulinischen* Darlegungen weiterzuführen und zu begründen, ohne daß das zur Begründung Gesagte von den Korinthern und Korintherinnen geteilt wird. Das gilt zumindest für den ersten Teil des Verses. Dagegen macht die Fortsetzung mit »denn sonst« nur dann einen Sinn, wenn das in V. 14b Gesagte in Korinth zumindest noch nicht als Problem reflektiert worden ist. Der Hinweis auf die Kinder wäre dann das Argument für die Gültigkeit des in V. 14a Gesagten *(Lietzmann, Klauck)*.

Der Inhalt des Verses wird meist als schwierig empfunden. Allerdings verbaut man sich ein Verständnis, wenn man vor der »kraßdingliche(n) Auffassung von Heiligkeit« zurückschreckt und, da Heiligkeit nach der reinen theologischen Doktrin allein an Glaube (und Taufe) gebunden sein kann, sogar einen »Fremdkörper in der Theologie des Paulus« befürchtet *(Conzelmann)*. Für den antiken Menschen war Heiligkeit selbstverständlich etwas Dingliches, erfahrbar in den Tempeln und den kultischen Handlungen. Für Paulus ist das im Prinzip nicht anders, nur daß der Tempel für ihn jetzt die Gemeinde (3,16f.) bzw. der »Leib« des einzelnen Christen ist (6,19) und die heilige Handlung in der Taufe besteht. Wie soll denn – so könnte man dagegen fragen – Heiligkeit anders als dinglich vorgestellt werden, solange die Gemeinde eine konkrete Versammlung (›*ekklēsia*‹) von Menschen ist und diese wesentlich leiblich sind? Was an den Ausführungen des Paulus in gewisser Weise erstaunlich ist, das ist die Sorglosigkeit, mit der er das Heilige mit dem Profanen in Berührung bringt, ohne zu fürchten, daß das Heilige dadurch entweiht wird. Das entspricht aber im Prinzip dem missionarischen Konzept des Paulus, der den Gedanken des heiligen Bezirks nicht durch eine Ghettoisierung der Gemeinde, sondern durch die Heiligung der Welt verwirklichen will. Die eigentliche Gefahr für die Heiligkeit besteht daher nicht in dem außerhalb der Mauern der Gemeinde tobenden Bösen, sondern in dem Bösen, das durch das Sündigen in den Reihen der Gemeinde Platz greift, so daß der Tempel Gottes zur Plattform weltlichen Handelns pervertiert wird (vgl. 5,1-13; 6; auch in 3,16f. ist es die Gemeinde selbst und nicht irgendein Böses außerhalb, das den Tempel Gottes verdirbt). Selbstverständlich ist die Grenze zwischen heiligem Bezirk und Welt immer von gefährlicher Ambivalenz, da hier nicht nur die Welt verwandelt, sondern auch das Böse infiltriert werden kann. Daß Paulus die Grenze im Fall der Mischehen so zuversichtlich positiv – als Möglichkeit zur Ausdehnung des Heiligkeitsbereichs – deutet, hängt wohl mit dem Gebot des Herrenwortes zusammen. Tatsächlich bestätigt V. 16, daß Paulus die Heiligung des ungläubigen Partners im Sinne einer missionarischen »Infiltration« versteht, wenn dort mit Verweis auf die Unsicherheit der Bekehrung eines nicht zum ehelichen Zusammenleben bereiten Partners die Verpflichtung auf das Herrenwort sistiert wird. Die Heiligung des ungläubigen Ehepartners durch den christlichen muß man sich durchaus »dinglich« vorstellen. Denn selbstverständlich mußte der heidnische Teil, sofern er die Lebensgemeinschaft mit einem christlichen Partner bewußt bejahte, auf manche heidnische Gewohnheit verzichten bzw. das nichtheidnische Verhalten seines Partners zumindest tolerieren. Solche auch vom heidnischen Partner mitzutragende Praxisveränderung betraf nicht nur das Ethos, sondern reichte von den Fragen der häuslichen Alltagsgestaltung (z. B. Essensgewohnheiten) bis hin zu den Fragen des sozialen Prestiges und der Repräsentation bei gesellschaftlichen Anlässen (die nicht selten kultisch ornamentiert waren) (vgl. die Probleme in 1 Kor 8-10). Nicht zu gering zu veranschlagen ist dabei, daß der eheliche Verkehr (als Ausdruck des Ein-Fleisch-Seins; vgl. 6,16) selbst eine höchst motivierende und fundierende Funktion im Vollzug heiligender Lebensprägung besitzt. Der Bogen wäre gewiß überspannt, wenn man aus 6,15f. eine (indirekte) Zugehörigkeit des ungläubigen Partners zum Leib Christi postulieren wollte. Alle Akte eines gemeinsamen ehelichen Lebensvollzugs können letztlich nicht die Glaubensentscheidung ersetzen, sind aber Annäherungen und vielleicht sogar Wege dorthin. Daß Heiligkeit letztlich an den Glauben gebunden ist, hindert nicht das Verständnis von Heiligung als einen Prozeß dorthin, wie ja auch die Heiligkeit der Glaubenden nicht deren Heiligung als fortwährenden Prozeß ausschließt (1 Thess 3,13; 4,3.7; 5,23; Röm 6,19; vgl. 2 Kor 7,1).

Zum Erweis der Richtigkeit seiner in V. 14a geäußerten Auffassung verweist Paulus auf die Kinder, die wohl auch nach korinthischer Sicht nicht unrein sind. An welche Kinder dabei gedacht ist, wird kontrovers beurteilt. Sind getaufte oder ungetaufte Kinder gemeint? *J. Jeremias* möchte der Stelle entnehmen, daß man anfangs noch keine Säuglingstaufe praktiziert habe (Kindertaufe 52-56). Oder soll »Kind« nicht an das Alter, sondern nur an die Abstammung erinnern (*J. Blinzler*, Auslegung 26-28)? Handelt es sich um Kinder aus Mischehen oder aus rein christlichen Ehen? Ist dann wieder an ungetaufte Kinder aus christlichen Ehen oder an getaufte aus Mischehen (*J. Blinzler*, a.a.O. 28-31) zu denken? Dem unmittelbaren Kontext nach ist am ehesten an Kinder aus Mischehen zu denken (*Allo; Wendland; Kümmel; A. Oepke*, Urchristentum 82-86). Ob sie getauft oder ungetauft waren, läßt sich dem Text nicht direkt entnehmen, wenngleich ihm die zweite Möglichkeit wohl mehr zu entsprechen scheint. Unklar ist auch, wie die Heiligkeit den Kindern vermittelt sein soll. *J. Jeremias* setzt eine Übernahme von Vorstellungen aus dem jüdischen Proselytenrecht voraus (Yev 78a; Bill. I 112; *J. Jeremias*, a.a.O. 55f.; daher auch seine Annahme, Paulus kenne die Taufe christlich geborener Kinder noch nicht [56]; zur Kritik: *K. Aland*, Säuglingstaufe 53-57; dagegen: *J. Jeremias*, Nochmals [Kindertaufe]; und wieder: *K. Aland*, Stellung; vgl. *G. Delling*, Nun aber; *ders.*, Lexikalisches; *ders.*, Exegese). Doch wird hier dem Text möglicherweise schon in der Fragestellung zuviel zugemutet. Man wird bezweifeln dürfen, ob die Korinther und Korintherinnen die »Übertragung« von Heiligkeit überhaupt reflektiert haben. Sie werden mehr oder minder selbstverständlich vorausgesetzt haben, daß ihre Kinder heilig bzw. wenigstens nicht unrein sind. Gerade wegen dieser Selbstverständlichkeit kann Paulus V. 14b als Argument für V. 14a verwenden. Unter dieser Voraussetzung spielt vielleicht sogar die Frage, ob die Kinder getauft waren oder nicht, keine so große Rolle. Denn selbst wenn man den m.E. weniger wahrscheinlichen Fall getaufter (heiliger) Kinder vorauszusetzen hätte, ergäbe sich eine vernünftige Logik des Gedankengangs. Paulus würde dann sagen wollen: Wie bei den (getauften) Kindern niemand auf den Gedanken gekommen ist, sie könnten durch den heidnischen Elternteil unrein werden, so ist gilt das auch für den (christlichen) Ehepartner. Im Fall ungetaufter Kinder (*G. Delling,* Nun aber 266-268, rechnet sogar mit einer Ablehnung der Taufe durch die Kinder) genügt es für die Logik der paulinischen Argumentation, daß in Korinth noch niemand auf den Gedanken kam, sie für unrein und damit für eine Gefahr für den heiligen Elternteil zu halten (»nun aber sind sie heilig« wäre dann eine paulinische Schlußfolgerung). *Kümmel* bemerkt in diesem Zusammenhang zu Recht, daß man von der »Heiligkeit der hier erwähnten Kinder« nicht auf eine »Zugehörigkeit zur Kirche Christi« schließen dürfe, die hier »»nicht an den schon vorhandenen Glauben gebunden«« (mit Zitat von *O. Cullmann,* Tauflehre 47) sei. Wenn *Kümmel* dafür allerdings »den dinglichen Charakter des hier ... verwendeten Heiligkeitsbegriffes« anführt, ist dies zu relativieren, da man sich die »Dinglichkeit« bei der Vermittlung von Heiligkeit – genauso wie in V. 14a – weniger im Sinne einer magischen »Übertragung« als im Sinne einer »Infiltration« durch die praktischen Lebensvollzüge im Raum der Familie vorzustellen hat (das würde vice versa auch für die Infizierung mit Unreinheit im Falle getaufter Kinder gelten).

Verse 15 f.: Aus der bedingten Adaption des Herrenwortes in VV. 12 f. (für den Fall, daß der ungläubige Teil die Lebensgemeinschaft aufrechterhalten will) ergibt sich V. 15ab als Folgerung. Wenn der ungläubige Teil sich trennen will, darf auch der christliche Partner zustimmen. Wieder ist im Blick auf Mann und Frau formuliert (im Griechischen schon in V. 15a, da ›*apistos*‹ maskulin und feminin ist). Im Unterschied zu VV. 13 f. taucht jetzt neben dem »Bruder« auch die »Schwester« auf. Der christliche Partner ist in solchen Fällen »nicht gebunden«. Gemeint damit ist nicht nur die Bindung an den Ehepartner oder die Ehe *(Lietzmann),* sondern auch die Bindung an das Herrenwort (*Conzelmann:* »grundsätzlich«). Paulus legt das Herrenwort also nicht als absolut gültiges Gesetz aus. Wenn der heidnische Partner seine Anwendbarkeit verhindert, bindet es auch den christlichen Teil nicht. Das ist die Kehrseite, daß es keine abstrakte Bindung schafft, sondern nur den christlichen Teil bindet. V. 15c ist nicht eigentlich »Begründung« (so: *Conzelmann*), sondern explizierende Fortführung, die das (vorher schon negierte) Gebunden-Sein kontrastierend

(›de‹ = »aber«) erläutert. Die auffällige Formulierung »rufen *in*« (statt »rufen *zu*«) erklärt sich aus »rufen (um) in Frieden (zu sein)« (*Lietzmann* mit Verweis auf Gal 1,6; 1 Thess 4,7; Eph 4,4). Analog zur negierten Bindung ist auch der »Frieden« mehr als nur das Gegenteil einer »wider den Willen des einen Teils aufrecht erhaltene(n) Ehe« *(Lietzmann)*. Er meint das den ganzen Menschen umfassende Heilsein, das von außen nicht mehr tangiert werden kann. Insofern zielt V. 15c »auf die Erklärung der Freiheit« ab *(Conzelmann)*.

Bei der Erörterung der Übersetzungsvarianten wurde bereits auf das völlig abweichende Verständnis von *J. Jeremias* hingewiesen (s. o. 1.1). Der Vorteil dieser Interpretation besteht darin, daß sie ein strikt adversatives Verständnis von »aber« in V. 15c ermöglicht. V. 15c wäre dann Parenthese, bevor in V. 16 die vielleicht doch mögliche Bekehrung ins Auge gefaßt wird. Dagegen steht jedoch der semantische Duktus, der nach der Zustimmung zur Trennung des heidnischen Partners in V. 15a und der grundsätzlichen Freigabe des christlichen Teils in V. 15b kaum ein erneutes (mit der vagen Hoffnung auf Bekehrung motiviertes) Drängen in die gegenteilige Richtung erwarten läßt.

Entsprechend ist dann V. 16 nicht motivierend (zur philologischen Möglichkeit von ›*ei*‹ im Sinne von ›*ei mē*‹ s. *Kühner-Gerth* II 533; *J. Jeremias*, Aufgabe 292-296; *C. Burchard*, Ei 75), sondern beschwichtigend zu interpretieren (vgl. *S. Kubo*, I Cor. VII.16). Bei einem (heidnischen) Ehepartner, der zur Fortführung der ehelichen Lebensgemeinschaft nicht bereit ist, ist auch eine Bekehrung kaum zu erwarten. »Retten« ist hier als Missionsterminus gebraucht und meint soviel wie »gewinnen« (so auch in 9,19-23; vgl. *Weiß*).

1.3.3 Der Grundsatz der Beibehaltung des bei der Berufung eingenommenen sozialen Status (Verse 17-24)

17 Doch, wie einem jeden der Herr zuteilte, wie einen jeden Gott berufen hat, so soll er wandeln, und so ordne ich (es) in allen Gemeinden an. 18 Wurde einer als Beschnittener berufen, soll er sich nicht (eine Vorhaut) überziehen lassen; ist einer mit Vorhaut berufen worden, soll er sich nicht beschneiden lassen. 19 Die Beschneidung ist nichts, und die Vorhaut ist nichts, sondern (das) Halten der Gebote Gottes. 20 Jeder in der Berufung, in der er berufen wurde, in dieser soll er bleiben. 21 Wurdest du als Sklave berufen, soll dir nichts daran

liegen; wenn du aber auch frei werden kannst, um so lieber mache Gebrauch. 22 Denn der im Herrn berufene Sklave ist Freigelassener des Herrn, ebenso ist der berufene Freie Sklave Christi. 23 Gegen Bezahlung wurdet ihr erworben; werdet nicht Sklaven von Menschen! 24 Jeder in dem (Stand), in dem er berufen wurde, Brüder, in diesem soll er bleiben vor Gott.

Die bisherige Stellungnahme des Paulus, d. h. sein Plädoyer für den ehelichen Verkehr, sein Votum für die Aufrechterhaltung der bestehenden Ehen, aber auch die angedeutete Favorisierung der Ehelosigkeit, läßt sich dahingehend zusammenfassen, daß die Hinkehr zu Christus keinerlei Änderung des bei der Bekehrung innegehabten (sexuellen) Standes verlangt. Paulus erhebt dies nun zum *Grundsatz*, den er in VV. 17.20.24 – jeweils leicht variiert – gleich dreimal vorträgt. Allerdings wird dieser Grundsatz – genausowenig wie V. 1b – von Paulus als Regel für alle Fälle behandelt. Darauf hat Paulus bereits in V. 9 hingewiesen, und dies wird er in VV. 28.36-38 noch weiter verdeutlichen. In VV. 17-24 geht es zunächst um den Grundsatz selbst. Er hat an dieser Stelle der Argumentation eine *doppelte Funktion*. Zum einen enthält er die entscheidende Korrektur an einer gegen die Ehe gerichteten Interpretation von V. 1b. Insofern schließen VV. 17-24 die vorausgehenden Ausführungen ab. Zum andern unterstützt der Grundsatz den von Paulus bevorzugten Stand der Ehelosigkeit für den Fall, daß jemand noch nicht oder nicht mehr verheiratet ist. Insofern bilden VV. 17-24 den Auftakt für die Ausführungen über die Jungfrauen bzw. Unverheirateten (VV. 25-40). Durch den Grundsatz erfahren beide Gesichtspunkte eine in der Bekehrung bzw. Berufung selbst begründete Absicherung. Bekehrung und Berufung bilden die sachliche Brücke zum Postulat von V. 1b, dessen Forderung ja ebenfalls mit der in Christus neu gewonnenen Existenz zusammenhängt.

Der Sachzusammenhang wird noch enger, wenn man eine weitere Beobachtung mit ins Kalkül zieht. Die konkrete Wahl der Beispiele, mit denen Paulus den Grundsatz in VV. 18f.21-23 veranschaulicht, scheint auf den ersten Blick eine Abschweifung zu sein. Um so bemerkenswerter ist, daß in dem *Axiom von Gal 3,28* eine ganz ähnliche Syntagmatik der gleichen semantischen Oppositionen begegnet. Auch dort geht es um die Frage, ob der bisherige Status nach der Bekehrung (für das Sein in Christus) eine Rolle spielt, wobei der bisherige Status in ethnischen (Jude vs Heide), sozialen

(Sklave vs Freier) und sexuellen (Mann vs Frau) Kategorien vorgestellt wird. Es ist schon lange erkannt worden, daß Gal 3,28 (bzw. sogar 3,26-28) eine urchristliche Tradition (vgl. 1 Kor 12,13; Kol 3,11) wiedergibt (*H. Thyen*, nicht mehr 138-145; *H. Paulsen*, Einheit 76-89 [Anm. 16 weitere Autoren]; **G. Dautzenberg*, Stellung 214-221). Da in 1 Kor nicht nur hier, sondern auch in 12,13 und in 11,11 noch Spuren von Gal 3,28 auftauchen, wird man annehmen dürfen, daß das Axiom in Korinth bekannt war und zur Bildung bzw. zu dem geschilderten Verständnis des Postulats von V. 1b beitrug (s. o. 2). Wenn es »in Christus« nicht mehr zählte, ob jemand Mann oder Frau war, dann konnte diese Belanglosigkeit sehr schnell zum Programm werden, zumal dann, wenn Paulus vorher die Vorteile seines ehelosen Status betont hatte. Das Sachproblem, das sich mit Gal 3,28 stellt, ist bis heute noch nicht ausdiskutiert. Die Sachlage ist äußerst komplex. Einerseits liegen die drei genannten Oppositionen auf recht unterschiedlichen Ebenen (ethnisch-religiös, sozial-rechtlich, sexuell-natürlich), zum andern wird nicht eindeutig gesagt, in welcher Weise die Gegensätze »in Christus« nicht mehr gelten sollen. Sollen sie in innovatorischer oder gar revolutionärer Praxis im Raum der Gemeinde nicht mehr gelebt und damit überwunden werden? Hebt die Erlösung die bisherige kulturelle oder soziale Ordnung auf? Soll zum Audruck gebracht werden, daß die Erlösung die Schöpfungsordnung außer Kraft setzt? Oder kann man die Gegensätze, gerade weil sie in Christus bedeutungslos sind, im Blick auf ein transzendentes Heil so stehen lassen, wie sie sind? In Korinth postulierten die Befürworter von V. 1b eine Überwindung der natürlichen sexuellen Differenzierung in der Praxis. Da sie aus dem Postulat kein unter allen Umständen gültiges Gesetz gemacht haben, wird man ihnen nicht ohne weiteres unterstellen dürfen, daß sie die Erlösung als Aufhebung der Schöpfungsordnung verstanden hätten. Aber eine Tendenz in diese Richtung ist sachlich wohl nicht zu leugnen. Dasselbe gilt übrigens auch für die Vertreter der gegenteiligen Position, die im Blick auf eine noëtisch verstandene Erlösung Verbindlichkeiten in der sinnlich-wahrnehmbaren Welt (und dazu gehört par eccellence die Sexualität) ablehnten. Wie stellt sich die Sache für Paulus dar? Selbstverständlich hat das Mann- oder Frau-Sein (wie die anderen in Gal 3,28 genannten Unterschiede) soteriologisch keine Bedeutung, d. h. der sexuelle Status spielt weder als Vorbedingung des Heils eine Rolle noch ist er für den Heilsstatus der einzelnen Christen und Christinnen von Bedeutung; hier zählt nur das alle verbindende Eins-Sein mit Christus, die neue »in Christus« gewonnene Identität. Dennoch leitet Paulus daraus nicht die Folgerung ab, daß die Erlösung die schöpfungsmäßige Differenzierung zwischen Mann und Frau einfachhin aufhebt bzw. belanglos macht. Soweit Mann und Frau durch die Ehe verbunden sind, die für Paulus zweifellos eine Institution der Schöpfungsordnung ist, bleibt in Christus alles beim alten. Es ist ähnlich wie im Bereich des Ethos. Obwohl das sittliche Tun nicht die Voraussetzung und der Grund für das Heil ist, bleibt der Christ doch dem Gebot Gottes verpflichtet. Im Blick auf die Ehe kommt noch hinzu, daß das Wort des Kyrios die Schöpfungsordnung sanktioniert und eingeschärft hat. Sie bleibt daher eine Möglichkeit, um den Heilsstand zu leben. Paulus sah daher auch keinen Anlaß, an der gesellschaftlich sanktionierten geschlechtsspezifischen Rollenverteilung, soweit sie ihm schöpfungsmäßig vorgegeben erschien, etwas zu ändern. Dies hinderte ihn allerdings nicht, auf bestimmten Feldern neue Rollenverteilungen relativ selbstverständlich zu akzeptieren und den Frauen neue Spielräume des Handelns einzuräumen. Dies geschah vor allem im Raum der Gemeinde, wo man sich der neu gewonnenen christlichen Identität versichern mußte, und im Bereich der Mission, wo diese nach außen zu kehren war. Für das erste sei auf die auch von Frauen ausgeübte Prophetie verwiesen (11,5), für das zweite auf die Ehepaarmission (vgl. Röm 16,3 [Priska und Aquila]; Röm 16,7 [Andronikus und Junia]). Allerdings war es wohl weniger die Programmatik einer geplanten Strukturreform, die Paulus zu derartigen Innovationen drängte, als vielmehr die Erfahrung, daß der Geist selbst Neues schuf und (Joel 3,1-5 entsprechend [vgl. *G. Dautzenberg*, Stellung 191-193]) Juden und Heiden, Sklaven und Freien, Männern und Frauen zuteil wurde. In diesen Rahmen gehört wohl auch die in eigener Person gemachte Erfahrung einer charismatischen Begabung zur Ehelosigkeit (vgl. zu VV. 6f.).

Vers 17: Der Einleitung ›*ei mē*‹ darf man nicht das ganze Gewicht für die logische Stringenz im Argumentationsduktus auferlegen (zur Bedeutung »doch« s. BDR §449,2[4]; vgl. 448[9]; anders: *G. Harder*, Miszelle). Unmittelbar knüpft V. 17 an VV. 15 f. an, blickt aber zugleich auf die gesamte Argumentation zurück. Die beiden Wie-Sätze umspielen den gleichen Sachverhalt, allerdings mit unterschiedlichen Akzenten, indem sie Subjekt und Verbum variieren. Der Ruf Gottes gehört zum Wortfeld einer Erwählungstheologie, deren *the*ologische Grundstruktur das gesamte Denken des Apostels grundlegend und nachhaltig geprägt hat (vgl. 1 Thess

2,12; 4,7; 5,24; Gal 1,6; 5,8; 1 Kor 1,9.26; Röm 8,30; 9,12.24 f.; 11,29). Dabei ist es bei Paulus immer Gott (nicht der Kyrios), der beruft. Dies schließt den christologischen Bezug, ohne den Paulus von Gott nicht reden könnte, in keiner Weise aus (s. zu 1,3). Gerade beim Thema Erwählung bzw. Berufung läßt sich eine immer stärkere Verquickung von Theologie und Christologie beobachten. Während in 1 Thess der Gedanke noch rein theologisch gefaßt war, betont Paulus später, daß Gott »in der Gnade (Christi)« ruft (Gal 1,6), oder wie an u. St., daß es »der Herr« ist, der »zuteilt«. Anders als etwa in Röm 9,12 geht es vom Kontext her nicht um eine Entfaltung der sola gratia-Lehre (gegen *Conzelmann*), sondern – sachlich damit gewiß zusammenhängend, aber präzise doch davon zu unterscheiden – um ein erstes Intonieren der späteren Charismenlehre (1 Kor 12). Nicht die Heilsrelevanz der (tatsächlich sündigen) Taten des Menschen soll ausgeschlossen, sondern die individuelle Differenziertheit bei der Berufung durch Gott und der Zuteilung durch den Herrn soll betont werden. Dies unterstreicht auch die zweimalige Hervorhebung von »jeder« (im Griechischen betont vorangestellt!) und widerspricht exakt dem Postulat von V. 1b, sofern dieses eine verallgemeinernde und damit uniformierende Tendenz aufweist. Die Individualität darf allerdings nicht als Selbstzweck verstanden werden, da die unterschiedlichen Zuteilungen, wie die spätere Charismenlehre zeigt, auf die Erbauung der Gemeinde ausgerichtet sind. Dies freilich ist hier bestenfalls angedeutet, da als Charisma bislang nur die Ehelosigkeit genannt war (V. 7). Im Unterschied zu 1 Kor 12 zielt die Aussage hier darauf ab, jedweden existentiellen Ort (konkret gemeint ist der jeweilige sexuelle Status), an dem der Ruf Gottes den Menschen trifft, als Möglichkeit christlicher Existenz zu bejahen. Durch den Ruf Gottes bekommt der konkrete Status in gewisser Weise sogar den Charakter des Zugewiesenen bzw. des Zugeteilten (vgl. V. 17). Daß damit der vorhandene Status nicht einfach christlich eingefroren werden soll, hat der Vortext verdeutlicht. Man wird daher die dort angedeuteten Möglichkeiten einer Versöhnung mit dem getrennt lebenden Ehepartner (V. 10 f.) oder einer Trennung von einem nicht zum Zusammenleben bereiten Ehepartner als Teil des vom Herrn zugeteilten christlichen Lebensbereiches verstehen dürfen. Daß es dabei konkret um den (christlichen) Lebensvollzug an dem aufgerufenen bzw. zugewiesenen existentiellen Ort geht, zeigt die Aufforderung zum entsprechenden Wandel. Daher wird hier weder »die Unterscheidung von heilig und profan irrelevant« noch »hält mich (die Gnade) in meiner Weltlichkeit fest« (so: *Conzelmann*). Vielmehr weist mir der Ruf Gottes ein Stück Welt zu, das es durch meinen Wandel zu heiligen und damit der Profanität zu entreißen gilt.

Wenn die Erklärung von V. 17a zutrifft, wird man aus V. 17b schwerlich auf ein für alle (paulinischen) Gemeinden gültiges Gesetz schließen dürfen. Zu Unrecht wird V. 17b von *Weiß* als »katholisierende« Bemerkung (wie 1,2b; 4,17; 11,16) als Interpolation ausgeschieden (s. zu 1,2). Die Funktion des Satzes besteht nicht darin, die Gemeinden an ein übergeordnetes Lehramt zu binden. Paulus tritt hier auch nicht als oberster Wahrer der Doktrin oder Disziplin auf. Weder Häresie noch Sittenverfall stehen zur Debatte. Vielmehr ist es Paulus, der die Freiheit der Christen verteidigt. Auf Paulus kann sich daher nicht berufen, wer die Enthaltsamkeit als das prinzipiell Bessere favorisiert. Weder eine doktrinäre Theorie noch ein formales Kirchenrecht stellen die Einheit der Gemeinden her. Was die Gemeinden verbindet, ist die Gemeinschaft (›koinōnia‹) in der Praxis eines gemeinsamen Ethos (nicht unbedingt eines ethischen oder rechtlichen Systems), das eine spezifische, unverwechselbare Handlungswelt konstituiert, die gleichsam als identitätsstiftender Ritus Gruppenzugehörigkeit symbolisiert und schafft.

Verse 18 f.: Die Kehrseite eines so verstandenen Ethos ist die Abgrenzung von anderen Handlungswelten. Von daher verwundert es nicht, daß Paulus nun auf die »Beschneidung« zu sprechen kommt, die aus jüdischer Sicht der konstitutionelle Ritus ist, der die Juden von der »Unbeschnittenheit« der Heiden unterscheidet. Auf beides wendet er den Grundsatz von V. 17a an. Wer als »Beschnittener« berufen wird, muß sich nicht der Operation des Epispasmos unterziehen (vgl. 1 Makk 1,15; Josephus, Ant XII 5,1 [242]; AssMos 8,3; Bill. IV 33 f.; zur Operation vgl. *Weiß; A. Blaschke,* Beschneidung 139-144). Wer »mit Vorhaut« berufen ist, muß sich nicht beschneiden lassen. Trotz der formalen Parallelität beinhalten die Aussagen eine gewisse Asymmetrie, da die Unbeschnittenheit für den Heiden nicht in der gleichen Weise konstitutiv ist wie die Beschneidung für den Juden. Beide Begriffe geben die jüdische Perspektive wieder. Im Klartext bedeutet dies: Für die christliche Identität ist es weder nötig, Jude zu werden, noch das Jude-Sein zu verleugnen. Für die Heiden ist dies ein beruhigender Sachverhalt, der in nicht unerheblicher Weise zur Bekehrung (vor allem der vorher mit dem Judentum sympathisierenden »Gottesfürchtigen«) beigetragen hat. Für Juden und Judenchristen hingegen ergibt sich daraus eine erhebliche Irritation, wie der darüber entbrannte urchristliche Streit (vgl. Gal 2,1-10; Apg 15) nachdrücklich belegt. In Korinth allerdings scheint diese Irritation nicht bestanden zu haben, weswegen Paulus ja auch V. 18 zur leserwirksamen Erläuterung des Grundsatzes von V. 17a einsetzen kann. Der sachliche Grund für die Irrelevanz des Beschnitten- oder Unbeschnitten-Seins ergibt sich wie im Falle der Irrelevanz des Mann- oder Frau-Seins bzw. des Verheiratet- oder Unverheiratet-Seins letztlich aus der soteriologisch allein maßgeblichen Identität der Christen »in Christus« (Gal 3,28).

Im einzelnen ist freilich noch zu differenzieren. Denn während Paulus den Wechsel eines Unverheirateten zur Ehe akzeptieren oder, sofern diesem das Charisma zur Ehelosigkeit fehlt, sogar empfehlen kann, würde er den Wechsel eines Unbeschnittenen zur Beschneidung wohl nicht in der gleichen Weise für unbedenklich oder empfehlenswert halten. Und während er mit der Forderung zur Aufrechterhaltung der Ehe (VV. 10-16) und dem Plädoyer für den ehelichen Verkehr (VV. 2-5) dem Mann- und Frau-Sein auch in Christus noch Bedeutung beimißt, verlangt er in Antiochien von Petrus die Mißachtung jüdischer Speisegebote (Gal 2,1-14), die wie die Beschneidung zur traditionellen Definition jüdischer Identität gehören. Der Grund für diese unterschiedliche Behandlung liegt wahrscheinlich darin, daß es im Fall von Sexualität und Ehe mit Gegebenheiten der Schöpfungsordnung zu tun hat, die für die Erlösung offen und zudem noch durch ein Herrenwort sanktioniert ist, während er in der Beschneidung eine Verpflichtung auf das (erst später hinzugekommene) Gesetz sieht, das Juden und Heiden als Sünder erweist und dem so offenkundig sündigen Menschen gerade nicht als Heilsparadigma dienen kann. Dies aber sind Zusammenhänge, die nicht in 1 Kor, sondern in Gal entfaltet werden (Gal 3.4).

In kompakter Radikalität verneint V. 19a die soteriologische Valenz von »Beschneidung« und »Unbeschnittenheit«. Die Begriffe meinen sowohl den Akt bzw. Zustand wie (als abstractum pro concreto) die durch sie definierten Gruppen, wobei wieder die bereits erwähnte perspektivische Asymmetrie mitzubedenken ist. Die Unterschiede der beiden Identitäten werden nicht eingeebnet, aber im Blick auf das Heil sind beide »nichts«, d.h. die Beschneidung wird der Unbeschnittenheit, die (aus jüdischer Sicht) ohnehin keine Heilsrelevanz besitzt, gleichgestellt. Ähnlich lautende Formulierungen finden sich in Gal 5,6; 6,15 (vgl. Röm 3,1 f. mit 3,9-20), weswegen man schon auf Tradition geschlossen hat *(Weiß)*. Doch ist zumindest in den beiden Gal-Stellen die positive Antithese typisch paulinisch formuliert (Gal 5,6: »der Glaube, der durch Liebe tätig ist«; Gal 6,15: »die neue Schöpfung«). Wenn in 7,18 »das Halten der Gebote Gottes« gegenübergestellt wird, so scheint das »am wenigsten christlichen Klang« zu haben *(Weiß)*. Bei genauerem Zusehen stellt sich jedoch heraus, daß die Formulierungen in allen Fällen durch die Argumentation des Kontextes bedingt sind. V. 19b darf nicht nur als Opposition zu V. 19a gelesen werden. Er will auch festhalten (und das ist im Kontext sogar seine wichtigere Funktion), was *bei* der Irrelevanz des ethnisch-religiösen *und des sexuellen* Status von entscheidender Bedeutung bleibt. Gerade im Blick auf den sexuellen Status, dessen Heilsirrelevanz durch die Irrelevanz von Beschneidung und Unbeschnittenheit veranschaulicht werden soll, erlaubt V. 19b die differenzierte Stellungnahme, die Paulus in VV. 2-16 abgegeben hat. Obwohl der sexuelle Status als solcher für das Heil bedeutungslos ist, entbindet dieses doch nicht von der Schöpfungsordnung, auf die das Gebot des Kyrios im Gegenteil sogar zurückverweist. So erklärt sich V. 19 ganz aus dem Anliegen des Paulus. Die Annahme eines Zitats aus dem jüdischen Apokryphon Mosis (nach Euthalius; vgl. *Weiß*) ist nicht gerechtfertigt.

Das hindert nicht die Einsicht, daß V. 19b für sich genommen an jüdische Weisheit erinnert (vgl. Sir 32,23 [dort taucht sogar die gleiche Formulierung auf]). Auch fehlen in der biblischen und frühjüdischen Tradition nicht die Stimmen, die die Beschneidung des Herzens fordern und damit das Halten der Gebote als das entscheidende Kennzeichen jüdischer Identität ausweisen (Dtn 10,16; 30,6; Jer 4,4; [6,10]; 9,25; [vgl. Lev 26,21; Ez 44,7.9]; 1 QS V,5; 1 QpHab XI,13; [1 QH XVIII,20]; OdSal 11,1-3; Philo, SpecLeg I 304f.; vgl. Röm 2,25-29; Kol 2,11-13). Aber nirgends wird daraus die Folgerung gezogen, daß man auf die physische Beschneidung verzichten könne, oder gar, daß sie »nichts« sei (zur Beschneidung im Judentum vgl. *F. Stummer:* RAC II 160-164; *O. Kuss*, Röm I 92-98; *A. Blaschke*, Beschneidung 19-322). Wenn der Jude Ananias dem König Izates von Adiabene sagt, »er könne Gott auch ohne Beschneidung verehren, wenn er nur die gottesdienstlichen Gebräuche der Juden befolgen wolle«, so folgt er rein politischem Kalkül. Als ein anderer Jude dem Izates jedoch klar macht, daß zur Befolgung des Gesetzes auch die Beschneidung gehöre, läßt er sich beschneiden (Josephus, Ant XX 4 [20,17-48]). Philo, der die symbolische Bedeutung der Beschneidung hervorhebt, betont geflissentlich, daß das Gebot der Beschneidung nicht aufgehoben werden darf (Migr 91-93). Auf die Stellen, die die Unterlassung der Beschneidung als Lästerung ausweisen (vgl. Jub 15,33f.), muß in unserem Zusammenhang nicht eingegangen werden. Sie belegen aber immerhin, daß nach jüdischem Verständnis ein Unbeschnittener niemals ein vollwertiges Mitglied des Bundes sein konnte. Insofern ist das Urteil des Paulus in V. 19 grundsätzlich gemeint und nicht als Rede »unter Diaspora-Juden und Proselyten« zu relativieren (gegen *Weiß*).

Vers 20: Der Sache nach variiert V. 20 den Gedanken von V. 17a. Die Aussage wird auf eine noch formalere Ebene gehoben. Stand in V. 17a die Praxis (der »Wandel«) in dem bei der Berufung vorgefundenen Lebensbereich im Vordergrund, so wird jetzt nur mehr die Wahrung des status quo betont. Deshalb wird auch die alte Streitfrage, ob mit der »Berufung« der Akt des Berufens (wie in 1,26) oder der dadurch erreichte Stand, der »Beruf« *(Lietzmann)*, gemeint sei, tendenziell eher in Richtung des letzteren zu entscheiden sein. Allerdings ist der Stand der Berufung nicht einfach identisch mit dem abstrakten Stand des Christ-Seins. Zu diesem Stand gehört vielmehr auch der jeweilige (sexuelle, religiöse, soziale) Status, den jemand bei der Berufung innehatte und in dem daher jetzt das Christ-Sein des Betreffenden sich konkretisiert (*K. L. Schmidt:* ThWNT III 492, spricht vom »Zustand der Berufung«). Eine Heilsrelevanz des vorgegebenen Status ist damit nicht angezeigt. Dessen Irrelevanz ist im Gegenteil die Voraussetzung, daß sich Christ-Sein in jedwedem Status entfalten kann.

Verse 21-23 wollen den Grundsatz von V. 20 erläutern und erfüllen somit eine ähnliche Funktion wie VV. 18f. im Verhältnis zu V. 17. Die Abfolge ist wohl durch Gal 3,28 vorgeprägt. Wie in V. 18 ist auch in V. 21a der Aussagesatz asyndetisch vorangestellt, in Verbindung mit der Anrede (2. Person Singular) ein typisches Merkmal des Diatribenstils (BDR §494 [3]). Wie bei VV. 18f. herrscht auch hier eine gewisse Asymmetrie. Die Hauptaussage lautet: Man kann auch als Sklave Christ sein. Das asymmetrische Pendant – wollte man es parallel zum Sachverhalt von VV. 18f. formulieren – hieße dann: Man muß aber die Freiheit nicht verleugnen. Doch während an der Hauptaussage aufgrund von V. 21a nicht zu rütteln ist, wird V. 21b sehr kontrovers interpretiert. Angesprochen ist der Fall, daß ein Sklave frei werden kann. Doch was heißt »um so lieber mache Gebrauch« (›*mallon chrēsai*‹)? Ist als Objekt »von der Sklaverei« oder »von der Freiheit« zu ergänzen? Oder fordert das Verbum (›*chraomai*‹) überhaupt kein Objekt, so daß zu übersetzen ist: »›… mache um so mehr daraus‹ (nämlich im Dienste des Christus, d. h. im Sinne der VV. 19 und 22f.), oder: ›… nimm diese Gelegenheit erst recht (im Dienste Christi) wahr‹« (*¹¹P. Stuhlmacher*, Phlm 45). Der Sache nach läuft das in etwa mit dem Vorschlag von *S. S. Bartchy* parallel, der »von der Berufung« (›*tē klēsei*‹) aus V. 20 ergänzen will (*S. S. Bartchy*, μᾶλλον 156-159).

Philologisch ist keine der genannten Objektergänzungen völlig auszuschließen; auch der objektlose Sprachgebrauch ist gut belegt (*IIP. Stuhlmacher*, Phlm 45 Anm. 112). Der Imperativ Aorist (›chrēsai‹), der im Unterschied zum Imperativ Präsens eher an den Einzelfall und – ingressiv verstanden – an »das Zustandekommen des Verhaltens im Gegensatz zum bisherigen« denken läßt (BDR § 337,1; vgl. § 335), scheint eine Interpretation zu bevorzugen, die auf eine Änderung des Status abzielt (eine umfassende philologische Analyse in diesem Sinn liefert *J. A. Harrill*, Paul 11-25; *ders.*, manumission 108-121). Doch wird im Koine-Griechischen der Unterschied zwischen Imperativ Präsens und Imperativ Aorist nicht immer streng beachtet (BDR § 335). Gegen eine strikt philologische Argumentation wird zudem auf den Kontext verwiesen, der – auf »Trost« bedacht – nur die Ergänzung mit »von der Sklaverei« zulasse *(Lietzmann; Kümmel; Conzelmann)*. Diese schon von Johannes Chrysostomus, dem Ambrosiaster und der syrischen Peschitta vertretene Deutung (vgl. die Tabelle bei *S. S. Bartchy*, μᾶλλον 6; vgl. auch IgnPol 3,4), die sich auch heute noch großer Beliebtheit erfreut (ZB; EÜ; *Weiß; Wendland;* **W. Schrage*, Einzelgebote 23; *R. Gayer*, Stellung 205-208; *F. Laub*, Begegnung 64f.; *H. Bellen*, μᾶλλον, favorisiert eine aszetische Motivation), hat Paulus nicht selten den Vorwurf eingetragen, der Situation der Sklaven gegenüber unempfindlich gewesen zu sein (*G. Kehnscherper*, Stellung 98) und wirkungsgeschichtlich eine (am Evangelium orientierte!) Sozialpolitik auf lange Zeit verhindert zu haben (*S. Schulz*, Gott ist kein Sklavenhalter. Die Geschichte einer verspäteten Revolution, Zürich – Hamburg 1972, 173-177). Gegen diesen Vorwurf kann man nur mit Vorbehalt das paulinische Freiheitsverständnis anführen (so: *Schlatter*), da so die Gefahr einer petitio principii sehr nahe liegt (zur Kritik vgl. *IIP. Stuhlmacher*, Phlm 46-48). Umgekehrt wird man fragen müssen, ob nicht die moderne Erregung über den (scheinbar) so unevangelischen Paulus einer petitio principii in Sachen Evangelium und einer anachronistischen Wertung der historischen Situation erliegt. Zumindest wird man zu beachten haben, daß die antike Sklaverei nicht schlechterdings mit deren neuzeitlicher Erscheinungsform auf eine Stufe gestellt werden darf, sondern differenziert zu sehen ist (vgl. *H. Gülzow*, Christentum; *W. L. Westermann*, Systems; *H. Klees*, Herren; *R. Gayer*, Stellung 19-110; *F. Laub*, Stellung 11-47; vgl. jedoch auch die kritischen Äußerungen *J. A. Harrills*, manumission 93-102, zu *Bartchys* Darstellung; zu den Texten: *W. Eck – J. Heinrichs*, Sklaven). Eine programmatische Abschaffung der Sklaverei ist in der Antike ohnehin kaum denkbar (zum idealtypischen Charakter der Berichte des Philo und Josephus über die Therapeuten [VitCont 70] bzw. Essener [Prob 79; Apol 4; Ant XVIII 21] vgl. *R. Bergmeier*, Die Essenerberichte des Flavius Josephus, Kampen 1993, 69.75f.78). In bestimmten (religiösen) Gruppierungen waren die Grenzen zwischen Sklaven und Freien zumindest für die gruppeninterne Interaktion relativiert (vgl. *IIP. Stuhlmacher*, Phlm 46f.). In diesem Sinn scheint auch Paulus die von Gal 3,28 festgehaltene Irrelevanz der sozialen Klassen verstanden zu haben, wenn er den entlaufenen Sklaven Onesimus als sein Kind (Phlm 10) bezeichnet und ihn dem Philemon »nicht mehr als Sklaven, sondern als weit mehr: als geliebten Bruder« überstellt (Phlm 16). Das für die Deutung von V. 21b entscheidende historische Argument hat *S. S. Bartchy* beigebracht, der darauf verweist, daß es einem Sklaven schlechterdings unmöglich war, sich der Freilassung durch seinen Herrn zu widersetzen (μᾶλλον 96-98; vgl. *S. Vollenweider*, Freiheit 235 f.). Unter dieser Voraussetzung gewinnt eine bereits von *Schlatter* gemachte philologische Beobachtung größeres Gewicht (vgl. *J. A. Harrill*, Paul 23 f.; *ders.*, manumission 118-121). Er bemerkt, daß ›*kai*‹ (»auch«) sich auf ›*ei*‹ (»wenn«) und nicht auf ›*dynasai*‹ (»können, jmdm. möglich sein«) bezieht (so schon: *Robertson-Plummer*), so daß also nicht der Wenn-Satz eingeschränkt (»Aber auch [= selbst] wenn es dir möglich wäre, frei zu werden, mache um so lieber [von der Sklaverei] Gebrauch«), sondern eine weitere Möglichkeit des Handelns eröffnet werden soll: »Wenn es dir aber auch (= sogar) möglich ist (d. h. vergönnt sein sollte), frei zu werden, dann mache um so lieber Gebrauch (davon)«. Diese philologisch plausible und historisch zu favorisierende Möglichkeit fügt sich bestens in den Kontext von 1 Kor 7. Anders als im Falle des religiös-ethnischen Standes (VV. 18 f.) kann Paulus hier in ähnlicher Weise differenzieren, wie er es vorher im Falle der Ehe getan hat (VV. 12-16). Wiederum zeigt sich, daß der Grundsatz von V. 20 kein ehernes Gesetz formulieren will. Der Sklave, der die Möglichkeit hat, frei zu werden, soll und darf diese ruhig nutzen. Dies paßt im Grunde sogar besser zur Argumentationsstruktur des Kontextes, die, um noch einmal auf den Ausgangspunkt zurückzukommen, im Blick auf das Postulat von V. 1b herausstellen will, daß christliche Existenz eine Statusänderung nicht fordert, und dies nicht, weil der vorgegebene Status die notwendige Voraussetzung für die christliche Existenz ist, sondern gerade, weil christliche Existenz in jedwedem Status möglich ist (vgl. zu VV. 17.20). Im Blick auf die Sklaven bedeutet dies, daß Paulus daran interessiert sein muß, diesen zu sagen, daß *auch* der Sklavenstand eine Möglichkeit christlicher Existenz ist, nicht aber, den Sklavenstand als die *einzige* Möglichkeit christlicher Existenz für bekehrte Sklaven schmackhaft zu machen. Ein Votum in dem zuletzt genannten Sinn wäre im Gegenteil kontraproduktiv, da sich dann ja auch der Grundsatz von V. 20 gegen die flexible Handhabung in bezug auf die Unverheirateten (VV. 8 f.) verwenden ließe. Daß Paulus im Falle der Verheirateten nur sehr bedingt einer flexiblen Handhabung zustimmen kann, hängt mit dem Herrenwort zusammen, für das es aber im Bereich der Gesellschaftsordnung keine Analogie gibt. Daß Paulus nicht mit der gleichen Flexibilität der in VV. 18 f. genannten Differenz begegnet, hat letztlich soteriologische Gründe (s. dort), die aber in keiner Weise auf die in VV. 21-23 angesprochene gesellschaftliche Differenz anzuwenden ist.

So wird man V. 21b in dem Sinn zu interpretieren haben, daß Paulus den Sklaven auch die Freiheit, sofern sie ihnen angeboten wird, als Möglichkeit christlicher Existenz offen hält (zur Geschichte dieser Auslegung vgl. die Tabelle bei *S. S. Bartchy*, μᾶλλον 6f.). In V. 21b ist also zu ergänzen: »um so lieber mache *davon* (d. h. von der Möglichkeit, frei zu sein) Gebrauch«. Sachlich läuft dies mit der Ergänzung »von der Freiheit« parallel. Da die Freiheit aber nicht Selbstzweck, sondern als Möglichkeit christlicher Berufung angesprochen wird, ist auch die »Berufung« mitzuhören (*S. S. Bartchy*, μᾶλλον 156 f.; vgl. *P. Trummer*, Chance 352-355; die Übersetzung ^{II}*P. Stuhlmachers* [s. o.] fluorisziert zwischen den beiden Möglichkeiten). Vielleicht denkt Paulus konkret an den Fall, daß die Möglichkeit der Freilassung sich im Rahmen der Bekehrung bietet, etwa wenn der ganze Verband eines »Hauses« (Mann, Frau, Kinder und Sklaven) sich zum Christentum hinwendet. Ein konkretes Problem wird die gesellschaftliche Statusfrage in Korinth nicht gewesen sein, so daß Paulus auf Zustimmung zu V. 21 rechnen kann.

Paulus kommt es allerdings nicht nur auf eine möglicherweise auch in Korinth gehandhabte Flexibilität an (um zu zeigen, wie der Grundsatz von V. 20 zu verstehen ist). Im Sinne seiner Argumentation ist es ihm wichtiger, den Grund für die flexible Handhabung anzugeben, weil er damit gleichsam das »Prinzip« des Grundsatzes begründen kann. Darum geht es in V. 22. Beide Stände werden relativiert.

Die syntaktische Parallelität weist allerdings semantische Brechungen auf. Der im Herrn berufene Sklave ist »ein Freigelassener des Herrn«, d. h. vordergründig: »er ist durch den Herrn aus der Sklaverei befreit« *(Lietzmann)*. Hintergründig müßte man an die Befreiung »von der Sünde« denken (*Conzelmann;* vgl. Röm 6,18.22; 8,2; Gal 5,1). Unmittelbar entscheidend für die Argumentation ist hier jedoch nicht die Frage, *wovon* der Sklave befreit wurde, sondern der Umstand, daß er ein Freigelassener *des Herrn* ist. Der Vergleich hat den »Zustand des *libertus* (= Freigelassenen, Anm. d. Verf.)« vor Augen, »der an den Herrn, der ihn frei ließ, als seinen *patronus* gebunden ist« (*Kümmel;* zum vorausgesetzten römischen Recht vgl. *F. Lyall*, Law). In der Bindung an den Herrn ist er dem »berufenen Freien« gleichgestellt, der als solcher ein »Sklave Christi« ist. Daß der Sklave ein »Freigelassener des *Herrn*« ist, entspricht auf seiten des Freien, daß dieser *»Sklave* Christi« ist (deshalb sind die Genitive nicht austauschbar!).

Die Knechtschaft des Sklaven ist für das Heil genauso bedeutungslos wie die Freiheit des Freien. Die wahre Freiheit ergibt sich aus der Bindung an den Herrn, die den Sklaven als »Freigelassenen« und den Freien als »Sklaven« erscheinen läßt. War bisher schon mehrfach betont worden, daß der (sexuelle, religiöse, soziale) Status belanglos ist, weil christliche Existenz in *jedem* Status möglich ist, so wird jetzt ausdrücklich der positive Grund dafür angegeben: die Bindung an den Herrn. Sie ist das eigentliche hermeneutische »Prinzip«, mit dem Paulus den in VV. 17.20.24 formulierten Grundsatz behandelt und anwendet. Christus ist es, der die Identität der Christen bestimmt, und nicht irgendein vorgegebener Status (vgl. Gal 3,28). Stimmen christlicher und stoischer Freiheitsbegriff darin überein (zum stoischen Begriff vgl. *H. Schlier:* ThWNT II 488-492), daß beide die Freiheit nicht von weltlicher Bindung abhängig machen, so unterscheiden sich beide zugleich diametral dadurch, daß christliche Freiheit sich als Bindung an den Herrn definiert. Diese wiederum verlangt nicht Loslösung von der Welt, sondern ermöglicht die Freiheit *in* der Welt und als Dienst *an* der Welt.

V. 23a begründet die Bindung an den Herrn. Wie in 6,20 steht nicht der sakralrechtliche Sklavenloskauf im Hintergrund (s. dort). Wie dort spielt auch hier die Höhe des Preises keine Rolle. Formal geht es um den Loskauf als solchen, sachlich um den Loskauf von der Sklaverei der Sünde. Unabhängig vom gesellschaftlichen Status findet ein Existenzwechsel statt, wie er in dialektischer Weise in V. 22 beschrieben war. Der neuen Existenz, die in der Bindung an den Kyrios Freiheit eröffnet, entspricht die Forderung von V. 23b. Sie ist das negative Pendant zur positiven Aussage von V. 19b. Das Scharnier zwischen beiden ist die Sünde: Sünde ist Übertretung der Gebote Gottes, sie führt zur Abhängigkeit von Menschen. Will Paulus damit sagen, daß der Sklave sich nicht aus seiner menschlichen Abhängigkeit definieren soll, wie umgekehrt der Freie, sofern er seine Freiheit in Relation zum Sklaven definiert, nur Belangloses definiert? Im Gesamtkontext geht es sicherlich darum, daß christliche Existenz allein in der Bindung an den Kyrios begründet ist. Eben deswegen ist der vorgegebene Status belanglos, nicht in dem Sinn, daß der Status keine Rolle mehr spielte und der Christ ihn tunlichst verleugnen sollte, sondern in dem Sinn, daß christliche Existenz in jedem Status möglich ist. Eben deshalb kann und soll der Christ in dem Stand bleiben, in dem er berufen wurde, ohne daß sich daraus eine in dem Stand selbst begründete Verpflichtung ergäbe, die ihn nötigen würde, diesen Stand unter allen Umständen beizubehalten.

Vers 24: Den eben genannten Sachverhalt formuliert V. 24 noch einmal mit einem Grundsatz. Sachlich handelt es sich um eine Wiederholung bzw. Variation von VV. 17a und 20. Neu ist der Zusatz »vor Gott«. Wahrscheinlich soll damit – analog zu VV. 22f. – der hermeneutische Horizont angedeutet sein, der das rechte Verständnis und die richtige Anwendung des Grundsatzes sichert. Daß Paulus diese Hermeneutik nur so sparsam in den Grundsatz selbst einfließen läßt, hängt wohl damit zusammen, daß der Grundsatz auf die durch V. 1b vorgegebene Problemstellung hin formuliert ist. In bezug auf die Ehe ist damit tatsächlich eine vorzügliche Faustregel für das praktische Verhalten gewonnen. Dies gilt nicht in gleicher Weise in bezug auf die Unverheirateten. Deshalb geht er auf sie im folgenden noch einmal (nach VV. 8f.) gesondert ein.

1.3.4 Der Spezialfall der »Jungfrauen« bzw. der Unverheirateten (Verse 25-38)

25 Was aber die Jungfrauen betrifft, habe ich keinen Befehl des Herrn; ein Urteil aber gebe ich ab als einer, dem vom Herrn die Gunst geschenkt wurde, vertrauenswürdig zu sein. 26 Ich meine nun, dies sei gut wegen der anstehenden Not, daß (es) gut (sei) für den Menschen, so zu sein. 27 Bist du an eine Frau gebunden, suche keine Trennung; bist du ohne Frau (wörtl.: getrennt von einer Frau), suche keine Frau. 28 Wenn du aber doch heiratest, sündigst du nicht; und wenn die Jungfrau heiratet, sündigt sie nicht. Aber Bedrängnis für das Fleisch werden solche (Leute) haben; ich aber möchte euch vor Ungemach bewahren (wörtl.: schonen). 29 Dies aber sage ich, Brüder: Die Zeit ist zusammengedrängt. Fortan sollen die, die Frauen haben, (so) sein, als hätten sie keine, 30 und die, die weinen, als weinten sie nicht, und die, die sich freuen, als freuten sie sich nicht, und die, die (etwas) erwerben, als behielten sie (es) nicht, 31 und die, die die Welt in Gebrauch nehmen, als gebrauchten sie (sie) nicht. Denn die Gestalt dieser Welt vergeht. 32 Ich wünschte (wörtl.: will) aber, daß ihr ohne Sorgen seid. Der Unverheiratete sorgt sich um die Dinge des Herrn, wie er dem Herrn gefalle, 33 der Verheiratete aber sorgt sich um die Dinge der Welt, wie er der Frau gefalle, 34 und er ist zerteilt. Und die unverheiratete Frau und die Jungfrau sorgt sich um die Dinge des Herrn, damit sie heilig sei an Leib und Geist. Die Verheiratete aber sorgt sich um die Dinge der Welt, wie sie dem Mann gefalle. 35 Dies aber sage ich zu eurem eigenen Nutzen, nicht, damit ich euch eine Schlinge überwerfe, sondern in bezug auf

den Anstand und das Beharren beim Herrn ohne Ablenkung. 36 Wenn aber einer sich unanständig gegen seine Jungfrau zu verhalten meint, wenn sie überreif ist und es so geschehen muß, soll er tun, was er will; er sündigt nicht; sie sollen heiraten. 37 Wer aber fest steht in seinem Herzen und (dabei) keine Not hat, vielmehr Gewalt hat über seinen eigenen Willen und in seinem eigenen Herzen dies beschlossen hat, (nämlich) seine Jungfrau zu bewahren, wird gut tun. 38 Also: Wer seine Jungfrau heiratet, tut gut, und wer sie nicht heiratet, wird besser tun.

Vers 25: Aus der Einleitung mit »*Was aber die Jungfrauen betrifft*« (›*peri* ...‹) läßt sich nicht ohne weiteres auf eine spezielle Anfrage aus Korinth schließen. Es könnte sich auch um Folgeüberlegungen des Paulus handeln (s.o. Analyse). Der Grundsatz der VV. 17.20.24, mit dem Paulus die ehefeindliche Tendenz des korinthischen Postulats von V. 1b abgewehrt hat, unterstützt zugleich die von ihm favorisierte Auffassung, daß es für die *Unverheirateten* besser sei, nicht zu heiraten. Da es sich hierbei aber um eine Empfehlung handelt (VV. 8f.), muß Paulus weiter differenzieren. Mit den »Jungfrauen« sind im eigentlichen Sinn junge, noch unverheiratete Frauen gemeint (nicht: unverheiratete Männer und Frauen [so: *Allo;* vgl. *G. Delling:* ThWNT V 835]). Doch zeigt die folgende Argumentation, daß Paulus den Begriff zugleich als Paradigma für Unverheiratete schlechthin (weiblichen *und* männlichen Geschlechts) verwendet (VV. 26-28). Ein weiterer Spezialfall (»*seine* Jungfrau«) wird in VV. 36-38 erörtert (s. dort). Ohne den verschiedenen Variationen und Spezifikationen vorzugreifen, ist zunächst die Wertung zu beachten, mit der Paulus seine Ausführungen zum Thema »Jungfrauen« gewichtet. Er hat diesbezüglich »keinen Befehl des Herrn«. Das unterscheidet seine Stellungnahme von der zur Ehe (VV. 10f.). Ja, selbst gegenüber VV. 12-16, wo Paulus formal zwar ebenfalls sein *eigenes* Sprechen betont, inhaltlich aber doch in Analogie zum Herrenwort entscheidet, scheint V. 25b einen noch geringeren Verpflichtungsgrad anzudeuten. Die ›gnōmē‹ (vgl. *Bauer*, s.v. 2), die Paulus abgibt, ist freilich nicht bloß dessen subjektive »Meinung« unter anderen (gleichwertigen) Meinungen. Paulus gibt ein »Urteil« ab als einer, dem vom Herrn die Gunst (wörtl.: das Erbarmen) der Vertrauenswürdigkeit geschenkt wurde (zu ›pistos‹ = »vertrauenswürdig«, nicht »gläubig« vgl. *Bauer*, s.v. 1aα). Damit spielt er auf seine Berufung zum Apostel an (15,9f.), dem das Evangelium »anvertraut« wurde

(1 Thess 2,4; zum Erbarmen vgl. 2 Kor 4,1). Insofern ist das Urteil, das Paulus abgibt, schon gewichtig. Aber das Gewicht beruht im wesentlichen auf der formalen Autorität des Urteilenden, die dieser als »vom Herrn« beauftragter Apostel im allgemeinen hat, und nicht auf der inhaltlichen Autorität eines Urteils, das sich aus dem Bezug zum Herrenwort selbst ergibt.

Vers 26: »Ich meine nun« ist in eben diesem (weder beliebigen noch unbedingten) Sinn zu verstehen. Das kataphorische »dies« kann unterschiedlich bezogen werden (»Ich meine nun dies: [nämlich] daß es gut sei ...« oder »Ich meine nun, daß dies gut sei ...«); doch ist dies für die Sachauslegung nicht so entscheidend. Inhaltlich ist zwischen Motiv (V. 26a) und Urteil (V. 26b) zu unterscheiden. Das Urteil selbst nimmt Elemente aus V. 1b (»Es ist gut für den Menschen«) und V. 7 (»[so] zu sein wie« [›einai hōs‹] »so zu sein« [›houtōs einai‹]) auf (vgl. V. 8). Paulus argumentiert also immer noch vor dem Hintergrund des Postulats von V. 1b, für das Empfehlungen wie VV. 7a.8b Pate gestanden haben könnten (s. Analyse und zu V. 8). »So zu sein« heißt demnach: so wie Paulus sein, d.h. unverheiratet bleiben. Semantisch schafft Paulus damit die Möglichkeit, das Thema der »Jungfrauen« (V. 25) für die weitere Perspektive der Unverheirateten zu öffnen (VV. 27b.28). Erstmals nennt Paulus nun auch ein Motiv, warum er die Ehelosigkeit favorisiert: »die bevorstehende Not« (›enestōs‹ kann »gegenwärtig« oder »bevorstehend« heißen; hier – so *Conzelmann* zu Recht – geht es um die »anstehende« Not [vgl. lat. ›imminet‹]). Mit der Not ist die Drangsal gemeint, die die Gerechten durch die Sünder erleiden (vgl. äthHen 103,9-15) oder – ganz apokalyptisch gewendet – die in der Endzeit über die Welt hereinbricht (vgl. Jub 23,11-25; 4 Esr 5,1-13; 10,3; Mk 13,7f.). Paulus ist offensichtlich der Ansicht, daß die Unverheirateten der Bedrängnis weniger ausgesetzt sind als die Verheirateten (vgl. V. 28b). Mit ein Grund für diese Wertung mag wie in syrBar 10,13-16 (vgl. Mk 13,17) der Gedanke an die Kinder sein, die in dieser Zeit des Umbruchs den Eltern nicht Quelle der Freude, sondern Anlaß zu beständiger Sorge sind. Die »eschatologische Grundstimmung«, die aus dem Votum des Paulus spricht, ist nicht »die Angst« (gegen: *Conzelmann*), sondern die apokalyptisch vermittelte Vorstellung einer bald zu Ende gehenden Weltzeit (vgl. V. 29a).

Verse 27 f.: In lebendigem diatribischem Stil (Anrede, asyndetisch aufgelöste Periode [vgl. BDR § 494 mit Belegen!]) folgt gleich eine praktische Nutzanwendung. Verwunderlich erscheint, daß nun wieder die Perspektive des Mannes eingenommen wird, zunächst sogar die des verheirateten Mannes (V. 27a). Sachlich handelt es sich um einen Rückblick auf das Ergebnis der Argumentation des ersten Teils des Kapitels (wie umgekehrt dort in VV. 8f. der zweite Teil präludiert war). Der Rückblick hat seine Berechtigung, bewahrt er doch die Aussage von V. 26b vor einem neuerlichen Mißverständnis der Korinther. In auch sprachlich geschickter Verschlingung verknüpft Paulus sein bisheriges Plädoyer für die Unkündbarkeit der ehelichen Verbindung mit dem Grundgedanken der jetzt laufenden Argumentation: Wer nicht verheiratet ist, soll nicht heiraten! Formal entspricht das dem Grundsatz der VV. 17.20.24. V. 28 bringt die nötige Einschränkung im Sinne der paulinischen Hermeneutik (s. zu V. 22): Wer dennoch heiratet – seien es unverheiratete Männer oder Jungfrauen – sündigt nicht (vgl. V. 9).

Weiß schließt aus dieser Feststellung (des »Nicht-Sündigens«), daß es sich »ganz unmöglich« nur darum gehandelt haben könne, »daß Jemand zur Heirat geschritten« sei. Er meint daher, daß Paulus in VV. 25-28 nicht allgemein das Problem diskutiere, ob Jungfrauen bzw. Unverheiratete die Ehe eingehen sollen oder nicht, sondern ein spezielles Problem vor Augen habe. Die »Jungfrauen« (V. 25.28) seien »solche, die sich der dauernden Jungfräulichkeit gelobt haben, und zwar müssen nicht nur Frauen sondern auch Männer (Offb Joh 14,4) darunter begriffen sein«. Bei der »Trennung« (›lysis‹) in V. 27 sei nicht an Scheidung, sondern an die Loslösung von der gelobten Verpflichtung zu denken. Die Bindung an die Frau meine also nicht die Ehe, sondern »ein sogen. ›geistliches Verlöbnis‹«. »Es muß also in Kor. vorgekommen sein, daß junge Männer, statt sich zu verheiraten, sich mit einer christlichen Jungfrau verlobt haben in dem gemeinsamen Entschluß, die Jungfräulichkeit zu bewahren.« Die These von *Weiß* hat manche Anhänger gefunden (*G. Delling:* ThWNT V 835; *Lietzmann* stimmt für VV. 36-38 zu, nicht aber für V. 28). Dennoch ist sie nicht überzeugend. Das Institut des Syneisaktentums (virgines subintroductae) ist erst seit dem 3. Jh. sicher belegt (zum Material: *H. Achelis*, Virgines; ob bereits Hermas das Syneisaktentum voraussetzt [so: *Lietzmann* 36; *H. Thyen*, nicht mehr 179], ist zumindest unsicher [vgl. *W. G. Kümmel*, Verlobung 312 Anm. 9). Semantisch und thematisch spricht gegen den Vorschlag von *Weiß*, daß Paulus, nachdem er in VV. 26.27a den »asketischen Enthusiasten« (den enthaltsam lebenden Paaren) Mut gemacht hat und »ihnen den Rücken ... ihrer verständnislosen Umgebung gegenüber« gestärkt hat, dann doch wieder »weit entfernt (ist), weiterhin solche asketische Bravourleistung zu ermutigen«; man könne auch ohne das »Experiment« eines geistlichen Verlöbnisses »seine Jungfräulichkeit bewahren« (V. 27b). Wir haben also den Fall, daß Paulus will und doch wieder nicht will, ganz abgesehen davon, daß in Korinth solche Verlobungen – hätte es sie gegeben – durchaus auf Verständnis gestoßen wären. Man sieht: der Vorschlag von *Weiß* bringt eine dem Argumentationsduktus völlig fremde Thematik ins Spiel. Dieser Eindruck verstärkt sich noch, wenn *Weiß* zu wissen glaubt, daß in V. 28 nicht die Verlobten *sich* heiraten (»wenn also einer heiraten will, so wird er nicht ohne weiteres bei seinem geistlichen Gefährten Gegenliebe finden«), während dies in VV. 36-38 dann doch der Fall ist, was *Weiß* als Spezialfall (»ein verschärftes Problem«) behandeln muß.

Vielleicht ist *Weiß* aber insofern im Recht, als VV. 25-28 nicht nur eine Wiederholung von VV. 8 f. sind, sondern doch eine gewisse Verschiebung enthalten. Abgesehen davon, daß Paulus jetzt keinerlei Grund angibt, warum die Unverheirateten doch heiraten können (V. 9: nicht enthaltsam leben können), könnte man geltend machen, daß VV. 26-28 durch die Angabe des Rahmenthemas »Jungfrauen« in V. 25 eine spezifische Akzentsetzung erkennen lassen. Möglicherweise denkt Paulus an die jungen Leute, die bei der Bekehrung noch gar nicht ehefähig waren, jetzt aber in das Heiratsalter kommen. Läßt sich auf sie der Grundsatz der VV. 17.20.24 anwenden? Doch kann ja auch ihr kindliches Alter, in dem sie berufen wurden, nicht einfach fortgeschrieben und beibehalten werden. Das Problem stellt sich demnach hier etwas anders als bei den Erwachsenen, die bei der Bekehrung unverheiratet waren. Vielleicht wird deswegen der Grundsatz von VV. 17.20.24 in den VV. 25-40 auch nicht mehr genannt. Dann wäre der Grund, warum Paulus den »Jungfrauen« die Ehe freistellt, nicht speziell die Unenthaltsamkeit, sondern die natürliche Entwicklung, der Paulus beide Möglichkeiten offen hält. In jedem Fall aber weist Paulus bei aller Entscheidungsfreiheit, die er so oder so einräumt, auf ein Handicap hin, das die Verheiratung mit sich bringt. Die »Bedrängnis für das Fleisch« ist als Konkretion der »anstehenden Not« von V. 26 zu verstehen. Das »Fleisch« hat hier nicht den negativen Beigeschmack wie sonst (in der Antithese zu »Geist«). Allerdings geht es auch nicht nur um »äußere Bedrohung« *(Conzelmann)* oder um die Störung des »natürlich-sinnlichen Behagens« *(Weiß)*. Die Bedrängnis trifft immer nur das »Fleisch«, d. h. die vergängliche und vergehende »Gestalt« (vgl. V. 29) des Menschen. Aber gerade diese Sphäre menschlicher Existenz wird durch Ehe und Familie besonders betroffen. Vor diesem Ungemach will Paulus bewahren.

Verse 29-31: Die logische Verknüpfung der Verse mit dem Kontext ist nicht ganz einfach zu bestimmen. V. 29 setzt ohne kausale Verknüpfung mit einem vorausweisenden »Dies aber sage ich, Brüder« ein. Der feierliche Stil (sonst nur noch 15,50) unterstreicht die Bedeutsamkeit der VV. 29-31. Thematisch bilden sie einen gewissen Exkurs. Das in V. 28b angeschlagene Thema (Bewahren vor der Bedrängnis für das Fleisch) wird sachlich in V. 32a wieder aufgegriffen: »Ich wünschte aber, daß ihr ohne Sorgen seid«. Die VV. 29-31 wollen auf das Thema der Sorge vorbereiten, das in VV. 32-34 behandelt werden wird. Die Verheirateten sind »zerteilt«, offensichtlich weil es für sie schwieriger ist, das in den VV. 29-31 postulierte ›hōs mē‹ (»als [ob] nicht«) der christlichen Existenz zu leben. Vielleicht haben sie gerade deswegen »Bedrängnis für das Fleisch« (V. 28b). Insofern sind die VV. 29-31 doch gut in den Kontext eingegliedert und stellen eine Art sachliche Begründung für die Argumentation des Paulus dar.

Vier Situationen werden in den VV. 29b-31 angesprochen: 1. die Verheirateten (die, die Frauen haben), 2. die Weinenden, 3. die sich Freuenden, und 4. die die Welt in Gebrauch Nehmenden. Die drei zuletzt genannten Situationen stellen eine gewisse Digression gegenüber dem Kontext dar. Auch sprachlich fallen die VV. 29b-31 aus dem Rahmen. So spricht einiges dafür, daß Paulus auf Tradition zurückgreift. Sachlich gibt es zu den paulinischen Maximen Entsprechungen in der stoischen und kynischen Ethik (Epiktet, Enchiridion 11; ders., Dissertationes II 16,27f.; III 22,67-76; IV 1,152-254; 7,4f.; Seneca, Epistulae morales 1,2; 74,18; vgl. *Weiß; H. Braun*, Indifferenz; *H. Preisker*, Ethos 173-178). Doch will beachtet sein, daß Paulus beispielsweise nicht Freude und Trauer für belanglos erklärt. Er verlangt nicht, daß man in der Unerschütterlichkeit der ›ataraxia‹ die Emotionen sich vom Leib halten soll; vielmehr soll man Freude und Leid gleichermaßen in der Haltung des ›hōs mē‹ begegnen. Außerdem ist zu berücksichtigen, daß die vier Maximen von zwei eschatologisch bzw. apokalyptisch bestimmten Aussagen eingerahmt sind: in V. 29aβ von dem – vordergründig gesehen – quantitativen Urteil bezüglich der kurzen Dauer der Zeit, in V. 31b von dem qualitativen Urteil bezüglich der vorübergehenden Gestalt dieser Welt. Man wird daher damit rechnen müssen, daß Paulus in den VV. 29-31 apokalyptisches Gedankengut, wenn nicht sogar apokalyptische Tradition aufgegriffen hat (vgl. neben Jes 24,1f.; Lk 17,27f. bes. 4 [6] Esr 16,36-45; dazu: *W. Schrage*, Stellung 139-153; *U. B. Müller*, Prophetie 160-162).

Für die Sachauslegung sollen zuerst die Rahmenbemerkungen beachtet werden: »Die Zeit ist zusammengedrängt (V. 29aβ) ... die Gestalt dieser Welt vergeht (V. 31b)«. Die erste Aussage läßt sich nur um den Preis einer gequälten Exegese auf die individuelle Lebenszeit beziehen. Paulus spricht von der Welt-Zeit, denkt also in den Kategorien der Naherwartung, an der er bis zu seinem letzten Brief (Röm 13,11 f.) festhalten wird. Allerdings ist zu beachten, daß Paulus nicht vom ›*chronos*‹, dem Zeitlauf, spricht, sondern vom ›*kairos*‹, d. h. von der Zeit, wie sie sich existentiell dem Menschen darbietet. Dies ist gerade im Blick auf die Parusie kein Zufall, da die Parusie die Zeit nicht nur in ihrem Ablauf verkürzt, sondern auch in ihrer sachlichen Bedeutung intensiviert. Der Zeit-Lauf *(›chronos‹)*, der Zeit zum Handeln läßt, verdichtet sich in der Verkürzung zur entscheidenden Zeit, in der, will sie nicht verspielt werden, gehandelt werden muß. Die Verkürzung qualifiziert die Zeit zum ›*kairos*‹, der zum Handeln drängt und gleichzeitig auch Chancen des Handelns eröffnet. Der ›*kairos*‹ hebt das Wesen einer sich zeitigenden Welt deutlich ins Bewußtsein (vgl. auch *G. Hierzenberger*, Weltbewertung 30-34). Dieses wird in V. 31b zum Ausdruck gebracht: »... die Gestalt dieser Welt vergeht«. Die Gültigkeit dieses Axioms ist nicht an die Naherwartung gebunden. Es ist das Wesensmerkmal einer sich zeitigenden Welt, wenngleich es der ›*kairos*‹ einer verkürzten Zeit ist, dieses Wesen existentiell bedeutsam zu machen. Es will beachtet sein, daß nicht einfach von »der Welt« oder von »dieser Welt« die Rede ist. Der Text will nicht den Weltuntergang beschwören. Er redet von der »*Gestalt* dieser Welt«. »Gestalt« *(›schēma‹)* ist nicht bloß die äußere Form dieser Welt, sondern das Wesen, das die Welt zu »dieser Welt« macht (*Conzelmann*, [11]*Schrage* II). Es ist letztlich die Vergänglichkeit. Das Verbum »vergehen« *(›paragein‹)* ist also kein beliebig austauschbares Prädikat, sondern bringt das Wesen »dieser Welt« zur Sprache.

Daß mit der Übersetzung »vergehen« »eine Sonderbedeutung (für ›*paragein*‹) gefordert wird« (*N. Baumert*, Ehelosigkeit 228), hat bereits [11]*Schrage* mit Verweis auf Ps 143,4 LXX zurückgewiesen (II 175 Anm. 700; angesichts der geläufigen eigentlichen Bedeutung »vorbeigehen« [vgl. *Bauer*, s. v.] sollte auch die übertragene Bedeutung »vergehen« keine Schwierigkeit machen!). Die von *N. Baumert* vorgeschlagene Übersetzung »Es vereinnahmt nämlich das Verhalten der Welt« (ebd. 197) stellt – in Verbindung mit der Ehe – zu Recht vor die Frage, »wieso denn die Ehe so belastend und für Christen ›fremd‹ sei« (ebd. 231). Im Kontext der von *N. Baumert* vertretenen uneschatologischen Deutung von V. 29 (›*ho kairos synestalmenos estin*‹ = »die Gelegenheit läßt nicht auf sich warten« [ebd. 197]) bleibt dann auch kein Spielraum mehr, um die Aussage der VV. 32-35 (aufgrund der Naherwartung) zu relativieren. Der Folgerung einer von der Ehe strukturontologisch ausgehenden Gefährdung kann *N. Baumert* nur um den Preis einer gequälten Exegese von VV. 32-34 entgehen (s. dort).

Positiv ist die Vergänglichkeit als Vor-läufigkeit zu definieren. Dies ergibt sich aus der Rede von »*dieser* Welt«, die indirekt die verborgene semantische Opposition »jener Welt« (des ›*ʿôlam habâ*‹) aufruft. Als Vor-läufigkeit erschließt sich die Vergänglichkeit nur dem, der eine Vision von dem Heil hat, das »jene Welt« heraufführt. Das wird für die Auslegung der vier Maximen von Bedeutung sein. Festzuhalten bleibt vorerst noch, daß die Diskontinuität, die in der Vergänglichkeit beschlossen ist, eine gewisse Kontinuität nicht ausschließt. Das Vergehen der »Gestalt« dieser Welt hat nicht den Untergang der Welt zum Ziel, sondern deren Neu-Gestaltung und Neuschöpfung. Zwischen dieser und der kommenden Welt bleibt also ein Kontinuum, ohne daß »jene Welt« zum Produkt »dieser Welt« würde. Die kommende Welt ist (apokalyptisch) immer nur als unmittelbares Werk Gottes vorstellbar.

Damit ist der Rahmen für die Auslegung der vier Maximen in den VV. 29b-31 abgesteckt. ›*Hōs mē*‹ (»als [ob] nicht«) ist kein Aufruf zur Askese. Paulus fordert nicht dazu auf, daß Christen und Christinnen mit der Welt nichts zu tun haben sollen. Dagegen spricht schon das erste Glied der Viererreihe: »Die, die Frauen haben, sollen so sein, als hätten sie keine«. Paulus kann unmöglich sagen wollen, daß die Verheirateten sich des ehelichen Verkehrs enthalten sollen. Damit würde er seinen eigenen Ausführungen in den Rücken fallen und nachträglich den Befürwortern der Parole von V. 1b recht geben. Energisch hatte Paulus dafür plädiert, daß die Eheleute geschlechtlichen Umgang miteinander haben und nur in Ausnahmefällen darauf verzichten sollen (VV. 2-5). ›*Hōs mē*‹ verbietet nicht den Umgang mit der Welt, sondern will ihn sachgerecht gestalten. Der Umgang mit der Welt muß der *vergehenden bzw. vorläufigen Gestalt* dieser Welt Rechnung tragen. Für Paulus gehört die Ehe zur Gestalt dieser Welt. Darin stimmt er mit der synoptischen Tradition überein: »Wenn die Menschen von den Toten auferstehen, werden sie weder heiraten noch sich heiraten lassen, sondern sie werden sein wie die Engel im Himmel« (Mk 12,25). Das soll gewiß nicht bedeuten, daß die neugeschaffene Welt alle sozialen und personalen Bindungen zerreißt. Das Wort Jesu hat die Ehe als Institution zur Erzeugung von Nachkommenschaft im Auge. Als diese Institution wird es die Ehe nach der Neuschöpfung nicht mehr geben. Die Ewigkeitsverheißung eines sich fortzeugenden Lebens ist aufgehoben und erfüllt in der ewigen Fortdauer des gezeitigten Lebens. Wie Tod und Fortzeugung zusammengehören, so bedarf das Leben der Auferstehung, das keinen Tod mehr kennt, nicht der Fortzeugung. Es zeitigt sich nicht mehr, sondern dauert, indem es am ewigen Leben Gottes partizipiert. Personale Gemeinschaft ist daher nicht aus-, sondern gerade eingeschlossen. Vor diesem Hintergrund wird man auch das paulinische ›hōs mē‹ hinsichtlich der Ehe auslegen müssen. Nicht Sexualtabus oder die Angst vor der Gefährlichkeit der Frau diktieren die Maxime. Es geht vielmehr schlicht um die Einsicht, daß auch die Nachkommenschaft den Wunsch nach Leben nicht stillen kann. Nachkommenschaft ist allenfalls ein Signum des ewigen Lebens, nicht dieses selbst. In Relation zum Heil ist die Ehe vorläufig, ihr selbst eignet keine soteriologische Qualität.

Darum geht es auch bei den übrigen ›hōs mē‹-Maximen. Selbstverständlich dürfen Christen und Christinnen weinen und sich freuen, dürfen klagen und tanzen und jede Art von Emotion zeigen. Alles andere wäre unmenschlich. Aber der Christ bzw. die Christin weiß, daß kein Leid so groß sein kann, daß es vom (ewigen) Leben abschneiden könnte. Umgekehrt gibt es aber auch keine Freude und keine Lust, die das Leben festzuhalten oder (ewiges) Leben zu geben vermöchte. Daran erinnert das »als (ob) nicht«. Weder soll die Lust gebremst noch das Leid bagatellisiert werden. Ihrer soteriologischen Verführung aber soll nicht nachgegeben werden. Erst so kann die Freude als Vor-Zeichen der eschatologischen Freude erlebt und das Leid als Zeichen einer vergehenden Welt ertragen werden. Gebündelt ist das Ganze in der Schlußmaxime des V. 31a. »Diejenigen, die die Welt in Gebrauch nehmen« sind per definitionem alle Lebenden. Auch die Christen und Christinnen nehmen die Welt in Gebrauch. Wie – außer in Raum und Zeit dieser Welt – sollten sie sonst leben? Doch selbst wenn Menschen die ganze Welt »verbrauchen« würden, wäre ihre Sehnsucht nach Heil nicht zu erfüllen. Die Welt ist immer nur vor-läufig, immer nur Zeichen für das Heil, das allein Gott zu geben vermag.

Unter mehr systematischer Rücksicht bleibt zu fragen, ob die Maximen dieses apokalyptischen Stücks nur interimistische Bedeutung haben. Sind sie nur im Horizont der Naherwartung sinnvoll, so daß sie unter den Bedingungen einer fortdauernden Zeit ihre Gültigkeit verlieren? Tatsache ist, daß der faktische Horizont des Paulus die Naherwartung ist. Für Paulus ist es zweifellos die Kürze der Zeit, die ihm die qualitative Dichte des ›kairos‹ erschließt und das Handeln des ›hōs mē‹ motiviert. Das ändert aber nichts daran, daß die vergehende »Gestalt« ein Wesensmerkmal »dieser Welt« ist. Verdichtete Zeit wahrzunehmen, gehört daher zur Existenzerfahrung des Menschen, unabhängig von der Situation der Naherwartung. Es fragt sich nur, ob der Mensch ohne eschatologische

Hoffnung und ohne soteriologische Gewißheit sich dieser seiner eigenen Existenz, die am Vergehen der Gestalt dieser Welt partizipiert, stellen kann. Christen und Christinnen können es! Christliche Existenz bewegt sich als eschatologische Existenz immer an der Grenze der Zeit. Die zeitliche Naherwartung ist letztlich nur eine andere Metapher für die qualitative Nähe, die den Glaubenden dem Heil gegenüber eigen ist. Von daher ist das ›hōs mē‹ die bleibende Maxime eschatologischer Existenz, auch wenn die Stimmung der Naherwartung nicht permanent fortzuschreiben ist. Doch gibt es in jedem Christenleben genug Situationen, in denen die eschatologische Existenz zur Entscheidung steht, im Handeln des »als (ob) nicht« verwirklicht oder in dessen trotziger oder leichtfertiger Verleugnung verspielt wird. Trotz der apokalyptischen Einkleidung kann die geforderte Haltung des ›hōs mē‹ als bleibendes Existential christlicher Existenz gewertet werden, das auch unabhängig von Naherwartung in Geltung bleibt.

Damit ist noch nicht sichergestellt, daß auch der Sachverhalt bzw. die konkrete Handlungsanweisung, die Paulus mit diesem Existential zu erläutern sucht, allgemeine Gültigkeit beanspruchen kann. Paulus rät dazu, unverheiratet zu bleiben. Er will vor der »Bedrängnis für das Fleisch« bewahren (V. 28) und für die soteriologisch allein entscheidende Bindung an den Kyrios offen halten (VV. 32-35). Paulus setzt offensichtlich voraus, daß die Unverheirateten dem Existential des ›hōs mē‹ leichter entsprechen können. Ob dies eine allgemein und allzeit gültige Einsicht ist, hängt davon ab, ob die folgenden VV. 32-35 ihre Überzeugungskraft in sich tragen oder diese aus der Situation der Naherwartung gewinnen.

Verse 32-35: Auf das textkritische Problem zu Beginn des V. 34 wurde bereits aufmerksam gemacht (s. o. 1.1). In der Sachargumentation kommt den Versen entscheidende Bedeutung zu. Neben der Frage ihrer Relation zum situativen Kontext (Naherwartung) ist daher ihre Semantik und ihre Pragmatik genauestens ins Auge zu fassen. Die eigentlichen Sachausführungen erfolgen in den VV. 32-34. V. 35 reflektiert die Ausführungen metasprachlich (»dies sage ich«) hinsichtlich ihres Verpflichtungscharakters bzw. ihrer Nützlichkeit (»zu eurem eigenen Nutzen, nicht, damit ich euch eine Schlinge überwerfe«) und hinsichtlich ihrer ethischen Bewertung (»in bezug auf den Anstand«). Semantisch sind die VV. 32-34 von Oppositionen gekennzeichnet, die sich in der Abfolge des Textes so darstellen:

V. 32a **ohne Sorgen** (›*a-merimnos*‹) sein	
V. 32b der Unverheiratete	V. 33 der Verheiratete
sich sorgen (›*merimnan*‹) um die Dinge des Herrn	sich sorgen (›*merimnan*‹) um die Dinge der Welt
dem Herrn gefallen	der Frau gefallen
	V. 34a **und er ist zerteilt** (›*memeristai*‹)
V. 34b die unverheiratete Frau	V. 34c die Verheiratete
die Jungfrau	
sich sorgen (›*merimnan*‹) um die Dinge des Herrn	sich sorgen (›*merimnan*‹) um die Dinge der Welt
heilig sein an Leib und Geist	dem Mann gefallen

Analysiert man diese Oppositionen auf der rein *semantischen Ebene*, so fällt als erstes auf, daß das Eingangsthema »Ich möchte, daß ihr ohne Sorgen seid« nicht in die Opposition von »Un-besorgt-Sein« (von den Unverheirateten gesagt) und »Besorgt-Sein« (von den Verheirateten gesagt) entfaltet wird. Der Gegensatz, der aus dem Wunsch der Un-besorgtheit abgeleitet wird, ist vielmehr ein unterschiedlich ausgerichtetes »Sich-Sorgen« (›*merimnan*‹): um »die Dinge des Herrn« (Unverheiratete) bzw. um »die Dinge der Welt« (Verheiratete). [11]*Schrage* betont in diesem Zusammenhang, daß »mit dem Objekt ... sich jeweils auch der Charakter der Sorge (verändert)« (II 178). Das ist insofern richtig, als die Sorge sich naturgemäß je anders konkretisiert, muß jedoch nicht bedeuten, daß das »Sorgen« als solches im ersten Fall positiv (im Sinn von: sich kümmern um etwas, sich einsetzen für etwas) und im zweiten Fall negativ (im Sinn von ängstlicher oder verfehlter Sorge) zu bewerten ist (vgl. Mt 6,25-34 par; Mk 4,19; Lk 21,34; auch die eschatologische Sorglosigkeit von Phil 4,5f. ist keine präzise Analogie [gegen: [11]*Schrage* II]). Würde Paulus die Sorge des Verheirateten um »die Dinge der Welt« negativ werten, dann müßte er die Ehe ablehnen und den Vertretern der korinthischen Parole recht geben. Da er das nicht tut, wird man auch das »Sorgen« des Verheirateten positiv bewerten müssen. D.h., Paulus ist der Meinung: der Christ muß sich als Verheirateter selbstverständlich um »die Dinge der Welt«

kümmern und darauf achten, daß er seiner »Frau gefällt«. Daß das »Sich-Sorgen« von Verheirateten und Unverheirateten nicht einfach als Antithese ausgelegt werden darf, ergibt sich im übrigen auch daraus, daß das »Sorgen um die Dinge der Welt« und das »Gefallen der Frau« seitens des Verheirateten nicht bedeuten kann, daß dieser sich nicht um »den Herrn sorgen« bzw. ihm zu »gefallen« suchen solle (völlig gegenteilig interpretiert *Barrett*, der die Sorge überhaupt [auch die um den Herrn] für unangemessen hält). Das macht ja auch sein Problem aus: Er muß um den Herrn *und* um die Welt besorgt sein, er muß dem Herrn *und* der Ehefrau gefallen, d. h. »er ist zerteilt«. So sagt auch Paulus in V. 34a und realisiert damit das, was er sich als eigentliche Opposition zu der V. 32a gewünschten Sorglosigkeit vorstellt. Es geht also nicht einfach um ›Sich-Sorgen vs Sich-nicht-Sorgen‹, nicht um ›bedenkliche vs unbedenkliche Sorge‹. Vielmehr wünscht Paulus eine Sorglosigkeit, die sich in der ungeteilten Sorge für den Herrn und einem ungeteilten Bemühen, ihm zu gefallen, äußert. Dies ist – so meint er – nur dem Unverheirateten möglich, und deshalb plädiert er – das ist der eigentliche Skopus der Aussage innerhalb der Argumentation (s. Pragmatik) – dafür, daß die Unverheirateten nach Möglichkeit unverheiratet bleiben sollen.

V. 34bc ist zunächst nichts anderes als die reziproke »weibliche« Anwendung des Gesagten. Was das »Sich-Sorgen« betrifft, so wird in bezug auf die »unverheiratete Frau« bzw. die »Jungfrau« und die »Verheiratete« dasselbe gesagt wie vorher in bezug auf die unverheirateten bzw. verheirateten Männer: die eine ist um »die Dinge des Herrn«, die andere um »die Dinge der Welt« besorgt. Abweichend von der »männlichen« Gegenüberstellung entspricht aber beim zweiten Gegensatz das »dem Mann Gefallen« nicht symmetrisch einem »dem Herrn Gefallen«, vielmehr wird als Ziel des Besorgtseins um den Herrn angegeben: »damit sie heilig sei an Leib und Geist«. Warum diese Variation und was bedeutet sie? Zunächst läßt sich daraus nicht schließen, daß eine Frau, die ihrem Mann zu gefallen sucht, nicht heilig ist. Die Heiligung ist vielmehr eine Aufgabe, die *allen* Christen und Christinnen aufgegeben ist: den Unverheirateten *und den Verheirateten*. In 1 Thess 4,3 f. kann Paulus sogar die »Heiligung« (›*hagiasmos*‹) unmittelbar als Ziel des ehelichen Lebens angeben. Man wird deshalb das Heilig-Sein inhaltlich als Substitution des »dem Herrn Gefallen« verstehen müssen und von daher zu interpretieren haben. Es geht um das *ungeteilte* dem-Herrn-zu-Gefallen-Sein.

Warum Paulus nicht analog zu V. 32b die Wendung »dem Herrn gefallen« wählt, hat vielleicht kulturgeschichtlich bedingte geschlechtsspezifische Gründe. In den orientalischen Kulturen (im Islam weitgehend noch bis heute) wird die Frau – anders bzw. viel stärker als der Mann – mit Bildern aus der Tempelsymbolik in Verbindung gebracht. Die Frau ist – dem Temenos gleich – ein verschlossener Garten (so noch im Mittelalter!), ein abgegrenzter und insofern heiliger Bezirk. Diese Symbolik ließe sich natürlich auch auf die Ehe übertragen. Der Ehemann wäre dann – dem Priester im Tempel vergleichbar – derjenige, der legitimen Zutritt zum Heiligtum hätte. Doch will die hier der Unverheirateten bzw. der Jungfrau zugesprochene Heiligkeit nicht die Opposition von ›legitim vs illegitim‹ begründen. Die Tempelsymbolik will vielmehr die Unverheiratete bzw. die Jungfrau unmittelbar und ausschließlich dem Herrn zuordnen.

Die strukturell überschüssige Präzisierung »an Leib und Geist« unterstreicht die Ganzheitlichkeit dieser Zuordnung. »Leib und Geist« sind anthropologische Begriffe im Sinne der (griechisch-hellenistischen) Tradition. Der »Geist« ist hier also nicht »soteriologisch ... als das erlöste Prinzip im Menschen« zu verstehen (*N. Baumert*, Ehelosigkeit 272). Gerade aus der Analogie der Tempelsymbolik wird deutlich, daß die unverheiratete Frau bzw. Jungfrau in ihrer ganzen leib-geistigen Existenz nur dem Kyrios »heilig« und daher in jeder Hinsicht ungeteilt nur auf ihn ausgerichtet ist. Wie in VV. 32b-34a geht es also auch in V. 34bc um die ungeteilte Sorge bzw. die ungeteilte Ausrichtung auf den Herrn. Weil Paulus der Meinung ist, daß dieses Ungeteilt-Sein – analog zu seiner Argumentation in bezug auf die Männer – nur der unverheirateten Frau bzw. der Jungfrau möglich sei, empfiehlt er, daß diese nach Möglichkeit nicht heiraten.

Um den Text wirklich zu verstehen, genügt es allerdings nicht, seine Oppositionen semantisch korrekt zu bestimmen. Letztlich entscheidet sich der Sinn eines Textes an dem Kommunikationsgeschehen, das er in Gang setzt oder wenigstens intendiert. Damit ist die Frage nach der *Pragmatik* der VV. 32-34 gestellt. In diesem Zusammenhang gilt es vor allem zu beachten, welchen Skopus die Verse im Rahmen der paulinischen Argumentation haben. Dieser Skopus ist eindeutig auf die *Unverheirateten* ausgerichtet. Paulus möchte, daß die Unverheirateten nach Möglichkeit unverheiratet bleiben. Was er über die Verheirateten sagt, dient ebenfalls dieser argumentativen Abzweckung bzw. ist ihr untergeordnet. Es wäre daher falsch, die diesbezüglichen Äußerungen im Sinne einer Qualifizierung des Ehestandes zu interpretieren. Daß die Verheirateten sich »um die Dinge der Welt sorgen« bzw. ihrem Ehepartner »gefallen« sollen, ist selbstverständliche Christenpflicht. Man wird daher auch die »Welt« in diesem Kontext nicht nur negativ, d. h. als pure Antithese zur eschatologischen neuen Welt sehen dürfen. Schon gar nicht wird man die »schöpfungs- oder weltgemäße« Gemeinschaft der Ehe der »auf dem eschatologischen Boden der neuen Welt gelebte(n)« »Gemeinschaft der Glieder am Leib Christi« entgegensetzen dürfen (*¹¹Schrage* II). Sofern Ehe dem Schöpfungsauftrag entspricht, geht sie nicht in einer (zum Herrn in Opposition stehenden) »Welt« auf, sondern verweist in gewisser Weise auch auf die neue Schöpfung, so daß sie von den Christen und Christinnen, die selbst ja schon »neue Schöpfung« sind (vgl. 2 Kor 5,17), in dieser Welt aufrechtzuerhalten ist, sofern sie verheiratet sind. Würde Paulus anders denken, müßte er – wie manche Leute in Korinth – für Enthaltsamkeit in der Ehe oder gar für die Auflösung der Ehen plädieren.

Das tut er aber nicht. Er will eigentlich *nur* sagen, daß es besser sei, wenn die Unverheirateten unverheiratet bleiben. Sie – so meint er – können *ungeteilt* um den Herrn besorgt sein. Was er über das Geteilt-Sein der Verheirateten sagt, ist in diesem Zusammenhang nur ein Hilfsargument und keine Aussage von selbständigem Gewicht. Nähme man die Äußerungen über die Verheirateten als eigenständige Aussagen (ohne Rücksicht auf deren pragmatischen Zweck), dann entspräche das Gesagte mehr oder minder der grundsätzlichen Konstitution des Christen und der Christin überhaupt. Deren Merkmal ist ja gerade, daß sie zwischen den Welten leben, d. h. schon neue Schöpfung sind und doch noch in den Bedingungen dieser Welt leben. Das »Zerteilt-Sein« – nimmt man es einmal nicht als Gegensatz zum performativ intendierten Ungeteilt-Bleiben der Unverheirateten – beschreibt den Grundzustand christlicher Existenz. Eben deshalb hatte Paulus die Maxime des ›*hōs mē*‹ (»als [ob] nicht) ausgegeben (VV. 29-31). Der Christ und die Christin leben in der Welt, dürfen sich dadurch aber nicht von der Wirklichkeit der neuen Schöpfung abziehen lassen, in die sie schon eingetaucht sind. An dieser Zerteiltheit partizipieren selbstverständlich auch die Unverheirateten, wenngleich in anderer Weise als die Verheirateten. Aber auch die Unverheirateten sind über Freud und Leid, über Besitz und viele andere Bindungen mit der Welt verwoben, die sie ihrerseits vom ungeteilten Für-den-Herrn-Sein abziehen können. Umgekehrt kann das »Zerteilt-Sein« der Verheirateten nicht zum Ausdruck bringen wollen, daß sie dem Herrn und dem Ehepartner immer nur einen *Teil* ihrer Zeit und ihres Lebens zu geben hätten, so daß notgedrungen beide zu kurz kommen. Selbstverständlich müssen auch die Verheirateten ganz dem Herrn leben. Das war ja gerade der Sinn des ›hōs mē‹ in bezug auf die Verheirateten (V. 29b). Aber – und hier sieht Paulus offensichtlich den Unterschied – den Unverheirateten fällt das Ganz-dem-Herrn-Leben leichter, weil sie nicht in einer Bindung stehen, die durch das »als (ob) nicht« zu relativieren ist. Sie können gleichsam existentiell ungeteilt (auf diesem Gebiet) ganz für den Herrn dasein.

Die von Paulus postulierte Ehelosigkeit ist also nur eine Spezialsituation, in der leichter und einfacher zu verwirklichen ist, was im Prinzip von allen Christinnen und Christen verlangt ist. Es handelt sich allerdings um einen sehr gewichtigen Spezialfall, da die Sexualität wie kaum ein anderes Gebiet menschlichen Lebens symbolische Bedeutung für das Leben und die Sinngebung des Lebens selbst hat. Als Spezialfall bleibt die Ehelosigkeit für Paulus allerdings auf die Unverheirateten beschränkt (die Verheirateten können und müssen ihre Bindung an den Herrn nach dem Motto des ›hōs mē‹ leben) und wird von ihm nicht – wie in Korinth – zum Postulat erhoben, bestehende Ehen aufzulösen oder auf den ehelichen Verkehr zu verzichten. Selbstverständlich kann für Paulus die Ehelosigkeit unter dieser Voraussetzung auch nicht zum Pflichtgebot für die noch nicht Verheirateten werden. Die Aussage von V. 9 gilt selbstverständlich weiter: Wer nicht enthaltsam leben kann, für den ist es besser zu heiraten als vor sexueller Begierde zu brennen.

An dieser Stelle ist, um die Pragmatik der Verse vollends zu würdigen, auch die konkrete *Situation* zu berücksichtigen, aus der und in der Paulus schreibt. Das ist die Naherwartung. Paulus geht davon aus, daß noch zu seinen Lebzeiten der Herr wiederkommt (vgl. 1 Kor 16,22). Mag das Bild der eschatologischen Erwartungen von 1 Thess 4,13-18 zu 1 Kor 15 auch etwas differenzierter geworden sein, an der Naherwartung hat sich nichts geändert. Noch in Röm 13,11 f. hält Paulus sie aufrecht. In dieser Situation ist das Votum der VV. 32-34 gut nachvollziehbar. Wenn das Kommen des Herrn und der Umschwung von dieser zur neuen Welt unmittelbar bevorsteht, dann ist es in der Tat das Beste, alle Kräfte auf diesen Punkt hin zu konzentrieren! Diese Situation ist heute nicht mehr gegeben. Ist dadurch das Votum des Paulus überholt? Nicht unbedingt! Es kann immer Situationen der verdichteten Zeit geben: aus persönlichen Gründen, um eines Zieles willen (Evangelium, Zeichenhaftigkeit). Es ist abzuwägen. Es kann aber nicht als situationslos geltende Gesetzmäßigkeit vorausgesetzt werden, daß die Unverheirateten selbstverständlich und mehr um die Sache des

Herrn besorgt sind als die Verheirateten. Es kann auch das Gegenteil der Fall sein! Die Bindungslosigkeit kann neue Knechtschaften produzieren. Ob die von Paulus favorisierte Ehelosigkeit zu praktizieren ist, muß also im Einzelfall entschieden werden. Eine allgemeine, für alle Zeiten und für alle Situationen gültige Empfehlung läßt sich aus VV. 32-34 nicht ableiten. Denn nicht die Ehelosigkeit als solche garantiert schon das ungeteilte Leben für den Herrn. Es bedarf des Charismas und der verdichteten Zeit des ›kairos‹.

N. Baumert, der die VV. 29-31 uneschatologisch deutet (s. o.), muß natürlich (um die Ehe nicht strukturell zu stigmatisieren) bestreiten, daß Paulus mit den VV. 32-34 »die Ehelosigkeit empfehlen wollte« (Ehelosigkeit 270). Ihm zufolge hätte Paulus »*denen, die heiraten wollen,* ihre Situation verdeutlicht, indem er ihnen das ›*hōs mē*‹ noch weiter erklärt: weil du *als einer,* der geheiratet hat, von den Interessen der Welt bedrängt wirst, bleibe in einer gewissen Distanz und lebe auch dort ›gewissermaßen nicht verheiratet‹, d. h. lebe auch dort so, daß die Wünsche des Herrn dein letzter Maßstab bleiben. Dann wird dir die Welt nicht schaden können! Lebe also *als* Verheirateter *gewissermaßen* unverheiratet. (ebd. 270). Eine solche Exegese, die die Aussagen des Paulus mit einem Ja, das gewissermaßen ein Nein ist, retten will, ist mir nicht nachvollziehbar.

V. 35 stellt denn auch ausdrücklich fest, daß das in VV. 32-34 Gesagte kein Gesetz formuliert. Es soll »zum Nutzen«, nicht als »Schlinge« gesagt sein. Paulus will sich nicht für die Parole der Korinther vereinnahmen lassen. Gerade deswegen ist die Relativierung des V. 35 nötig. Die ethische Wertung, mit der Paulus das nützliche, aber nicht verpflichtende Handeln motiviert, ist sprachlich und sachlich auffällig. Mit dem Bezug »auf den Anstand« (›*pros to euschēmon*‹) scheint die Wohlanständigkeit gemeint zu sein, das Kennzeichen einer allgemeinen ethischen Vernunft (das, was man tut). Dies trifft aber auf die von Paulus favorisierte Ehelosigkeit kaum zu. Die heidnische Umwelt in Korinth wird eine christliche Ehelosigkeit eher als auffälliges und nicht als allgemein einsichtiges Verhalten wahrgenommen haben. Der gemeinte »Anstand« kann daher auch nicht isoliert für sich – vor dem Hintergrund einer bürgerlichen Moral – gewürdigt werden. Nicht zufällig ergänzt Paulus den »Anstand« durch das »Beharren beim Herrn«. Das griechische Äquivalent für »Beharren« (›*euparedron*‹) ist vor Paulus nicht bezeugt. Es meint das ausharrende Dabeisitzen. Als Objekt und Ort dieses ausharrenden Verweilens wird »der Herr« genannt. Auf ihn ist wahrscheinlich auch das »Beharren« zu beziehen. Es geht also nicht um eine bürgerliche Wohlanständigkeit, sondern um die im Blick auf den Herrn (die Parusie des Herrn) den Christen und Christinnen wohl anstehende Erwartungshaltung. Und diese soll, wie das abschließende Adverb ›*aperispastōs*‹ verstärkt, »unabgezogen, nicht abgelenkt, konzentriert«, d. h. »ohne Ablenkung« erfolgen (als formale Parallele s. Epiktet, Dissertationes III 22,69; vgl. *Weiß; W. Wolbert*, Argumentation 130 f.).

Verse 36-38: Mit V. 36 kehrt Paulus zum Thema von V. 25 (»was aber die Jungfrauen betrifft«) zurück. VV. 36-38 behandeln insofern einen Spezialfall, als Paulus das Stichwort »Jungfrau« von V. 25 bislang zum Anlaß genommen hatte, um überhaupt über den Stand und den Vorteil des Unverheiratet-Seins nachzudenken. Jetzt in VV. 36-38 geht es konkret um »seine Jungfrau«. Was ist damit gemeint? Wer ist der als Subjekt genannte »einer« (›*tis*‹)?

Drei Möglichkeiten werden vor allem erwogen: 1. Einer, der mit »seiner Jungfrau« ein geistliches Verlöbnis eingegangen ist; im Hintergrund stünde dann das Syneisaktentum (s. o. zu VV. 27 f.). 2. Der Vater, der Vormund oder dgl.; »seine Jungfrau« wäre dann die Tochter bzw. das Mündel (die seit der Alten Kirche vorherrschende Deutung; vgl. *[II]Schrage* II 207 f.). 3. Der Bräutigam, so daß »seine Jungfrau« die Braut wäre (*Lietzmann; W. G. Kümmel*, Verlobung; *G. Schrenk:* ThWNT III 61). Vorgeschlagen wurde 4. auch der Sklavenherr (*S. Schiwietz*, Auslegung; *Klauck*) oder 5. der Schwager, der zur Leviratsehe mit der (verwitweten) Schwägerin verpflichtet ist (*J. M. Ford*, Levirate Marriage). Für die beiden letzten Möglichkeiten fehlt aber jeder Hinweis im Text, so daß sie eher als unwahrscheinlich gelten müssen. Auszuscheiden ist auch die erste Möglichkeit. Die Problematik des Syneisaktentums wurde bereits im Zusammenhang mit VV. 27 f. besprochen. Für die zweite Möglichkeit (Vater) läßt sich vor allem ein philologisches Argument anführen. In V. 38 erscheint (im Griechischen) das partizipiale Subjekt »der seine Jungfrau ›*gamizōn*‹« bzw. »der nicht ›*gamizōn*‹«. ›*gamizō*‹ ist die Kausativform von ›*gameō*‹ (»in den Stand der Ehe treten, heiraten«) und heißt eigentlich »in den Stand der Ehe geben, verheiraten«. Dann wäre natürlich der Vater oder Vormund gemeint. Es gibt jedoch auch (vereinzelte) Belege, die ›*gamizō*‹ in der Bedeutung »heiraten« bezeugen (vgl. *Lietzmann, W. G. Kümmel*, Verlobung 320 f.; *Bauer*). Diese Bedeutung wird man auch hier aus sachlichen Gründen in Anspruch nehmen müssen. Zumindest macht der Bezug auf den Vater im Kontext Schwierigkeiten. Dabei ist es wohl noch die geringste Schwierigkeit, daß die Qualifizierung »unanständig« in bezug auf das väterliche Verhalten ein starker Ausdruck wäre (*[II]Schrage* II). Gewichtiger ist die Schlußfolgerung von V. 36: »Er sündigt nicht, *sie* sollen heiraten«. Auffällig ist der Wechsel vom Singular (»er«) zum Plural (»sie«). Setzt man den Vater oder Vormund als singularisch genanntes

Subjekt (»er sündigt nicht«) voraus, so würde mit dem Plural ein völlig neues Subjekt auftauchen, sofern mit »sie sollen heiraten« nur die Jungfrau und deren Bräutigam gemeint sein können. Setzt man in der ersten Aussage den Bräutigam voraus, so ergibt sich eine zumindest partielle Übereinstimmung mit dem pluralischen Subjekt der zweiten Aussage, das dann ausgeweitet würde. Weiter wurde darauf hingewiesen, daß Eheschließungen in hellenistischer und römischer Zeit den Konsens der Heiratenden voraussetzten und nicht einfach durch väterliche Anordnung (patria potestas) zustandekamen (seit Tiberius ist rechtlich festgelegt, daß der Vater auf die Tochter keinen Zwang ausüben darf; vgl. Salvius Julianus [ein unter Hadrian lebender Jurist] in den Digesten [Corpus Iuris Civilis] 23,1,11: sponsalia sicut nuptiae consensu contrahentium fiunt; et ideo sicut nuptiis, ita sponsalibus filiam familias consentire oportet; vgl. *W. G. Kümmel*, Verlobung 317-320; *P. A. Gramaglia*, fonti 462). Das stärkste Argument gegen den Bezug auf den Vater ist V. 37. Die Willenskraft und Standfestigkeit, die hier angesprochen werden, können sinnvoll nur auf den Bräutigam bezogen werden (*Lietzmann, W. G. Kümmel*, Verlobung 316f.).

In V. 36 bringt Paulus wieder einen Begriff des allgemeinen ethischen Standards ein: »sich unanständig verhalten« (›aschēmonein‹). Im vorausgehenden Vers hatte Paulus den Gegenbegriff (»in bezug auf den Anstand« [›euschēmon‹]) noch mit dem »Beharren beim Herrn« verquickt und dadurch dem ganzen Ausdruck eine spezifisch christliche Note gegeben. In V. 36 dagegen scheint er doch einem allgemeinen Unbehagen Rechnung tragen zu wollen, wobei die »unanständige« Verhaltensweise wohl eher die gesellschaftliche Reaktion als die Stimme des persönlichen Gewissens reflektiert. Umstritten ist, ob der zweite Wenn-Satz eine *weitere* Bedingung ins Spiel bringen oder auf die Bedingungen verweisen will, unter denen die subjektive Meinung des ersten Wenn-Satzes zustandekommt. Die grammatische Konstruktion spricht eher für das Zweite. Der erste Konditionalsatz stellt folgernd den tatsächlich eintretenden Fall fest (›ei‹ mit Indikativ [Realis]: »wenn wirklich«; vgl. BDR §372,1 [1]), während der zweite (›ean‹ mit Konjunktiv) einen eventuellen Fall ins Auge faßt; er bringt ein eventuelles Beispiel, das den als tatsächlich erwogenen Fall eintreten lassen könnte: »Wenn aber wirklich einer sich unanständig ... zu verhalten meint, für den Fall, daß [falls] ...«. Unter dieser Voraussetzung ergibt sich eine gewisse Präferenz für das Verständnis von ›hyperakmos‹. Der Begriff bezeichnet einen Menschen, der über die ›akmē‹, den höchsten Punkt oder die Blüte z. B. des Lebens, hinaus ist. So verstanden, wird der Begriff meist auf die Jungfrau bezogen, die dann die Blüte des Heiratsalters überschritten hat. Man könnte aber auch an den Bräutigam denken, der den Gipfel seines sexuellen Begehrens bereits hinter sich hat. An ein Überschäumen der sexuellen Spannung (›*hyper-*‹ im intensivierenden Sinn) wird man nicht denken dürfen (gegen: *Barrett*: »over-sexed«; *R. H. A. Seboldt*, Marriage 186: »with strong passions«; [II]*Schrage* II verweist auf die »sexuelle Zwangslage« in V. 37), da dies wohl kaum zur Erläuterung des im ersten Wenn-Satz vorausgesetzten unanständigen Verhaltens *gegen die Jungfrau* dienen könnte. Wegen dieser Perspektive dürfte ›*hyperakmos*‹ aber überhaupt am besten auf die Jungfrau und nicht auf den Bräutigam zu beziehen sein. Daß »bei solcher Fassung ... die Heiratszeit schon überschritten (wäre)« ([II]*Schrage* II), ist eine unangemessene Engführung. Die weitere Erläuterung »und es so geschehen muß« zielt – wie schon das vorher genannte Empfinden, »unanständig« zu handeln – auf den gesellschaftlichen Druck, der sich aus Sitte, Gewohnheit oder Recht ergibt. An eine Verlobung, die – wie im jüdischen Raum – eine rechtsverbindliche Verpflichtung zur Heimführung der Braut nach sich zog (*W. G. Kümmel*, Verlobung 325), wird man in Korinth nicht denken dürfen. Noch weniger läßt sich auf eine Verpflichtung zur Leviratsehe schließen. Aber auch von einer sexuellen Zwangslage ist in V. 36 (noch) nicht die Rede (gegen: [II]*Schrage* II). Für VV. 35.36a ergibt sich demnach folgender Gedankengang: In V. 35 hat Paulus betont, daß er mit seinem Votum für das Unverheiratet-Sein keine Verpflichtung aussprechen, sondern nur eine Empfehlung im Blick auf eine wohl anstehende Haltung gegenüber dem Herrn geben will. Wenn aber – so fährt er daraus folgernd fort – tatsächlich ein Bräutigam meint, gegenüber seiner Braut unanständig zu handeln, falls sie beispielsweise schon den Zenit des Heiratsalters überschritten hat und es Sitte und Gewohnheit so erfordern, kann er »tun, was er will«. Neben den sittlichen und gesellschaftlichen Rücksichten kommt nun erstmals auch der Heiratswille des Bräutigams ins Spiel. Dies ist vor allem für V. 37 von Bedeutung. Zunächst aber betont Paulus, daß derjenige, der seine Braut heiratet, »nicht sündigt«, d.h. kein Unrecht tut. Der zunächst überraschende Plural »sie sollen heiraten« setzt den beiderseitigen Konsens voraus, zeigt aber auch, daß beide unter dem Druck gesellschaftlicher Gewohnheiten stehen.

War in V. 36 der Wille als die subjektive Seite der Heirat nur kurz in den Blick getreten, so wird in *V. 37* diese Perspektive ausdrücklich zum Thema gemacht, jetzt allerdings ausschließlich unter der negativen Rücksicht, daß jemand subjektiv die Kraft hat, nicht zu heiraten. Dieser Perspektivenwechsel ist nach V. 36 aber nur logisch, da die Selbsteinschätzung des Subjekts letztlich darüber entscheiden muß, inwieweit es sowohl gesellschaftlichen Gepflogenheiten wie auch den eigenen Strebungen gewachsen ist. Das »Feststehen in seinem Herzen« meint die innere Festigkeit, ist zunächst also nicht spezifisch zu fassen, weder im Sinne der Festigkeit im Glauben (so: *W. Grundmann:* ThWNT VII 651) noch im Sinne einer Festigung gegenüber den eigenen Trieben (so: *E. Stauffer:* ThWNT II 361). Erst durch die (im Griechischen partizipial angeschlossene) Wendung »und keine Not hat« (›*mē echōn anankēn*‹) kommt es zur Spezifizierung, wobei der Charakter der »Not« sich durch den Gegensatz zur »Gewalt über den eigenen Willen« erläutert. Die Not resultiert aus der Divergenz des Sinnlichen bzw. aus der Spannung zwischen willentlichen und sinnlichen Strebungen. Auch hier wird wieder deutlich, daß Paulus nicht die Ehelosigkeit als solche favorisiert. Sie muß mit den sozialen (V. 36) und den persönlichen (V. 37) Aspekten der eigenen Identität zu vereinen sein. Wo dies der Fall ist und der Betreffende »in seinem eigenen Herzen beschlossen hat, seine Jungfrau zu bewahren«, handelt dieser »gut«. Umstritten ist, ob »seine Jungfrau bewahren« nur negativ auf den Verzicht der Eheschließung oder positiv auf das Aufrechterhalten des Verlöbnisses zu beziehen ist. Letzteres würde sich gut in den Rahmen des paulinischen Grundsatzes von VV. 17.10.24 fügen. Im übrigen deutet vielleicht auch die perfektische Formulierung des Herzensbeschlusses (›*kekriken*‹) darauf hin, daß es in Korinth Bestrebungen gab, bestehende Verlöbnisse zu »bewahren«, d. h. nicht in Ehen zu überführen. Das Votum des Paulus hätte dann modifizierende Funktion. Es erläutert die Bedingungen für solches Verhalten (V. 37) und wehrt der Tendenz bzw. der ängstlichen Sorge, darin ein verbindliches Gesetz zu sehen. Aus der Formulierung »seine Jungfrau bewahren« hat man auch schon auf ein tatsächliches Zusammenleben in einer Hausgemeinschaft geschlossen, so daß die angesprochene Not gerade daraus resultierte. Dies bleibt jedoch problematisch, wenn man das bereits zurückgewiesene Syneisaktentum nicht wieder ins Spiel bringen will.

V. 38 faßt zusammen. Paulus möchte, daß die Unverheirateten ehelos bleiben. Doch macht er daraus kein Gesetz. Die Schöpfungsordnung bleibt auch in dieser Hinsicht (und nicht nur im Blick auf die bei der Berufung bereits Verheirateten) in Geltung. Seine Jungfrau zu »heiraten« (zu dieser Bedeutung von ›*gamizō*‹ siehe V. 36), bleibt für den Christen eine »gute«, d. h. der Berufung entsprechende sittliche Verhaltensweise, wenngleich Paulus darin kein Pflichtgebot im Sinne der jüdischen Tradition sieht. Wieder kommt die differenzierte Sicht des Apostels zum Vorschein. Die Ehe ist fraglos ein Teil der (bei Paulus nie negativ gewerteten) Schöpfung und ist insofern auf die Neuschöpfung ausgerichtet. Daß Paulus selbst von der daraus resultierenden Möglichkeit, die Ehe als Symbol der neuen Schöpfung auszuwerten (erst der deuteropaulinische Eph zieht diese Konsequenz [Eph 5,21-33]), keinen Gebrauch macht, hängt offensichtlich mit der Naherwartung zusammen, die ihm das Neue der neuen Schöpfung (ein ewig dauerndes anstelle eines sich ewig fortzeugenden Lebens) unmittelbar vor Augen stellt. Aus diesem Grund favorisiert er die Ehelosigkeit, die in dieser Hinsicht schon die neue Welt vorwegnimmt. Daher »wird besser tun«, wer seine Jungfrau nicht heiratet. Bei dieser zusammenfassenden Feststellung sind selbstverständlich alle Bedingungen und Einschränkungen mitzuhören, die Paulus in dieser Hinsicht vorher gemacht hat.

1.3.5 Der Spezialfall der Witwen (Verse 39 f.)

39 Eine Frau ist gebunden, solange ihr Mann lebt; wenn aber der Mann entschläft, ist sie frei, mit wem sie will, sich zu verheiraten, nur (geschehe es) im Herrn. 40 Seliger aber ist sie, wenn sie so bleibt, nach meinem Urteil; aber auch ich meine, den Geist Gottes zu haben.

Die beiden Schlußverse wenden das bisher im Blick auf die Unverheirateten Gesagte auf die Witwen an. Manche wollen an verwitwete Verlobte denken (*H. Kruse*, Matrimonia 344f.350; *D. Marinelli*, De virginibus 217f.; *N. Baumert*, Ehelosigkeit 312-316; *II Schrage* II). Dies ergäbe zwar eine größere semantische Kohärenz zu den vorausgehenden Versen, da sich »nach der Mahnung an männliche Verlobte (VV. 36-38) auch eine solche an weibliche Verlobte« anschließen würde (*II Schrage* II).

Das Problem ist dabei weniger, ob »Frau« (›gynē‹) auch die Verlobte bezeichnen kann, als vielmehr der Wechsel von »Jungfrau« (›parthenos‹; VV. 36-38) zu »Frau«. Der Wechsel läßt sich nur schwerlich damit erklären, daß »Jungfrau« in den vorausgehenden Versen »aus der Perspektive des Mannes gesehen« ist (*II Schrage* II). Warum sollte Paulus, falls er eine reziproke »weibliche« Anwendung im Sinn hatte, nicht auch hier von »Jungfrau« sprechen? Daß dies »im Blick auf die gesamte Lebenszeit ... weitaus weniger passen« würde (*II Schrage* II), ist ein anachronistischer Gedanke. Im übrigen wird man die Rechtsverbindlichkeit der Verlobung, die im jüdischen Raum bereits als Eheschließung galt (zur Verbindlichkeit der Verlobung im römischen, griechischen und jüdischen Verständnis vgl. *IISchrage* II 158 Anm. 613), nicht einfach für Korinth voraussetzen dürfen, ganz abgesehen davon, daß man aus der Rede von »seiner Jungfrau« (VV. 36-38) kaum auf eine rechtlich verbindliche Verlobung schließen kann. Rechtliche Verbindlichkeit spricht erst aus V. 39 (vgl. Röm 7,2f.), so daß dies – zusammen mit dem Wechsel von der »Jungfrau« zur »Frau« – doch für ein eheliches Verhältnis spricht.

Es geht demnach um die Bedingung der Möglichkeit der Freiheit der Ehefrau und nicht um die der »Freiheit der ›verwitweten‹ Verlobten« (so: *IISchrage* II). »Entschlafen« ist Euphemismus für »sterben«. Eine spezifisch christliche Note (Auferstehungshoffnung), so daß der Entschlafene als Christ zu identifizieren wäre, darf nicht eingelesen werden. Auch wird man aus der Maßgabe »nur (geschehe es) im Herrn« nicht schließen dürfen, daß die Witwe allenfalls einen Christen heiraten solle (vgl. *W. Wolbert*, Argumentation 132). »Im Herrn« gibt wohl allgemein die Perspektive an, unter der alles christliche Handeln stehen muß. Dies gilt auch für eine eventuelle Wiederheirat, sagt aber nichts über den zu wählenden Ehepartner. Daß Paulus keine grundsätzlichen Berührungsängste in bezug auf heidnische Partner hat, wurde schon bei V. 14 deutlich. Grundsätzlich ist eine Witwe frei, »mit wem sie will«, sich zu verheiraten. Paulus widerspricht also auch im Blick auf die Witwen einer möglichen Adaption von V. 1b bzw. kommt einer möglichen Mißdeutung seines Grundsatzes (vgl. VV. 17.20.24) in diesem Sinne zuvor.

Erst unter dieser sachlichen Voraussetzung kann Paulus die von ihm favorisierte Meinung in V. 40 vorbringen. »So bleiben« erinnert an den Augenblick der Bekehrung bzw. der Berufung und den dabei innegehabten Status als Witwe. Daß diejenige, die an diesem Stand festhält, »seliger« ist, wird man nicht soteriologisch auf die ewige Glückseligkeit beziehen dürfen (gegen: *Orr-Walther; Mayer*). Es genügt aber wohl auch nicht, die Seligkeit nur negativ vor dem Hintergrund der von Paulus vorausgesetzten Unannehmlichkeiten der Verheirateten (vgl. VV. 26.28) zu interpretieren (vgl. *IISchrage* II). Auch die für die Unverheirateten vorausgesetzte Ungeteiltheit (VV. 32-35) ist mit ins Kalkül zu ziehen. Abschließend betont Paulus noch einmal, daß es sich bei diesem Votum um »sein Urteil« handelt (vgl. V. 25), nicht also um ein »Gebot« (des Herrn) wie im Falle der Verheirateten (VV. 10f.; vgl. V. 6). Wie in V. 25 ist das Votum des Paulus allerdings nicht unverbindlich. Daß Paulus in diesem Zusammenhang seinen Geistbesitz hervorkehrt, macht deutlich, daß die beunruhigende Parole von V. 1b in Korinth wohl ebenfalls mit dem Anspruch des Pneumatikertums vertreten wurde.

1.4 Zur theologischen Sachproblematik von 1 Kor 7

Die Ausführungen des Paulus ergeben ein sehr differenziertes Bild, das jeder Schwarz-Weiß-Malerei widerspricht. Weder werden Ehe und Geschlechtlichkeit verdammt, noch wird die Ehelosigkeit einfach als *das* christliche Verhaltensmuster favorisiert. Einerseits scheinen die Begründungen in VV. 2.5 in der Ehe nur ein remedium concupiscentiae (ein Heilmittel gegen die böse Begierlichkeit) zu sehen. Andererseits kann Paulus im Blick auf die Ehe auch positiv argumentieren bzw. muß dies sogar, soweit das Aufrechterhalten der Ehe vom Gebot des Kyrios sanktioniert ist (VV. 10f.). Sinngemäß wendet er das Gebot des Kyrios sogar auf die Mischehen (zwischen christlichen und heidnischen Partnern) an (VV. 12-14). Damit zeigen sich zumindest Ansätze einer relativ positiven Wertung der Ehe. Allerdings entfaltet Paulus keine Ehelehre. Das ist aber im Rahmen einer Argumentation, die auf die Abwehr eines falschen Verständnisses ausgerichtet ist, auch gar nicht zu erwarten. Die befremdlich erscheinenden Begründungen für den ehelichen Verkehr in VV. 2.5 sind pragmatisch – durch die sexualaszetische Parole von V. 1b – bedingt. Je mehr die korinthische Konstruktion einer Gegenwelt (etwa durch die Glossolalen) den Boden der Wirklichkeit unter den Füßen zu verlieren drohte, um so nüchterner und ernüchternder mußte Paulus darauf hinweisen, daß hochgeschraubte Aszese schnurstracks in die Unzucht führt. Die Berufung entführt den Christenmenschen nicht aus der irdischen Wirklichkeit und beseitigt nicht die menschliche Natur, auch nicht in sexueller Hinsicht. Daß Paulus dies mit Stichwörtern wie »Unzucht« und »Unenthaltsamkeit« zum Ausdruck bringt, mag aus der völlig anderen Perspektive unserer heutigen Fragestellung allzu derb erscheinen, hat aber – gemessen an der korinthischen Parole – auch durchaus positive Züge.

»Jeder soll in der Berufung bleiben, in der er berufen ist!« Dieser Grundsatz, der in VV. 17.20.24 variiert wird, stellt die eigentliche paulinische Gegenthese zur korinthischen Parole dar. Als *Regel* genommen, ist er das Paradigma, nach dem die paulinische Argumentation in ihren Hauptzügen funktioniert, sowohl im Blick auf die Verheirateten wie auf die Unverheirateten. Im Gegensatz zu den Verfechtern der korinthischen Parole widersteht Paulus aber jeder

Tendenz, die Regel im Sinne einer allgemeingültigen Norm oder einer absoluten Empfehlung vorzustellen. Die paulinische Regel gewinnt ihren Grad der Verpflichtung bzw. Empfehlung in Entsprechung zum sexuellen Status und zur persönlichen Situation. Das paulinische Urteil gegenüber der korinthischen Parole ist daher teils von faktischer Übereinstimmung, teils von sachlicher Ablehnung (einschließlich möglicher Zwischentöne) gekennzeichnet. Als unmittelbar normativ wird die Regel auf die *(christlichen) Ehen* angewendet. Für die Praxis bedeutet dies, daß christliche Eheleute auch weiterhin *geschlechtlich miteinander verkehren* sollen (VV. 2-5). Erst recht kommt eine *Auflösung der Ehe nicht in Frage* (VV. 10f.). Die Erlösungsordnung bestätigt in diesem Punkt die Schöpfungsordnung. Paulus ist hier an das Wort des Kyrios gebunden. Dieses gilt sogar für den Fall, daß der christliche Ehepartner sich (vor seiner Bekehrung?) *getrennt* hat. Doch hat das Verbot der Wiederheirat letztlich wohl die Funktion, die Möglichkeit der Versöhnung offenzuhalten (V. 11). In analoger Weise wird die Regel auch auf die *Mischehen* angewandt (VV. 12-14). Daß Paulus hier, weil ihm kein Herrenwort zur Verfügung steht, in eigener Autorität spricht, mindert nicht die normative Geltung des Gesagten, wendet dieses doch nur die Norm des Herrenwortes sinngemäß an. Für den Fall, daß der heidnische Partner sich trennen will, besteht Paulus allerdings nicht auf der Aufrechterhaltung der Ehe. Damit will Paulus wohl kaum eine Ausnahme von der Regel aufstellen (privilegium paulinum). Es zeigt sich vielmehr, daß die Normativität nicht aus dem Wortlaut des Herrenwortes, sondern aus der Bindung an den lebendigen Kyrios resultiert.

Für den Fall, daß Christen oder Christinnen bei ihrer Bekehrung *unverheiratet* sind, plädiert Paulus für die *Aufrechterhaltung der Ehelosigkeit*. De facto stimmt Paulus in diesem Punkt mit der korinthischen Parole überein. Dies entspricht seiner Regel. Doch widersteht Paulus der korinthischen Tendenz, in Sexualaszese das im christlichen Sinn schlechthin »*Gute*« (V. 1b) zu erkennen. Wenn jemand nicht das Charisma zur Ehelosigkeit besitzt und vor Begierde brennt, ist es sogar »*besser*« zu heiraten (V. 9). Wenn Paulus es als »*gut*« empfiehlt, so zu bleiben wie er ist (unverheiratet) (VV. 7a.26b), dann leitet er daraus keine Sanktion gegen diejenigen ab, die als Unverheiratete dennoch heiraten oder ihre unverheiratete Tochter in die Ehe geben (V. 28a). Für den Fall, daß junge Leute sich die Ehe versprochen haben, kann Paulus sogar sagen, daß es »*gut*« sei, seine Verlobte zu heiraten (V. 38a). Allerdings betont Paulus sofort, daß es »*besser*« sei, dies nicht zu tun (V. 38b). Entsprechend ist eine Witwe »*frei*« für eine neue Ehe, »*seliger*« jedoch ist sie, wenn sie unverheiratet bleibt (VV. 39f.).

Der Grundsatz von VV. 17.20.24 gibt Paulus also die Möglichkeit, differenziert auf die korinthische Parole V. 1b zu reagieren. Im Falle der Verheirateten muß Paulus widersprechen, im Falle der Unverheirateten kann er zustimmen. Schon daran zeigt sich, daß die Stellungnahme des Paulus – anders als die korinthische Parole – nicht von Sexualaszese bestimmt wird. Allerdings beschränkt sich Paulus nicht auf die genannte Alternative. Er sieht in dem Grundsatz kein sklavisches Gesetz, das unter allen Umständen zu befolgen ist, sondern eine Regel, die es flexibel anzuwenden gilt. Weder verlangt Paulus, daß alle Ehen unter allen Umständen aufrechterhalten werden, noch verlangt er, daß alle Unverheirateten unter allen Umständen so bleiben. Was ist der Grund für diese Flexibilität? Im Falle bestehender Ehen fühlt sich Paulus – sowohl was den Status als auch den Vollzug der Ehe betrifft – grundsätzlich an das Herrenwort gebunden. Sofern die Problematik von 1 Kor 7 aus einer bestimmten Interpretation des Axioms von Gal 3,28 entstanden ist, begegnet uns im paulinischen Votum eine völlig andere Interpretation. Nun muß man sagen, daß das Axiom von Gal 3,28 relativ formal und daher – unkommentiert – für alle möglichen Interpretationen offen ist. Die korinthische Parole erliegt zumindest tendenziell dem (möglichen) Mißverständnis, daß die Erlösungsordnung »in Christus« das in der Schöpfungsordnung begründete »Männlich-und-Weiblich-Sein« aufhebt oder wenigstens relativiert. Aus der Stellungnahme des Paulus wird hingegen klar, daß nach seiner Meinung die Erlösungsordnung die bestehende Schöpfungsordnung nicht aufhebt, sondern – durch das Wort des Kyrios – sogar noch bestätigt. Erlösung läuft nicht auf einen neuen androgynen Menschen hinaus. Der neue Mensch der Erlösung bestätigt die Zweigeschlechtlichkeit der Schöpfung. Auch der erlöste Mensch ist als Mann und Frau Bild Gottes (Gen 1,27). Abweichend vom traditionellen jüdischen Standpunkt versteht Paulus die Heirat allerdings nicht als Pflichtgebot, so daß er den Unverheirateten – zumindest tendenziell mit der korinthischen Parole übereinstimmend – empfiehlt, nicht zu heiraten. Dies zeigt, daß für Paulus – nimmt man wieder Gal 3,28 als Hintergrund – *das In-Christus-Sein das Entscheidende* ist. Von dieser Beziehung hängt das Heil ab. Deswegen können Verheiratete ihre Ehe und ihre geschlechtliche Gemeinschaft nicht verlassen, weil sie sonst gegen die Weisung des Kyrios verstoßen würden. Das Heil selbst hängt freilich nicht vom Verheiratet-Sein ab, wie denn auch das Mann- und Frau-

Sein nach Gal 3,28 für das Heil nicht relevant ist. Aus dem gleichen Grund kann es dann aber auch keine Pflicht zur Ehe geben. In gewisser Weise kann man sogar sagen, daß die paulinische Bevorzugung der Ehelosigkeit unter dem Eindruck der soteriologisch allein entscheidenden Bindung an Christus steht. Allerdings gilt es hier zu differenzieren. Denn so sehr Paulus einerseits davon überzeugt ist, daß die Unverheirateten die allen Christen und Christinnen aufgegebene Existenz des ›hōs mē‹ (VV. 29-31) und die ebenfalls von allen verlangte ungeteilte Hingabe an den Herrn (VV. 32-35) leichter praktizieren können, so hütet er sich andererseits davor, aus der favorisierten Praxis eine christologische Gesetzmäßigkeit zu machen. Paulus ist sich bewußt, daß der Verzicht auf die Ehe nicht automatisch zu größerer Freiheit für den Herrn führt, sondern sogar zur Knechtschaft werden kann (VV. 9.36f.). In diesem Kontext ist auch die Situation, in der Paulus schreibt, zu bedenken. Gerade unter den Bedingungen der Naherwartung ist das Votum der VV. 32-35 leicht nachvollziehbar. Paulus formuliert damit aber kein zeitloses Prinzip. Damit aus der Ehelosigkeit wirklich eine ungeteilte Sorge für den Herrn erwächst, bedarf es des persönlichen Charismas (V. 7) und der verdichteten Zeit des ›kairos‹, der auch unabhängig von der Naherwartung den Christen bzw. die Christin existentiell treffen kann. Ob beides zur Voraussetzung für ein Amt von soziologisch eher administrativem Charakter gemacht werden kann, übersteigt den Fragehorizont unseres Textes.

Zusammenfassend kann gesagt werden: Die paulinische Höherbewertung der Ehelosigkeit beinhaltet keine Abwertung der Ehe bzw. der Sexualität im allgemeinen oder der Frau im besonderen. Die im Text anklingenden Reserven gegen die Ehe (vgl. VV. 27b.29-35) sind zum Teil durch die Naherwartung bedingt. Die scheinbare Wertung der Ehe als remedium concupiscentiae (VV. 2-5) erklärt sich im wesentlichen aus der Pragmatik des Textes. Worum es Paulus bei seinen Ausführungen über Ehelosigkeit und Ehe letztlich geht, ist die Freiheit für den Herrn, die in der allein heilsrelevanten Bindung an diesen begründet ist. Daß das Heil nicht in der Sexualität – sei es in ehelicher Realisierung, sei es in eheloser Sublimierung – gesucht werden darf, ist ein christologisch gebotenes Prinzip. In bezug auf die Ehe ist dies anthropologisch nicht negativ, sondern positiv zu werten. Denn nur dort, wo die Ehepartner ihre Beziehung nicht mit pseudosoteriologischen Ansprüchen belasten, ist eine wahrhaft menschliche Partnerschaft möglich.

2. Teil
Die Stellung der Gemeinde zum heidnischen Kult 8,1-11,1

Literatur (zu 8,1-11,1): C. K. Barrett, Things Sacrificed to Idols: NTS 11 (1964/65) 138-153; *ders.*, ΕΙΔΩΛΟΘΥΤΑ once more, in: *G. D. Dragas (Hrsg.)*, Aksum Thyateira. A Festschrift for Archbishop Methodios of Thyateira and Great Britain, London 1985, 155-158; *H. W. Bartsch*, Der korinthische Mißbrauch des Abendmahls. Zur Situation und Struktur von 1. Korinther 8-11, in: *ders.*, Entmythologisierende Auslegung. Aufsätze aus den Jahren 1940 bis 1960 (ThF 26), Hamburg-Bergstedt 1962, 169-183; *L. Batelaan*, De Sterken en Zwakken in de Kerk van Korinthe, Wageningen 1942; *G. Bornkamm*, Herrenmahl und Kirche bei Paulus, in: *ders.*, Studien zu Antike und Christentum. Gesammelte Aufsätze II (BEvTh 28), München ³1970, 138-176; *M. Bouttier*, 1 Co 8-10 considéré du point de vue de son unité, in: *L. De Lorenzi (Hrsg.)*, Freedom 205-225; *J. C. Brunt*, Love, Freedom, and Moral Responsibility: The Contribution of I Cor. 8-10 to an Understanding of Paul's Ethical Thinking: SBL.SP 20 (1981) 19-33; *O. L. Cope*, First Corinthians 8-10. Continuity or Contradiction?: AThR suppl 11 (1990) 114-123; *M. Coune*, Le problème des idolothytes et l'éducation de la syneidêsis: RSR 51 (1963) 497-534; *L. De Lorenzi (Hrsg.)*, Freedom; *J. Delobel*, Coherence and Relevance of 1 Cor 8-10, in: *II R. Bieringer (Hrsg.)*, Correspondence 177-190; *E. Dinkler*, Art. Korintherbriefe, in: RGG³ IV (1960) 17-23; *J. Dupont*, Gnosis 283-290.passim; *G. D. Fee*, Εἰδωλόθυτα Once Again: An Interpretation of 1 Corinthians 8-10: Bibl. 61 (1980) 172-197; *B. N. Fisk*, Eating Meat Offered to Idols. Corinthian Behavior and Pauline Response in 1 Corinthians 8-10 (A Response to Gordon Fee): Trinity Journal 10 (1989) 49-70; *G. Friedrich*, Freiheit und Liebe im ersten Korintherbrief, in: *ders.*, Auf das Wort kommt es an. Gesammelte Aufsätze zum 70. Geburtstag, Göttingen 1978, 171-188; *P. D. Gardner*, The Gifts of God and the Authentication of a Christian. An Exegetical Study of 1 Corinthians 8-11:1, Lanham – New York – London 1994; *P. D. Gooch*, Dangerous Food. 1 Corinthians 8-10 in Its Context (SCJud 5), Waterloo/Ontario 1993; *P. W. Gooch*, ›Conscience‹ in 1 Corinthians 8 and 10: NTS 33 (1987) 244-254; *M. Harding*, Church and Gentile Cults at Corinth: GTJ 10 (1989) 203-223; *C. Heil*, Die Ablehnung der Speisegebote durch Paulus. Zur Frage nach der Stellung des Apostels zum Gesetz (BBB 96), Weinheim 1994; *D. Horrell*, Theological principle or christological praxis? Pauline ethics in 1 Corinthians 8.1-11.1: JSNT 67 (1997) 83-114; *R. A. Horsley*, Consciousness and Freedom among the Corinthians: 1 Corinthians 8-10: CBQ 40 (1978) 574-589; *F. S. Jones*, »Freiheit« in den Briefen des Apostels Paulus. Eine historische, exegetische und religionsgeschichtliche Studie (GTA 34), Göttingen 1987, 38-69; *C. A. Kennedy*, The Cult of the Dead in Corinth, in: *J. H. Marks – R. M. Good (Hrsg.)*, Lovce and Death in the Ancient Near East. FS M. H. Pope, Guilford 1987, 227-236; *H.-J. Klauck*, Herrenmahl 240-285; *K. Maly*, Gemeinde 100-156; *W. A. Meeks*, The Polyphonic Ethics of the

Apostle Paul: Annual of the Society of Christian Ethics (1988) 17-29; *J. J. Meggitt*, Meat Consumption and Social Conflict in Corinth: JThS 45 (1994) 137-141; *H. Merklein*, Die Einheitlichkeit des ersten Korintherbriefes, in: *ders.*, Studien (I) 345-375; *W. Michaelis*, Teilungshypothesen bei Paulusbriefen. Briefkompositionen und ihr Sitz im Leben: ThZ 14 (1958) 321-326; *J. Murphy-O'Connor*, Eucharist and Community in First Corinthians: Worship 50 (1976) 370-385; [11]*J. H. Neyrey*, Paul 102-146, bes. 125-128; [11]*H. Probst*, Paulus; *A. Rakotoharintsifa*, Conflits à Corinthe. Eglise et societé selon 1 Corinthiens analyse socio-historique (Le monde de la bible 36), Lausanne 1997, 156-198; *M. Rauer*, Die »Schwachen« in Korinth und Rom nach den Paulusbriefen (BSt 21,2/3), Freiburg i. Br. 1923; *H.-F. Richter*, Anstößige Freiheit in Korinth. Zur Literarkritik der Korintherbriefe (1 Kor 8,1-13 und 11,2-16), in: [11]*R. Bieringer (Hrsg.)*, Correspondence 561-575; *W. Schenk*, Der 1. Korintherbrief als Briefsammlung: ZNW 60 (1969) 219-243; *ders.*, Art. Korintherbriefe, in: TRE 19 (1990) 620-640; *W. Schmithals*, Die Korintherbriefe als Briefsammlung: ZNW 64 (1973) 263-288; *ders.*, Die Briefe des Paulus in ihrer ursprünglichen Form, Zürich 1984; *J. F. M. Smit*, 1 Cor 8,1-6: A Rhetorical *PARTITIO*. A Contribution to the Coherence of I Cor 8,1-11,1, in: [11]*R. Bieringer (Hrsg.)*, Correspondence 577-591; *ders.*, Paulus »over de afgodsoffers«. De kerk tussen joden en grieken (1 Kor. 8,1-11,1): TTh 37 (1997) 228-242; *ders.*, The rhetorical disposition of First Corinthians 8: 7-9: 27: CBQ 59 (1997) 476-491; *H. v. Soden*, Sakrament und Ethik bei Paulus. Zur Frage der literarischen und theologischen Einheitlichkeit von 1 Kor. 8-10, in: *ders.*, Urchristentum und Geschichte. Gesammelte Aufsätze und Vorträge (hrsg. v. H. v. Campenhausen) I. Grundsätzliches und Neutestamentliches, Tübingen 1951, 239-275; *T. Söding*, Starke und Schwache. Der Götzenopferstreit in 1 Kor 8-10 als Paradigma paulinischer Ethik, in: [11]*ders.*, Wort 346-369; *G. Theißen*, Die Starken; *D. Trobisch*, Die Entstehung der Paulusbriefsammlung. Studien zu den Anfängen christlicher Publizistik (NTOA 10), Freiburg/Schweiz – Göttingen 1989; *S. Virgulin*, Gli idolotiti in 1 Cor 8,1-11,1a: ED 39 (1986) 307-320; *S. Vollenweider*, Freiheit als neue Schöpfung. Eine Untersuchung zur Eleutheria bei Paulus und in seiner Umwelt (FRLANT 147), Göttingen 1989, 199-232; *N. Walter*, Christusglaube und heidnische Religiosität in paulinischen Gemeinden: NTS 25 (1979) 422-442; *W. L. Willis*, Idol Meat in Corinth. The Pauline Argument in 1 Corinthians 8 and 10 (SBL.DS 68), Chico/California 1985; *B. W. Winter*, Theological and Ethical Responses to Religious Pluralism – 1 Corinthians 8-10: TynB 41 (1990) 209-226; *B. Witherington III*, Not so Idle Thoughts about *EIDOLODUTHON*: TynB 44 (1993) 237-254; *ders.*, Why Not Idol Meat? Is It What You Eat or Where You Eat It?: BiRe 10 (1994) 38-43.54; *K.-K. Yeo*, Rhetorical Interaction in 1 Corinthians 8 and 10. A Formal Analysis with Preliminary Suggestions for a Chinese, Cross-Cultural Hermeneutic (Biblical Interpretation Series 9), Leiden – New York – Köln 1995; *C.-H. You-Martin*, Die Starken und Schwachen in 1 Kor 8,1-11,1 im Licht der griechisch-römischen Antithesen »Frömmigkeit – Aberglaube« und »Vernunft – Emotion«, Heidelberg, 1993.

2.0 Gesamtproblematik

2.0.1 Zur literarkritischen Problematik

Im Rahmen der Einleitung wurde bereits kurz das literarkritische Problem angesprochen (s. Bd. I, Einleitung 3,2). Vor allem *8,1-13; 10,23-11,1* einerseits und *10,1-22* andererseits werden häufig als schwer miteinander zu vereinbarende Aussagen gewertet. Die wesentlichen Argumente hat bereits *Weiß* (210-213) vorgebracht:

In 10,1-22 nehme Paulus einen rigorosen Standpunkt ein, indem er den Götzendienst bzw. die Teilnahme an Götzenopfermählern rundweg verbiete (VV. 14-21). In 8,1-13 und 10,23-11,1 hingegen »erscheine die ganze Frage unter dem Gesichtspunkt des Adiaphoron« (212); das Essen von Götzenopferfleisch – selbst im Tempel (8,10) – werde grundsätzlich freigestellt. Lediglich durch die Verantwortung gegenüber dem Bruder werde diese Freiheit begrenzt. Diese unterschiedlichen Stellungnahmen seien nur durch die Annahme *unterschiedlicher* Situationen erklärbar. Zunächst – in der rigorosen Stellungnahme von 10,1-22 – gebe Paulus den »Schwachen« (vgl. 8,7.9-12) uneingeschränkt recht bzw. – so modifiziert *W. Schmithals* – »zu der Zeit, in der er die Kor. vor der Teilnahme am Götzen*dienst* warnt«, liege »dies ganze Problem« (von Starken und Schwachen; Anm. v. Verf.) noch »völlig fern« (Gnosis 86, Anm. 3). Im Gegenzug hätten nun die Korinther (speziell die Starken) ihr Verhalten zu rechtfertigen versucht und die »Erkenntnis« (8,1) als Argument ins Feld geführt, dessen »relative Richtigkeit« auch Paulus »nicht leugnen« könne (*Weiß* 213). Paulus erkenne also grundsätzlich den Standpunkt der Starken an, führe jedoch »einen neuen Gesichtspunkt in die Verhandlung ein: die Liebe, die Rücksicht auf die schwachen Brüder (8,7-13)« (ebd.). Nahezu alle Autoren, die eine literarkritische Teilung befürworten (neben *Weiß* und *W. Schmithals*, Gnosis, vgl. noch: *E. Dinkler:* RGG³ IV 19-21; *W. Schenk*, 1. Korintherbrief; *ders.*, Korintherbriefe 622-624.628-632; *W. Schmithals*, Korintherbriefe; *ders.*, Briefe 19-85; *A. Suhl*, Paulus 202-217; *H.-M. Schenke – M. Fischer*, Einleitung 90-123; *Senft* 17-25; *G. Sellin*, Hauptprobleme [bes. 2968]; vgl. auch *H.-J. Klauck*, Herrenmahl 241-285; *H.-F. Richter*, Freiheit 569f.), gehen denn auch davon aus, daß 10,1-22 einem gegenüber 8,1-13; 10,23-11,1 früheren Brief angehören müsse.

Nun ist nicht zu bestreiten, daß in 8,1-13; 10,23-11,1 einerseits und 10,1-22 andererseits unterschiedliche Gesichtspunkte zu Wort kommen. Aber rechtfertigt dies schon die Behauptung, daß in die Anweisungen über das *Essen* von Götzenopferfleisch (8,1-13; 10,23-11,1) »die Ausführungen über den Götzen*dienst* (10,1-22) keineswegs hinein(passen)« (*W. Schmithals*, Gnosis 86)? Ohne die Ergebnisse der Analyse und die Einzelauslegung schon über Gebühr vorwegzunehmen, soll wenigstens auf zwei Aspekte, die ganz entscheidend dagegen sprechen, aufmerksam gemacht werden (zur ausführlicheren Begründung vgl. *H. Merklein*, Einheitlichkeit 355-362).

(1) Die These, daß in Kap. 8 die Frage des Essens von Götzenopferfleisch »unter dem Gesichtspunkt des Adiaphoron« behandelt werde *(Weiß)*, wird der argumentativen Intention des Textes nicht gerecht. Ein Adiaphoron ist die Frage nur, wenn man die an sich richtige »Erkenntnis«, daß es keine Götzen bzw. nur *einen* Gott und Herrn gibt (8,4-6), und das daraus resultierende »Recht« (›exousia‹) isoliert und *für sich* betrachtet, wie dies offensichtlich bestimmte Kreise in Korinth tun. Eben dies tut Paulus aber nicht. Von Anfang an legt er Wert darauf, daß eine nicht von der »Liebe« geleitete »Erkenntnis«, also eine *Erkenntnis an und für sich*, negativ zu werten ist (8,1-3). Immer dann, wenn die »Erkenntnis« zum Anstoß wird, verliert sie ihre Indifferenz. Im Sinne der Textargumentation muß auch der »aufgeklärte« Leser die Frage von 8,10 bejahen und zugestehen, daß er nichts Indifferentes tut, wenn er den Schwachen zum »Essen von Götzenopferfleisch auferbaut«. Daß 8,10 die Teilnahme am Kultmahl nur für den Fall des Gesehenwerdens, nicht aber grundsätzlich mißbillige *(Weiß)*, ist m. E. abwegig. Der Text enthält keinerlei Hinweise, daß die Lösung des Problems in der Aufklärung der Schwachen zu suchen sei, wie man ja annehmen müßte, wenn Paulus den Starken grundsätzlich recht gäbe. Es ist vielmehr umgekehrt das schwache Gewissen (vgl. 8,7), das die Perspektive bestimmt, unter der Paulus das »Recht« (›exousia‹) (8,9) und die Frage der Beteiligung an Kultmählern (8,10) behandelt. Daß er im konkreten Fall von 8,10 kein Adiaphoron erkennt, bestätigen die folgenden drei Verse. Insbesondere V. 13 zeigt, daß Paulus keine Konzession der Starken bzw. Wissenden an die Schwachen formuliert, sondern den Wissenden eine eindeutige Norm setzt: Der Anstoß des Bruders ist unter allen Umständen zu vermeiden! Man wird daher nicht nur mit *G. Bornkamm*, Herrenmahl 174, sagen können, daß in 8,10 die Frage der »Teilnahme an heidnischen Kultmahlen ... schon mit im Blick steht«, sondern darüber hinausgehend, daß die Teilnahme an kultischen Mählern wegen der tatsächlichen oder zu erwartenden Implikationen generell inkriminiert und als christliche Verhaltensmöglichkeit ausgeschlossen ist (so auch *Weiß* 231). Der Sache nach ist damit das strikte Verbot von 10,14.21 vorbereitet. Es zeigt

sich, daß 8,1-13 und 10,1-22 im wesentlichen auf den gleichen Fall abzielen, nämlich auf das Verbot einer Teilnahme an Kultmählern im Tempel.
(2) Was die beiden Abschnitte unterscheidet, sind die unterschiedlichen Gesichtspunkte, unter denen Paulus das Problem ins Auge faßt. In 8,1-13 diskutiert er es unter dem Gesichtspunkt der »Erkenntnis« und des daraus resultierenden »Rechtes«, in 10,1-22 unter dem Gesichtspunkt des Sakramentes. Dieser Wechsel in der Perspektive ist noch kein ausreichendes Indiz für eine Inkohärenz der beiden Abschnitte; er kann durchaus in der Argumentationsstrategie des Autors begründet sein, der klugerweise nicht alle Register auf einmal, sondern in der ihm passend erscheinenden Abfolge zieht. Dies wäre um so wahrscheinlicher, wenn sich zeigen ließe, daß die beiden Gesichtspunkte von den Korinthern vorgegeben wurden, so daß Paulus nur reagiert. Zumindest für den Gesichtspunkt der »Erkenntnis« läßt sich dies mit Sicherheit nachweisen, für den des Sakramentes kann man es als plausible Möglichkeit in Erwägung ziehen. Daß die beiden Gesichtspunkte auch sachlich aufeinander bezogen sind, soll in der Einzelauslegung erörtert werden.
Als Ergebnis kann festgehalten werden: Zumindest unter pragmatischer Rücksicht können 8,1-13 und 10,1-22 als kohärenter Text gelesen werden. Als für beide Abschnitte vorauszusetzende Situation ist die liberale Praxis einer bestimmten Gruppe in Korinth anzunehmen, die das Essen von Götzenopferfleisch und selbst die Teilnahme an Kultmählern im Tempel für unbedenklich hielt. Gerade letzteres wird von Paulus in 8,1-13 und 10,1-22 abgelehnt: in Kap. 8 noch indirekt über einen vom Leser selbst zu ziehenden Schluß (8,10-13), in Kap. 10 dann direkt und ausdrücklich durch Inkriminierung solchen Tuns als »Götzendienst« (10,14).

Es bleibt noch die Frage, wie sich *Kap. 9* in den Kontext von 8,1-13 und 10,1-22 fügt. Auch hier kann nur das Wesentlichste aus der andernorts vorgetragenen Sicht (vgl. *H. Merklein*, Einheitlichkeit 362-365) wiedergegeben werden.
9,24-27 bildet nach fast allen Befürwortern einer literarkritischen Teilung eine Einheit mit 10,1-22. 9,19-23 wird überwiegend mit 8,1-13 verbunden (*W. Schenk*, 1. Korintherbrief 238; *W. Schmithals*, Korintherbriefe 271). Tatsächlich wird man an der semantischen Isotopie von 8,1-13; 9,19-23; 10,23-11,1 kaum zweifeln können. So stellt sich insbesondere die Frage nach der Zugehörigkeit des Zwischenstückes 9,1-18. Handelt es sich um einen Exkurs,

der die vorausgehenden Ausführungen erläutert oder hat es damit »schlechterdings nichts zu tun« (W. *Schmithals,* Korintherbriefe 270)?

Zunächst ist auf einen *terminologischen Befund* aufmerksam zu machen. Die beiden Abschnitte 8,1-13 und 9,19-23 sind begrifflich über 9,1-18 miteinander verzahnt, und zwar in chiastischer Weise. Der Begriff »Recht« (›exousia‹), der Kap. 8 (A) beherrscht, findet sich nicht in 9,19-23 (B), sondern in 9,3-18 (a). Dagegen findet sich der Begriff »frei« (›eleutheros‹), der 9,19-23 (B) thematisch prägt, nicht in Kap. 8 (A), wohl aber in 9,1-2 (b). So ergibt sich die Abfolge: A = 8,1-13; b = 9,1-2; a = 9,3-18; B = 9,19-23. Diese terminologische Eigenart ist im *Sinngefüge des Textes* verankert. Die jeweiligen Oppositionen lassen dies deutlich erkennen. In 8,1-13 geht es um die Opposition ›Recht (›exousia‹) vs Verzicht auf Recht‹, ebenso in 9,3-18. Daß der Verzicht in beiden Texten nach Inhalt und Motivation verschieden ist, spricht nicht gegen die Vergleichbarkeit. Im Gegenteil! Gerade wenn 9,3-18 als Exempel dienen soll, darf es nicht aus dem strittigen Bereich von 8,1-13 genommen sein, sondern muß aus einem unstrittigen Gebiet stammen. Die Opposition zu »frei« wird in 9,19 unmittelbar realisiert: ›frei sein (›eleutheros‹) vs sich zum Sklaven machen (›douleuein‹)‹. Es handelt sich im Gegensatz zur einfachen (konträren) Opposition von ›Recht vs Verzicht auf Recht‹ um eine dialektische Opposition, bei der die Opposita zugleich substituierbar sind: »Sich zum Sklaven machen« ist nicht Verzicht auf »Freiheit«, sondern wird durch diese erst ermöglicht bzw. bringt diese zum Zuge. Die Freiheit, von der Paulus in 9,1 spricht, als Substitution des »Rechtes« von 8,9 zu werten, wäre daher genauso falsch, wie in den Rechts-Verzichten von 9,3-18 Einschränkungen der apostolischen Freiheit (9,1) zu sehen. Die Beispiele wollen im Gegenteil darlegen, daß Paulus *als freier* Apostel Rechts-Verzicht übt. 9,19 zieht das Resümee: »Indem (besser noch: da) ich also frei bin ..., habe ich mich zum Sklaven gemacht«. 8,1-9,23 ist ein semantisch wohlstrukturiertes Gefüge. Das Problem ›Recht vs Rechtsverzicht‹ wird eingebettet in das paulinische Freiheitsverständnis, das den Verzicht auf »Recht« bzw. das »Sich-zum-Sklaven-Machen« nicht als Verlust von Freiheit, sondern als deren Möglichkeit zu artikulieren vermag. Damit tritt auch die *pragmatische Zielsetzung* von 8,1-9,22 klar hervor. Paulus will mit seinem Exkurs erreichen, daß die Korinther in der Frage des Essens von Götzenopferfleisch mit ihrem »Recht« (›exousia‹) (Kap. 8) ähnlich umgehen wie er mit seiner. Die Aufforderung zur Nachahmung in 11,1 ist daher der direkte Rückbezug zu

9,1-18.19-23, ein weiteres Indiz für die Einheitlichkeit von 8,1-13; 9,19-23 und 9,1-18.

Insgesamt ergibt sich: 9,1-18.19-23 und 8,1-13 bilden einen kohärenten Text. 9,24-27 tendiert schon stärker zu 10,1-22, dessen Kohärenz mit 8,1-13 und 10,23-11,1 ebenfalls aufgezeigt werden konnte. Es ist daher von der textlichen Einheitlichkeit von 8,1-11,1 auszugehen. Auf die grundsätzliche Problematik, daß ein analoger Vorgang, wie er für 1 Kor als Briefsammlung vorauszusetzen wäre, in der Antike nicht nachzuweisen ist, soll hier nur verwiesen werden (vgl. *D. Trobisch*, Entstehung 120: »Es gibt meines Erachtens keine antiken Belege dafür, daß Briefe zerteilt und die Teile neu zusammengestellt werden«). Doch auch die von *D. Trobisch* entwickelte These, daß Paulus selbst »aus seiner Korrespondenz mit Korinth den sogenannten *1. Korintherbrief* (erstellt)« habe (Entstehung 129), bleibt m. E. eine unwahrscheinliche Hypothese (vgl. *C. Heil*, Ablehnung 184f.). Aufs Ganze gesehen, ist die Zahl der Befürworter der Einheitlichkeit von 8,1-11,1 in den letzten Jahren deutlich gestiegen (vgl. die eindrucksvolle Liste bei *C. Heil*, Ablehnung 182f., zu der *C. Heil*, a.a.O. 187f., selbst noch hinzukäme; s. auch: *J. Delobel*, Coherence).

2.0.2 Zur Sachproblematik

Die Christinnen und Christen in Korinth lebten in einer heidnischen Umwelt, in der Götter bzw. »Götzen« verehrt wurden. Damit verbunden waren kultische Mahlzeiten, bei denen Opferfleisch bzw. »Götzenopferfleisch« (›*eidōlothyton*‹) gegessen wurde. Fleisch, das aus Tempelschlachtungen stammte, wurde aber auch auf dem Markt verkauft. Damit stellte sich die Frage: Darf man von dort Fleisch kaufen, bei dem ja nie auszuschließen war, daß es aus dem Tempel stammte? Gab man zur Antwort, daß man darauf keine Rücksicht zu nehmen brauche, da die heidnischen Götter ja nur – wie es die christliche Sprachregelung unterstellte – (nicht-existente) »Götzen« waren, dann war auch die Hemmschwelle, sich unmittelbar an heidnischen Kultmählern zu beteiligen, nicht mehr sehr hoch. Gelegenheiten dazu gab es reichlich. Selbst bei persönlicher Distanz von den Götzen war die Teilnahme an kultischen Mählern in vielen Fällen eine von der Konvention geforderte familiäre oder gesellschaftliche Verpflichtung. Es stellte sich also die Frage der Identität. Wie ist die neu gewonnene christliche Identität mit den bestehenden Identitäten der Familienzugehörigkeit, der Freundschaft, der Nachbarschaft oder der politischen Zugehörigkeit (Polis) zu vereinbaren? Wer was und mit wem ißt, war immer – und ganz besonders in der Antike – eine Frage der sozialen Zugehörigkeit und der Identität.

In Korinth gab es eine Gruppe, die sich mit der Parole »Wir haben Erkenntnis« (8,1) für ein aufklärerisches Verständnis der christlichen Identität stark machten. Sie gebrauchten das Wissen von der Nicht-Existenz der Götzen, das als solches christlicher Allgemeinbesitz war, aber nicht nur zur Abwehr etwaiger Skrupel beim Fleischkauf auf dem Markt, sondern setzten dieses Wissen auch aggressiv missionarisch zur »Überzeugung« der ängstlichen Gemeindemitglieder ein. Provozierend nahmen sie an Kultmählern im Tempel teil, um die noch nicht Überzeugten zu gleich aufgeklärter Praxis »aufzuerbauen« (8,10). Das Schlagwort, das Paulus in 10,23 anführt: »Alles ist erlaubt«, stammt möglicherweise aus ihrem Repertoire. Wissen schafft Handlungsspielräume (Recht zum Handeln), die gerade wegen der religiösen Identitätsdifferenz zur heidnischen Welt (man glaubte nicht mehr an die Götter!) die Möglichkeit der Aufrechterhaltung alter sozialer Identitätsbindungen eröffnete.

Man wird nicht fehlgehen, wenn man die Verfechter solch missionarischer Provokation in den Reihen der Apollos-Gruppe suchen wird, ohne daß man diese und jene einfach identifizieren könnte. Das Schlagwort »Alles ist erlaubt!« bringt sie in die Nähe der Leute, die sich mit der gleichen Parole den Mißständen von 1 Kor 5 und 6 gegenüber großzügig tolerant verhalten haben. Auch hier wird man sich aber vor simpler Identifikation hüten müssen. Soziologisch gesehen, gehören die Wissenden zur Schicht derjenigen, die über eine gewisse Bildung und wohl auch über einen bestimmten Wohlstand verfügten. Gerade ihnen hätte eine restriktive Praxis des Fleischessens eine empfindliche Einbuße in den Sozialkontakten gebracht (*C. K. Barrett*, Things 144-147; **G. Theißen*, Die Starken 279-282; kritisch dagegen: *J. J. Meggitt*, Meat Consumption). Möglicherweise sind unter ihnen auch Menschen, die bereits vor ihrer Bekehrung mit dem Judentum sympathisierten, aber gerade wegen der sozialen Unzuträglichkeit der jüdischen Speisegebote vor dem Übertritt zum Judentum zurückschreckten. Die »Schwachen«, die an der Praxis der Wissenden Anstoß nahmen, lassen sich kaum schicht- oder parteispezifisch eingrenzen. Aufs Ganze gesehen, wird man die »Schwachen« eher unter den einfachen Leuten zu suchen haben. Die Glossolalen (zu deren Nähe zur Paulus-Partei s. Bd. I 139-145) jedenfalls werden die provokative Programmatik der Wissenden kaum mit ihrem Programm von einer im Raum der Gemeinde zu konstruierenden Gegen-Welt in Einklang gebracht haben. Denn gleichgültig, ob man das Programm der Wissenden – aus heidnischer Sicht – eher als konservativ-bewahrend oder – aus jüdischer Sicht – eher als progressiv-verändernd empfindet, hält es die sozialen Optionen für die bestehende Welt offen bzw. öffnet sie für diese Welt, die von der glossolalischen Gegen-Welt gerade überwunden werden sollte. Vor allem wegen der in V. 7 erwähnten »bis jetzt (wirksamen) Gewöhnung an den Götzen« wird man die »Schwachen« mehrheitlich den Heidenchristen zurechnen müssen. Eine andere Frage ist, ob die Kephas-Partei in der hinter 8,1-11,1 stehenden Auseinandersetzung eine Rolle gespielt hat (vgl. dazu Bd. I 148-152; *C. K. Barrett*, Things 149 f.). Sofern zur korinthischen Gemeinde auch Judenchristen gehörten, die man dann am ehesten in der Kephas-Partei erwartet, müssen sie von der freizügigen Praxis der Wissenden auf das Empfindlichste verletzt worden sein. Die Teilnahme an Kultmählern konnten sie nur als Rückfall in das Heidentum werten. Sie werden in der konkreten Auseinandersetzung aber lediglich eine untergeordnete Rolle gespielt haben (für eine hauptsächlich judenchristliche Front gegen die Wissenden plädieren: [11]*E. v. Dobschütz*, Gemeinden 27 f.; *L. Batelaan*, Sterken 21-26; **J. Dupont*, Gnosis 284 f.; *Strobel*), da sie von ihrer jüdischen Sozialisation und Identitätsbildung her kaum verunsichert (d. h. als »Schwache«) reagiert haben würden; Judenchristen gänzlich auszuschließen (vgl. *Barrett* 194; **H.-J. Klauck*, Herrenmahl 246), geht m. E. aber zu weit. Im übrigen werden zur Kephas-Partei auch gemäßigte Heidenchristen gehört haben, die sich möglicherweise auf die vermittelnden Regelungen beriefen, die man im Anschluß an den Antiochenischen Konflikt (Gal 2,11-14; vgl. Apg 15) vereinbart hatte. Selbst wenn man die Jakobusklauseln (Apg 15,19 f. 28 f.) nicht einfach mit dieser Vereinbarung in eins setzen kann, ist doch mit großer Gewißheit davon auszugehen, daß das Verbot des Götzendienstes bzw. des Genusses von Götzenopferfleisch von Anfang an dazugehörte. Über Kephas und Barnabas wäre diese Regelung dann nach Korinth gekommen, bzw. Kephas und Barnabas wären in Korinth als die Gewährsleute der vermittelnden Praxis, die sich in Antiochia (gegen Paulus) durchgesetzt hatte, in Anspruch genommen worden. Unter diesem Aspekt wäre der hinter 8,1-11,1 stehende Streit zwar keine Wiederholung der Antiochenischen Auseinandersetzung (zwischen den Vertretern eines radikalen Judaisierungsprogramms und Paulus), wohl aber deren Anschlußkonflikt (zwischen der in Antiochien siegreichen [von Kephas und Barnabas vertretenen] Kompromißlösung und der Position des mit diesem Kompromiß nicht einverstandenen Paulus). Unter dieser Voraussetzung wäre es durchaus denkbar, daß sich die Verfechter des Schlagwortes von 8,1, obwohl selbst nicht zur Paulus-Partei gehörig, sich in diesem Punkt auf Paulus berufen. Daß Paulus diese seine »Anhänger« in 8,1-11,1 enttäuschen muß, zeigt, daß auch er an Speiseverboten festhält, die er allerdings nicht aus der (für ihn überwundenen) Abgrenzung von Juden und Heiden gewinnt, sondern mit der dahinterstehenden Abgrenzung Gottes von den Götzen und der Verantwortung für den Bruder begründet. Insgesamt zeigt sich also, daß auf beiden Seiten der Front keine festumrissenen Gruppen stehen, wenngleich sich gewisse Tendenzen wahrscheinlich machen lassen. Wer die Mehrheit stellte, ist schwer zu sagen. Für eine Minderheit der »Schwachen« könnte man auf V. 7 verweisen, wo Paulus nur von »einigen« spricht, die Probleme haben (so: [II]*Schrage* II 218). Doch könnte »einige« – in Analogie zu »alle« von V. 1, worauf es sich ja bezieht – auch rhetorisch bedingt sein.

2.0.3 Zur Argumentation und Rhetorik (Gliederung)

Gelegentlich wurde 8,1-11,1 mit Hilfe rhetorischer Kategorien gegliedert. Von zumindest heuristischem Interesse ist insbesondere der Vorschlag von [II]*Heinrici* (252):

8,1-13:	propositio cum rationibus und contrarium
9,1-27:	doppeltes simile (apologetisch bedingt)
10,1-13:	exempla
10,14-11,1:	conclusio

Nun wird man den rhetorischen Gestaltungswillen des Paulus nicht überstrapazieren dürfen. Wahrscheinlich ergab sich die Aufnahme und Abfolge rhetorischer Elemente mehr oder weniger aus der Natur der Sache, d.h. aus der von der Sache geforderten Notwendigkeit der Argumentation. So wird man kulturbedingte Standards und argumentative Sachzwänge für die tatsächliche Gestaltung von 8,1-11,1 verantwortlich machen müssen, wobei die Frage nach der subjektiven Fähigkeit zur Gestaltung dieser mehr oder minder objektiven Vorgaben zunächst einmal dahingestellt sei.
In jedem Fall stimmt die von [II]*Heinrici* vorgeschlagene Gliederung weitgehend mit der thematisch-argumentativen Abfolge überein,

wie sie im Rahmen der literarkritischen Diskussion zutage trat. Lediglich hinsichtlich der Zugehörigkeit von 9,24-27 wird man von dem Urteil von *"Heinrici* abweichen müssen. Im übrigen dürfte die im folgenden vorausgesetzte Gliederung im wesentlichen unstrittig sein. Sie läßt sich unter argumentativer und rhetorischer Hinsicht gewiß noch verfeinern (vgl. *J. F. M. Smit*, I Cor 8,1-8; *F. S. Jones*, Freiheit 40 f.). Dies wird im Rahmen der nachfolgenden Einzelanalysen und Einzelerklärungen geschehen.

8,1-9,23: *Das Götzenopferfleisch unter der Rücksicht der »Erkenntnis« (›gnōsis‹):*
1. Die korinthische Argumentation und ihre Wertung durch Paulus:
Stichwort »Erkenntnis« und daraus abgeleitetes »Recht« (›exousia‹)
8,1-3.4-6.7-9.10-13.
2. Eine Analogie zur Handhabung der »Erkenntnis« bzw. des daraus abgeleiteten »Rechts« (›exousia‹):
die Handhabung des apostolischen »Rechts« (›exousia‹) als Verwirklichung von Freiheit durch Paulus
9,1f.3-18.19-23.
9,23-10,22: *Das Götzenopferfleisch unter der Rücksicht der (sakramentalen) »Gemeinschaft« (›koinōnia‹):*
1. Zielstrebiger Siegeswille (als überleitendes Beispiel aus dem Sport) und das Beispiel der Wüstengeneration:
Sakramentale Gemeinschaft immunisiert nicht vor den Folgen des Götzendienstes
9,24-27; 10,1-13.
2. Folgerung »Meidet den Götzendienst«:
Götzendienst und Gemeinschaft mit dem Herrn sind inkompatibel
10,14-22.
10,23-11,1: *Praktische Anweisungen hinsichtlich der regelbaren Fälle (10,23-30) und Schlußmahnung (10,31-11,1).*

2.1 Das Essen von Götzenopferfleisch
8,1-13

1 Was aber das Götzenopferfleisch betrifft, wissen wir, daß wir alle Erkenntnis haben. Die Erkenntnis bläht auf, die Liebe aber baut auf. 2 Wenn jemand meint, etwas erkannt zu haben, erkannte er noch nicht, wie man erkennen muß. 3 Wenn aber jemand Gott liebt, dieser ist von ihm (= Gott) erkannt. 4 Was

nun das Essen des Götzenopferfleisches betrifft, wissen wir, daß (es) keinen Götzen (gibt) in der Welt und daß (es) keinen Gott (gibt) außer *einem*. 5 Denn selbst wenn es sogenannte Götter – sei es im Himmel, sei es auf Erden – gibt, wie es ja (tatsächlich) viele Götter und viele Herren gibt, 6 (so) (gibt es) doch für uns (nur) *einen* Gott, den Vater, aus dem alles (ist) und auf den hin wir (sind) (wörtl.: und wir auf ihn hin),und *einen* Herrn, Jesus Christus, durch den alles (ist) und durch den wir (sind) (wörtl.: und wir durch ihn). 7 Doch nicht in allen ist die Erkenntnis; vielmehr essen einige wegen der bis jetzt (wirksamen) Gewöhnung an den Götzen (das Fleisch) als Götzenopferfleisch, und ihr Gewissen wird, da es schwach ist, befleckt. 8 Speise aber wird nicht Gott nahebringen; weder haben wir einen Nachteil, wenn wir nicht essen, noch haben wir einen Vorteil, wenn wir essen. 9 Seht aber zu, daß nicht etwa dieses euer Recht den Schwachen zum Anstoß werde. 10 Denn wenn jemand dich, der du Erkenntnis hast, im Götzentempel zu Tisch liegen sieht, wird (da) nicht sein Gewissen, da er schwach ist, auferbaut, Götzenopferfleisch zu essen? 11 Es geht nämlich der Schwache durch deine Erkenntnis ins Verderben, der Bruder, um dessentwillen Christus gestorben ist. 12 So aber, indem ihr gegen die Brüder sündigt und ihr Gewissen, das schwach ist, schlagt, sündigt ihr gegen Christus. 13 Deshalb, wenn eine Speise meinem Bruder Ärgernis gibt, will ich kein Fleisch (mehr) essen in Ewigkeit, damit ich meinem Bruder kein Ärgernis gebe.

Literatur (s. auch die Lit. zu 8,1-11,1): *D. A. Black*, Paul, Apostle of Weakness. Astheneia and Its Cognates in the Pauline Literature (Am.USt.TR 3), New York 1984; *F. Büchsel*, Art. εἴδωλον κτλ., in ThWNT II (1935) 373-377; *R. Bultmann*, Art. γινώσκω κτλ., in: ThWNT I (1933) 688-719; *J.-F. Collange*, Connaissance et liberté. Exégèse de I Corinthiens 8: FV 64 (1965) 523-538; *R. Dabelstein*, Die Beurteilung der ›Heiden‹ bei Paulus (BET 14), Frankfurt/M. – Bern – Cirencester/U. K. 1981; *G. W. Dawes*, The Danger of Idolatry: First Corinthians 8:7-13: CBQ 58 (1996) 82-98; *C. Demke*, »Ein Gott und viele Herren«. Die Verkündigung des einen Gottes in den Briefen des Paulus: EvTh 36 (1976) 473-484; *A. Denaux*, Theology and Christology in 1 Cor 8,4-6. A Contextual-Redactional Reading, in: [II]*R. Bieringer (Hrsg.)*, Correspondence 593-606; *M. Dibelius*, Ἐπίγνωσις ἀληθείας, in: *ders.*, Botschaft und Geschichte II. Zum Urchristentum und zur hellenistischen Religionsgeschichte, hrsg. v. G. Bornkamm, Tübingen 1956, 1-13; **J. Dupont*, Gnosis 52-54.367-377; *H.-J. Eckstein*, Der Begriff Syneidesis bei Paulus. Eine neutestamentlich-exegetische Untersuchung zum ›Gewissensbegriff‹ (WUNT, 2. Reihe 10), Tübingen 1983; *A. Feuillet*, La profession de foi monothéiste de 1 Cor. VIII,4-6: SBFLA 13 (1962/63) 7-32; *J. Fitzmyer*, Der semitische Hintergrund des neutestamentlichen Kyriostitels, in: *G. Strecker (Hrsg.)*, Jesus Christus in Historie und Theologie. FS H. Conzelmann, Tübingen 1975, 267-298; *C. H. Giblin*, Three Monotheistic Texts in Paul: CBQ 37 (1975) 527-547; *E. Gräßer*, »Ein einziger ist Gott« (Röm 3,30). Zum christologischen Gottesverständnis bei Paulus, in: *N. Lohfink u. a.*, »Ich will euer Gott werden«. Beispiele biblischen Redens von Gott (SBS 100), Stuttgart 1981, 177-205; *J. Habermann*, Präexistenzaussagen im Neuen Testament (EHS.T 362), Frankfurt/M. – Bern – New York – Paris 1990, 159-188; *O. Hofius*, »Einer ist Gott – Einer ist Herr«. Erwägungen zu Struktur und Aussage des Bekenntnisses 1. Kor 8,6, in: *M. Evang – H. Merklein – M. Wolter (Hrsg.)*, Eschatologie und Schöpfung. FS E. Gräßer zum 70. Geburtstag, Berlin – New York 1997, 95-108; *R. A. Horsley*, The Background of the Confessional Formula in 1 Kor 8,6: ZNW 69 (1978) 130-135; *ders.*, Gnosis in Corinth: 1 Corinthians 8.1-6: NTS 27 (1981) 32-51; *L. W. Hurtado*, The origins of the worship of Christ: Themelios 19 (1994) 4-8; *R. Kerst*, 1 Kor 8,6 – ein vorpaulinisches Taufbekenntnis?: ZNW 66 (1975) 130-139; *H. Langkammer*, Literarische und theologische Einzelstücke in 1 Kor. VIII,6: NTS 17 (1970/71) 193-197; *A. Lindemann*, Die Rede von Gott in der paulinischen Theologie: ThGl 69 (1979) 357-376; *C. Maurer*, Art. σύνοιδα, συνείδησις, in: ThWNT VII (1964) 897-918; *H. Merklein*, Die Auferweckung Jesu und die Anfänge der Christologie (Messias bzw. Sohn Gottes und Menschensohn), in: **ders.*, Studien (I) 221-246; *ders.*, Der Sühnetod Jesu nach dem Zeugnis des Neuen Testaments, in: *[II]ders.*, Studien II 31-59; *ders.*, Wie hat Jesus seinen Tod verstanden?, in: *[II]ders.*, Studien II 174-189; *ders.*, Das paulinische Paradox des Kreuzes, in: *[II]ders.*, Studien II 285-302; *ders.*, *Maranā* (»unser Herr«) als Bezeichnung des nabatäischen Königs. Eine Analogie zur neutestamentlichen Kyrios-Bezeichnung?, in: *R. Hoppe – U. Busse (Hrsg.)*, Von Jesus zum Christus. Christologische Studien. FS P. Hoffmann, Berlin – New York 1998, 25-41; *H. Mödritzer*, Stigma und Charisma im Neuen Testament und seiner Umwelt. Zur Soziologie des Urchristentums (NTOA 28), Freiburg/Schweiz – Göttingen 1994, 184-196; *K. Müller*, Anstoß und Gericht. Eine Studie zum jüdischen Hintergrund des paulinischen Skandalon-Begriffs (StANT 19), München 1969; *J. Murphy-O'Connor*, Freedom or the Ghetto (1 Co 8,1-13; 10,23-11,1), in: **L. De Lorenzi* (Hrsg.), Freedom 7-38; *ders.*, I Cor., VIII,6: Cosmology or Soteriology?: RB 85 (1978) 253-267; *ders.* Food and Spiritual Gifts in 1 Cor 8:8: CBQ 41 (1979) 292-298; *M. Neary*, The Cosmic Emphasis of Paul: IThQ 48 (1981) 1-26; *K. Niederwimmer*, Erkennen und Lieben. Gedanken zum Verhältnis von Gnosis und Agape im ersten Korintherbrief: KuD 11 (1965) 75-102; *ders.*, Der Begriff der Freiheit im Neuen Testament, Berlin 1966, 204-210; *C. A. Pierce*, Conscience in the New Testament. A study of *Syneidesis* in the New Testament, in the light of its sources, and with particular reference to St. Paul: with some observations regarding its pastoral relevance today (SBT 15), London 1955; *G. Quell – G. Schrenk*, Art. πατήρ κτλ., in: ThWNT V (1954) 946-1024; *F. M. M. Sagnard*, A propos de I Cor., VIII,6:

EThL 26 (1950) 54-58; *G. Schrenk:* ThWNT V s. *G. Quell – G. Schrenk,* Art. πατήρ; *M. E. Thrall,* The Meaning of οἰκοδομέω in Relation to the Concept of συνείδησις (I Cor. 8,10): StEv 4 (1968) 468-472; *P. Vielhauer,* Oikodome. Das Bild vom Bau in der christlichen Literatur vom Neuen Testament bis Clemens Alexandrinus, in: *ders.,* Oikodome. Aufsätze zum Neuen Testament, Bd. 2 (TB 65), München 1979, 1-168; *J. Wiseman,* Corinth and Rome I: 228 B. C. – A. D. 267, in: ANRW II,7.1 (1979) 438-548; *M. Wolter,* Art. Gewissen II. Neues Testament, in: TRE XIII (1984) 213-218; *D. Zeller,* Art. Kyrios, in: DDD (1995) 918-928; *ders.,* Der eine Gott und der eine Herr Jesus Christus. Religionsgeschichtliche Überlegungen, in: *T. Söding (Hrsg.),* Der lebendige Gott. Studien zur Theologie des Neuen Testaments. FS W. Thüsing (NTA.NF 31), Münster 1996, 34-49.

2.1.1 Zum Text und zur Übersetzung

Wenngleich sicherlich sekundär, so aber doch von Interesse ist der Befund, daß einige Minuskeln V. 6 zu einer trinitarischen Formel ergänzen: »und *einen* heiligen Geist, in dem alles (ist) und in dem wir (sind) (wörtl.: und wir in ihm)«. Anstelle von »Gewöhnung« in V. 7 lesen die meisten Textzeugen (Mehrheitstext, D, u. a.) »Gewissen«: »etliche vielmehr essen es, weil ihr *Gewissen* bis jetzt noch am Götzen haftet, als Götzenopferfleisch« (ZB); doch dürfte es sich hier um eine Angleichung an das »Gewissen« in der zweiten Vershälfte handeln. Interessehalber zu notieren sind schließlich die Umstellungen, die einige Textzeugen (u. a. Sinaiticus, 33) in V. 8b vornehmen; zu einer Sinnänderung kommt es bei A, der »Vorteil haben« auf das Nicht-Essen und »Nachteil haben« auf das Essen bezieht.

2.1.2 Analyse

Schon die *Syntax* läßt eine klare Gliederung erkennen. Während die ersten drei Verse von einer dichten Folge von Verben bestimmt sind, enthalten die VV. 4-6 – von dem überleitenden »wir wissen« (V. 4) abgesehen – keine oder lediglich Hilfsverben (2mal in V. 5: ›*eisin*‹ = »es gibt«). Mit V. 7 setzt wieder ein überwiegend verbal geprägter Stil ein, der sich bis zum Ende des Textes durchhält. Allerdings fällt auf, daß die VV. 7-9 mit einer Ausnahme (»*in* allen« V. 7) keine Präpositionalausdrücke enthalten, die ansonsten relativ gleichmäßig über den ganzen Text verteilt sind. Akkusativobjekte, die eine echte Handlung an jemandem oder an etwas ausdrücken, finden sich nur in VV. 1-3 und 10-13. Als Ausnahme könnte man höchstens auf die Wendung »sie essen ... als (›hōs‹) Götzenopferfleisch« in V. 7 verweisen, wobei zu bemerken ist, daß es sich hier eher um ein Prädikatsnomen zu dem nicht vorhandenen (aber sinngemäß zu ergänzenden) Akkusativobjekt »das Fleisch« handelt. Das einzige sonstige Prädikatsnomen findet sich in V. 9 (»zum Anstoß werden«), so daß auch unter dieser Rücksicht die VV. 7-9 enger zusammengehören. Textsyntaktisch kann man demnach folgende Einheiten unterscheiden: VV. 1-3.4-6.7-9.10-13. Diese Gliederung entspricht auch der *semantischen Struktur*. Die VV. 1-3 sind vom Wortfeld »Erkenntnis, erkennen« geprägt. Doch während in VV. 1-3 die »Erkenntnis« nur formal angesprochen war, wird sie in VV. 4-6 inhaltlich erläutert (vgl. *A. Denaux*, Theology 597-601). Verbunden sind die beiden Abschnitte durch die gleichlautende Einleitung »wir wissen«. Die VV. 7-9 reflektieren die in den VV. 1-6 dargestellte »Erkenntnis« im Blick auf die Schwachen. Die begrifflichen Eckpfeiler von VV. 7-9 sind »Erkenntnis« (V. 7) und »Recht« (›exousia‹) (V. 9), wobei letzteres die aus der kognitiven Wahrheit abzuleitende Handlungsebene anspricht. In den VV. 7-9 wird das Wortfeld des »Essens« beherrschend, das vorher – von den Themenangaben bezüglich des »Götzenopferfleisches« einmal abgesehen (VV. 1.4) – nur im Hintergrund stand. Die Inhalte der VV. 1-3.4-6 haben als solche einen weiteren, allgemeineren semantischen Horizont und werden erst – veranlaßt durch die konkrete Themenstellung (VV. 1.4) – in VV. 7-9.10-13 auf das »Essen« angewandt. Das dürfte auch der pragmatischen Abzweckung der thesenartigen Grundbestände dieser Verse in Korinth entsprechen, sei es, daß man von einer korinthischen Parole (»Wir alle haben Erkenntnis« V. 1), sei es, daß man von einer traditionell motivierten Begründung (V. 4b) ausgehen muß. Inwieweit auch in den VV. 5.6 korinthische Grundthesen – eventuell sogar unter Rückgriff auf vorgegebene Tradition (V. 6) – zu finden sind, soll im Rahmen der Einzelerklärung erörtert werden. Die VV. 7-9 und 10-13 unterscheiden sich thematisch insofern, als die in VV. 7-9 vorgenommene allgemeine Anwendung der vorausgehenden Grundsätze und ihrer paulinischen Modifikation (bes. VV. 1b.2f.) in VV. 10-13 auf den konkreten Fall appliziert wird. Die semantisch tragenden Stichwörter sind in V. 10 »Erkenntnis« und »aufbauen«, mit denen Grundsatz und paulinische Korrektur aus V. 1 aufgegriffen werden. Die Stichwörter »Gewissen« und »schwach«, die zum Teil auch syntagmatisch verbunden sind (VV. 10.11.12) schlagen die Brücke zurück zum »schwachen Gewissen« von V. 7, mit dem Paulus den Grundsatz von V. 1a in den VV. 7-9 relativiert hatte. Die Konsequenz ist dann V. 13, in dem ein Anstoß gegenüber dem »Bruder«, der in V. 11 geschickt zur Substitution des »Schwachen« eingeführt wurde, auf der ganzen Linie ausgeschlossen wird. Damit ist eigentlich auch schon die *textpragmatische Strategie* zum Ausdruck gebracht. Entscheidend ist, daß der Grundsatz von V. 1a von Anfang an nicht einfach stehengelassen, sondern bereits in VV. 1b-3 – in allgemeiner Weise – korrigiert wird. Der Maßstab einer an und für sich gültigen »Erkenntnis« wird daher von Anfang an relativiert, so daß auch mit der Tradition von V. 4 nicht alles und jedes gutzuheißen ist. Die argumentativ entscheidende Passage sind die VV. 7-9, in denen mit der allgemeinen Anwendung des Erkenntnis-Grundsatzes auf das Essen das daraus folgende »Recht« (›exousia‹) als ambivalent und damit als relativ dargestellt wird (V. 9). Die spezielle Anwendung auf den konkreten Fall von V. 10, der möglicherweise die Situation zum Eskalieren gebracht hat, ist dann nur noch rhetorische Konklusion, wobei Paulus allerdings durch den Verweis auf den »Bruder, um dessentwillen Christus gestorben ist« (V. 11), sowohl Anstoß (V. 9) bzw. Ärgernis (V. 13) als auch die damit verbundene Handlungsanweisung (V. 13) qualitativ bis zum äußersten radikalisiert.

2.1.3 Einzelerklärung

Vers 1: Mit »was aber ... betrifft« (›peri‹) leitet Paulus ein neues Thema ein. Die Formulierung erinnert an 7,1. Anders als dort wird in 8,1 eine Anfrage der Korinther nicht direkt erwähnt, und aus ›peri‹ allein läßt sich auch nicht zwingend auf eine solche Anfrage zurückschließen. ›Peri‹ könnte ein von *Paulus* eingeführtes neues Thema markieren. Aus sachlichen Gründen wird man jedoch davon ausgehen dürfen, daß neben 7,1 auch in 8,1 und 12,1 auf Anfragen aus Korinth Bezug genommen wird. Pragmatisch spricht dafür, daß die Probleme jeweils aus der gleichen Perspektive beschrieben werden, nämlich der Perspektive der gebildeten Schicht der Gemeinde. Sachlich spricht für die Annahme einer korinthischen Anfrage nicht zuletzt die Formulierung von V. 1. Die Gegenüberstellung von V. 1a und 1b macht es wahrscheinlich, daß Paulus in V. 1a eine korinthische Parole zitiert, der er dann in V. 1b die Korrektur folgen läßt.

Der Begriff »Götzenopferfleisch« (›eidōlothyton‹) ist polemisch bzw. parteiisch formuliert. Heiden hätten vom ›hierothyton‹ oder

›theothyton‹ gesprochen d. h. von dem dem Heiligen bzw. der Gottheit Geopferten. Die Begriffe bezeichnen zunächst allgemein die Opfermaterie bzw. das Opfer überhaupt. Im Kontext mit »Essen« ist aber klar, daß es hier um Opfer- bzw. Götzenopfer*fleisch* geht (vgl. auch V. 13). Der Begriff ›eidōlothyton‹ (der außer in christlichen nur noch in jüdischen Texten belegt ist: 4 Makk 5,2; Sib 2,96; PsPhok 31) gibt die Sicht des Christentums bzw. Judentums wieder (*B. Witherington III*, Thoughts [s. zu 8,1-11,1], plädiert für judenchristlichen Ursprung).

Für das Judentum kam das Essen von unreinem Fleisch – und dazu gehörte das Götzenopferfleisch allemal (vgl. Ex 34,15; Num 25,2; Jes 65,2-5; JosAs 8,5; 11,8 f. 16; 21,13 f.; s. auch *F. Büchsel:* ThWNT II 376) – nicht in Frage. Das Ethos der jüdischen Speisegebote schuf eine klare Grenze, mit deren Hilfe man die eigene Identität definieren (identity markers) und sich vom Heidentum abgrenzen (boundary markers) konnte (vgl. Jud 12,2.19; Est 4,17x LXX; Arist 139.142.180-186; 3 Makk 3,3 f.; JosAs 7,1). Insbesondere in Situationen, in denen die eigene Identität auf dem Spiele stand, konnte die Einhaltung der Speisegebote und insbesondere die Verweigerung des Essens von verbotenem Fleisch (z. B. Schweinefleisch) zum Inbegriff des Gesetzesgehorsams werden (vgl. 1 Makk 1,47-49.62 f.; 2 Makk 6,28; 7,2; 4 Makk 4,26; 5,2 f.; u. ö.). Das Essen oder Nicht-Essen wurde zum status confessionis.

Zum »Götzenopferfleisch« gehörte alles Fleisch, das von kultischen Schlachtungen aus den Tempeln stammte, dort zum Genuß angeboten oder auf den Markt zum Verkauf gebracht wurde (zum ›makellon‹ [...], das Paulus in 10,25 erwähnt, s. dort). Genau genommen, könnte man dazu auch die privaten heidnischen Schlachtungen zählen, da auch sie meist von rudimentären Weiheriten begleitet waren (vgl. *Lietzmann* 49). Dann bliebe – für Juden und Christen – nur noch die Möglichkeit einer eigenen (kosheren bzw. nicht nach heidnischem Ritus vollzogenen) Schlachtung. Allerdings ist die Meinung, daß es »strenggenommen ... überhaupt kein Fleisch (gab), das nicht in irgendeiner Weise mit den Göttern in Berührung gekommen wäre« (*Weiß* 211), wohl doch überspitzt. Gegen eine Sakralisierung *aller* Schlachtungen spricht jedenfalls 10,25.28, wo Paulus selbst die Unterscheidung von sakral und profan geschlachtetem Fleisch voraussetzt. Das Problem der Korinther bezog sich also auf das aus dem Kultbetrieb des Tempels stammende Opferfleisch, wie es bei Kultmählern im Tempel selbst verzehrt wurde, aber auch auf dem Markt frei verkauft wurde (vgl.

J. F. M. Smit, I Cor 8,1-6 [s. zu 8,1-11,1] 581 f.). Wie sollen sich Christen und Christinnen dazu verhalten? Die Meinungen in Korinth waren offensichtlich geteilt.

Die einen meinten, Götzenopferfleisch unbedenklich essen zu können (wobei die Gelegenheit, bei der dies geschah, völlig offen bleibt). Sie verwiesen dafür auf die »Erkenntnis« (›gnōsis‹). »Wir alle haben Erkenntnis« ist wahrscheinlich ein korinthisches Schlagwort (so die meisten; vgl. *Weiß; Conzelmann;* ^{II}*Schrage* II; *W. L. Willis*, Meat [s. zu 8,1-11,1] 67-70, möchte das Zitat schon mit »wir wissen« beginnen lassen). Man könnte überlegen, ob »alle« von Paulus eingefügt wurde, um sich mit den Korinthern zusammenzuschließen. Dagegen spricht jedoch die Reaktion des Paulus in V. 7a. Im situativen Kontext zielt die »Erkenntnis« konkret auf das Wissen, wie es in V. 4b ausgedrückt wird (daß es keine Götzen gibt bzw. daß es nur *einen* Gott gibt). Der generische Anspruch des Schlagwortes (insbesondere in Verbindung mit »alle«) läßt aber noch durchblicken, daß »Erkenntnis« in Korinth weiter gefaßt wurde und – analog zum paulinischen Begriff des »Glaubens« – zur Bezeichnung des christlichen Heilsweges überhaupt diente. Christen und Christinnen sind Menschen, die »Erkenntnis« haben. So würde Paulus kaum formulieren, der eher dahin tendiert, »Erkenntnis« als eine Gnadengabe unter anderen zu fassen (vgl. 1,5; 12,8; 13,2.8; 14,6). Die Korinther, die den christlichen Glauben unter dem Begriff der »Erkenntnis« zu fassen suchten, wird man nicht gleich als Gnostiker bezeichnen dürfen (gegen: **W. Schmithals*, Gnosis 134 f.137-142). Dies wird auch dadurch nicht erwiesen, »daß es für das ›phagein eidōlothyta‹ (»Essen von Götzenopferfleisch«, Anm. d. Verf.) einzig und allein Parallelen aus der (späteren! Anm. d. Verf.) gnostischen Bewegung gibt« (^{II}*Schrage* II 219, mit Belegen [vgl. ebd. 229 f.]). Deutlich ist jedoch, daß die »Erkenntnis«, die sie beanspruchten, nicht nur ein kognitives, sondern ein soteriologisches Wissen beinhaltete. Man wird die Vertreter und Vertreterinnen dieser Sicht am ehesten mit der Apollos-Partei in Verbindung bringen dürfen, die sich die soteriologische Relevanz Christi unter dem Stichwort der »Weisheit« anzueignen versuchte (auch ›ginōskein‹ spielt in diesem Umfeld eine Rolle: 1,21; 2,8.11.14.16; 3,20; vgl. auch 1,5 [›gnōsis‹]). Von einer direkten Identifizierung wird man aber Abstand nehmen müssen. Möglicherweise handelte es sich um ehemalige Heiden und Heidinnen, die vor ihrer Bekehrung zum Christentum mit dem Judentum sympathisierten, u. a. aber wegen der jüdischen Speisegebote nicht zum Judentum übergetreten waren, jetzt nach ihrer Bekehrung zum Christentum jedoch um so heftiger die soteriologische Irrelevanz der Speisen hervorkehrten.

Paulus stimmt zunächst zu: »Wir wissen, daß wir alle Erkenntnis haben«. Er kann den Begriff in seiner soteriologischen Abzweckung durchaus übernehmen, wenngleich er nicht seiner eigenen Sprachregelung entspricht. Sofort aber hält Paulus dagegen: »die Erkenntnis bläht auf«. Damit soll nicht der erste Satz außer Kraft gesetzt werden, wohl aber wird er korrigiert. Paulus macht auf die Nachteile aufmerksam, die sich aus der »Erkenntnis« als Umschreibung des christlichen Selbstverständnisses ergeben. Erkenntnis »bläht auf«. Den gleichen Vorwurf hatte Paulus bereits im Zusammenhang mit dem Parteienstreit erhoben (4,6.18f.; vgl. 5,2) und dort vor allem gegen die Apollos-Leute gemünzt. Das Prädikat ist kein notwendiges Merkmal der Erkenntnis. Aber wo der Heilsweg vorwiegend unter dem Begriff der Erkenntnis gefaßt wird, gerät das Heil leicht in das Gefälle menschlicher Kategorien, bei denen im konkreten Fall die Gebildeten die Privilegierten und die weniger Gebildeten die Benachteiligten sind. So war es denn auch in Korinth. Die Wissenden wollten ihre Erkenntnis durchsetzen (vgl. *Weiß; Conzelmann*). Die »Erkenntnis« sollte zum gemeinsamen Merkmal christlicher Identität werden. Wer sich dieser Erkenntnis nicht anzuschließen vermochte, wurde zum Christen bzw. zur Christin minderen Ranges, über die sich die Erkennenden erhoben. Dagegen wendet sich Paulus. Die »Liebe«, auf die er verweist, will nicht als Gegensatz zur »Erkenntnis« verstanden werden, sondern als deren Rahmen und Leitbegriff. Nur wo Liebe die Erkenntnis leitet, kann diese die ihr zugedachte Funktion eines Heilsbegriffs leisten. Das »Aufblähen« fällt dahin (vgl. 13,4); die Liebe »baut auf« (›oikodomei‹). Der Begriff bezieht sich zunächst auf das Individuum, auf die Erbauung der christlichen Existenz. In diesem Sinn hat der Begriff vielleicht sogar in Korinth eine Rolle gespielt (vgl. V. 10!). Bei Paulus – im Kontext mit der Liebe – bekommt die Erbauung eine kollektive Dimension (vgl. *P. Vielhauer*, Oikodome 91; *K. Maly*, Gemeinde 101f.). Das Heil ist mehr als der Höhenflug des erkennenden Subjekts zu dem zu erkennenden Gott. Das Heil ist nicht ablösbar von der Liebe Gottes, die prinzipiell auf alle gerichtet ist. Gott läßt sich daher nur im Blick auf den Bruder und die Schwester erkennen.

Vers 2: Der Wenn-Satz (im Griechischen ›ei‹ mit Indikativ; vgl. BDR § 372) ist ein Realis, d.h., Paulus faßt folgernd einen wirklichen Fall ins Auge: »Wenn demnach wirklich ...«. Die vorsichtige

Formulierung »wenn jemand *meint*«, die Paulus auch in 3,18; 11,16 und 14,37 verwendet, ist nicht ironisch (gegen: *IISchrage* II). Paulus will die Korinther gewinnen, nicht vor den Kopf stoßen. Doch stellt die Formulierung die Selbstverständlichkeit dessen in Frage, was die Korinther beanspruchen. Sie *haben* erkannt (›egnōkenai‹: Perfekt!), sind also Wissende. Das Objekt »etwas« läßt in seiner Unbestimmtheit noch den umfassenden Charakter korinthischer Erkenntnis durchscheinen, macht aber auch die paulinische Reserve gegen den korinthischen Anspruch deutlich. Die paulinische Antwort ist ernüchternd. »Er erkannte noch nicht, wie man erkennen muß« will wohl nicht sagen, daß alle Erkenntnis noch vorläufig und begrenzt ist (so: *Conzelmann; J.-F. Collange*, Connaissance 526). Dies ist das Thema von 13,9-12. Von V. 1 her ist eher an einen falschen Gebrauch der Erkenntnis gedacht. Die Erkenntnis muß von der Liebe geleitet sein. Das ist die Art und Weise, »wie man erkennen muß«. Wer diesen Zusammenhang nicht beachtet, hat nicht nur mindere Erkenntnis, sondern verfehlt die angestrebte und geschätzte Erkenntnis. Es geht letztlich um die soteriologische Qualität der Erkenntnis. Paulus bestreitet sie nicht generell (vgl. V. 1a). Aber er nimmt den Korinthern die Illusion, daß eine isolierte Erkenntnis als Inbegriff des Heils dienen kann. Dieser soteriologische Hintergrund wird im nächsten Vers zum Thema.

Vers 3: Worauf es ankommt, ist die Liebe. Paulus spricht jetzt allerdings nicht von der (auferbauenden) Liebe zum Bruder oder zur Schwester, wie er es in V. 1 getan hat, sondern von der Liebe zu Gott. Der Wechsel der Perspektive ergibt sich aus der Angleichung an die korinthische Sicht, die mit dem »Erkennen« und der »Erkenntnis« ja ebenfalls die soteriologisch relevante Beziehung zu Gott gemeint hatte. »Wenn jemand Gott liebt« ist die paulinische Opposition zum korinthischen (allerdings paulinisch apostrophierten) »wenn jemand meint, etwas erkannt zu haben«. Die Voraussetzung, daß Paulus »erkennen« durch »lieben« ersetzen kann, ergibt sich aus der hebräisch-biblischen Sprachkompetenz. »Lieben« (›'āhab‹) ist im biblischen (insbesondere deuteronomisch-deuteronomistischen) Verständnis mehr als nur ein Gefühl. Gemeint ist die dauernde und ganzheitliche Anerkenntnis Gottes (vgl. *E. Jenni*, Art. 'hb lieben, in: THAT I 60-73, hier 70-73), wie es im Grundbekenntnis Israels zum Ausdruck kommt: »Höre, Israel! Jahwe, unser Gott, Jahwe ist einzig. Darum sollst du den Herrn, deinen Gott, *lieben* mit ganzem Herzen, mit ganzer Seele und mit ganzer Kraft« (Dtn 6,4f.; vgl. Mk 12,29f. par). »Lieben« bedeutet demnach »hören« oder – wie es im unmmittelbar vorausgehenden Vers zum Ausdruck gebracht wird – »hören und darauf achten, (alles, was der Herr, unser Gott, mir gesagt hat,) zu halten« (Dtn 6,3). Stellt man noch in Rechnung, daß im biblischen Sprachgebrauch »erkennen« (*jāda*ᶜ*‹*) – ebenso wie »lieben« – die gehorchende Anerkennung bedeutet (bes. bei Hos und Jer; vgl. *W. Schottroff*, Art. *jd*ᶜ erkennen, in: THAT I 682-701, hier 694-696), dann kommt der Wechsel von »erkennen« zu »lieben« aus paulinischer Sicht fast einem Austausch von Synonymen gleich (zu »erkennen« vgl. Gal 4,9). Der Kontrast ergibt sich, weil die Korinther das Erkennen kognitiv bzw. noetisch engeführt haben. Der Nachsatz V. 3b überrascht. Man erwartet eher: »dieser hat (Gott) erkannt«. Paulus hingegen formuliert passivisch: »dieser ist von ihm (= Gott) erkannt«. Der Wechsel entbehrt allerdings nicht der sachlichen Logik und ist zumindest aus paulinischer Sicht alles andere als zufällig. Das korinthische Problem bestand nicht zuletzt darin, daß die Erkenntnis, die eigentlich allen Christen und Christinnen zukam (V. 1a), doch nicht von allen geteilt wurde (V. 7a). Schon dieser Befund zeigt an, wie problematisch eine so gehandhabte »Erkenntnis« als soteriologischer Begriff ist. Denn unter dieser Voraussetzung besteht zumindest die Gefahr, daß das Heil von der subjektiven Befähigung abhängig wird. Für Paulus ist das Heil weder von einer graduell unterscheidbaren Erkenntnis abhängig noch überhaupt vom Menschen zu bewerkstelligen. Es ist reine Gnade, die vom Menschen zwar gehorsame An-Erkenntnis und Liebe verlangt, der anerkennenden Tat des Menschen aber immer vorausgeht. Nicht daß der Mensch Gott (im Sinn der Korinther) »erkannt« hat, ist das für das Heil entscheidende Geschehen, sondern daß der Mensch von Gott »erkannt worden ist«. Auch bei dieser Wendung des sprachlichen Ausdrucks steht wieder die biblische Sprachkompetenz Pate, nach der das »Erkennen«, von Gott ausgesagt, sich dem »Erwählen« annähert (vgl. *W. Schottroff*, a.a.O. 691-693; *R. Bultmann*: ThWNT I 709f.; **J. Dupont*, Gnosis 51-104, bes. 74-81). Die nächsten paulinischen Belege finden sich in Röm 8,29; 11,2 (»im voraus erkennen« *[›pro-ginōskein‹]* = »im voraus erwählen«). Es geht also nicht um ein wechselseitiges mystisches Erkennen und Erkannt-Werden (gegen: *M. Dibelius*, Ἐπίγνωσις 6-10; *K. Niederwimmer*, Erkennen 92-94; zu den Belegen vgl. *IISchrage* II), sondern um Erwählung und Gehorsam. Mit der im Konditionalsatz von V. 3a genannten Liebe zu Gott, soll selbstverständlich nicht die Bedingung des von Gott Erkannt-Werdens in V. 3b formuliert werden. Gerade weil die Bedingung der

Möglichkeit für das Heil allein die göttliche Erwählung ist, formuliert V. 3a nicht die Bedingung des Heils, sondern die ihm allein adäquate Antwort. Diese Antwort lassen die Korinther vermissen, wenn sie die Erlösung als Erkenntnis definieren, diese Erkenntnis aber zum Anlaß innergemeindlicher Überheblichkeit machen, statt sie zur Auferbauung der Brüder und Schwestern einzusetzen. Damit ist bereits angedeutet, wie Paulus sich den liebenden Gehorsam gegen Gott vorstellt. Das Thema wird in den VV. 10-13 weitergeführt. Nach dieser mehr grundsätzlichen Klärung der Konnotationen eines soteriologisch gebrauchten Erkenntnisbegriffs kehrt Paulus wieder zum Thema zurück, das er eingangs in V. 1 kurz angesprochen hatte.

Vers 4: Zugleich präzisiert er jetzt die Problemstellung, wie sie offensichtlich die Korinther bewegt hat. Es geht um das *Essen* von Götzenopferfleisch. Ebenso wird präzisiert, in welcher Weise die Korinther ihr mit dem Stichwort der »Erkenntnis« markiertes Heilsverständnis zur Problemlösung eingesetzt haben. Es spricht daher viel dafür, daß Paulus mit V. 4b (ab »wir wissen«) eine korinthische Formulierung zitiert (*Weiß; Conzelmann;* [11]*Schrage* II 221).

Das genaue Verständnis des Zitats ist allerdings umstritten. Dies hängt zum einen von der Bedeutungsbreite von ›eidōlon‹ und zum andern von der nicht ganz eindeutigen Syntax ab. ›eidōlon‹ bedeutet eigentlich »Bild, Abbild, Schattenbild«, gelegentlich auch »Kultbild« (*Liddell-Scott;* vgl. *F. Büchsel:* ThWNT II 373f.). Die negative Note, wie sie hier zum Ausdruck kommt, verrät jüdischen Einfluß. Die LXX bezeichnet die heidnischen Götzenbilder als ›eidōla‹, gelegentlich auch die von ihnen repräsentierten Götter bzw. Götzen; gemeint ist nicht eigentlich das, was wir als »Götzen« bzw. »Götzenbilder« bezeichnen (das wäre »der Gegenstand eines falschen Kultes«), sondern »*das Wirklichkeitslose*, das von törichten Menschen an die Stelle des wirklichen Gottes gesetzt ist« (*F. Büchsel:* ThWNT II 374). Die Bedeutung »Götzenbild« kommt für unseren Vers aber kaum in Frage, da man (in der Antike) die Existenz von Götzen*bildern* nicht bestreiten kann. Man müßte dann schon ›ouden‹ prädikativ und nicht attributiv verstehen und statt der oben gebotenen Version übersetzen: »ein Götzenbild *bedeutet* nichts«. Doch ist dies eher unwahrscheinlich. Dagegen wurde die prädikative Übersetzung mehrfach in Verbindung mit der auch hier favorisierten Bedeutung »Götze« vorgeschlagen (*J. Murphy-O'Connor,* Freedom 10 f.; [11]*H. Probst,* Paulus 128; vgl. *C. H. Giblin,* Texts 530f.; so schon die Vulgata, auch Luther): »wir wissen, daß ein Götze in der Welt ein Nichts ist«. Mit dieser Übersetzung ergibt sich ein leichterer Übergang zu V. 5, der doch von der »Existenz«

von Göttern ausgeht. Dennoch ist diese Übersetzung zurückzuweisen. Gegen sie spricht vor allem die Parallelität zum zweiten Teil des Satzes (»es gibt *keinen* Gott« [›*oudeis theos*‹]). Die Auskunft, daß die beiden Aussagen im Fragebrief der Korinther nicht nebeneinander gestanden haben und die Parallelität erst von Paulus hergestellt wurde (*J. Murphy-O'Connor*, Freedom 10), kann m. E. nicht befriedigen. Sie ist nicht nur reichlich hypothetisch, sondern wird auch dem Befund des jetzigen Textes kaum gerecht, der nun einmal parallel formuliert ist und daher nicht anders als attributiv verstanden werden kann.

Die Korinther behaupten demnach – und mit ihnen Paulus –, daß es keine Götzen in der Welt gibt und keinen Gott außer einem. Ob mit dieser Erkenntnis die *Existenz* von Götzen schlechthin bestritten oder, da ihnen ja immerhin reale Verehrung zuteil wurde, deren Bedeutung negiert wurde, kann erst in Zusammenhang mit dem nächsten Vers entschieden werden. Beide Bedeutungen sind mit der nachfolgenden Aussage vereinbar. Das Bekenntnis, daß es »keinen Gott (gibt) außer einem«, würde im ersten Fall die alleinige Existenz des Einen herausstellen, im zweiten Fall diesen Einen als den einzig legitimen Adressaten religiöser Verehrung hervorheben. Der Sache nach wird an das *Sch^{e}ma* (»Höre, Israel ...«) von Dtn 6,4f. (vgl. Bill. IV 189-207) und den Monotheismus des Alten Testaments (bes. Deuteronomium [vgl. Dtn 4,35.39; 32,39; vgl. 1 Kön 8,60; u. ö.] und Deuterojesaja [vgl. Jes 43,10; 44,6; 45,5f.; u. ö.]) erinnert. Für das Diasporajudentum war das Bekenntnis zu dem einen Gott die differentia specifica gegenüber dem heidnischen Polytheismus (Sib III 11-16; Sib, Fragmente I 7f.; Arist 132; PsPhok 54; Josephus, Ant 4,201; 5,112; 8,335; Philo, LegGai 115). Allerdings gab es auch im gebildeten Heidentum Tendenzen zum »Monotheismus« (vgl. Plutarch, Moralia 393A-D; 420A; Marc Aurel 7,9). Die Sympathien, die deswegen manche heidnischen Zeitgenossinnen und -genossen dem Judentum entgegenbrachten, waren ein gutes Ausgangspotential für die christliche Mission (vgl. 1 Thess 1,9f.; Mk 12,28-34). Das anstehende korinthische Problem wird daher durchaus im Zusammenhang mit der praktischen Aneignung des alttestamentlich-jüdischen Grundbekenntnisses zu sehen sein. Die antithetische Gegenüberstellung des *einen* Gottes, zu dem man sich bekennt, und des *keinen* Götzen, der bestritten wird, dürfte die spezifisch heidenchristliche Form der Übernahme des biblischen Monotheismus gewesen sein. Zur Erklärung von V. 4b ist daher weder eine »hellenistische ›Aufklärung‹« noch ein »popularphilosophischer Rationalismus« (mit ^{II}*Schrage* II) noch »eine gnosisähnliche Weltanschauung« vonnöten (gegen ^{II}*Schrage* II).

Ebensowenig ist eine Differenz zwischen korinthischer und paulinischer Sicht der Dinge zu erkennen (gegen *Weiß*). Dem Urteil von V. 4b wird Paulus vorbehaltlos zugestimmt haben. Im nachhinein wird vor dem Hintergrund des darin zitierten biblischen Grundbekenntnisses noch einmal die Konsistenz der paulinischen Grundsatzargumentation der VV. 1-3 deutlich, in denen Paulus mit seinem Verständnis von »erkennen« und »lieben« ja ebenfalls nur die Konnotationen dieses Grundbekenntnisses aktiviert hat.

Vers 5: Mit V. 5a scheint Paulus die klare Aussage von V. 4 wieder in die Schwebe zu bringen und gegenüber »einer erheblich weiter fortgeschrittenen Aufklärung« der Korinther (V. 4) »einen zurückgebliebenen Standpunkt« zu vertreten *(Weiß)*. Dieser Eindruck kann aber nur entstehen, wenn man V. 4 im Sinn einer aufklärerischen religionskritischen Theorie interpretiert und meint, mit der (philosophisch gesprochen: ontologischen) Existenzbestreitung seien die Götzen bzw. Götter erledigt. Dies mag unter den Bedingungen heutigen Denkens zutreffend sein, wird der Sicht des antiken Menschen aber nicht gerecht. Denn die theoretisch negierten Götzen leben in der Erfahrungswelt des antiken Menschen weiter. Sie werden als »Götter« verehrt, bleiben als Objekte der Lebenspraxis also real existent; sie gehören zur gesellschaftlichen Wirklichkeit. Mit dieser Problematik müssen sich Christen und Christinnen in der Antike auseinandersetzen. Eben dies geschieht in V. 5. Der hypothetische Konditionalsatz von V. 5 will also nicht »die Sache unentschieden« lassen (gegen: *Schmiedel; Weiß*), ist aber dennoch konzessiv zu verstehen (zu ›eiper‹: BDR § 454,2 [2]); sonst ergäbe V. 5b keinen Sinn: »Selbst wenn (gesetzt den Fall, daß) es sogenannte Götter ... gibt (nicht: gäbe!), wie es tatsächlich ja viele Götter ... gibt«. Die als »sogenannt« (›legomenoi‹) bezeichneten Götter sollen gewiß abqualifiziert, kaum aber nominalistisch zu bloßen Begriffen (nomina) heruntergestuft werden. Mit den »genannt werdenden Göttern« (so die wörtliche Übersetzung von ›legomenoi theoi‹) wird auf die besprochene Wirklichkeit der heidnischen Welt verwiesen. Im Grunde steht der gesamte religiöse Diskurs der heidnischen Gesellschaft zur Debatte, wobei man Diskurs hier nicht nur auf verbale Äußerungen, sondern auf die gesamte religiöse Interaktion von der persönlichen Frömmigkeit bis hin zum öffentlichen Kult beziehen muß. Mit »sogenannt« wird also die Legitimität der religiösen Symbolwelt des Heidentums, nicht die gesellschaftliche bzw. gesellschaftlich konstruierte Wirklichkeit der Götter als solche in Frage gestellt. In eben diesem Sinne, d.h. als Hinweis auf die gesellschaftliche Realität der Götterwelt, wird man V. 5b (in seiner Abfolge zu V. 5a) zunächst verstehen müssen. Sind dann aber die Götter, deren nominalistische Reduktion auf der Begriffsebene eben zurückgewiesen wurde, nicht doch wieder nur konstruktivistische Gebilde, jetzt Teil einer gesellschaftlich konstruierten Wirklichkeit, der aber kein ontisches Substrat entsprechen muß? An die Stelle der nominalistischen Wirklichkeit der Begriffe wäre eine soziologische Wirklichkeitskonstruktion getreten. Die Frage nach der ontischen Wirklichkeit des vom Bezeichnenden (signifiant) Bezeichneten (signifié) wäre sistiert, letztlich sogar illegitim. Doch ist das eher eine moderne Schlußfolgerung. Denn für den antiken Menschen war die Erfahrungswirklichkeit mehr als nur *gesellschaftliche* Konstruktion. Sie war zugleich die Widerspiegelung einer wie immer gearteten ontischen (im Falle der Götter: metaphysischen) Wirklichkeit. Das galt – von einer relativ dünnen Schicht aufgeklärter Gebildeter einmal abgesehen – für die überwiegende Mehrheit der heidnischen Welt. Und selbst für manchen Christen blieb dieser Zusammenhang, obwohl durch das Glaubensbekenntnis von V. 4b »verdrängt«, noch latente psychische Wirklichkeit, wie bald aus V. 7 zu erfahren ist. Im übrigen wird man aus der christlichen Bestreitung eines ontischen Substrats der gesellschaftlichen Wirklichkeit »Götter«, die dadurch zu (ontisch) wirklichkeitslosen Götzen werden, noch nicht folgern dürfen, daß nach christlichem oder paulinischem Verständnis überhaupt keine ontische Wirklichkeit hinter der gesellschaftlich konstruierten religiösen Symbolwelt der Götter und Herren steht. Für Paulus wäre in diesem Zusammenhang an die »Herrscher dieses Äons« (2,6.8; vgl. Gal 4,8f.) bzw. im Kontext von 8,1-11,1 ganz besonders an die »Dämonen« von 10,20 zu denken, die hinter den »Göttern« stehen (vgl. Ps 95,5 LXX). Die Dämonen sind die wahren Urheber des religiösen Diskurses der heidnischen Welt; sie sind die wahren ontischen Substrate der gesellschaftlichen Wirklichkeit »Götter«.

Ob man in der Doppelung von »Göttern und Herren« das Nebeneinander von griechisch-römischen Göttern (denen der öffentliche Kult galt) und den neuen orientalischen Göttern sehen darf (so: *Weiß; Fee;* *H.-J. *Klauck,* Herrenmahl 244f.; vgl. *D. Zeller,* Gott 48), ist schwer zu sagen. Sachlich gehört zu den »Göttern und Herren« jedenfalls alles, was religiös verehrt wird, also auch der Kaiser, wenngleich man den Ausdruck nicht darauf engführen darf. Im übrigen wird die Doppelung bereits im Blick auf die nachfolgende von dem einen Gott und dem einen Herrn in V. 6 beeinflußt sein

(*Conzelmann*; [II]*Wolff*). Nicht überzeugen kann die Deutung der »Götter und Herren« auf Engel im Sinn der alttestamentlichen »Göttersöhne« oder der apokalyptischen Völkerengel (gegen: *Bachmann*; [II]*M. Dibelius*, Geisterwelt 78; *Héring* 65). Dahinter steckt der Versuch, den vermeintlich schwierigen Anschluß von V. 5 an V. 4 zu entschärfen. Dies ist aber weder richtig noch nötig. Im Blick auf den Argumentationsgang bleibt zu fragen, ob V. 5 nur paulinischer Text ist oder aber schon in der Argumentation der Korinther eine Rolle gespielt hat. Zumindest für V. 5a wird man doch mit der letzteren Möglichkeit rechnen müssen. Der Einwand würde ja nur der antiken (auch in Korinth präsenten) Wirklichkeit Rechnung tragen. Unter dieser Voraussetzung könnte selbst V. 5b noch korinthisches Argument sein, wenngleich der Hinweis auf die (wie immer geartete) Realität der Götter und Herren Teil der argumentativen Strategie des Paulus sein könnte, der damit seine dämonologische Interpretation von 10,14-22 vorbereitet. Möglicherweise ist von ihm auch die Parenthese »sei es im Himmel, sei es auf Erden« eingebracht worden, die alle (physisch und metaphysisch erhobenen) religiösen Ansprüche – ganz im Sinn der »Herrscher dieses Äons« von 2,6.8 – zusammenfaßt. Nimmt man wenigstens V. 5a noch als Teil der korinthischen Argumentation, dann muß dies mehr oder minder auch für V. 6 gelten (vgl. *H.-F. Richter*, Freiheit [s. zu 8,1-11,1] 562f.; *O. Hofius*, Einer 99-102). Dafür spricht vor allem, daß der eigentliche Einwand des Paulus erst mit »doch« in V. 7 kommt. Die Korinther hätten demnach ihre Indolenz gegenüber dem Essen von Götzenopferfleisch mit dem doppelten Hinweis gerechtfertigt: 1. Es gibt keinen Götzen und keinen Gott außer dem Einen. 2. Wenn es aber doch – wie die gesellschaftliche Wirklichkeit lehrt – sogenannte Götter gibt, dann haben diese *für uns* keine Bedeutung, denn für unsere Praxis ist nur der eine Gott und der eine Herr entscheidend.

Vers 6 gibt – mit »ein Gott ...« beginnend – wahrscheinlich eine überkommene Formel wieder ([II]*W. Kramer*, Christos 91-95; [II]*K. Wengst*, Formeln 136-141; *R. Kerst*, 1 Kor 8,6; *J. Habermann*, Präexistenzaussagen 159-162.172-178, und die meisten; anders: **J. Dupont*, Gnosis 346; **W. Thüsing*, Gott 225 [»Werk des genialen Theologen Paulus«]. 282 [eingrenzend: nur noch »die ›Wir‹-Formeln sind ... von Paulus hinzugefügt«]; *Fee; A. Denaux*, Theology 603-605). Dafür sprechen formal der akklamatorische Stil und der parallelismus membrorum, inhaltlich der über das argumentativ Erforderliche hinausschießende Inhalt. Formkritisch handelt es sich um eine Akklamation (*[II]E. Peterson*, ΕΙΣ ΘΕΟΣ 232.304). Der erste theologische Teil ist wahrscheinlich durch das hellenistische Judentum vermittelt. Die Aussage von dem »*einen* Gott« (›*heis theos*‹) entspricht dem alttestamentlich-jüdischen Grundbekenntnis (vgl. das Sch^e ma Dtn 6,4 f.; Mk 12,29; s. o. zu V. 4). Für eine andere Syntax, als sie die herkömmliche Auslegung voraussetzt, tritt O. *Hofius* ein. Er meint, daß ›*heis*‹ das Subjekt und ›*theos*‹ das Prädikat sei (Einer 102-105): »*Einer* nur ist Gott: der Vater, von dem her ...«; entsprechend wäre dann auch die zweite Vershälfte zu übersetzen: »und *einer* nur ist Herr: Jesus Christus, durch den ...«. Das ist zumindest sehr bedenkenswert. Die Bezeichnung als »Vater« muß kein christlicher Zusatz sein, sondern kann mit aus dem Judentum übernommen sein.

Auch in der Philosophie ist die Bezeichnung bekannt (vgl. *G. Schrenk*: ThWNT V 952-959; *D. Zeller*, Gott 36-44). Plato spricht vom »Bildner und Vater des Alls« (Tim 28c [›*poiētēs kai patēr tou pantos*‹]). Insbesondere in der Stoa findet sich die Vorstellung von Gott als dem »Vater der Menschen und der Götter« (Epiktet, Diss I 3,1; u. ö.). Die dort freilich eher kosmogonisch bzw. pantheistisch-immanent gemeinten Aussagen werden im hellenistischen Judentum im Sinn des Schöpferglaubens rezipiert und in diesem Zusammenhang häufig mit der Prädikation des Einen verbunden. So spricht Philo vom Glauben der Juden an den »*einen* Gott, den Vater und Schöpfer der Welt« (LegGai 115 [›*hena nomizein ton patera kai poiētēn tou kosmou theon*‹]; vgl. Decal 64). Die Relativaussagen (»aus dem alles ... und auf den hin wir ...«) sind wohl eine Abwandlung der pantheistischen bzw. stoischen All-Formel (vgl. Marc Aurel 4,23: »Aus dir ist alles, in dir ist alles, auf dich hin ist alles«; weitere Belege bei *R. Kerst*, 1 Kor 8,6 131; *[II]Schrage* II 222 Anm. 52; zur Vorgeschichte: *[II]E. Norden*, Theos 240-250), die wiederum – wie auch Röm 11,36 – durch das hellenistische Judentum vermittelt ist.

Der christologische Teil der in V. 6 zitierten Formel findet seine Parallelen in der hellenistischen Umwelt (vgl. *D. Zeller*, Gott 44-49). Häufig findet sich die Akklamation »Einer ist Zeus Sarapis« (›*heis Zeus Sarapis*‹) am Ende von Wundererzählungen, gelegentlich in Verbindung mit einer Akklamation der »großen Isis, der Herrin« (›*megalē Isis hē kyria*‹) (*[II]E. Peterson*, ΕΙΣ ΘΕΟΣ 227-240 [230]). In den Kontext von Mysterienfeiern gehört die Akklamation »Einer ist Dionysos« (›*heis Dionysos*‹) (ebd. 139 f.). »Einer« (›*heis*‹) zielt in diesem Zusammenhang nicht auf die Einzigkeit (wie die monotheistische Formel des hellenistischen Judentums), sondern eher auf die Einzigartigkeit (Henotheismus), wie die Austauschbarkeit von »einer« (›*heis*‹) und »groß« (›*megas*‹) belegt. Im Neuen Testament ist unter dieser Voraussetzung an den Ruf der Menschenmenge in Ephesus zu erinnern, die der Silberschmied Demetrius aufgehetzt hat: »Groß ist die Artemis von Ephesus!« (Apg 19,28.34) Im wesentlichen »repräsentieren die ... henotheistisch verehrten Götter (wie Dionysos, Isis und Sarapis, Asklepios, auch Mithras; Anm. d. Verf.) den Typ der aktiven Rettergottheit. ... Sie verkörpern nicht nur das Schicksal wie der stoische Zeus ..., sie stehen über ihm und können es wenden. Deshalb führen gerade die aus dem nicht-griechischen Raum kommenden Götter gern den Titel ›*kyrios*‹, der ihre Verfügungsgewalt über den Kosmos, aber auch über den Einzelnen beinhaltet.« (*D. Zeller*, Gott 47 f.)

Vom Charakter der Akklamation her könnte man sich vorstellen, daß die in V. 6 zitierte Tradition entweder speziell bei der Taufe (*R. Kerst*, 1 Kor 8,6 138 f.; *J. Murphy-O'Connor*, I Cor., VIII,6 258 f.266) oder allgemein im Gottesdienst (*II K. Wengst*, Formeln 141) verwendet wurde. Durch die Einbeziehung der Sprechenden (»wir« in beiden Teilen) hat die Formel jedoch auch etwas Bekenntnishaftes an sich (*E. Gräßer*, Ein einziger 199: »Bekenntnisformel«; vgl. *Conzelmann;* *II Wolff*), was den genannten Sitz im Leben aber nicht hindert.

Wenn die Formel bereits zur Argumentation der Korinther gehörte, ist sie nicht als Zeichen des Dissenses, sondern des Konsenses zwischen diesen und Paulus auszulegen. Die Einleitung »(so) (gibt es) doch für uns« (›*all' hēmin*‹) ist aus dem Gegensatz zu V. 5 zu interpretieren (*O. Hofius*, Einer 102 f., spricht von einem »Dativus iudicantis«: »nach unserem Urteil«). Eine soteriologische Zielsetzung (pro nobis) schwingt also nicht mit (gegen: *E. Gräßer*, Ein einziger 195; *A. Lindemann*, Rede 366). Der Sinn ist: Mögen *andere* viele Götter und Herren haben, *wir* haben nur einen Gott und nur einen Herrn. Die Vaterbezeichnung hebt vor allem darauf ab, Gott als Grund und Ziel allen Seins herauszustellen. Ob man »aus dem« (›*ex hou*‹) in dem Sinn auswerten darf, daß damit die creatio ex nihilo angezeigt sein soll – im Unterschied zu der sonst vorausgesetzten Materie (›*hylē*‹), aus der Gott die Welt bildet (so: *II Schrage* II) – mag dahingestellt bleiben. Dieser Sinn, den Paulus z. B. in Röm 4,17 festhält, ergibt sich eher aus dem Kontext des jüdischen oder christlichen Schöpferglaubens, nicht aber unmittelbar aus der Formel. Wie sie in dieser Hinsicht in Korinth verstanden wurde, wissen wir nicht. So wird man sich bei der relativ vagen Formulierung mit der Auskunft begnügen, daß sie Gott als den Urgrund allen Seins festhalten will. In der Zielbestimmung wird der Bezugsrahmen gewechselt. Anstelle des Alls erscheinen die Sprechenden: »wir auf ihn hin«. Der kosmologischen Aussage von der Schöpfung entspricht ekklesiologisch die Erwählung: »wir« meint die christliche Gemeinde, die von Gott erwählt und deshalb auf ihn hingeordnet ist. In dem »auf ihn hin« kommt die soteriologische Zielbestimmung der Erwählten und letztlich damit auch der ganzen Schöpfung zum Ausdruck (vgl. Röm 8,18-30). Der zweite Teil spricht den Kyrios Jesus Christus an. Trotz der Parallelen wird der Kyrios-Titel nicht aus der hellenistischen Umwelt stammen (zur Diskussion vgl. *J. A. Fitzmyer*, Hintergrund; *[II]F. Hahn*, Hoheitstitel 461-466). Es handelt sich vielmehr um eine alte Bezeichnung, die im aramäisch sprechenden Urchristentum wurzelt (vgl. *Maranatha* = »Unser Herr komm!«). Ursprünglich war damit wohl der in den Himmel Erhöhte und zum Messias bzw. Sohn Gottes Inthronisierte gemeint, der zur Parusie wiederkommen wird (*H. Merklein*, Auferweckung 224-242; *ders.*, Maranā 38 f.). Dann – und bei Paulus in ganz besonderer Weise – bezeichnet Kyrios den in seiner Gemeinde präsenten und von ihr verehrten Herrn (vgl. *D. Zeller:* DDD 923-925). In V. 6b freilich wird in Parallele zum ersten Teil der Formel das Herrsein Jesu Christi zunächst auf der universalen Ebene herausgestellt, ein Gedanke, der durchaus der Vorstellung der hellenistischen Rettergottheiten entlehnt sein könnte. Der Wechsel von »aus dem« (›*ex hou*‹ in bezug auf den Vater V. 6a) zu »durch den« (›*di' hou*‹ in bezug auf den Kyrios V. 6b) ist nicht zufällig. Während Gott als der Urgrund allen Seins (als Schöpfer) festgehalten wird, wird Christus als der Schöpfungsmittler vorgestellt (vgl. die christologischen Hymnen: Kol 1,15-20* [bes. V. 16]; Joh 1,1-18* [bes. VV. 3.10]). Ähnlich sensibel ist auch der Wechsel in der zweiten Hälfte der christologischen Aussage vollzogen. Ist mit »auf ihn hin« (›*eis auton*‹ V. 6a) Gott als das letzte Heilsziel der erwählten Gemeinde zum Ausdruck gebracht, so wird mit »durch ihn« (›*di' autou*‹ V. 6b) die Erlösungsmittlerschaft Christi in den Blick gefaßt. Der von Gott ausgesagten Schöpfung und Erwählung im ersten Teil stehen Schöpfungs- und Erlösungsmittlerschaft Christi im zweiten Teil gegenüber. V. 6b gibt den Weg an, über den Gott als das in V. 6a genannte letzte Heilsziel zu erreichen ist (zur Sache vgl. *W. Thüsing*, Gott 282 f.). Das biblische Bekenntnis zur Einzigkeit Gottes wird festgehalten und christologisch expliziert; beides steht im Dienste der Soteriologie. Der Parataxe von Gott und Christus auf der syntaktischen Seite entspricht auf inhaltlicher Seite eine gewisse Unterordnung, sofern von Christus nichts Neues, sondern nur die Verwirklichung des Heilswillens Gottes ausgesagt wird, der aber nicht auf ein sachliches Heils*gut*, sondern auf den mit dem Heil identischen *Gott* abzielt. Die Sicht entspricht dem, was Paulus in 15,20-28 entwickelt, und könnte, wenn man damit nicht einen anachronistischen Begriff einbrächte, subordinatianisch genannt werden. Doch steht der

»Subordinatianismus« im Dienste der Heilsökonomie, die auch die Prädikation des »*einen*« Gottes bzw. Kyrios prägt, mit der die theologische und die christologische Aussage verklammert werden. Die Aussage von der Einzigkeit ist somit selbst soteriologisch konnotiert. Zur Einzigkeit Gottes gehört es, daß nur er selbst das Heil sein kann, das dann analog dazu auch nur durch einen einzigen Mittler vermittelt und verwirklicht werden kann (vgl. Gal 3,19f.). In diesem soteriologischen Zusammenhang kann dann aber auch nicht mehr von dem *einen* Gott geredet werden, ohne den *einen* Mittler zugleich mit zu benennen. Der Sache nach entspricht dies der biblischen Sicht, die nicht an Gott an und für sich interessiert ist, sondern mit Schöpfung, Erwählung und Erlösung den Gott des Heils ins Auge faßt. Was religionsgeschichtlich als die Kombination von monotheistischem (in Bezug auf Gott) und henotheistischem (in Bezug auf Christus) Modell erscheint, wird unter dem Vorzeichen des biblischen Gottesglaubens zu einer Handlungseinheit: »Denn im Christusereignis engagiert sich der Gott und Vater Jesu Christi, erschließt sich selbst in seinem Innern und kommt den Menschen nah.« (*D. Zeller*, Gott 49)

Wenn wenigstens V. 5a korinthischer Text ist (s. o.), dann muß auch die Formel von V. 6 bereits in Korinth eine Rolle gespielt haben. Sie ist in der Tat ein adäquater Ausdruck christlicher Identität. Sie mußte allerdings in dem Maße zum Problem werden, als sie nicht mehr als einigendes Band des Bekenntnisses verwendet, sondern als programmatisches Instrument zur Durchsetzung einer bestimmten Praxis, nämlich des unbedenklichen Genusses von Götzenopferfleisch, eingesetzt wurde. Konnte man die Götzen mit dem monotheistischen Grundsatz von V. 4b ontisch ausheben, so ließen sie sich mit der Akklamation von V. 6 auch als gesellschaftliche Wirklichkeit ausschalten und für die christliche Perspektive als irrelevant darstellen. So gesehen, ist es durchaus denkbar, daß die Formel auch in der Argumentation des Fragebriefes eine Rolle gespielt hat. Dann könnte sogar deren Aussage, daß *alles* aus Gott stammt bzw. durch den Kyrios vermittelt ist, zur Rechtfertigung eines unbedenklichen Essens von Götzenopferfleisch gedient haben. Paulus selbst bringt im Rahmen seiner Abschlußregelung in 10,25f. mit Ps 24,1 einen ähnlichen Gesichtspunkt zur Geltung (vgl. Röm 14,14.20). Doch ist es unwahrscheinlich, daß *er* es war, der an *unserer Stelle* dieses Argument eingebracht hat. Es wäre zumindest für seine Strategie höchst kontraproduktiv, während es den Wissenden in Korinth sehr willkommen gewesen sein muß (*[11]Schrage* II, der das Argument für Paulus verbucht, muß dann auch einräumen: »gewissermaßen Sukkurs für die ›Starken‹«!). Das bedeutet nicht, daß Paulus mit der Formel bislang nichts zu tun hatte. Man könnte sich sogar vorstellen, daß er sie den Korinthern vermittelt hat. In jedem Fall greift er sie nun seinerseits auf, wie er überhaupt in VV. 4-6 sich im wesentlichen die korinthischen Argumente zueigen macht. VV. 4-6 sind gleichsam die gemeinsame Basis der korinthischen und der paulinischen Argumentation. Sie stellen die kommunikative Voraussetzung dafür dar, daß Paulus einerseits denen, die sich in Korinth auf die Formel berufen, nicht totaliter widersprechen muß und andererseits denen, die sich durch deren Interpretation verunsichert fühlen, entgegenkommen kann. Dies tut Paulus in den folgenden Versen – in Anwendung dessen, was er in VV. 1-3 als Grundsatz entwickelt hatte.

Vers 7: Mit V. 7 beginnt die eigentliche paulinische Argumentation. Sie ist kein Gegenangriff, sondern der Versuch, die gleiche Grunderkenntnis *anders*, d.h. nach einer bislang vernachlässigten oder übersehenen Seite hin, zu interpretieren. Mit »nicht in allen ist die Erkenntnis« will Paulus weder die Aussage von V. 1a widerrufen noch behaupten, daß nicht alle den Gedanken von VV. 4-6 kennen (vgl. *M. Rauer*, Die »Schwachen« [s. zu 8,1-11,1] 27-31). Der Sinn kann demnach nur sein, daß Paulus auf eine Diskrepanz zwischen der formalen Erkenntnis und deren praktischer Aneignung aufmerksam machen will. Die argumentative Logik ist dabei durchaus subtil. Denn indem er den Wissenden sagt, daß es in der Gemeinde Leute gibt, die sich die Erkenntnis – in dem von den Wissenden praktizierten Sinn – noch nicht angeeignet haben, gibt er zugleich den Wissenden zumindest indirekt zu verstehen, daß auch ihre Praxis noch nicht dem entspricht, was nach dem Grundsatz von VV. 1-3 eine im Sinn der Erkenntnis selbst adäquat praktizierte Erkenntnis ist. Es steht also nicht Theorie gegen Praxis, sondern Praxis gegen Praxis, sowohl bei der innergemeindlichen Kommunikation in Korinth als auch bei der Kommunikation zwischen Paulus und der Gemeinde.
Paulus macht auf einen praktischen Fall aufmerksam. Es gibt in der Gemeinde »einige«, die noch so sehr in der alten Gewohnheit befangen sind, daß sie das Essen von Götzenopferfleisch immer noch als einen Akt der Anerkennung des Götzen, d.h. als Götzendienst, ansehen (›*tēi synētheiai*‹ ist Dat. causae; vgl. BDR § 196). Ob man ›*synētheia*‹ – hier mit »Gewöhnung« wiedergegeben – sogar als »Lebensgemeinschaft« deuten darf, bei der »die innere Beziehung auf den Götzen noch fortdauert« *(Weiß)*, mag dahingestellt bleiben

(zur Diskussion vgl. *II Schrage* II). Immerhin kann ›*synētheia*‹ nicht nur die »Gewohnheit«, sondern auch die »Lebensgemeinschaft« oder den »Umgang« meinen. Der Fall, den Paulus schildert, ist gut nachvollziehbar. Wer in dem Essen von Götzenopferfleisch bisher einen sakralen Akt gesehen hat, mit dieser Wertung aufgewachsen ist und sich diese fraglos zueigen gemacht hat, wird sich schwer tun, darin nun eine rein profane Angelegenheit zu erkennen (zur soziologischen Seite des Problems vgl. *H. Mödritzer*, Stigma 184-188). Und selbst wenn er sich mit dem Verstande zu dieser Erkenntnis durchgerungen und diese Erkenntnis auch, um sie zu stabilisieren, in die Praxis umgesetzt hat, kann es trotzdem vorkommen, daß er etwas tut, wofür ihn sein Gewissen verurteilt. Es geht also wohl nicht um einen rein internen Gewissenskonflikt, sondern um einen Konflikt zwischen Gewissen und Tat (nur im Tatbestand des Götzendienstes möchte *G. W. Dawes*, Danger 86.[passim], das Problem sehen).

›*Syneidēsis*‹ (lat. ›*conscientia*‹) ist wörtlich das »Wissen um etwas«. Im paulinischen Sprachgebrauch meint es die innere Kontrollinstanz, mit der der Mensch sich selbst beurteilt und richtet. Insofern bleibt es eine rein anthropologische Instanz, die das Verhalten im Lichte einer bestehenden Norm reflektiert und überprüft, nicht aber selbst Norm setzt (zum Begriff vgl. *C. A. Pierce*, Conscience [bes. 21-59]; *C. Maurer:* ThWNT VII; *R. *Jewett*, Terms 402-446; *H.-J. Eckstein*, Begriff [bes. 232-256]; *M. Wolter:* TRE XIII 213-218; *P. W. Gooch*, Conscience [s. zu 8,1-11,1]; *II Schrage* II 257 f.). Gerade deswegen kann der von Paulus vorgestellte Konflikt entstehen. Weil einige eben noch die alte Norm internalisiert haben, daß das aus dem Tempel kommende Fleisch in irgendeiner Weise Gemeinschaft mit dem Götzen herstellt, kommt es zum Konflikt mit der neuen Norm, die sich aus den VV. 4-6 ergibt. Diesen Normenkonflikt klar zu entscheiden, ist die Kontrollinstanz ihres Gewissens offensichtlich nicht in der Lage. Paulus bezeichnet ein solches Gewissen als »schwach«. Ob diese Charakterisierung schon in Korinth – von seiten der Wissenden – gebräuchlich war (**R. Jewett*, Terms 422-424; *J. Murphy-O'Connor*, Freedom 12-14), bleibt fraglich. Vielleicht ist die Rede von den »Schwachen« korinthischer Sprachgebrauch (so: **J. C. Hurd*, Origin 124); aber auch das ist keineswegs sicher. In der paulinischen Verwendung des Begriffs ist ein abwertender Unterton nicht erkennbar; eher sollen die Wissenden emotional auf Hinwendung und Respektierung eingestimmt werden (den Begriff von 1,27; 2,3; 4,10; 12,22; 2 Kor 12,10; 13,3 f. her positiv aufzufüllen [so: *W. L. Willis*, Meat

(s. zu 8,1-11,1) 94f.], ist m.E. nicht zulässig). Folge des »schwachen« Gewissens ist, daß es »befleckt« wird. Das ist natürlich eine Metapher (vgl. *M. Wolter:* TRE XIII 215,1-5), die aber vielleicht nicht zufällig aus dem kultisch-rituellen Bereich genommen ist (vgl. *K. Maly,* Gemeinde 112). Wo die Götzen die Maßstäbe setzen, und sei es nur aus Gewöhnung, wird auch die Instanz, die das Handeln nach dieser Norm kontrolliert, in Mitleidenschaft gezogen. Setzt man als latente Opposition voraus, daß der eine Gott und der eine Herr als Norm das Gewissen »heiligt«, dann wird deutlich, was im Falle einer Normenkollision passiert. Es kommt im Inneren des Menschen zu jener Vermischung, die Paulus in 10,20f. für den äußeren Bereich (der Kultbeteiligung) ablehnen wird. Damit zeigt sich, daß die programmatische Durchsetzung der »Erkenntnis«, wie sie die Wissenden praktizieren, ein völlig ungeeignetes Mittel ist. Es führt nicht zur Auferbauung der Schwachen, sondern zur Konfusion des Heiligen mit dem Unreinen. Ob man im Falle einer völlig angeeigneten Erkenntnis, die den Zusammenhang mit den Götzen gänzlich zerbrochen hat, bedenkenlos Götzenopferfleisch essen darf, ist damit noch nicht ausgemacht. In der kultischen Metaphorik liegt vielleicht schon eine Andeutung, daß es höhere Grenzen gibt, die bei aller ethischen Freiheit nicht überschritten werden dürfen. Im übrigen ist zu bedenken, daß Essen (fast) immer ein sozialer Akt ist. Diese Dimension gilt es immer mitzuberücksichtigen. Gerade darum geht es Paulus (in Kap. 8 *und* in Kap. 10). Völlig freigegeben wird das Essen auch im nächsten Vers nicht.

Vers 8: Der Vers hat allerdings schon zu vielen Mißverständnissen Anlaß gegeben. Dies zeigt nicht zuletzt schon die Textgeschichte. Anstelle der oben dargebotenen Übersetzung, die aus textkritischen Gründen zu bevorzugen ist, liest der Codex Alexandrinus (A): »Weder haben wir einen Vorteil, wenn wir nicht essen, noch haben wir einen Nachteil, wenn wir essen« (von *J. Murphy-O'Connor,* Food 294f., bevorzugt). Der sachliche Unterschied scheint nicht groß zu sein, da beide Versionen Essen und Nicht-Essen für belanglos zu erklären scheinen. Dennoch besteht ein Unterschied, nämlich ein Unterschied in der Perspektive. Im einen Fall wird der Vorteil des Nicht-Essens und der Nachteil des Essens bestritten, im anderen Fall der Vorteil des Essens und der Nachteil des Nicht-Essens. Beide Urteile laufen sachlich auf dasselbe hinaus, sind aber aus unterschiedlicher Perspektive gesprochen. Das Nicht-Essen als Vorteil und das Essen als Nachteil zu betrachten, ist die Perspektive der Schwachen. Das Essen als Vorteil und das Nicht-Essen als Nachteil anzusehen, ist hingegen die Perspektive der Wissenden. D. h., pragmatisch gesehen, formuliert Codex A eine Botschaft aus der Perspektive der Wissenden an die Adresse der Schwachen, die man so paraphrasieren könnte: ›Ihr habt keinen Vorteil, wenn ihr kein Götzenopferfleisch eßt, wie ihr auch keinen Nachteil habt, wenn ihr davon eßt.‹ Umgekehrt zielt die textkritisch zu favorisierende Lesart darauf ab, den Wissenden die Perspektive der Schwachen ins Stammbuch zu schreiben: ›Sie (die Schwachen) haben keinen Nachteil, wenn sie kein Götzenopferfleisch essen, noch habt ihr (Wissenden) einen Vorteil, wenn ihr davon eßt‹ (vgl. *T. Söding*, Starke [s. zu 8,1-11,1] 359 f.). Eine Konkretion des Vor- oder Nachteils – etwa im Sinn der in Korinth hochgeschätzten Geistesgaben (*J. Murphy-O'Connor*, Food 297 f.; *IIWolff*) – ist hier nicht nötig; für die Argumentation genügt die formale Aussage (*Fee;* ähnlich *IISchrage* II).

Unter Berücksichtigung der genannten Perspektive wird man auch V. 8a anders interpretieren müssen, als dies gelegentlich geschieht. Das Problem ist die Bedeutung von ›*parastēsai*‹. Manche übersetzen: »vor den Richterstuhl Gottes bringen« (*Weiß; J. Murphy-O'Connor*, Food 296 f.; *Lang*). Dies würde der Aussage von Röm 14,10 entsprechen: »Wir alle werden vor den Richterstuhl Gottes gestellt« (›*pantes gar parastēsometha tōi bēmati tou theou*‹). Aber dort ist nun ausdrücklich vom »Richterstuhl« (›*bēma*‹) Gottes die Rede. Setzt man diese Bedeutung auch für V. 8a voraus, so würde Paulus den Standpunkt der Wissenden einnehmen und ihnen zustimmen, daß das Essen von Götzenopferfleisch ethisch und eschatologisch grundsätzlich irrelevant ist. Solch generalisierende Bestätigung der Wissenden macht nach V. 7 aber nur schwer einen Sinn. Man müßte schon annehmen, daß Paulus in V. 8a wiederum ein korinthisches Argument aufgreift (*Barrett; R. A. Horsley*, Consciousness [s. zu 8,1-11,1] 578). Das wäre aber – nach der ausführlichen Zitierung der korinthischen Argumentation in den VV. 4-6 und der dann einsetzenden Erwiderung in V. 7 – fast schon kontraproduktiv. Man wird daher ›*parastēsai*‹ hier nicht forensisch deuten dürfen, sondern im Sinne von »(Gott) nahebringen« bzw. »in die Gemeinschaft (mit Gott) bringen« übersetzen müssen (*Lietzmann; Conzelmann; IIWolff; IISchrage* II; vgl. die Lesart ›*synistēsi*‹ [»empfehlen«] von F und G; lat. Version: ›*commendat*‹). Dies ergibt für den gesamten V. 8 und den Argumentationsduktus einen geschlossenen Sinn. Vom Standpunkt einer isolierten Erkenntnis haben die Wissenden ja recht. Deswegen konnte Paulus ihre Argumente in

VV. 4-6 auch zustimmend zitieren. Aber – und darauf legt er Wert – die grundsätzliche Erkenntnis hat eine soziale Komponente. Darauf machte V. 7 aufmerksam. V. 8 geht noch einen Schritt weiter (und greift gerade keine »Ansicht der ›wissenden‹ Korinther auf ..., um sie anschließend [V. 9 ›diese eure Freiheit‹] zu korrigieren« [*[11]Wolff*]): Selbst wenn man die Erkenntnis sich völlig angeeignet hat und, ohne sein Gewissen zu beflecken, Götzenopferfleisch ißt, hat man bei Gott keinen Vorteil davon. Zwei völlig verschiedene Folgerungen aus einer gemeinsam geteilten, grundsätzlich richtigen, aber isolierten Wertung werden sichtbar. Während die Wissenden in Korinth das Essen des Götzenopferfleisches propagandistisch zum status confessionis der christlichen Erkenntnis machten, verweigert Paulus dem gleichen Essen, gerade weil es seiner sakralen Basis beraubt ist, jede positive Bedeutung im christlichen Kontext. Gerade weil das Essen von Götzenopferfleisch sich nicht zur missionarischen oder pastoralen Durchsetzung der Erkenntnis eignet, darf es keine Kollision von Bekenntnis zu dem einen Gott und der Rücksicht auf Mitmenschen geben. Die Rücksicht auf die Schwachen hat Vorfahrt! Das führt der nächste Vers aus.

Vers 9: Mit dem Imperativ »Seht aber zu« wendet sich Paulus direkt an die Korinther und Korintherinnen (ähnlich 10,18; 16,10; vgl. 1,26). Konkret hat er die Wissenden im Auge. Er spricht sie auf »dieses euer Recht« an. Das kataphorische »dieses« muß nicht auf V. 8 bezogen werden, so daß er als korinthisches Zitat auszulegen ist (gegen: *[11]Wolff*). Paulus meint das Recht, wie es in der konkreten Situation von den Korinthern in Anspruch genommen wird (vgl. *Weiß*). ›Exousia‹ – hier mit »Recht« wiedergegeben – könnte an sich auch mit »Freiheit« übersetzt werden. Da Paulus im Kontext aber neben ›exousia‹ auch noch ›eleutheria‹ (»Freiheit«) gebraucht (vgl. 9,1.19) und die beiden Begriffe mit unterschiedlicher Zielsetzung in seine Argumentation einbringt (s. zu 8,1-11,1 [2.0.1]), soll auch in der Übersetzung dieser Differenz Rechnung getragen werden. Mit ›exousia‹ greift Paulus entweder einen von den Korinthern in Anspruch genommenen Begriff auf oder reagiert damit auf deren Schlagwort »Alles ist (mir) erlaubt!«. Dieses tauchte bereits im Zusammenhang ethischer, konkret sexueller Freizügigkeit in 6,13 auf und spielte – wie 10,23 nahelegt – wohl auch im Kontext der auf das Essen gerichteten Liberalisierungstendenzen eine Rolle. Die Bekehrung wurde als Aufhebung alter Grenzmarkierungen (boundary markers) verstanden. Als solche haben Speisevorschriften immer eine besondere Bedeutung. Soweit hinter den Wissenden ehemalige Sympathisanten mit dem Judentum standen, konnten sie jetzt aufgrund der »Erkenntnis« einen Schritt tun, den das jüdische Ethos ausgeschlossen hatte. Sofern die »Erkenntnis« einen monotheistischen Inhalt hatte, enthielt sie freilich nichts, was nicht auch schon das Judentum gewußt hätte. Es müßte mit dem christlichen Glauben an den einen Gott auch die Irrelevanz der jüdischen Speisevorschriften vermittelt worden sein. Durch wen dies geschehen war – durch Apollos oder durch Paulus selbst – muß allerdings offen bleiben. Doch auch unabhängig von einer schon früher vorhandenen Sympathie für das Judentum stellte sich für alle zum Christentum Bekehrten die Frage nach dem für die neue Identität maßgeblichen Ethos. Sollte mit der Abwendung von den Götzen ein Verbot des Genusses von Götzenopferfleisch einhergehen (was ja durchaus eine denkbare Konsequenz sein konnte!), dann brachte das Christ-Sein einen erheblichen Verlust an sozialer Identität mit sich (s. zu V. 10). Für die Wissenden freilich war die Sache klar: Weil es keinen Götzen in der Welt gibt und keinen Gott außer einem (vgl. V. 4), erlaubte es die neue Identität, ein Ethos des Essens zu praktizieren, das Jüdisches übertrat, ohne ein Heide zu bleiben, und Heidnisches tat, ohne noch ein Heide zu sein. Es ist gut nachvollziehbar, daß solcher Handlungsspielraum von bestimmten Kreisen als eine neue Souveränität und Vollmacht gefeiert wurde, zu welcher der christliche Glaube bzw. die christliche »Erkenntnis« das »Recht« gab. Man könnte von daher die ›exousia‹ als das »Recht des Handelns« verstehen. Mit der Rede von »diesem eurem Recht« akzeptiert Paulus in bestimmter Hinsicht die Sicht der Wissenden; sie ist *an und für sich* richtig. Das war ja auch der Tenor von VV. 4-6. Paulus bestreitet den Wissenden nicht, daß das Essen von Götzenopferfleisch *an und für sich* belanglos ist. Aber Paulus geht es nicht um das theoretische Recht, sondern um die Frage, *wann* und *unter welchen Bedingungen* das Recht in Anspruch oder nicht in Anspruch genommen werden darf. Auf diesen praktischen Aspekt hatten schon die Grundsätze von VV. 1-3 aufmerksam gemacht. Nun geht es um die Anwendung auf das Essen. Gerade weil das Essen von Götzenopferfleisch an und für sich belanglos ist (V. 8), darf es nicht den Schwachen »zum Anstoß werden«. ›proskomma‹ hat mit Fallen zu tun und kann sowohl die Ursache des Fallens als auch das Zu-Fall-Kommen meinen wie schließlich den Fall im Sinn des Verderbens als Folge des Fallens (zum Begriff vgl. *[11]Schrage* II; sachlich vergleichbar ist das ›skandalon‹: vgl. Röm 14,13 [dazu:

K. Müller, Anstoß 33-35]; 1 Kor 1,23; 8,13). Alle Nuancen können hier mitschwingen, wenngleich zuallererst zunächst wohl noch an den Anstoß zu denken ist, den die Wissenden geben. Doch ist der Fall im Sinn des Verderbens als Perspektive durchaus mitgedacht (zur Sache vgl. Mk 9,42; ob Paulus davon »beeinflußt« ist [*[11]Wolff*; vgl. *K. Müller*, Anstoß 42-45], kann offen bleiben). Immer schärfer arbeitet Paulus heraus, daß Erkenntnis und das daraus sich ergebende Recht des Handelns nicht an und für sich beansprucht werden können. Das befleckte Gewissen und der Anstoß der Schwachen machen die Grenzen deutlich. Mein Recht darf den anderen nicht zum Verderben werden. Damit ist zugleich angedeutet, daß Paulus der letzte wäre, der Auseinandersetzung scheut und um den Preis eines faulen Friedens fordert, immer auf leisen Sohlen einherzukommen. Es gibt durchaus Situationen, in denen Brüdern und Schwestern in prophetischer Deutlichkeit und wenn es sein muß sogar in »verletzender« Weise das Evangelium vor Augen gestellt werden muß (vgl. den Widerstand des Paulus gegen Petrus in Antiochien Gal 2,11-14). Aber dies geschieht zu deren Heil, keinesfalls zu deren Verderben. Was Paulus in VV. 7-9 allgemein ausgeführt hat, wird nun mit einem Beispiel verdeutlicht: VV. 10-13.

Vers 10 wechselt von der 2. Person Plural in die 2. Person Singular, die auch im nächsten Vers noch verwendet wird. In diatribischer Weise wird ein Exempel vorgestellt. Zu beachten ist der Charakter des Bedingungssatzes. Nach der griechischen Satzkonstruktion (›*ean*‹ mit Konjunktiv Aorist) handelt es sich weder um einen angenommenen (Realis) noch um einen bloß hypothetischen Fall (Potentialis), erst recht nicht um einen irrealen Fall. V. 10a ist ein Eventualis, der »das Erwartete« bezeichnet, »das auf eine eventuelle Verwirklichung hindeutet« (BDR § 371,4a). D. h., vorausgesetzt wird, daß es *tatsächlich* Leute gegeben hat, die an kultischen Mählern im Tempel teilgenommen haben (*Weiß; Fee; [11]Schrage* II). Nur unter dieser Voraussetzung bestand die Möglichkeit, daß *eventuell* jemand bei diesem Tun gesehen werden konnte (richtig: *[11]Wolff*). Da es sich um den ersten konkreten Fall handelt, der in der Argumentation genannt wird, ist es nicht auszuschließen, daß er überhaupt der eigentliche Stein des Anstoßes war, der die ganze Diskussion um das Essen von Götzenopferfleisch ausgelöst hat (vgl. *G. D. Fee*, Εἰδωλόθυτα [s. zu 8,1-11,1] 181-187). Direkt angesprochen sind diejenigen, die »Erkenntnis haben« und diese Erkenntnis durch ihr Tun programmatisch umsetzen. Mit »zu Tisch liegen« (›*katakeisthai*‹) wird die in der Antike übliche Haltung beim (gehobenen bzw. feierlichen) Mahl angesprochen. Man lag auf (meist erhöhten) Liegen (sog. Klinen) oder in eigens dafür hergerichteten Räumen mit erhöhten Liegeplätzen (z. B. Triklinien). Das mit »Götzentempel« wiedergegebene griechische Wort (›*eidōleion*‹) ist ähnlich wie ›*eidōlothyton*‹ (»Götzenopferfleisch« [s. V. 1]) nur im jüdischen und christlichen Bereich belegt (in der LXX: I Esdr 2,10; Dan 1,2; Bel et Dr 10 [Theodotion übersetzt: »Haus des Bel«]; 1 Makk 1,47; 10,83). Es ist eine Analogiebildung zu Heiligtumsbezeichnungen wie ›*Astarteion*‹, ›*Apollōneion*‹, ›*Serapeion*‹ oder ›*Iseion*‹. Es bezeichnet mit abfälliger Konnotation generell den heidnischen Tempel. Selbstverständlich ist damit nicht das eigentliche Tempelhaus gemeint, in dem das Kultbild stand und das zu betreten ohnehin nur einem begrenzten Personenkreis erlaubt war. Diskutiert wird, ob Paulus die direkte Teilnahme an Kultmahlzeiten bzw. womöglich sogar an Opferhandlungen *(Heinrici; Weiß; Lietzmann; Lang;* [11]*Wolff)* oder vielleicht doch nur ein unverfänglicheres Essen im »Tempelrestaurant« *(Conzelmann)* vor Augen gehabt habe. Dies ist jedoch nur eine anachronistische Alternative aus der Sicht der modernen Auslegung. Denn gleichgültig, ob man an eigens eingerichtete Nebenräume *(Schmiedel)*, an Vorhöfe *(Gutjahr; Bachmann* 305 Anm. 2) oder (Säulen-)Hallen denkt (zum archäologischen Befund vgl. *J. Wiseman*, Corinth passim; [11]*J. Murphy-O'Connor*, Corinth 169-175; *P. D. Gooch*, Food [s. zu 8,1-11,1] 15-26.VIII-XVI), wo solche Mähler stattgefunden haben könnten, *alle* Mahlzeiten innerhalb des Tempelareals (Temenos) – nur dazu paßt die Bezeichnung ›*eidōleion*‹! – haben kultischen Charakter und sind im weiteren Sinn auch »in den Opferrahmen eingebettet« (**H.-J. Klauck*, Herrenmahl 248; zu Recht bemerkt [11]*J. Murphy-O'Connor*, Corinth 172, zum korinthischen Asklepeion: »The location of the dining rooms inevitably conferred a religious character on the parties held there«). Das gilt auch dann, wenn man diese Mähler – auch im Bewußtsein der heidnischen Teilnehmer – nicht automatisch zu sakramentalen Ereignissen zum Zwecke der mystischen Vereinigung mit der Gottheit hochstilisieren darf (vgl. *W. L. Willis*, Meat [s. zu 8,1-11,1] 62-64). Doch hindert auch eine mehr konventionelle Teilnahme nicht den kultischen Charakter des Mahles. Die Vorstellung von einem rein geselligen Beisammensein im Tempelrestaurant oder von einem Picknick im Tempelhain (vgl. [11]*Schrage* II 263 Anm. 300) verniedlicht das Geschehen in unzulässiger Weise, ganz abgesehen davon, daß man sich fragt, warum sich jemand in Korinth aufregen konnte, wenn es nur darum gegangen wäre. Daß durch 10,7.20 f. »eine Teilnahme an kultischen Mahlzeiten« ausgeschlossen gewesen sein soll (so: *IISchrage* II), verkennt den Charakter der Argumentation, die von Kapitel 8 zu Kapitel 10 fortschreitet. Hätte es in Korinth keine Teilnahme an Götzenopfermählern gegeben, dann hätte sie Paulus in 10,14-22 auch nicht verbieten müssen.

Gelegenheiten, an solchen Mählern teilzunehmen, gab es genug. Verfänglicher noch als öffentliche Feste werden private Einladungen gewesen sein, die Christen und Christinnen anläßlich von Geburt, Volljährigkeit, Hochzeit, Gesundung (Heilung) oder Tod von heidnischen Verwandten, Freunden oder Nachbarn erhielten. Auch Einladungen privater Vereine oder Genossenschaften sind nicht auszuschließen (vgl. *W. L. Willis*, Meat [s. zu 8,1-11,1] 13-15; **H.-J. Klauck*, Herrenmahl 68-71; *P. D. Gooch*, Food [s. zu 8,1-11,1] 27-46). Daß die »Schwachen kaum in das Kultheiligtum selbst gegangen und die ›Starken‹ dort gesehen haben werden« (*IISchrage* II), verfängt nicht. Denn um den Tatbestand von V. 10a zu erfüllen, genügt es vielleicht schon, daß man gesehen hat, wie jemand sich in den Tempel oder die für das Mahl vorgesehenen Räume begeben hat. Daß es sich herumgesprochen hat, wer zu welcher Feier eingeladen war, wird man in einer kleinen Gruppe wie der christlichen Gemeinde von Korinth genauso selbstverständlich voraussetzen dürfen wie das mit der Entrüstung verbundene Interesse der Ängstlichen. Es ist auch keineswegs auszuschließen, daß die örtlichen baulichen Verhältnisse ein Sehen von außen zuließen. Im übrigen ist daran zu erinnern, daß Paulus nicht den isolierten Fall des Gesehenwerdens diskutiert – so als müsse man nur dafür Sorge tragen, nicht gesehen zu werden! –, sondern mit dem Eventualis bereits die Mahlteilnahme als Bedingung der Möglichkeit des Gesehenwerdens verurteilt.

So hypothetisch diese Erwägungen zum Teil auch sein mögen, so machen sie doch die Brisanz der erörterten Frage deutlich. Denn die Teilnahme an Mahlzeiten im Tempelbezirk war auch eine Frage der sozialen Kontakte und der gesellschaftlichen Verbindungen (vgl. *W. L. Willis*, Meat [s. zu 8,1-11,1] 47-61). Es wird deutlich, daß in Korinth nicht bloß eine abstrakte theologische Grundsatzdebatte geführt wurde. Es bestand ein erheblicher gesellschaftlicher Druck, das Essen von Götzenopferfleisch mit Hilfe der »Erkenntnis« zu rationalisieren. Die einen schafften das, die anderen waren um so mehr verunsichert. Es wurde schon mehrfach als sehr wahrscheinlich herausgestellt, daß die Wissenden sogar bewußt provozierend an solchen Mählern teilgenommen haben, um ihre »Erkenntnis« in der Gemeinde durchzusetzen. Dies könnte die auffällige Formulierung erklären, die aus dem semantischen Kontext der geschilderten Situation herausfällt; vielleicht ist »auferbauen« sogar dem Vokabular der Korinther entnommen (*Weiß; Robertson-Plummer* 171 Anm. 3; *Lietzmann; Barrett*). Dann wäre die Ironie der paulinischen Formulierung noch stärker. Das »Gewissen« ist wiederum nicht die normierende, sondern die kontrollierende Instanz. Gerade deswegen, weil sich für den »Schwachen« an der Norm – an kultischen Mahlzeiten teilzunehmen, bedeutet »*Götzenopferfleisch* essen« – nichts geändert hat, wird sein Gewissen »befleckt« (vgl. V. 7) bzw. zu einer Tat verführt, die es eigentlich verurteilen muß. Der Schwache handelt, wenn er sich unter dem wohlgemeinten Druck seiner wissenden Mitchristen zum Essen von Götzenopferfleisch verleiten läßt, gegen seine Überzeugung (vgl. Röm 14,23). Was von den Wissenden als programmatische Durchsetzung einer an der »Erkenntnis« orientierten christlichen Identität gedacht ist, führt zur Spaltung und zum Verlust der Identität bei den Schwachen. Ihre Schwäche zeigt sich in einem doppelten Sinn. Zum einen essen sie immer noch »Götzenopferfleisch« (V. 7). Zum andern beugen sie sich dem Druck der Wissenden bzw. stehen zumindest in Gefahr, auch gegen ihre Überzeugung nachzugeben.

Vers 11: Was Paulus als Folge formuliert, erscheint hart: »Der Schwache *geht* durch deine Erkenntnis *ins Verderben*«. Damit spielt Paulus nicht auf einen möglichen (subjektiven) seelischen Konflikt oder eine mögliche (objektive) moralische Verderbtheit an, auch nicht auf eine »existential destruction« (*[II]J. M. Gundry Volf*, Paul 96f.) oder einen möglichen Abfall (*D. A. Black*, Paul 112). Gemeint ist das endgültige Verderben im Sinne des Heilsverlustes (1,18; vgl. 10,9f.; 15,18; 2 Kor 2,15; 4,3.9; Röm 2,12; 14,15), der »bereits jetzt akut« wird *([II]Wolff)*. Daß Paulus so scharf urteilt, hat damit zu tun, daß ein derart »auferbautes« Gewissen die Identität betrifft bzw. verändert. Wer Götzenopferfleisch als *Götzenopfer*fleisch ißt, tut etwas, was mit seiner christlichen Identität nicht vereinbar ist. Wer es dennoch tut, fällt zurück in die heidnische Identität und löst sich von Christus, dessen alter ego er bzw. sie sein sollte. Damit ist auf der Ebene der semantischen Tiefenstruktur auch der Grund freigelegt, weshalb Paulus zur Unterstreichung des Gesagten auf die sogenannte Sterbensformel zurückgreift (V. 11b) (vgl. dazu: *[II]K. Wengst*, Formeln 78-86). Meist spricht sie davon, daß »Christus *für* (›*hyper*‹) uns (euch, alle o. ä.) gestorben ist« (1,13 [vgl. 15,3]; 1 Thess 5,10; 2 Kor 5,14f.; Röm

5,6.8; 14,15). Diese Stellvertretung beinhaltet für Paulus den Gedanken des Identitätswechsels: Weil Christus unsere Identität, d.h. die Identität des Sünders, übernommen hat, sind wir, die Sünder, – im Glauben – befähigt, uns seine Identität, d.h. die Identität des Gerechten, anzueignen (vgl. 6,11; 2 Kor 5,21; zur Sache: *H. *Merklein*, Bedeutung 25-34; *ders.*, Sühnetod 42-47; *ders.*, Wie hat Jesus 183-189; *ders.*, Paradox 294-300). Weil er für uns zum Fluch geworden ist (Gal 3,13), sind wir »in Christus« (als alter Christus) Söhne und Töchter Gottes (Gal 3,26-28; 4,4-7) und untereinander Brüder und Schwestern. Vor diesem Hintergrund ist V. 11b zu würdigen. Die in der Bekehrung erlangte neue Identität (mit Christus) verträgt sich nicht mit der Anhänglichkeit an die Götzen. Wer daher das Götzenopferfleisch als *Götzenopfer*fleisch ißt, verrät Christus, fällt in seine alte Existenz zurück (vgl. 6,9f.) und führt sich selbst ins Verderben. Es fällt allerdings auf, daß Paulus statt des üblichen »für uns« hier davon spricht, daß Christus »*um* des Bruders *willen*« (›di' hon‹) gestorben ist«. Daß er die übliche Formulierung hätte verwenden können, zeigt Röm 14,15b: »Bringe nicht durch deine Speise jenen ins Verderben, *für [›hyper‹])* den Christus gestorben ist«. Die Formulierung von V. 11b ist mehr als nur eine (unbewußte) Variante (sachlich nur bedingt vergleichbar sind Röm 3,25; 4,25). Sie erklärt sich wahrscheinlich aus den konkreten Argumentationszielen, die Paulus verfolgt. Wenn Christus um des Bruders *willen* gestorben ist, dann schlägt zum einen das Verderben, das der Bruder durch das Verhalten der Wissenden auf sich gezogen hat, auf diese zurück. Überhaupt ist zu betonen, daß Paulus das Verderben des Schwachen nicht im Blick auf diesen selbst diskutiert, sondern mit Blick auf den Wissenden, den er mit dem betonten »durch *deine* Erkenntnis« (im Griechischen durch das Possessivpronomen ›sē‹ noch stärker hervorgehoben als durch das ebenfalls mögliche Personalpronomen ›sou‹; vgl. *Bauer*) in die Verantwortung nimmt. Zum anderen wird die Tat Christi zum Beispiel (zu einseitig betont von [11]*J. M. Gundry Volf*, Perseverance 88f.), das zur Rücksichtnahme und zum Einsatz für den »jemand« von V. 10 motivieren soll, der jetzt als »Bruder« vorgestellt wird. Beide Gesichtspunkte werden als Folgerungen in den nächsten Versen zur Geltung gebracht.

Vers 12: Nach dem diatribisch in der 2. Person Singular gehaltenen Beispiel der VV. 10f. kehrt V. 12 wieder zur 2. Person Plural zurück (vgl. V. 9). Die Gemeinde bzw. die Wissenden allgemein sind nun wieder das Gegenüber der paulinischen Ausführung. Der Identitätsgedanke, der der Sterbensformel eigen ist und durch deren exemplifizierende Anwendung in V. 11 in den Hintergrund getreten zu sein schien, taucht in neuer, deutlicherer Variation wieder auf. Das in V. 10 ironisch genannte »Auferbauen zum Götzenopferfleisch-Essen« wird nun als »Sündigen gegen die Brüder« und als »Schlagen ihres schwachen Gewissens« erläutert. Letzteres gibt wohl den Grund an, warum solches Verhalten gegen die Brüder und Schwestern ein Sündigen ist. »Schlagen« (*›typtein‹*) wird häufig mit »verletzen« übersetzt (LB, EÜ). Doch soll mit dem Wort zunächst das Tun der Wissenden charakterisiert werden. In plastischer Metaphorik kommt die Gewalttätigkeit des Drucks zum Ausdruck, den sie mit ihrem Vorgehen auf die Schwachen ausüben. Implizit sind natürlich auch die Folgen solch gewalttätiger »Erbauung« angesprochen. Analog zum »Verderben« von V. 11 ist dabei weniger an die subjektive Reaktion des geschlagenen Gewissens zu denken, weder an mögliche Gewissensbisse noch an den möglichen Schock. Auch hier geht es um die objektiven Folgen. Unter dem Druck derer, die »Erkenntnis« haben, wird das schwache Gewissen zur Seite gedrängt. Es entsteht eine Kollision zwischen dem Tun, zu dem der Schwache durch die Wissenden gezwungen wird, und dem Urteil, welches sein eigenes Gewissen über dieses Tun fällt. Das Handeln des Schwachen verliert seine Authentizität. Die Kontrollinstanz des Gewissens wird, da sie sich mit der Nicht-Ratifizierung des eigenen Urteils arrangieren muß, beschädigt. Die Folge ist ein Identitätsverlust des betroffenen Bruders bzw. der betroffenen Schwester. Wer sich so an seinem Bruder oder seiner Schwester versündigt, »sündigt gegen Christus«. Was heißt das? Sicherlich läuft solches Sündigen der Intention des Heilswerkes Christi zuwider (vgl. *Weiß*). Dennoch bleibt es theologisch problematisch, zu sagen, daß dadurch »Christi Sterben, das den Heilsstand des Schwachen und das Eigentumsrecht Christi an ihm begründet, wieder rückgängig« gemacht oder »das Heilswerk Christi (zerstört)« werde (*[II]Schrage* II; vgl. *[II]Wolff*). Der Gedanke des Leibes Christi, dessen Glieder die Brüder und Schwestern sind, steht hier allenfalls entfernt im Hintergrund (gegen: *J. Murphy-O'Connor*, Freedom 564; *W. L. Willis*, Meat [s. zu 8,1-11,1] 107; [II]*M. M. Mitchell*, Paul 242 Anm. 321). Und selbstverständlich kann man nicht unterstellen, daß Christus selbst in irgendeiner Weise beschädigt wird. Dennoch ist die pragmatische Zielrichtung der Aussage klar. Paulus will die Wissenden in drastischer Weise auf die Tragweite ihres Tuns aufmerksam machen. Sachlich läuft die Logik über den Identitätsgedanken. Weil die Brüder und Schwestern alter Christus sind, ist ein Sündigen gegen sie ein

Sündigen gegen Christus (vgl. *Conzelmann; Robertson-Plummer; Fee*). Damit verfehlt sich der so Handelnde aber auch gegen sich, da er ja selbst ein alter Christus ist. Das Sündigen gegen Christus führt zum Verlust der eigenen Identität. Eben deshalb folgt in

Vers 13: die fast schwurartige Beteuerung, »in Ewigkeit kein Fleisch (mehr) zu essen«, wenn dadurch dem Bruder oder der Schwester Ärgernis gegeben wird. Die Beteuerung generalisiert und steigert, indem sie nicht mehr nur auf »Götzenopferfleisch«, sondern überhaupt und bis »in Ewigkeit« auf »Fleisch« *(›kreas‹)* verzichten will. Der demonstrativen »Erbauungs«-Tat der Wissenden setzt Paulus, ebenso demonstrativ, seine Solidarität mit den Schwachen entgegen. Dabei handelt es sich keineswegs nur um rhetorische Übertreibung und Zuspitzung. Die Radikalität der paulinischen Aussagen ist in der Sache begründet. Der Konditionalsatz formuliert keine Bedingung, die die Geltung der Beteuerung einschränken soll, sondern stellt die logische Schlußfolgerung dar (Realis [›*ei*‹ mit Indikativ; vgl. BDR §371,1], noch dazu verstärkt mit »deshalb«), unter der die Beteuerung gerade gelten soll. Das »Ärgernis-Geben«, das zugleich das »Zum-Anstoß-Werden« aus V. 9 wieder aufgreift, ist sachlich daher von V. 12 her zu interpretieren. Die christliche Identität (von Bruder bzw. Schwester und des Sündigenden selbst) steht auf dem Spiel.

Überlegungen, daß »man auch das Nicht-Essen nicht verabsolutieren« dürfe (*[II]Schrage* II) oder daß die paulinische Beteuerung nicht Platz griffe, »wenn die Wahrheit des Evangeliums auf dem Spiele« stehe (*Heinrici*), sind in diesem Zusammenhang daher deplaziert. Wenn es um christliche Identität geht, steht die Wahrheit des Evangeliums auf dem Spiel! Paulus wollte in Kapitel 8 gerade nicht darlegen, daß »Essen und Trinken als solche ... ambivalent bzw. adiaphorisch« sind (*[II]Schrage* II), so wenig er dies bestreiten würde. Es waren die Korinther, die mit der ethischen Indifferenz des Essens operiert haben. Nicht die Modalitäten zu klären, wann man essen und wann man nicht essen darf, ist das vorrangige Anliegen des Paulus; letztlich will er die Operationalisierbarkeit einer Erkenntnis an sich und eines an sich erlaubten Essens bestreiten. Das Essen ist in der Regel ein sozialer Akt. Soziale bzw. ekklesiale Rücksicht gehört daher zum Wesen des Essens, das es »an und für sich« gar nicht gibt. Im Laufe der paulinischen Argumentation hat sich der Blickwinkel verschoben: von der Erkenntnis, die ohne Rücksicht auf die Brüder und Schwestern diese verändern will, zur Liebe, ohne die es überhaupt keine legitime Erkenntnis gibt. Das Götzenopferfleisch, das an und für sich ein Adiaphoron ist, ist mit Rücksicht auf den Bruder und die Schwester zum Kriterium christlicher Identität geworden, das die Unschuld einer isolierten Erkenntnis verloren hat. Paulus ist weit davon entfernt, den Standpunkt der Wissenden prinzipiell zu teilen. Das Götzenopferfleisch ist zu einer bedenklichen Materie geworden. Für die Mähler im Tempel wird der Gesichtspunkt der Erkenntnis ad absurdum geführt. Eine Teilnahme an solchen Mähler kommt faktisch nicht mehr in Frage. Das strikte Verbot des Götzendienstes, wie es dann in 10,14-22 unter sakramentalem Gesichtspunkt ausgesprochen wird, ist rhetorisch äußerst geschickt vorbereitet.

2.2 Verzicht auf Recht am Beispiel des Apostels 9,1-23

1 Bin ich nicht frei? Bin ich nicht Apostel? Habe ich nicht Jesus, unseren Herrn, gesehen? Seid ihr nicht mein Werk im Herrn? 2 Wenn ich anderen nicht Apostel bin, so bin ich (es) doch wenigstens euch; denn das Siegel meines Apostelamtes seid ihr im Herrn. 3 Meine Antwort an die, die mich hinterfragen, ist dies: 4 Haben wir etwa nicht das Recht, zu essen und zu trinken? 5 Haben wir etwa nicht das Recht, eine Schwester als Frau bei uns zu haben, wie auch die übrigen Apostel und die Brüder des Herrn und Kephas? 6 Oder haben allein ich und Barnabas nicht das Recht, nicht zu arbeiten? 7 Wer leistet jemals für eigenen Sold Kriegsdienst? Wer pflanzt einen Weinberg und ißt nicht seine Frucht? Oder wer weidet eine Herde und genießt (wörtl.: ißt) nicht von der Milch der Herde? 8 Rede ich dies etwa nach menschlicher Weise oder sagt dies nicht auch das Gesetz? 9 Denn im Gesetz des Mose steht geschrieben: *Du sollst einem dreschenden Ochsen keinen Maulkorb anlegen.* Liegt Gott etwa an dem Ochsen etwas 10 oder spricht er (es) unter allen Umständen um unseretwillen? Ja fürwahr, um unseretwillen wurde geschrieben, daß der Pflügende aufgrund der Hoffnung pflügen soll und der Dreschende aufgrund der Hoffnung, (am Ertrag) teilzuhaben, (dreschen soll). 11 Wenn wir euch die geistlichen Güter gesät haben, ist es da zuviel verlangt (wörtl.: [ist es da etwas] Großes), wenn wir von euch die irdischen (wörtl.: fleischlichen) Güter ernten? 12 Wenn andere am Recht(,) über euch (zu verfügen,) teilhaben, (dann) nicht viel mehr wir? Doch haben wir von diesem Recht keinen Gebrauch

gemacht. Vielmehr ertragen wir alles, damit wir dem Evangelium Christi nicht irgendein Hindernis schaffen. 13 Wißt ihr nicht, daß diejenigen, die die heiligen (Dienste) verrichten, [das, was] vom Heiligtum [(stammt,)] essen, (daß) diejenigen, die am Altar den Dienst versehen, sich mit dem Altar (die Opfergaben) teilen? 14 So hat auch der Herr für diejenigen, die das Evangelium verkünden, angeordnet, vom Evangelium zu leben. 15 Ich aber habe von keinem einzigen dieser Dinge Gebrauch gemacht. Ich habe dies aber nicht geschrieben, damit es mit mir so geschehe; denn es ist mir lieber zu sterben als – meinen Ruhm soll (wörtl.: wird) mir niemand zunichte machen. 16 Denn wenn ich das Evangelium verkünde, gebührt (wörtl.: ist) mir kein Ruhm; denn ein Zwang liegt auf mir; denn wehe mir, falls ich das Evangelium nicht verkünde. 17 Denn wenn ich dieses freiwillig täte, hätte ich Lohn; wenn aber unfreiwillig, bin ich mit einem Verwalteramt betraut. 18 Was ist nun mein Lohn? Daß ich als Verkündiger das Evangelium kostenlos darbiete, so daß ich von meinem Recht am Evangelium keinen Gebrauch mache. 19 Indem ich also allen gegenüber frei bin, habe ich mich für alle zum Sklaven gemacht, damit ich möglichst viele (wörtl.: mehrere) gewinne. 20 Und ich wurde den Juden wie ein Jude, damit ich (die) Juden gewinne, denen unter dem Gesetz wie (einer) unter dem Gesetz, obwohl ich selbst nicht unter dem Gesetz bin, damit ich die unter dem Gesetz gewinne, 21 den Gesetzlosen wie ein Gesetzloser, obwohl ich kein vom Gesetz Gottes Losgelöster bin, sondern ein an das Gesetz Christi Gebundener, damit ich die Gesetzlosen gewinne. 22 Ich wurde den Schwachen ein Schwacher, damit ich die Schwachen gewinne. Allen bin ich alles geworden, damit ich in jedem Fall einige rette. 23 Alles aber tue ich um des Evangeliums willen, damit ich seiner mit teilhaftig werde.

Literatur (s. auch die Lit. zu 8,1-11,1): *D. C. Allison*, The Pauline Epistles and the Synoptic Gospels: The Pattern of the Parallels: NTS 28 (1982) 1-32; *C. K. Barrett*, Cephas and Corinth, in: **ders. (Hrsg.)*, Essays 28-39; *J. B. Bauer*, Uxores circumducere (1 Kor 9,5): BZ 3 (1959) 94-102; *C. J. Bjerkelund*, ›Nach menschlicher Weise rede ich‹. Funktion und Sinn des paulinischen Ausdrucks: StTh 26 (1972) 63-100; *D. A. Black*, A Note on »the Weak« in 1 Corinthians 9,22: Bib. 64 (1983) 240-242; *ders.*, Paul, Apostle of Weakness. ASTHENEIA and Its Cognates in the Pauline Literature (AmUSt.TR 3), New York 1984; *G. Bornkamm*, The Missionary Stance of Paul in I Cor 9 and in Acts, in: *L. E. Keck – J. L. Martyn (Hrsg.)*, Studies in Luke-Acts. Essays in Honor of P. Schubert, New York 1966, 194-207; *D. I.*

Brewer, 1 Corinthians 9.9-11: A Literal Interpretation of ›Do not muzzle the Ox‹: NTS 38 (1992) 554-565; *C. C. Caragounis*, ΟΨΩΝΙΟΝ: A Reconsideration of Its Meaning: NT 16 (1974) 35-57; *D. Carson*, Pauline Inconsistency: Reflections on I Corinthians 9.19-23 and Galatians 2.11-14: ChM 100 (1986) 6-45; *R. F. Collins*, »It was indeed written for our sake« (1 Cor 9,10). Paul's Use of Scripture in the First Letter to the Corinthians: SNTU.A 20 (1995) 151-170; *G. Dautzenberg*, Der Verzicht auf das apostolische Unterhaltsrecht. Eine exegetische Untersuchung zu 1 Kor 9: Bibl. 50 (1969) 212-232; *F. Didier*, Le salaire du désintéressement (1 Cor., IX,14-27): RSR 43 (1955) 228-251; *C. H. Dodd*, Ἔννομος Χριστοῦ, in: *ders. (Hrsg.)*, More NT Studies, Manchester 1968, 134-148; *D. L. Dungan*, The Sayings of Jesus in the Churches of Paul. The Use of the Synoptic Tradition in the Regulation of Early Church Life, Oxford 1971, 3-26; **B. Fjärstedt*, Tradition 65-99; *H. Funke*, Antisthenes bei Paulus: Hermes 98 (1970) 459-471; *G. Galitis*, Das Wesen der Freiheit. Eine Untersuchung zu 1 Ko 9 und seinem Kontext, in: **L. De Lorenzi (Hrsg.)*, Freedom 127-141; *K. Haacker*, Urchristliche Mission und kulturelle Identität. Beobachtungen zu Strategie und Homiletik des Apostels Paulus: ThBeitr 19 (1988) 61-72; **J. Hainz*, KOINONIA 120-122; *A. E. Harvey*, »The Workman is Worthy of his Hire«. Fortunes of a Proverb in the Early Church: NT 24 (1982) 209-221; *M. Hill*, Paul's Concept of ENCRATEIA: RTR 36 (1977) 70-78; *H. W. Hollander*, The Meaning of the Term »Law« (ΝΟΜΟΣ) in 1 Corinthians: NT 40 (1998) 117-135; *D. G. Horrell*, ›The Lord Commanded ... But I have not Used ...‹. Exegetical and Hermeneutical Reflections on 1 Cor 9.14-15: NTS 43 (1997) 587-603; *E. Käsemann*, Eine paulinische Variation des »amor fati«, in: *ders.*, Exegetische Versuche und Besinnungen II, Tübingen ³1968, 223-239; *K. Kertelge*, Autorität des Gesetzes und Autorität Jesu bei Paulus, in: *H. Frankemölle – ders. (Hrsg.)*, Vom Urchristentum zu Jesus. FS J. Gnilka, Freiburg – Basel – Wien 1989, 358-376; *J. A. Kirk*, Did »Officials« in the New Testament Church Receive a Salary?: ET 84 (1972) 105-108; *B. Kollmann*, Joseph Barnabas. Leben und Wirkungsgeschichte (SBS 175), Stuttgart 1998; *J. Kremer*, Allen bin ich alles geworden, um jedenfalls einige zu retten (1 Kor 9,22): Bibeltheologische Erwägungen zu dem Thema »Zielgruppen im Heilsdienst der Kirche«, in: *L. Bertsch – K. H. Rentmeister (Hrsg.)*, FS K. Delahaye, Frankfurt/M. 1977, 13-34; *S. Kreuzer*, Der Zwang des Boten – Beobachtungen zu Lk 14,23 und 1 Kor 9,16: ZNW 76 (1985) 123-128; *E. Lohse*, »Kümmert sich Gott etwa um die Ochsen?« Zu 1 Kor 9,9: ZNW 88 (1997) 314 f.; *G. Lüdemann*, Zum Antipaulinismus im frühen Christentum: EvTh 40 (1980) 437-455; *P. Marshall*, Enmity in Corinth: Social conventions in Paul's relations with the Corinthians (WUNT 2. Reihe 23), Tübingen 1987, 281-317; *D. B. Martin*, Slavery as Salvation. The Metaphor of Slavery in Pauline Christianity, New Haven/CT – London 1980, 117-135; *C. Maurer*, Grund und Grenze apostolischer Freiheit. Exegetisch-theologische Studie zu 1. Korinther 9, in: Antwort. FS K. Barth, Zollikon – Zürich 1956, 630-641; *A. Miranda*, L'»uomo spirituale« (πνευματικὸς ἄνθρωπος) nella Prima ai Corinzi: RivBib 43 (1995) 485-519; *H. P. Nasuti*, The Woes of the Prophets and the

Rights of the Apostle: The Internal Dynamics of 1 Corinthians 9: CBQ 50 (1988) 246-264; *K. V. Neller*, 1 Corinthians 9:19-23. A Model for Those Who Seek to Win Souls: RestQ 29 (1987) 129-142; *K. Nikel*, A Parenthetical Apologia: 1 Corinthians 9,1-3: CThMi 1 (1974) 68-70; *R. Pesch*, Peter in the Mirror of Paul's Letters, in: **L. De Lorenzi (Hrsg.)*, Paul 291-309; *V. Picazio*, Die Freiheit des Apostels. Eine exegetische Untersuchung zu 1 Kor 9, Diss. masch. Freiburg 1984; *W. Pratscher*, Der Verzicht des Paulus auf finanziellen Unterhalt durch seine Gemeinden: Ein Aspekt seiner Missionsweise: NTS 25 (1979) 284-298; *K. O. Sandnes*, Paul – One of the Prophets? A Contribution to the Apostle's Self-Understanding (WUNT 2. Reihe 43), Tübingen 1991, 113-180; **T. Schmeller*, Paulus 389-406; *H. Schürmann*, »Das Gesetz des Christus« (Gal 6,2). Jesu Verhalten und Wort als letztgültige sittliche Norm nach Paulus, in: *ders.*, Jesu ureigener Tod. Exegetische Besinnungen und Ausblick, Freiburg – Basel – Wien 1975, 97-120; *W. Strack*, Kultische Terminologie in ekklesiologischen Kontexten in den Briefen des Paulus (BBB 92), Weinheim 1994; **E. Synofzik*, Gerichts- und Vergeltungsaussagen 59-64; **G. Theißen*, Legitimation; *M. Theobald*, »Allen bin ich alles geworden ...« (1 Kor 9,22b). Paulus und das Problem der Inkulturation des Glaubens: ThQ 176 (1996) 1-6; *C. M. Tuckett*, 1 Corinthians and Q: JBL 102 (1983) 607-619; *ders.*, Paul and the Synoptic Mission Discourse?: EThL 60 (1984) 376-381; *W. Willis*, An Apostolic Apologia? The Form and Function of 1 Corinthians 9: JSNT 24 (1985) 33-48; *M. und R. Zimmermann*, Zitation, Kontradiktion oder Applikation? Die Jesuslogien in 1 Kor 7,10f. und 9,14: Traditionsgeschichtliche Verankerung und paulinische Interpretation: ZNW 87 (1996) 83-100.

2.2.1 Zum Text und zur Übersetzung

In V. 13 ist wahrscheinlich die ausführlichere Version (also einschließlich dessen, was in eckigen Klammern steht) als ursprünglich zu betrachten (so: Sinaiticus, B, D, u.a.); die kürzere Lesart (der EÜ, ZB und LB folgen) könnte Angleichung an VV. 7c.14 sein. Nicht ursprünglich, aber bemerkenswert ist, daß der Mehrheitstext (u.a.) in V. 20 die Wendung »obwohl ich selbst nicht unter dem Gesetz bin« ausläßt und daß einige Textzeugen (u.a. D, 33) in V. 22 »in jedem Fall einige« (›*pantōs tinas*‹) zu »alle« (›*[tous] pantas*‹) verallgemeinern.

In V. 10 könnte man anstelle des abhängigen Daß-Satzes einen selbständigen Satz bilden: »Ja, unseretwegen wurde es geschrieben. Denn der ...« (so: EÜ). In V. 15 läßt der Text auch eine andere Interpunktion zu, wenn man anstelle von ›ē‹ (ἤ = »als«) ›ē‹ (ἤ = »fürwahr«) liest: »denn es ist mir lieber zu sterben. Fürwahr, meinen Ruhm ...«. Damit wäre der Anakoluth vermieden, der verschiedentlich schon von der Textüberlieferung und von den meisten Übersetzungen (EÜ, ZB, LB) geglättet wird. V. 17b und V. 18 könnte man auch zusammenziehen: »Wenn ich aber unfreiwillig mit dem Verwalteramt betraut bin, was ist dann mein Lohn?«.

2.2.2 Analyse

Vom Satzgefüge her bilden die ersten drei Verse eine *syntaktische* Einheit. Von dem Objektsatz in V. 1bα abgesehen, bestehen die Verse nur aus Prädikatssätzen (mit Hilfsverben). VV. 4-7 enthalten überwiegend Objektsätze (Akkusativobjekte, an denen sich die im Verbum genannte Tätigkeit unmittelbar auswirkt). Der Sache nach gehört dazu auch noch die (einzige) Partizipialwendung V. 7c (»essen *von* der Milch der Herde«), die partitiv ein eigentlich gemeintes Akkusativobjekt vertritt. Insgesamt fällt auf, daß im gesamten Text die Verbalphrasen betont sind, während die Nominalphrasen (Subjekte) zurücktreten. Direkt nominale Subjekte enthalten nur die VV. 3.5b.6.8b.14, während die übrigen Subjekte durch Pro-Formen (Pronomina: VV. 1bβ.2b.7abc.11ab.12a.15d) oder durch Partizipialausdrücke (VV. 10b.13bαβ) gebildet sind. Die VV. 19-23 stellen unter dieser Rücksicht noch einmal eine eigene Kategorie dar. Als nominales Subjekt begegnet (nur im Griechischen nachvollziehbar) ausschließlich das (variierend prädizierte) partizipiale Hilfsverb ›ōn‹ (»frei *seiend*«) bzw. ›mē ōn‹ (»*nicht* unter dem Gesetz usw. *seiend*«) (VV. 19a.20b.21). Die Zusammengehörigkeit der VV. 19-23 wird durch den kennzeichnenden Wechsel von Akkusativ- und Dativobjekten unterstrichen. Es verbleibt, noch ein Wort zur (Satz-)Syntax der VV. 8-20 zu sagen. Klare Subjektbetonung lassen VV. 8b.14 erkennen. Von den dazwischenliegenden Sätzen bestehen VV. 10b-12a.13 aus pronominalen bzw. partizipialen Nominalphrasen mit handlungsbetonten Verbalphrasen, die aus Verbum und davon abhängigen Nominalobjekten gebildet sind. Die VV. 15-18 zeichnen sich durch fast durchgängige nominale Subjektlosigkeit aus, der regelmäßig wiederkehrend wertende Prädizierungen entsprechen (VV. 15c.16aβ.b.c.18a).

Damit ist bereits auf die *semantische* Ebene übergeleitet, auf der die syntaktisch sich abzeichnende Gliederung noch deutlicher nachzuvollziehen ist. Die Prädikatssätze der VV. 1f. intonieren in Frageform das Thema der Freiheit im Blick auf den Apostel und seine Relation zur Gemeinde. Der syntaktisch analoge V. 3 verweist kataphorisch auf die »Antwort« der folgenden Verse. Sie handeln zunächst – das Thema von VV. 1 f. unmittelbar aufgreifend – vom »Recht« des Apostels, das im Vergleich zwischen Paulus und den übrigen Aposteln (wiederum in Frageform) entfaltet wird (VV. 4-6). In VV. 7-12 wird das Recht zunächst unter dem Aspekt des Werkes veranschaulicht. Am Anfang in V. 7 stehen drei allgemeine Beispiele aus der antiken Erfahrungswelt. V. 8 korreliert die menschliche Erfahrungswelt mit der Autorität des »Gesetzes«, das dann in V. 9aβ auch zitiert wird. Nach einer kurzen hermeneutischen Reflexion in VV. 9b.10 (mit einer gewissen Bildverschiebung) betonen VV. 11-12a das »Recht« des Paulus speziell gegenüber seiner Gemeinde. Die Begründung des Rechtsverzichts mit dem Evangelium V. 12b leitet über auf eine höhere Ebene, auf der das Evangelium selbst als Grund für das apostolische Recht erscheint. Als Argument dafür dient zuerst – V. 7 vergleichbar – ein Beispiel, diesmal aus dem kultischen Bereich (V. 13), dann das Wort des Herrn selbst (V. 14). Möglicherweise dient überhaupt eine traditionelle Sammlung von Jesusworten (etwa nach Art von Lk 10,2-9 par) als (m. E. allerdings entferntes) *pattern* zu 9,1-18 (vgl. *B. Fjärstedt*, Tradition 65-77). Wie dem auch sei, vor dem Hintergrund der vorher aufgebauten Argumente reflektieren und begründen die VV. 15-18 das abweichende Verhalten des Paulus mit dem »Zwang« der Evangeliumsverkündigung, den er durch keinen Lohn (es sei denn den »Lohn« der Nicht-Inanspruchnahme eines Lohnes) konterkarieren möchte. Damit ist die Voraussetzung geschaffen, um vor dem Hintergrund des letztlich im Evangelium begründeten Rechtsverzichtes des Paulus auf die ebenfalls aus dem Evangelium stammende Freiheit zu verweisen, die die Knechtschaft des Dienstes ermöglicht (V. 19). Gerade so kann der Apostel allen alles werden (VV. 20-22) und sich seiner Teilhabe am Evangelium versichern (V. 23).

Es ergibt sich somit eine recht klare Gliederung, die letztlich von der *pragmatischen* Zielsetzung des Textes diktiert ist (zum diatribischen Charakter vgl. *T. Schmeller*, Paulus 396 f.400-403.406). Nach der Argumentation von 8,1-13 scheinen die VV. 1 f. eine Digression zu eröffnen. Die Ausführungen von VV. 1 f. und die »Antwort« V. 3 verweisen auf einen völlig anderen Kontext, dessen präzise Konturen der Text nur erahnen läßt, die in Korinth aber bekannt gewesen sein müssen. Indem Paulus diesen Problemkreis unter das Thema der Freiheit stellt (V. 1), mit der er den unüblichen Charakter seines Apostolates erklären will, gelingt es ihm, den Exkurs zum Thema des Apostolates als Argument in die Ausführungen über das Problem des Götzenopferfleisches einzubringen. Der Exkurs steht somit im Dienste einer Doppelstrategie. Sie erlaubt ihm zum einen darzulegen, daß er – als Apostel – das gleiche »Recht« in Anspruch nehmen könnte wie die übrigen Apostel. Es steht ihm aus seiner Relation sowohl zur Gemeinde als auch zum Evangelium bzw. zum Herrn zu, und er legitimiert es mit einer Folge von sich steigernden Autoritäten (alltägliche Erfahrungswelt – Gesetz bzw. kultische Erfahrungwelt – Kyrios) (VV. 7-14). Es ist also kein Zeichen eines Defizits, wenn er von seinem legitimen Recht keinen Gebrauch macht, sondern seine bewußte Entscheidung, mit der er dem »Zwang« des Evangeliums Rechnung tragen möchte (VV. 15-18). Eben dies aber ist für Paulus Zeichen der Freiheit (V. 19aα), aus der heraus er sich in die Knechtschaft des apostolischen Dienstes stellen konnte (VV. 19aβ-22), um so des Evangeliums teilhaftig zu werden (V. 23). Die Verbindung zwischen dem in den VV. 12b.15-18 dargelegten Rechtsverzicht und der in VV. 19-23 thematisierten Freiheit wird nicht explizit entfaltet, sondern auf dem Wege einer vom Leser selbst zu erschließenden Analogie hergestellt. Hinter dieser scheinbaren Zurücknahme auf der Ebene einer semantisch lückenlos nachvollziehbaren Argumentation verbirgt sich aber auf pragmatischer Ebene eine äußerst geschickte Strategie, der höchste Wirksamkeit beschieden sein dürfte. Auf diese Weise kann Paulus nicht nur seinen Rechtsverzicht vor dem Vorwurf mangelnder Legitimität schützen, sondern diesen zugleich als Zeichen seiner apostolischen Freiheit ausweisen und somit – und das ist das zweite und im Rahmen von 8,1-11,1 sogar das eigentliche Ziel der Ausführungen von 9,1-23 – als Beispiel und Vorbild (vgl. 11,1) für den im Kontext der Götzenopferfleischproblematik ebenfalls nötigen Verzicht auf ein »Recht« (8,10) vor Augen stellen. Zwar ist dieses »Recht« nicht von der gleichen Qualität wie das apostolische »Recht«. Denn während ersteres aus einer zwar an und für sich richtigen »Erkenntnis« stammt (8,1), deren Inanspruchnahme im konkreten Fall aber zu schwerster Verfehlung führt (8,11-13), ist im Falle einer Inanspruchnahme des apostolischen »Rechtes« wohl keine Konkretion mit solch negativen Folgen denkbar. Doch ändert das nichts an der Vergleichbarkeit, sondern erhöht im Gegenteil noch die pragmatische Wirkung des Exkurses von 9,1-23. Wenn schon der (im Vergleich mit den anderen Aposteln) freiwillige Rechtsverzicht des Paulus Freiheit ist, um wieviel mehr ist dann der nach 8,7-13 *notwendige* Rechtsverzicht Ausdruck christlicher Freiheit. Der gesamte Abschnitt läßt sich dann folgendermaßen *gliedern:*

1 f. Das Thema der Freiheit am Beispiel des paulinischen Apostolates: Paulus ist Apostel aufgrund seiner Beziehung zum Herrn und seines Verhältnisses zur Gemeinde (von Korinth)

3-18 Die Antwort auf vorhandene Unterstellungen: Das Recht des Apostels und der paulinische Verzicht darauf
    3   Einleitung
    4-6   Grundsätzlich: Paulus kann das gleiche Recht wie die übrigen Apostel beanspruchen
    7-12a Das Recht aufgrund seines Werkes:
        7   Argument: aus der Erfahrungswelt
        8-10   Argument: das Wort des Gesetzes
        11-12a Paulus hätte der Gemeinde von Korinth gegenüber noch mehr Grund als andere, das Recht des Apostels in Anspruch zu nehmen
    12b   Er verzichtet darauf um des Evangeliums willen
    13 f. Das Recht aufgrund des Evangeliums:
        13   Argument: aus dem kultischen Bereich
        14   Argument: das Wort des Herrn über die Verkündiger des Evangeliums
        15-18 Paulus hat sein Recht nicht in Anspruch genommen, weil er nichts als Verwalter des Evangeliums sein will

19-23 Die Freiheit kommt in der Knechtschaft des Dienstes – pragmatische Botschaft: nicht in der Inanspruchnahme des Rechtes – zum Ausdruck
    19   Weil er frei ist, hat Paulus sich in die Knechtschaft der Verkündigung gestellt
    20-22 Deshalb konnte er bei der Verkündigung des Evangeliums allen alles werden
    23   und gerade so des Evangeliums teilhaftig werden.

2.2.3 Einzelerklärung

Verse 1f.: Es wurde bereits darauf hingewiesen, daß die Freiheit (›eleutheros‹), die Paulus in seiner ersten Frage anspricht, nicht einfach als Synonym für das »Recht« (›exousia‹) genommen werden darf, von dem in 8,1-13 die Rede war. Dabei kann es dahingestellt bleiben, ob die Leserinnen und Leser diese Differenzierung sofort erkennen (zum korinthischen Freiheitsverständnis vgl. *F. S. Jones*, Freiheit [s. zu 8,1-11,1] 57-61). Dies zu erreichen ist ja gerade das Ziel der nachfolgenden Argumentation, die den Verzicht auf »Recht« als Verwirklichung christlicher Freiheit verständlich und plausibel machen will.

Der Inhalt von »frei« (›*eleutheros*‹) ist zunächst offen, so daß man an die Freiheit denken könnte, wie sie jedem Christen und jeder Christin eigen ist (vgl. Röm 6,20; 8,2.21; Gal 5,1.13). Paulus meint aber speziell die Freiheit, die ihm durch das Apostelamt zugewachsen ist (vgl. *S. Vollenweider*, Freiheit [s. zu 8,1-11,1] 201 f.; abwegig ist der Bezug auf die Freiheit, »geweihtes Fleisch zu essen«; gegen: *F. S. Jones*, Freiheit [s. zu 8,1-11,1] 56). Weshalb er sie anspricht und warum er damit die Frage nach seiner Apostolizität verbindet, ist aus dem Text nicht unmittelbar erkennbar. Man ahnt, daß es Zweifel gibt. Worin diese bestehen und woher sie kommen, soll für einen Augenblick noch zurückgestellt werden. Paulus jedenfalls unterstreicht seinen Anspruch, Apostel zu sein. Er tut es mit einer zweifachen Begründung, die einer *paulinischen* Definition des Apostelbegriffs gleichkommt. Die Frage »Habe ich nicht Jesus, unseren Herrn, gesehen?« spielt auf das Damaskusereignis an. In Gal 1,12.15 f. umschreibt er es mit der Kategorie der »Offenbarung« (›*apokalypsis*‹, ›*apokalyptein*‹). Damit schließt er aus, daß er selbst oder überhaupt Menschen die Ursache für seinen Gesinnungswandel waren. Paulus interpretiert das Erlebte als Gottesbegegnung, die inhaltlich darin besteht, daß er Jesus, dessen Anhänger und Anhängerinnen er bislang verfolgt hat, als »seinen (d. h. Gottes) Sohn« erkennt und anerkennt (Gal 1,16). Ob dieses Erlebnis über äußere Sinneswahrnehmungen oder rein innerseelisch vermittelt wurde, ist schwer zu sagen. Von 9,1 (»sehen«) her ist man geneigt, an eine Vision zu denken. Allerdings bleibt zu beachten, daß Paulus in der visuellen Deutung seiner Erfahrung sich möglicherweise einer bereits traditionellen Formulierung anschließt. In 15,3-5 zitiert er: »Christus ... *erschien* (›*ōphtē*‹, Aorist Passiv von ›*horaō*‹ = »sehen«) dem Kephas, sodann den Zwölfen«. Die Wahl des Begriffs (»erscheinen« = »gesehen werden« bzw. »sich sehen lassen«) könnte bereits Teil der paulinischen Rechtfertigungsstrategie sein, indem er sich begrifflich der konstitutiven Erfahrung der Apostel vor ihm anschließt. Doch wird man immerhin konzedieren dürfen, daß die Erfahrung des Paulus von solcher Art gewesen sein muß, daß sie eine *visuelle* Versprachlichung zuließ. Die griechische Perfektform ›*heōraka*‹ = »ich habe gesehen« betont die fortdauernde Qualität des Erfahrenen. Der Herr Jesus bleibt Paulus gleichsam beständig vor Augen. Dabei geht es natürlich nicht um den irdischen Jesus, wenngleich die Identität mit dem Irdischen außer Frage steht. Das Entscheidende der paulinischen Erfahrung ist das *Herr*-Sein Jesu, der als Sohn Gottes für Paulus zugleich die eschatologische Offenbarung Gottes und das entscheidende Kriterium des von Gott verlangten Gehorsams darstellt. Gerade letzteres kommt im Begriff des *Kyrios* zum Ausdruck. Paulus beansprucht also, wie Kephas und die übrigen Apostel (vgl. 15,7) einer Erscheinung des Auferstandenen gewürdigt worden zu sein, und versteht dies als konstitutives Merkmal des Apostolats. Wie in Gal 1,12.15 f. ist die Offenbarung des Sohnes Gottes nicht nur ein Vorgang der Erkenntnis (daß Jesus der Sohn Gottes ist), sondern zugleich ein Vorgang der Beauftragung (daß dieser Sohn Gottes den Heiden zu verkünden ist), die sich im konkreten Fall in der Missionierung und Gründung der korinthischen Gemeinde äußerte.

Dient das erste Merkmal des Apostolats der Übernahme eines vorgefundenen Apostelverständnisses, so fördert das zweite Merkmal noch stärker die spezifisch paulinische Sicht zutage: »Seid ihr nicht *mein Werk* im Herrn?« Die Frage bestätigt die untrennbare Einheit von Erkenntnis bzw. Offenbarung des Kyrios und Berufung bzw. Beauftragung. Mit dem Begriff des »Werkes« hebt Paulus im besonderen darauf ab, daß die Legitimität der göttlichen Berufung und Beauftragung im Ergebnis ihren Ausdruck findet. Apostel und die von ihm gegründete Gemeinde gehören untrennbar zusammen. Die Gemeinde ist das »Siegel« des Apostelamtes. Der Zusammenhang, den Paulus hier festhält, ist bemerkenswert, macht er doch nicht nur die Gemeinde vom Apostel, sondern auch umgekehrt den Apostel von der Gemeinde abhängig. Paulus will damit sicherlich nicht den Erfolg zum Kriterium seiner Botschaft machen. Er hat selbst genug Mißerfolge einzustecken. Umgekehrt würde aber eine völlig erfolglose Verkündigung das verkündigte Wort als rein menschliches Produkt entlarven und seine göttliche Herkunft ad absurdum führen. Gerade weil das, was Paulus zu vermitteln hat, auf Offenbarung zurückgeht, kann es nicht wirkungslos sein. Apostel und Gemeinde bilden eine dialektische Einheit. Ohne das Zeugnis des Apostels gäbe es keine Gemeinde. Ohne Gemeinde müßte das Zeugnis des Apostels als leeres Gerede und als rein menschliche Propaganda erscheinen. Für Paulus gilt eben nicht nur die formale Autorität des Verkündigers, die sich auf den göttlichen Ursprung des Glaubensinhaltes und im weiteren Sinn der zu glaubenden Lehre stützt, sondern auch, daß diese Lehre Gemeinde schafft und aufbaut. Wo dies nicht der Fall ist und die Verkündigung ins Leere geht, steht immer auch der Verkündiger in Frage.

Paulus legt diesen Sachverhalt allerdings nicht objektiv beschreibend dar. Er wendet sich vielmehr damit direkt an seine Adressaten und betont, daß er, wenn schon nicht »anderen«, so doch wenigstens »*ihnen*« Apostel ist, wie sie *sein* Siegel des Apostelamtes sind. Das dürfte mit den bereits erwähnten Zweifeln an seiner Apostolizität zu tun haben. Die Problematik begleitet Paulus fast überall. Vor allem im Galater- und im 2. Korintherbrief hat sie ihre Eindrücke hinterlassen. Doch wird man unterscheiden müssen. In Galatien ist es die rigorose Ablehnung der Beschneidung durch Paulus, die seine apostolische Legitimität bestreiten läßt. Das ist in Korinth nicht der Fall. Auch wird man für den 1. Korintherbrief noch nicht die zugespitzte Situation voraussetzen dürfen, die Paulus zur Apologie des apostolischen Amtes in 2 Kor 2,5-7,4 und schließlich zur Schärfe des Tränenbriefes 2 Kor 10 -13 veranlaßt hat. Man wird aus V. 2 zunächst nur herauslesen können, daß es Leute gab, die Paulus nicht für einen (vollwertigen) Apostel hielten. Ob diese Leute in Korinth saßen, ist keineswegs sicher. Im Parteienstreit, der in den ersten vier Kapiteln behandelt wurde, scheint die Apostolizität des Paulus keine Rolle gespielt zu haben. Sind die Zweifel im Zusammenhang mit dem anstehenden Problem des Götzenopferfleisches entstanden? Aber dann müßte man annehmen, daß es bereits eine diesbezügliche Stellungnahme des Paulus gab. Im übrigen spielt die Apostolizität in den Kapiteln 8 und 10, in denen die Götzenopferfleischproblematik unmittelbar behandelt wird, keine Rolle. Daher ist es wahrscheinlicher, daß Kapitel 9 thematisch nicht von der anstehenden Problematik diktiert ist, sondern einen von Paulus selbst gewählten Exkurs darstellt, mit dem er exemplarisch darlegen möchte, daß Verzicht auf »Recht« Freiheit ist. Argumentativ wäre es ja auch sehr ungeschickt, eine strittige Frage mit einem ebenso strittigen Beispiel lösen zu wollen. So wird man eher davon ausgehen müssen, daß die »anderen«, die die Apostolizität des Paulus in Frage gestellt haben, eher außerhalb der korinthischen Gemeinde zu suchen sind. Dafür spricht auch, daß die »anderen« in V. 2a als Gegenüber zu »euch« figurieren. Weswegen man Zweifel an der Apostolizität des Paulus angemeldet hat, wird erst von V. 4 an deutlich. Sofern man in den »anderen« konkurrierende Missionare sehen darf, könnte ein Konflikt »zwischen verschiedenen Typen von Missionaren« (Wandercharismatiker und Gemeindeorganisatoren) dahinterstehen (**G. Theißen*, Legitimation 214; kritisch: *II Wolff* 192; *II H. Probst*, Paulus 172-180). Doch wäre damit eher die objektive Außenseite, nicht aber die aktuelle (Paulus und die Gemeinde betreffende) Binnenproblematik der paulinischen Ausführungen beschrieben. Diese Einschätzung schließt nicht aus, daß entsprechende Unterstellungen auch nach Korinth getragen wurden und dort – gerade im Kontext der im Parteienstreit offenkundigen Prioritätsdebatte – eine gefährliche Wirkung befürchten ließen. Dennoch, die Fragen und Ausführungen von VV. 1f. müssen in Korinth zumindest grundsätzlich noch relativ unstrittig gewesen sein (so auch: **J. Becker*, Paulus 205f.). Paulus kann seine Erscheinungszeugenschaft in einer Reihe mit der völlig unbezweifelbaren Gemeindegründung (seinem »Werk«!) als Merkmal seiner Apostolizität herausstellen. Die VV. 1f. sind die Grundlage, von der aus er jedenfalls in Korinth argumentieren kann. Sofern die Verse eine (versteckte) Verteidigung enthalten, wenden sie sich nach außen; nach innen bauen sie lediglich vor – nicht mit großem Erfolg, wie sich später (im Zusammenhang mit den Streitigkeiten des 2. Korintherbriefes) zeigt.

Vers 3: Um den griechischen Begriff der ›*apologia*‹ nicht zu forensisch zu gewichten, soll er hier nicht mit »Apologie«, sondern mit »Antwort« wiedergegeben werden. V. 3, speziell das abschließende »dies«, ist vorausweisend (kataphorisch), nicht rückverweisend. »Sein Mandat als Apostel« und »die unbezweifelbare Wirklichkeit der korinthischen Gemeinde« sind zwar die Grundlage der folgenden Argumentation (s. zu VV. 1f.), nicht aber eigentlich »die ›*apologia*‹« des Paulus (gegen: *[11]Schrage* II). Mögen die »anderen« (V. 2a) sein Apostelamt in Zweifel ziehen, in Korinth kann Paulus von dieser Basis aus – noch – argumentieren. Es ist, präzise gesehen, auch nicht so, daß er mit den folgenden Ausführungen darlegen will, warum er trotz seines Rechtsverzichts dennoch Apostel ist. Wohl aber erklärt er der korinthischen Gemeinde, warum er auf sein Recht verzichtet (vgl. *[11]H. Probst*, Paulus 196.198f.; *W. Willis*, Apologia). Natürlich hängt beides insofern zusammen, als der Rechtsverzicht – außerhalb der Gemeinde, bei den »anderen« – zum Anlaß genommen wurde, um seine ·Apostolizität in Zweifel zu ziehen. Insofern ist die »Antwort« eine (indirekte) Verteidigung – nach außen hin, die natürlich auch nach innen hin vorbaut (damit es gar nicht so weit kommt, daß Paulus sich in der Gemeinde verteidigen muß). Im Blick auf die Korinther hat die »Antwort« im wesentlichen aber die Funktion einer Erklärung. Indem Paulus auf die Unterstellungen oder Zweifel derjenigen, die ihn »hinterfragen« (›*anakrinein*‹), reagiert, erklärt er den Korinthern, warum er auf sein Recht verzichtet. Dabei wird man die Ausführlichkeit in der folgenden Darstellung seiner Rechte nicht nur und nicht einmal in erster Linie mit der Bestreitung oder Bezweiflung seines Apostelamtes erklären können. In diesem Fall müßte man eine entsprechende Schlußfolgerung des Paulus erwarten. Vielmehr hängt die Ausführlichkeit primär mit der Pragmatik der Argumentation zusammen, die den Rechts*verzicht* herausstellen will. Und dieser ist um so auffälliger und beispielhafter, je fundierter das Recht ist.

Verse 4-6: Als erstes Recht nennt Paulus das »Essen und Trinken« (V. 4). Schon wegen dieser Doppelung verbietet sich der Bezug auf das Essen von Götzenopferfleisch. In dieser Beziehung gibt es keine Sonderregelungen für Apostel. Selbstverständlich will Paulus nicht das Fasten negieren. Was gemeint ist, wird durch V. 6 ganz eindeutig. Es geht um den Unterhalt des Apostels, für den dieser selbst nicht aufkommen muß, sondern die Gemeinde.

V. 5 will nicht betonen, daß Apostel heiraten dürfen. Das war ohnehin selbstverständlich. Dem Kontext zufolge geht es auch hier um das Recht der Versorgung, jetzt bezogen auf die Ehefrau. Gemeint sind also nicht bloß Missionsgehilfinnen oder sonstiges Dienstpersonal (fahrende Haushälterinnen). Sonst hätte es gereicht, von »Schwester« zu sprechen. Das schließt nicht aus, daß die Ehefrauen auch an der Missionierung und Verkündigung beteiligt waren. Im internen Bereich des Hauses, der den Frauen vorbehalten war, hatten Männer keinen Zutritt. Aber auch an der innergemeindlichen Verkündigung werden (Ehe-)Frauen beteiligt gewesen sein. Insofern war die Ehepaarmission eine durchaus erfolgreiche Variante der palästinischen Männerpaarmission (vgl. Lk 10,2) in der griechisch-römischen Welt. Namentlich bekannt sind noch Priska und Aquila (16,19; Röm 16,3 f.; Apg 18,2 f.18 f.26) sowie Andronikos und Junia (Röm 16,7). Junia führt sogar den Aposteltitel, und beim erstgenannten Paar ist Priska vielleicht sogar tonangebend gewesen. Ob die Ehefrau des Kephas sich in dieser Weise profiliert hat, entzieht sich unserer Kenntnis. Zumindest für einen Teil der Ehefrauen der »übrigen Apostel« und der »Brüder des Herrn« wird man aber doch von einem vergleichbaren Einsatz ausgehen dürfen. Die Formulierung »eine Schwester als Frau« setzt voraus, daß die Ehefrauen Christinnen waren. Die »übrigen Apostel« sind für Paulus nicht identisch mit dem Zwölferkreis; die bei Paulus nicht belegten »zwölf Apostel« beherrschen erst das lukanische Doppelwerk (als lukanische Idee? so: *G. Klein*, Die zwölf Apostel. Ursprung und Gehalt einer Idee [FRLANT 77], Göttingen 1961; vgl. dagegen: [11]*J. Roloff*, Apostolat 169-235), wiewohl er hier an die Apostel im engeren Sinn (als Erscheinungszeugen) gedacht haben dürfte (vgl. 15,7). Den strikten Schluß, daß *alle* Apostel verheiratet waren, wird man aus der Aussage nicht ziehen dürfen. Die Regel wird es aber doch gewesen sein, sonst würde das Argument des Paulus aufgeweicht. Unter den »Herrenbrüdern« wird Paulus wohl leibliche Brüder Jesu verstanden haben (*Klauck*; *J. P. Meier*, The Brothers and Sisters of Jesus in Ecumenical Perspective: CBQ 54 [1992] 1-28). Kephas steht betont am Schluß. Auch wenn Paulus mit ihm nicht immer einer Meinung ist (vgl. Gal 2,11-14), erkennt er die Vorrangstellung (wohl aufgrund seiner Funktion als erster Erscheinungszeuge; vgl. 15,5) des Petrus an. Hier ist sie für seine Argumentation ausgesprochen nützlich. Möglicherweise war Kephas sogar mit seiner Frau in Korinth (*C. K. Barrett*, Cephas 32).

Die Frage »Haben wir nicht das Recht, nicht zu arbeiten?« in **V. 6** hat insofern zusammenfassende Funktion, als sie die entscheidende Perspektive der VV. 4-6 noch einmal auf den Punkt bringt. »Nicht arbeiten« will natürlich nicht den Müßiggang der Verkündiger beschreiben. Gemeint ist, daß diese nicht durch eigene Handarbeit sich den Lebensunterhalt verdienen müssen, sondern ihn von den Gemeinden, in denen sie wirken, erhalten. *Barnabas* (s. dazu: *B. Kollmann*, Joseph Barnabas), ein aus Zypern stammender Diasporajude (Apg 4,36f.), stand den »Hellenisten« in Jerusalem nahe (Apg 6). Später spielte er eine führende Rolle in der christlichen Gemeinde von Antiochia (Apg 11,22f.; 13,1), wo er nach Apg 11,25f. auch Paulus eingeführt hat. Dort war er an der Öffnung zu den Heiden maßgeblich beteiligt. Zusammen mit Paulus überbrachte er die antiochenische Kollekte nach Jerusalem (Apg 11,29f.) und unternahm mit diesem die 1. Missionsreise der Apostelgeschichte (Apg 13.14). Ebenfalls zusammen mit Paulus wurde er von der Gemeinde in Antiochia nach Jerusalem gesandt, wo beim sog. Apostelkonvent die Frage zu klären war, ob die Heiden sich beschneiden lassen müßten (Apg 15,1-35). In diesem Zusammenhang erwähnt ihn auch Paulus in Gal 2,1.9. Wenig später – im Zusammenhang mit dem sog. Antiochenischen Konflikt – kommt es jedoch zur Trennung (vgl. Gal 2,13; Apg 15,36-39). Mit guten Gründen wird heute meist angenommen, daß der Streit in Antiochia mit einer Regelung beigelegt wurde, wie sie in etwa den sog. Jakobusklauseln (Apg 15,19f.28f.; 21,25) entspricht. Petrus und Barnabas haben ihr wohl zugestimmt, Paulus jedoch nicht (vgl. *C. Heil*, Ablehnung [s. zu 8,1-11,1] 124-169; **J. Becker*, Paulus 103f.; *B. Kollmann*, a.a.O. 53-56). Die Folge war, daß Paulus sich fortan immer stärker überwiegend heidnischen Gebieten und Orten zuwandte und daß die paulinische Mission von den konservativen Judenchristen, die rigoros die Beschneidung forderten, zunehmend kritisch beobachtet wurde (vgl. Gal 2,4). Zu ihnen gehörte Barnabas gewiß nicht; er, den man zu Recht einen »Repräsentanten antiochenischer Theologie« genannt hat (*B. Kollmann*, a.a.O. 58), wird eine gemäßigte Mittelposition eingenommen haben. Aus unserer Stelle ergibt sich, daß Paulus den Barnabas als Apostel (d.h. als Erscheinungszeugen) versteht (vgl. Apg 14,4.14). Daß er überhaupt auf ihn verweisen kann, bedeutet, daß Barnabas in Korinth bekannt gewesen sein muß, obwohl er nicht selbst dort gewirkt haben dürfte. Offensichtlich hat er wie Paulus auf die hier zur Debatte stehenden Apostelrechte verzichtet. Gerade unter diesem Gesichtspunkt ist er hier für die paulinische Argumentation von Bedeutung.

Verse 7-12: Die VV. 7-12a.13 f. wollen das in den VV. 4-6 genannte Recht, daß die Gemeinde für den Lebensunterhalt des Apostels aufzukommen hat, begründen. In den VV. 7-12 steht die Argumentation unter der Perspektive des »Werkes« des Apostels: Die Gemeinde ist das *»Werk«* des Apostels (V. 1bβ), also hat der Apostel auch das Recht, die Früchte seiner Bemühung zu genießen. Die Beispiele, mit denen dieser Anspruch argumentativ untermauert wird, steigern sich: zunächt bemüht Paulus die allgemeine Erfahrungswelt (V. 7), dann das Gesetz (V. 8-10). Nimmt man noch die Beispiele der VV. 13 f. hinzu, dann setzt sich die Steigerung noch weiter fort (s. dort). Dazwischen werden immer wieder Erklärungen oder Anwendungen dargeboten. Die Überzeugungskraft der einzelnen Argumente ist unterschiedlicher Art. In V. 7 handelt es sich um eine Analogie, in VV. 8-10 um eine Allegorie. Um eine Allegorie handelt es sich auch in V. 13. Doch während die erste Allegorie autoritate legis wirkt, wird die zweite mit der Autorität eines Herrenwortes begründet. In den VV. 11-12a folgt die Anwendung auf Paulus, der aber sein Recht nicht in Anspruch nimmt (V. 12b). Die drei Beispiele des **V. 7** sprechen für sich. Sie sind aus der Erfahrungswelt genommen. Der Soldat, der Kriegsdienst leistet, bekommt selbstverständlich dafür »Sold« (zum griechischen Begriff ›opsōnion‹ s. [II]*Schrage* II; *C. Caragounis*, ΟΨΩΝΙΟΝ 49.51 f., plädiert für »Proviant«, »Lebensmittel«). Der Bauer (Weinbauer), der einen Weinberg pflanzt, genießt dessen Frucht, und der Hirte, der eine Herde weidet, lebt von den Produkten, die sie ergibt. Der argumentative Sinn ist: Wer etwas (ein »Werk«) schafft, hat Anrecht auf den Ertrag.

V. 8 leitet über. Was die erfahrungsweltlichen Beispiele »nach menschlicher Weise« sagen, bestätigt auch das Gesetz. Die Erfahrung wird mit Hilfe göttlicher Sanktion überhöht. Zum ersten Mal im 1. Korintherbrief wird in **V. 9a** ein biblisches Zitat mit der Wendung »im Gesetz des Mose steht geschrieben« eingeleitet (ähnlich 14,21; vgl. 14,34). Beim »Gesetz des Mose« schwingt nicht der geringste negative Unterton mit. Es wird hier vielmehr deutlich, daß Paulus das Gesetz weiterhin fraglos für das Dokument göttlicher Autorität hält. Wenn er andernorts ausführt, daß der Mensch die Lebensverheißung des Gesetzes nicht erreichen kann (vgl. Gal 2,16; 3,11; Röm 3,20), so hat das seinen Grund nicht im Gesetz, sondern im Menschen, der das Gesetz übertritt. Doch ist dies hier nicht das Thema, hier geht es allein um die Autorität des Gesetzes. Zitiert wird Dtn 25,4 nach der Fassung der LXX (dort allerdings ›phimōseis‹ statt ›kēmōseis‹). Die gelegentlich anzutreffende Diskussion, inwieweit die paulinische Auslegung eine ursprünglich dem Schutz der Tiere dienende Bestimmung zweckentfremde (vgl. *[II]Schrage* II), überstrapaziert die antithetische Syntax der **VV. 9b.10a** und berücksichtigt zu wenig die argumentative Strategie dieser Antithese. Selbstverständlich will Paulus nicht die tierfreundlichen Bestimmungen der Bibel außer Kraft setzen. Allerdings fehlt auch ein Schluß a minore ad maius wie bei den Rabbinen (vgl. Bill. III 385; gegen: *R. F. Collins*, It was 162). Die Antithese soll auf die Hermeneutik aufmerksam machen, unter der Paulus die Bibel liest. Das Entscheidende ist: Was geschrieben ist, ist »um unseretwillen« geschrieben (vgl. Arist 144; Philo, SpecLeg I 260). Letztlich wird deutlich, daß Paulus prinzipiell an dem jüdischen Standpunkt von der soteriologischen Qualität der Schrift bzw. des Gesetzes festhält, wenngleich er diese Qualität nicht mehr in der gleichen Weise anthropologisch auswerten kann wie ein Jude, der nicht an den Gekreuzigten glaubt. Die Schrift ist zum Heil des Menschen da. Dies ist der Leitgedanke des Paulus, der nicht in gleicher Weise auf die Tiere angewendet werden kann, was wiederum nicht bedeutet, daß das Heil des Menschen mit dem Wohl der Tiere nichts zu tun hat. Im Rahmen der Argumentation macht sich Paulus die antithetisch herausgearbeitete Hermeneutik zunutze, um Dtn 25,4 allegorisch auf den hier verhandelten Fall des Lebensunterhaltes des Apostels anwenden zu können (zur allegorischen Methode: *[II]Schrage* II; **D.-A. Koch*, Schrift 203 f.; gegen eine Allegorie votiert: *D. I. Brewer*, 1 Cor 9.9-11). Der hermeneutische Ansatz erklärt auch, weswegen V. 10a verallgemeinernd von »uns« spricht, obwohl er konkret das Recht des Apostels meint. ›legei‹, wörtlich: »(er, sie, es) sagt«, ist mit großer Wahrscheinlichkeit auf »Gott« zu beziehen und nicht indefinit mit »es heißt« zu übersetzen. Damit unterstreicht Paulus noch einmal, wie sehr für ihn die Schrift von Gott autorisiert, ja Wort Gottes selbst ist.

Überlegungen, daß »das atl. Wort seine schlechthin durchschlagende Autorität verloren hat und nicht mehr letztgültige Instanz ist« (*^{II}Schrage* II), sind daher deplaziert. Selbstverständlich liest Paulus die Bibel unter der hermeneutischen Prämisse, daß Christus der eschatologische Fluchtpunkt der in der Schrift dokumentierten Heils- und Verheißungsgeschichte ist. Aber diese Hermeneutik will ja gerade nicht eine höhere Autorität etablieren, welche die des Alten Testaments überbietet (*^{II}Schrage* II spricht davon, daß die Autorität des Alten Testaments »durch die des Herrenwortes überboten« wird), sondern vielmehr die dem Alten Testament selbst inhärente (göttliche) Autorität in ihrer Tiefe und Eigentlichkeit entbinden. Was sich gegenübersteht, ist nicht Altes Testament und Christus, sondern christologische und nicht-christologische Hermeneutik des Alten Testaments. Doch ist diese Alternative bzw. Antithese hier weniger eine Frage des Textes als ein Problem seiner Ausleger. Deswegen wurde hier auch darauf eingegangen.

Bei **V. 10b** ist die Zuordnung umstritten. Soll der Inhalt dessen angegeben werden, was geschrieben ist (»daß« [*hoti*] wäre rezitativ), oder soll nur erläutert werden, in welcher Weise das Geschriebene (= Dtn 25,4) »um unseretwillen« geschrieben wurde (»daß« wäre dann explikativ). Gegen ersteres spricht, daß es das zitierte Schriftwort nicht gibt. Man müßte also an ein apokryphes Wort denken. Gegen das Zweite könnte man einwenden, daß nicht nur auf das Dreschen, sondern auch auf das Pflügen abgehoben wird, gegenüber Dtn 25,4 also ein explikativer Überschuß vorhanden ist. Doch ist die Explikation in Dreschen und Pflügen unter der semantischen Klammer des Ochsen nicht so verwunderlich und im Blick auf das eigentlich Gemeinte – die Arbeit des Apostels – auch naheliegend. Verglichen mit den sonst im gleichen Kontext verwendeten Metaphern, paßt das Pflügen zumindest genauso gut, wenn nicht sogar besser zur Sache als das Dreschen (vgl. das Bild vom Pflanzen bzw. vom Ackerfeld in 3,6-9). Gemeint wäre demnach, daß Dtn 25,4 in der Weise um unseretwillen geschrieben ist, daß die eigentlich gemeinte Arbeit des Apostels in der Hoffnung geschieht, am Ertrag der Ernte teilzuhaben.

V. 11 bringt die Anwendung. Vom Bildprogramm her kehrt Paulus in die auch sonst bevorzugte Welt des Bauern (und nicht des Ochsen) zurück. Er hat »geistliche« Saat ausgesät (vgl. 3,6-9). Gemeint ist das Evangelium, durch das die Gemeinde entstanden ist (vgl. 4,15). Aus dem vorher genannten Beispiel folgt, daß er dann auch »ernten« darf. Wenn als Gegenstand der Ernte nun die »irdischen«

bzw. »fleischlichen« Güter erscheinen, so kann man daraus nicht folgern, daß das Pneumatische auch Sarkisches bewirkt (*IISchrage* II). Man wird sich hüten müssen, Paulus prinzipiell auf eine exklusive Gegensätzlichkeit von »Fleisch« und »Geist« festzulegen. Es ist jeweils der Kontext zu beachten. Hier dient der Gegensatz zur Steigerung des Vergleichs. Wer geistliche Güter (wörtlich: »Geistliches«) gesät hat, kann selbstverständlich irdische Güter (wörtlich: »Fleischliches«), d.h. den eigenen Unterhalt, von seiten der aus der geistlichen Saat entstandenen Gemeinde erwarten. Mehr ist in das »Fleischliche« nicht hineinzulesen.

V. 12a zieht eine Art Zwischenbilanz unter Rückgriff auf V. 2. Das verstärkt die vorausgehenden Aussagen im Blick auf Paulus. Wenn er mehr als alle anderen *der* Apostel der korinthischen Gemeinde ist, dann hat er um so mehr das Recht, über sie in der genannten Weise zu verfügen. Wer mit den »anderen« gemeint ist, die an diesem Recht über die Korinther teilhaben, wird nicht so recht deutlich. Im strikten Sinn der Argumentation müßten Apostel gemeint sein. Doch paßt dies nicht zur tatsächlichen Situation in Korinth. Auch die in 2 Kor 11,13 erwähnten »Falschapostel« werden noch nicht im Visier sein. Vielleicht denkt Paulus hier einfach an andere Verkündiger im weiteren Sinn, die sich im Gegensatz zu ihm in Korinth versorgen ließen. Konkret könnte man etwa an Apollos denken. Doch bleibt alles sehr unsicher. Paulus will ja auch nicht *gegen* Verkündiger, die ihr Recht auf Unterhalt in Anspruch genommen haben, zu Felde ziehen, sondern betonen, daß er ihnen gegenüber einen noch viel *höheren* Rechtsanspruch hat, wenngleich er von diesem keinen Gebrauch gemacht hat. Mit dieser Feststellung intoniert er in **V. 12b** ein Thema, das er in VV. 15-18 noch einmal ausführlicher aufgreifen wird. »Vielmehr ertragen wir alles« erinnert an die Peristasenkataloge, hier vor allem an 4,9-13. In 4,11.12a war zu lesen: »Bis zur jetzigen Stunde hungern wir und dürsten wir und sind schlecht gekleidet und werden mißhandelt und sind ohne beständige Bleibe und mühen uns ab, indem wir mit den eigenen Händen arbeiten«. Paulus hat in Korinth durch eigene Erwerbsarbeit seinen Lebensunterhalt verdient (vgl. Apg 18,3). Die dahinter stehende Absicht »damit wir dem Evangelium Christi nicht irgendein Hindernis schaffen« wird man nicht pressen dürfen. Denn sicherlich will Paulus nicht den anderen Aposteln unterstellen, daß sie den Lauf des Evangeliums behindern, wenn sie auf ihrem Recht bestehen. Im übrigen behandelte Paulus selbst den Unterhaltsverzicht nicht als prinzipielle Maxime. Von der Gemeinde in Philippi jedenfalls nahm er Unterstützungen gerne an (Phil

4,10-20; vgl. 2 Kor 11,8f.). Daß er in Korinth und anderswo von seinem Recht keinen Gebrauch gemacht hat, muß also mit der spezifischen Situation dort zu tun gehabt haben (vgl. *W. Pratscher*, Verzicht). In Korinth betrachtete Paulus es geradezu als seinen »Ruhm« und seinen »Lohn«, das Evangelium unentgeltlich auszurichten; noch im 2. Korintherbrief ist er stolz darauf, niemandem »zur Last gefallen« zu sein (2 Kor 11,9f.). Ein konkreter Grund für diesen rigorosen Verzicht in Korinth ist nur schwer zu erkennen. Nach den folgenden VV. 16-18 läßt ihm eine existenzielle Verpflichtung gar keine andere Wahl, als das Evangelium zu verkünden. Dann wäre die Absicht, dem Evangelium kein Hindernis in den Weg zu stellen, von dem Willen getragen, das Evangelium als Funktion göttlich-absoluten Handelns zu verdeutlichen und es nicht als Funktion menschlich-existenzieller Bedürfnisbefriedigung zu diskreditieren. Vielleicht kann man in diesem Zusammenhang geltend machen, daß Paulus die Unterstützung der Philipper erst im Nachhinein und im Hinblick auf seine Unabhängigkeit und seinen Dienst in Korinth angenommen hat (2 Kor 11,8f.).

Verse 13-18: Noch einmal setzt Paulus zu einer Begründung des apostolischen Unterhaltsrechtes an, diesmal weniger unter dem Aspekt des »Werkes«, das durch die apostolische Verkündigung zustande kommt (vgl. VV. 7-12a), als vielmehr – das Stichwort von V. 12b aufgreifend – unter dem Gesichtspunkt des Evangeliums selbst. Mit »wißt ihr nicht« eingeleitet, gilt ihm das Argument von **V. 13** als besonders plausibel. Umstritten ist, ob es sich in den beiden Vershälften um einen völlig deckungsgleichen Parallelismus handelt. Sind diejenigen, die »die heiligen (Dienste) verrichten«, dieselben wie diejenigen, »die am Altar den Dienst versehen«? Oder muß man im ersten Fall an Leviten, im zweiten an Priester denken, die mit dem eigentlichen Opferkult betraut sind? Die Entscheidung ist schwierig, da nicht einmal mit Sicherheit ausgeschlossen werden kann, daß Paulus ganz allgemein vom Kult spricht, d. h. den heidnischen Kult miteinbezieht. Immerhin scheint die positive (auch von der LXX verwendete) Begrifflichkeit für »Altar« (›*thysiastērion*‹) mehr auf den alttestamentlichen Kult hinzudeuten. Für den Vergleich ist aber nur entscheidend, daß die Kult- und Altardiener vom Kult bzw. vom Altar leben. Verschiedentlich wird problematisiert, wie selbstverständlich Paulus Kultpersonal und christliche Verkündiger parallelisieren kann (vgl. [11]*Schrage* II). Nun ist es gewiß richtig, daß es nach dem eschatologischen Sühnegeschehen im Tode Christi keine ungebrochene Fortführung des alttestamentlichen Kultes mehr geben kann. Aber wegen dieses eschatologischen Sühnegeschehens ist es ebenso richtig und selbstverständlich, daß Paulus die Verkündigung dieses Heilsgeschehens und das, was dadurch bewirkt wird, in kultischen Kategorien darstellen kann, in bestimmter Hinsicht vielleicht sogar muß. So ist es nicht verwunderlich, daß Paulus in kerygmatischen und ekklesiologischen Kontexten nicht selten eine Begrifflichkeit verwendet, die in das Wortfeld der fundamentalen kultischen Opposition von ›heilig und profan‹ bzw. ›rein und unrein‹ gehört. Gerade wenn er die in Christus erreichte und geschenkte Unmittelbarkeit zu Gott zum Ausdruck bringen wollte, mußte er auf Begriffe und Sachverhalte des Tempels und des Kultes zurückgreifen, wo die vom Menschen ersehnte und zugleich gefürchtete, nie aber erreichte Nähe zu Gott ihre menschlich kaum mehr zu überbietende Symbolgestalt gefunden hatte (vgl. *W. Strack*, Terminologie 112-117.396-398). Von daher hat Paulus mit einem Vergleich wie in V. 13 überhaupt kein Problem. Im übrigen geht es hier nur um den Vergleich, nicht um eine sachliche Typologie.

Was Paulus mit der Analogie verdeutlichen möchte, bringt er mit Verweis auf eine Anweisung des Herrn in **V. 14** zum Ausdruck. Gemeint ist wahrscheinlich das Jesuswort, das in der Logienquelle überliefert ist: »Der Arbeiter ist seines Lohnes wert« (Lk 10,7 par; vgl. 1 Tim 5,18; *G. Dautzenberg*, Verzicht 216; **B. Fjärstedt*, Tradition 66-77). Schon oft ist auf den Widerspruch hingewiesen worden, daß Paulus auf eine autoritative »Anordnung« des Kyrios (›diatassein‹) verweist, sich selbst aber nicht daran hält (**G. Theißen*, Legitimation 216; *D. Horrell*, Lord 593). Die Auskunft, daß hinter der Wendung »für diejenigen, die das Evangelium verkünden« – im Griechischen ein Dativ (›tois to euangelion katangellousin‹) – ein Dativus commodi stehe (»der Herr hat *zugunsten derer, die* das Evangelium verkünden, geboten«), ist nur eine Verlegenheitslösung, wenngleich sie der gemeinten Sache nahekommt. Der Widerspruch löst sich auf, wenn man die pragmatische Seite, d. h. die Textstrategie, beachtet. Paulus hat seine Leserinnen und Leser vor Augen, denen er klar machen will, daß der Verkündiger *ihnen gegenüber* das Recht hat, versorgt zu werden. Die »Anordnung« des Kyrios, die dieses Recht letztendlich begründet, hat also die Verpflichtung der Adressatinnen und Adressaten im Blick, nicht unmittelbar die Verpflichtung des Verkündigers selbst. Diese sollten offensichtlich in die Lage versetzt werden, »das Evangelium ungehindert predigen zu können« (*M. u. R. Zimmermann*, Zitation 99). Unter dieser Voraussetzung ist es denkbar, daß Paulus die eigentliche Verpflichtung des Herrenwortes »nicht in der Weisung zu materieller Entlohnung der Verkündigung« gesehen hat, »sondern im Gebot, seine materiellen Bedürfnisse der Evangeliumsverkündigung unterzuordnen« (ebd. 100). Die weiterreichende Auskunft, daß Paulus dem Beispiel Christi, nicht dem Buchstaben seines Gebotes gefolgt sei (*D. Horrell*, Lord 600f.), systematisiert m. E. über Gebühr.

Eben deshalb kann Paulus ohne logischen Bruch in **V. 15** betonen, daß er von seinem Recht keinen Gebrauch gemacht hat. Man kann überlegen, ob die pluralische Formulierung »von keinem einzigen *dieser Dinge* (›toutōn‹)« auf die vorher angeführten Begründungen bzw. Argumente oder auf die Rechte selbst zu beziehen ist. Wahrscheinlich ist letzteres der Fall. Sachlich besteht kein großer Unterschied. »Ich habe dies aber nicht geschrieben [›egrapsa‹]« (V. 15aβ) bezieht sich auf die vorausgehenden Ausführungen (Aorist des Briefstils; vgl. BDR §334). Paulus will ausschließen, daß man seinen Worten die (versteckte) Botschaft entnimmt, daß er *jetzt* nun doch seine Rechte einfordern wolle. Das Gegenteil ist der Fall. Seine Ausführungen haben ja gerade das Ziel, den Verzicht auf sein »Recht« (›exousia‹) den Korinthern als Beispiel (für einen Verzicht ihrerseits [vgl. 8,9]) vor Augen zu stellen. Von daher erklärt sich vielleicht auch das betont vorangestellte »Ich« in V. 15. Schwierig ist die zweite Vershälfte. Die textkritischen Varianten bezeugen durch ihre »Verbesserungen« nur die Schwierigkeit. Wahrscheinlich handelt es sich um einen Anakoluth. Man müßte wohl ergänzen: »als *mein Recht in Anspruch zu nehmen*«. Daß Paulus seinen Rechtsverzicht in so scharfer Form (»lieber will ich sterben«!) zum Ausdruck bringt, bedeutet nicht, daß die Inanspruchnahme des Rechts mit dem Evangelium überhaupt nicht zu vereinbaren wäre. Eher ist es wieder die besondere Situation in Korinth, die Paulus um das Evangelium fürchten läßt, wenn er sein Recht in Anspruch nähme. Er vollendet den Satz aber nicht auf der Sachebene, sondern wechselt über in die pragmatische Ebene, indem er gleichsam von der Beschreibung zum Angriff übergeht. Seinen Ruhm soll ihm niemand nehmen. Zu ergänzen ist wohl: auch jetzt nicht, wo andere ihn wegen seines Rechtsverzichts verdächtigen. Manchen Auslegern macht der »Ruhm« Schwierigkeiten, weil sie von einem bestimmten Verständnis der Rechtfertigungslehre her hinter jeder Reklamation menschlichen Tuns eine Leistung wittern, die der soteriologischen Einzigkeit der Gnade Gottes widerspricht. Doch steht eine soteriologische Qualifizierung des »Ruhms« hier nicht zur Debatte. Der nächste Vers zeigt, daß Paulus den Begriff

»Ruhm« hier unter einem Aspekt betrachtet, der jenseits des soteriologisch relevanten Geschehens liegt. Das heißt nicht, daß das mit »Ruhm« Gemeinte sich völlig jenseits der Gnade bewegt. Wollte man die unterschiedlichen Aspekte systematisch ausgleichen, so müßte man sagen, daß auch der Rechtsverzicht, dessen sich Paulus hier rühmt, letztlich eine Wirkung der Gnade Gottes ist. Aber der Rechtsverzicht ist keine notwendige Voraussetzung für das Heil, sondern etwas, was Paulus aus eigenem Antrieb gleichsam noch zusätzlich tut. Was das bedeutet, wird im nächsten Vers klarer. Eine eigenmächtige Leistung jenseits der Gnade will Paulus offensichtlich nicht beanspruchen. Einen Widerspruch zu 1,31, wonach derjenige, der »sich rühmt, sich des Herrn rühme«, sieht er nicht.

In **V. 16** präzisiert Paulus zunächst, was der Gegenstand seines Ruhms ist. Es ist nicht die Verkündigung des Evangeliums, die ihm bei seinem Damaskuserlebnis übertragen wurde. Hier – so sagt er – liegt ein »Zwang« (›anankē‹) auf ihm. Man sollte in diesem Zusammenhang nicht von »Geschick« sprechen, erst recht nicht von einem »unausweichlichem Schicksal« (so: [11]*Schrage* II). Auch »die Macht des radikal fordernden, sich dem Menschen gegenüber mit seiner Forderung durchsetzenden, seinen Diener zu seinem Werkzeug machenden Gotteswillens« (*E. Käsemann*, Variation 234) vereinseitigt über Gebühr. Es ist nicht richtig, daß Paulus nur die Wahl zu haben »scheint« (so: [11]*Schrage* II). Er hat sie wirklich, sonst machte die Möglichkeit des Fluchs, die er für den Fall der Verweigerung andeutet, keinen Sinn. Nicht die »Macht der Gnade« oder ein Geschick lastet auf ihm. Der »Zwang« (›anankē‹) ist der unbedingte Anspruch, der ihn unausweichlich vor die Entscheidung stellt. Dieser Entscheidungsanspruch ist vergleichbar dem Anspruch der Tora, die nach Dtn 30,15-20 vor die Entscheidung zwischen Leben und Tod, Segen und Fluch stellt. Ganz ähnlich versteht Paulus seinen Auftrag, das Evangelium zu verkünden. Sein Auftrag zur Mission ist nicht etwas, was zu seiner christlichen Existenz noch hinzukommt, sondern konkretisiert diese. Insofern hat er hier nur die Wahl, die über sein Heil oder Unheil entscheidet. Entweder er verkündet das Evangelium oder er verliert seine christliche Identität.

Von daher ist **V. 17** zu interpretieren. Wenn Paulus ausschließt, das Evangelium »freiwillig« zu verkünden, dann bewegt sich das im Rahmen des eben erörterten, heilsrelevanten Entscheidungsspielraums. Insofern ist klar, daß er für seine im Sinne des Heils notwendige Entscheidung keinen »Lohn« beanspruchen kann. »Lohn« ist hier wahrscheinlich nicht wörtlich im Sinne des Lebensunterhalts zu verstehen, sondern als Synonym für den »Ruhm«. Die zweite Hälfte des Verses bestätigt die Aussage von der Gegenseite her. Weil die Verkündigung des Evangeliums unabdingbar zur Heilsentscheidung dazugehört, ist er insoweit eben nur mit einer »Verwaltung« betraut. Erst was darüber hinausgeht, was Paulus von anderen Christen und von anderen Aposteln unterscheidet, kann er, Paulus, als seinen spezifischen »Ruhm« oder »Lohn« in Anspruch nehmen.

Was dies ist, ist eigentlich längst klar. V. 18 wiederholt es noch einmal ausdrücklich: Sein »Lohn«, den er also für *sich in Anspruch nehmen kann*, besteht darin, daß er das Evangelium »kostenlos« darbietet. Es zeigt sich nun, daß der Begriff »Lohn« durchaus mit Hintersinn, d. h. mit einer gewissen Dialektik verwendet wird: Der »Lohn«, dessen er sich rühmen kann, besteht gerade im Verzicht auf bezahlten Lohn. Paulus bestreitet (in Korinth) seinen Lebensunterhalt selbst und nimmt von der Gemeinde keine Entlohnung. Er macht von seinem Recht als Apostel bzw. – wie er es hier nennt – von seinem »Recht am Evangelium« keinen Gebrauch.

Um den Fortgang der Argumentation präzise zu fassen, empfiehlt es sich, ihren bisherigen Gang sich noch einmal vor Augen zu halten. Paulus war ausgegangen von der These, daß er Apostel und frei ist (VV. 1 f.). Das scheint in Korinth (noch) unstrittig gewesen zu sein. Zur Freiheit des Apostels gehört das Recht des Lebensunterhaltes für sich und seine Ehefrau durch die Gemeinde. Dieses Recht hat Paulus nicht in Anspruch genommen, was seine Apostolizität zumindest von außen her Verdächtigungen ausgesetzt hat. Paulus läßt sich dadurch nicht irre machen, muß es wohl auch (noch) nicht, da seine Apostolizität und Freiheit im Sinne von VV. 1 f. in Korinth im wesentlichen unstrittig war. In 9,1-18 liegt ihm jedenfalls nicht daran, einen Beweis für sein Apostelamt zu führen. Seine »Apologie«, seine »Antwort« (V. 3) bezieht sich allein auf die Frage, warum er sein »Recht« als Apostel nicht in Anspruch nimmt. Dabei fällt auf, daß der größere Teil des Textes der Darlegung seines Rechtes dient (VV. 7-12a.13 f.), das er – und das ist keine Frage der argumentativen Beweisführung – selbstverständlich in Anspruch nehmen könnte. Diese Ausführlichkeit dürfte in der Pragmatik der Textstrategie begründet sein. Denn je deutlicher er sein an und für sich bestehendes Recht herausarbeitet, um so eindrucksvoller wirkt sein Rechtsverzicht, mit dem er zu ähnlichem Verhalten in der Frage des Götzenopferfleisches in Korinth motivieren möchte. Paulus läßt sich also durch die Verdächtigungen nicht dazu hinreißen, nun doch sein Recht einzufordern. Er bleibt bei seinem Rechtsverzicht, den er als sein Markenzeichen, als seinen »Ruhm« und seinen »Lohn« auslegt. Argumentativ ging es in den VV. 1-18 darum, die grundsätzliche Freiheit des Apostels (VV. 1f.) und den spezifischen Rechtsverzicht des Apostels Paulus (VV. 4-18) als eine denkbare und tatsächliche Einheit auszuweisen. Unter dieser Voraussetzung stehen dann die folgenden Ausführungen, die eine Art Schlußfolgerung darstellen.

Verse 19-23: Wegen des schlußfolgernden Charakters (im Griechischen ›gar‹ = »denn«, in der Übersetzung mit »also« wiedergegeben) sollte man die einleitende Partizipialkonstruktion *(›eleutheros gar ōn‹)* in V. 19 im Deutschen nicht konzessiv bzw. adversativ (»obwohl ich frei bin ... [so: LB]), sondern modal oder gar kausal wiedergeben: »Indem bzw. da (EÜ) ich frei bin ...« (so auch: S. *Vollenweider*, Freiheit [s. zu 8,1-11,1] 209, Anm. 53). Paulus legt also seinen Rechtsverzicht nicht als Verzicht auf Freiheit, sondern als Möglichkeit und Konkretion seiner Freiheit aus (vgl. G. *Galitis*, Wesen 136f.141). Nicht ganz einfach ist ›ek pantōn‹ zu bestimmen, das oben mit »allen gegenüber« übersetzt wurde. Ist die griechische Wendung neutrisch oder maskulinisch zu deuten: »von allem« oder »von allen«? Keinesfalls darf man es auf die Freiheit von den Abhängigkeiten beziehen, die sich aus der Annahme von Unterhaltsleistungen ergeben würden. Denn dann wären Freiheit (›eleutheros‹) und Recht (›exousia‹) Synonyme und die argumentative Logik fiele dahin. Insofern ist es vielleicht doch besser, ›ek pantōn‹ maskulinisch zu interpretieren. Paulus würde dann darauf aufmerksam machen, daß er als Apostel nicht von Menschen abhängig ist, sondern allein von Gott bzw. von Christus, der ihn beauftragt hat. Eine ähnliche Thematik beherrscht auch Gal 1, das man direkt als Kommentar zur Aussage unserer Stelle ansehen könnte. Der Apostel ist unmittelbar nur dem Herrn verpflichtet und von daher in keinerlei menschlichem Abhängigkeitsverhältnis. Die Christusunmittelbarkeit gibt ihm das Recht, von seiten der Gemeinde unterhalten zu werden. Die Freiheit von aller menschlichen Abhängigkeit gibt ihm aber auch die Möglichkeit, auf seine Apostelrechte zu verzichten und sich – wie Paulus hier in paradoxer Ausdrucksweise sagt – »für alle zum Sklaven zu machen«. Im Sinn des bisherigen Argumentationsganges ist damit zunächst der unentgeltliche Dienst des Paulus gemeint, der sich nicht wie ein Herr versorgen läßt, sondern wie ein Diener selbst für seinen Lebensunterhalt sorgt (zum philosophischen, speziell sokratischen Hintergrund vgl. F. S. *Jones*, Freiheit [s. zu 8,1-11,1] 46-53). Der Begriff

»zum Sklaven machen« (›edoulōsa‹) ist allerdings schon im Blick auf das folgende gewählt, wo er sich für einen breiteren semantischen Horizont öffnet. Offensichtlich will Paulus über das in VV. 4-18 erörterte Beispiel des Rechtsverzichtes hinausgehend klar machen, daß zur Freiheit die Flexibilität gehört, gegebenenfalls ganz unterschiedlichen Situationen und verschiedenartigen Menschen *gerecht zu werden*. D.h., Paulus bringt ein weiteres Beispiel, das sich allerdings in den Fortschritt des Argumentationsgangs nahtlos einfügt. Weil er frei ist, konnte er auf sein aus der Freiheit abgeleitetes Recht verzichten. Die darin sichtbare Flexibilität ist für Paulus wiederum die Bedingung der Möglichkeit, seine ureigenste Apostelaufgabe, nämlich das Evangelium zu verkünden, gegenüber »allen (Menschen)« zu erfüllen, so daß er »möglichst viele« für das Evangelium gewinnen kann.

Die beiden folgenden **VV. 20f** haben vielfach Anlaß zu Mißverständnissen gegeben, sei es, daß man zuviel in sie hineingelesen, sei es, daß man zu wenig aus ihnen herausgelesen hat. Aus der Aussage »den Juden wurde ich *wie* ein Jude« sollte man nicht folgern, daß Paulus »nicht mehr einfach Jude *(ist)*, sondern ... es (wird), ›um Juden zu gewinnen‹« (*IISchrage* II). Es geht hier weder um das Jude-Sein noch um das Jude-Werden, sondern um die jüdische Lebensweise. Paulus will schlichtweg sagen: Unter Juden lebte ich *wie ein Jude!* Daß er sich im übrigen durchaus als Jude versteht, sieht man schon daran, daß hier die konzessive Partizipialkonstruktion (›mē ōn ...‹) fehlt, wie sie in den beiden folgenden Fällen fast selbstverständlich gebracht wird. Das Ziel der jüdischen Lebensweise ist das Gewinnen der Juden für Christus. Es wird deutlich, daß Paulus demnach auch den Juden das Evangelium verkündet hat. Einen Widerspruch zu Gal 2,7-9, wo das Missionsgebiet nach dem Motto aufgeteilt wurde: »Paulus zu den Heiden, Petrus zu den Juden«, wird man nicht konstruieren dürfen. Denn auch im heidnischen Missionsgebiet (Diaspora) lebten Juden, mit denen Paulus fast notwendigerweise in Berührung kam. Im übrigen wird die stereotype Darstellung der Apostelgeschichte (vgl. Apg 13,14-45.46-51 u.ö.), wonach Paulus zuerst in den Synagogen den Juden und dann den Heiden gepredigt habe, zumindest in der Tendenz auch historisch zutreffend sein. In welcher Weise Paulus nach jüdischer Weise gelebt hat, wird nicht gesagt. Das wird von Fall zu Fall auch unterschiedlich gewesen sein. Am ehesten wird man an die Speisegebote und die Sabbatobservanz zu denken haben. Die jüdische Lebensweise, derer sich Paulus – um Juden zu gewinnen – befleißigte, hat für ihn allerdings einen völlig anderen Stellenwert als für das traditionelle Judentum. Was Paulus unterscheidet, ist, daß er das *Gesetz* nicht mehr in der gleichen Weise als Faktor jüdischer Identität sehen kann, wie dies das traditionelle Judentum tut und wie er dies selbst bis zu seiner Hinwendung zum Messias Jesus getan hat. Dies erklärt die zweite Vershälfte, welche die erste expliziert. »Die unter dem Gesetz« meint die Juden in ihrer – von Christus absehenden – Selbstsicht und Selbstdefinition, d. h. die Juden, denen Paulus das Evangelium verkündete. Diesen Juden wurde Paulus »wie einer unter dem Gesetz«. Auch hier ist wieder an die Lebensweise nach dem Gesetz bzw. nach bestimmten halachischen (religionsgesetzlichen) Vorschriften zu denken. Doch während Paulus die Bemerkung »wie ein *Jude*« so stehen lassen konnte, fühlte er sich bei »wie *unter dem Gesetz*« zu einer dialektischen Differenzierung genötigt: »obwohl ich selbst nicht unter dem Gesetz bin«. Daß Paulus nicht mehr »unter dem Gesetz« ist, impliziert ein doppeltes: 1. Er steht nicht mehr unter dem Fluch, den das Gesetz über die Sünder ausspricht, weil Christus sie am Kreuz davon freigekauft hat (vgl. Gal 3,13). 2. Eben dadurch wurde aber auch deutlich, daß alle Menschen Sünder und das heißt Übertreter des Gesetzes sind, so daß ein Heil nach dem Paradigma des Gesetzes, das den Tätern das Heil und den Übertretern den Tod zuspricht (vgl. Gal 3,20-22; Röm 2,13; 10,5), faktisch gar nicht möglich ist. Nicht mehr unter dem Gesetz sein, bedeutet demnach ein Doppeltes: 1. Nicht mehr unter dem Fluch des Gesetzes sein, 2. nicht mehr unter dem Heilsparadigma des Gesetzes stehen. Eben diese theologische bzw. christologische Erkenntnis zwingt Paulus zu der dialektischen Differenzierung. Er kann nach der Vorschrift des Gesetzes leben, in bestimmter Weise muß er dies sogar. Aber er kann das Tun des Gesetzes nicht mehr (etwa im deuteronomistischen Sinn) als Voraussetzung und Bedingung des Heils verstehen. Für das Heil entscheidend ist allein der Glaube (vgl. Gal 2,16; Röm 3,20.28). Für das Heil entscheidend ist allein die Identität mit Christus (vgl. Gal 2,19f. u. ö.). Dies bedeutet nicht, daß Paulus seine jüdische Identität aufgeben muß. Aber er wird genötigt, sie neu zu definieren bzw. zu modifizieren. Gerade deswegen besitzt er aber auch die Freiheit und die Flexibilität, um nach dem Gesetz zu leben, nicht, weil er davon das Heil erwartet, sondern, weil er so den Menschen unter dem Gesetz Christus als das Heil für die unter dem Gesetz Stehenden nahebringen möchte. Man könnte V. 20 so paraphrasieren: Wenn ich mit Juden zu tun hatte, lebte ich nach jüdischer Lebensweise. Ich selbst bin zwar davon überzeugt, daß es nicht das Gesetz ist, das das Heil vermittelt. Aber wenn ich unter

Menschen war, die nach dieser Überzeugung lebten, beachtete ich das Gesetz, um sie für Christus zu gewinnen.

In analoger Weise ist **V. 21** zu verstehen. Mit den »Gesetzlosen« sind die Heiden gemeint. Allerdings steht hier nicht die Amoralität im Vordergrund, die sonst gerne (aus jüdischer und christlicher Sicht) den Heiden unterstellt wird. Es geht hier schlicht um das Faktum, daß die Heiden die Tora, das Privileg Israels, nicht haben und insofern gesetz-los sind. Ihnen wurde Paulus »wie ein Gesetzloser«, d. h. er lebte unter ihnen wie einer, der auf die Vorschriften bzw. auf bestimmte Vorschriften des Gesetzes nicht verpflichtet ist. Konkret wird man vor allem an die jüdischen Speisevorschriften zu denken haben, deren Einhaltung auch von den Heiden als differentia specifica jüdischer Lebensweise wahrgenommen wurde. Der sachliche Widerspruch zwischen der gesetzlichen Lebensweise bei den Juden und der ungesetzlichen bei den Heiden löst sich auf, wenn man erkennt, daß das eine das andere bedingt. Weil Paulus davon überzeugt ist, daß das Heil nicht vom Tun des Gesetzes abhängt (wie könnte dies auch in bezug auf den Sünder der Fall sein!), kann er insbesondere die Speisevorschriften sowohl halten wie nicht beachten. Ersteres als konventionellen Brauch angestammter jüdischer Identität, letzteres aus der Überzeugung, daß die von den Speisevorschriften symbolisierte Reinheit in Christus erreicht ist. Paulus ist also kein Opportunist, wenn er – in unterschiedlichen Situationen – sowohl nach dem Gesetz lebt als es auch nicht beachtet. Dem Vorwurf des Opportunismus kommt er selbst mit der Konzession entgegen: »obwohl ich selbst kein vom Gesetz Gottes Losgelöster bin« (›*mē ōn anomos theou*‹). Gemeint ist, daß er – obwohl er nicht mehr unter dem Fluch und dem Heilsparadigma des Gesetzes steht – noch immer unter dem ethischen Anspruch des Gesetzes steht. Die Erklärung dafür liefert Gal 5,13-6,2. Der Glaube an Christus ermöglicht es geradezu, das ganze Gesetz zu erfüllen, nicht als Bedingung, sondern als Frucht des Heils. Paulus sieht das ganze Gesetz erfüllt in dem einem Wort: »Du sollst deinen Nächsten lieben wie dich selbst!« (Gal 5,14; Lev 19,18). Im Gefolge dieser Hermeneutik, welche die Forderung der Tora auf das Liebesgebot konzentriert und deren Erfüllung als Frucht des Geistes erscheinen läßt, spricht Paulus dann vom »Gesetz des Christus« (›*nomos tou Christou*‹ Gal 6,2; vgl. *H. Schürmann*, Gesetz; **E. J. Schnabel*, Law 277-279). Das Gleiche meint er, wenn er hier davon spricht, daß er deswegen vom Gesetz Gottes nicht losgelöst ist, weil er »ein an das Gesetz Christi Gebundener« (›*ennomos Christou*‹) bleibt. Als ein »im Gesetz Christi Befindlicher« (wie man ›*ennomos Christou*‹ wörtlich übersetzen könnte) konnte er, ohne das Gesetz Gottes zu verachten, den Heiden in nicht-jüdischer Lebensweise begegnen. V. 21 läßt sich vielleicht so paraphrasieren: Wenn ich unter Menschen lebte, die das Gesetz nicht haben, habe ich sie nicht durch ein Leben nach dem Gesetz verunsichert, um sie für Christus zu gewinnen. Das bedeutet keineswegs, daß ich mich vom Gesetz Gottes abgewandt habe. Ich stehe ja unter dem Gesetz Christi.

V. 22 macht das pragmatische Ziel der paulinischen Ausführungen deutlich. Mit den »Schwachen« faßt Paulus zunächst zusammen. Im Sinne des unmittelbaren Kontextes sind die Schwachen jeweils die anderen: die Juden aus der Sicht der Heiden, und die Heiden aus der Sicht der Juden. Mit dem Stichwort der »Schwachen« lenkt Paulus gleichzeitig zurück zur korinthischen Problematik, wo es ja auch um »Schwache« (8,9-11) bzw. um das »schwache« Gewissen (8,7.12) ging. Wie er, Paulus, bemüht war, jeweils den »Schwachen« gerecht zu werden, um die Schwachen zu gewinnen, so sollen auch die Korinther auf ihr aus der »Erkenntnis« abgeleitetes »Recht« (›*exousia*‹) (8,9) verzichten, um den Schwachen nicht zum Verderben »aufzubauen« (vgl. 8,10). V. 22b verallgemeinert noch einmal und stellt das positive Ziel des »allen alles Werdens«, d. h. eines in Freiheit vollzogenen Verzichts auf an und für sich bestehende Rechte oder Gewohnheiten, vor Augen: es sollen »in jedem Fall einige« gerettet werden.

V. 23 lenkt den Blick noch einmal zurück auf den Apostel. Das Motiv für sein Tun ist das »Evangelium«. Der Begriff ist hier wohl dynamisch zu verstehen: im Sinn des Heilsgeschehens, das durch die Verkündigung des Apostels in Gang gesetzt wird und an dem er auch selbst Anteil haben möchte. »*Mit*-teilhaftig werden« (›*synkoinōnos genesthai*‹) ist wohl auf die Mit-Teilhabe mit den Adressaten der Verkündigung *(Liddell-Scott;* [11]*Wolff),* nicht auf eine Partnerschaft mit dem Evangelium ([11]*J. M. Gundry Volf,* Perseverance 247-254) zu beziehen. Pragmatisch ist V. 23 das positive Pendant zu 8,13. Dort hatte Paulus erklärt, daß er in Ewigkeit kein Fleisch mehr essen will, wenn dies dem Bruder bzw. der Schwester zum Fall gereicht. Jetzt erklärt er, daß er auf seine Rechte und Gewohnheiten verzichtet hat bzw. bei seiner Verkündigung sich jeweils flexibel den Adressaten und Adressatinnen angepaßt hat, um selbst am Evangelium Anteil zu haben. Sein Verhalten entspricht also dem Evangelium, das Juden und Heiden gilt und von allen verlangt, auf die Schwachen Rücksicht zu nehmen. »Das eigene Heil (hängt) von der Rücksicht auf die Rettung der anderen ab«

2.3 Zielstrebiger Siegeswille als überleitendes Beispiel aus dem Sport
9,24-27

24 Wißt ihr nicht, daß diejenigen, die im Stadion laufen, zwar alle laufen, aber nur einer den Kampfpreis empfängt? Lauft so, daß ihr (ihn) gewinnt. 25 Jeder aber, der am Wettkampf teilnimmt, lebt in jeder Hinsicht enthaltsam, jene nun, damit sie einen vergänglichen Kranz empfangen, wir aber einen unvergänglichen. 26 Ich laufe demnach so wie (einer, der) nicht ins Ungewisse (läuft), ich boxe so wie einer, der nicht (in) die Luft schlägt; 27 vielmehr schinde ich meinen Leib und knechte (ihn), damit ich nicht anderen verkündige, selbst (aber) verworfen werde.

Literatur (s. auch die Lit. zu 8,1-11,1): *O. Broneer*, The Isthmian Victory Crown: AJA 66 (1962) 259-263; *R. Garrison*, Paul's Use of the Athlete Metaphor in 1 Corinthians 9: SR 22 (1993) 209-217; *A. Papathomas*, Das agonistische Motiv 1 Kor 9.24ff. im Spiegel zeitgenössischer dokumentarischer Quellen: NTS 43 (1997) 223-241; *V. C. Pfitzner*, Paul and the Agon Motif. Traditional Athletic Imagery in the Pauline Literature (NT.S 16), Leiden 1967; *O. Schwankl*, »Lauft so, daß ihr gewinnt«. Zur Wettkampfmetaphorik in 1 Kor 9: BZ 41 (1997) 174-191; *K. Weiß*, Art. ὑπωπιάζω, in: ThWNT VIII (1969) 588-590.

Eine ausführliche *Analyse* ist für den kurzen Text nicht nötig. Syntaktisch werden die Sätze von Subjekt und Prädikat beherrscht (Subjekt-Prädikat-Sätze; vgl. Bd. I S. 99). Echte Objekte sind nur »Kampfpreis« (V. 24), »Kranz« (V. 25) und »(mein) Leib« (V. 27). Indirekt geht dies mit der Verschiebung in der Aussage bzw. Argumentation einher, die sich auf der Ebene der Verbalphrasen mit dem Wechsel von der 2. Person Plural in V. 24 über die 3. Person Singular bzw. Plural in V. 25 hin zur 1. Person Singular in VV. 26 f. (mit latenter 1. Person Plural am Ende von V. 25) beobachten läßt. Die VV. 24-27 bilden die Überleitung zum nächsten Argumentationsgang, der bis 10,22 reicht (vgl. die Gliederung unter 0.3). Die Bilder, die Paulus gebraucht, sind aus der Welt des Sports genommen (ausführlich vorgeführt von: *A. Papathomas*, Motiv). Sie haben in der Lebenswelt der Korinther eine reale Verankerung. Man muß nur an die Isthmischen Spiele in unmittelbarer Nähe Korinths denken, zu denen die Athleten ganz Griechenlands alle zwei Jahre zusammengerufen wurden (*Strobel* 151 f.; *[11]J. Murphy-O'Connor*, Corinth 14-17). Doch auch die Übertragung der Bilder auf die metaphorische, sittliche Ebene ist bereits vor Paulus geläufig, so vor allem bei Philo und in der philosophischen Tugendlehre (vgl. *V. C. Pfitzner*, Paul 23-37.38-48; *O. Schwankl*, Lauft 177-179). Daß sich bei der Übertragung die Bilder verschieben bzw. unter den Einfluß der gemeinten Sache geraten, ist nicht verwunderlich und nicht nur bei Paulus der Fall.

Das Bild vom Lauf in **V. 24** kann leicht mißverstanden werden. Beim Lauf erlangen – wie Paulus selbst ausführt – nicht »alle«, sondern nur »einer« den Sieg. Paulus will damit jedoch nicht zur Konkurrenz unter Christen bzw. Christinnen anstiften. Auf der Sachebene von V. 24b fällt denn auch der Gegensatz zwischen »alle« und »einer« weg, so daß Paulus die ganze Gemeinde auffordern kann: »Lauft so, daß ihr ihn gewinnt« (im Deutschen schleicht sich leicht wieder ein Mißverständnis ein, wenn man das im Griechischen völlig unbetonte *»ihr«* betont; im Griechischen liegt der Ton auf »daß ihr ihn *gewinnt«*). Das Ziel ist also, alle zu siegesentschlossener Anstrengung anzuspornen.

V. 25 greift die aus dem Sport bekannte Enthaltsamkeit auf. Bei den Olympischen Spielen beispielsweise war ein zehnmonatiger Verzicht auf Fleisch, Wein und Geschlechtsverkehr zu beeiden. Der Begriff der Enthaltsamkeit (›enkrateia‹) spielte aber auch auf dem Gebiet der Ethik eine bedeutende Rolle (vgl. *[11]Schrage* II 366). So kann Paulus mühelos vom »vergänglichen Kranz« zum »unvergänglichen« überleiten. Den Erfahrungshintergrund liefern die Siegeskränze der panhellenischen Spiele (vgl. Plutarch, Moralia 723A-724F). Bei den Olympischen Spielen gab es einen Ölbaumkranz (Pindar, Olymp. Ode 3,13-18), bei den Isthmischen Spielen war in römischer Zeit ein Kranz aus Fichte oder Eppich, einer mit Sellerie bzw. Petersilie verwandten Pflanze (Pindar, Isthm. Ode 2,15 f.; Plutarch, Moralia 675D-677B; vgl. Dio Chrysostomus, Orationes 8,15) üblich (vgl. *O. Broneer*, Crown). Nach Scholien zu Pindars Oden war die Isthmische Krone aus welkem Sellerie (im Unterschied zur Nemeischen, die aus frischem bestand) (Olymp. Ode 3,27; Isthm. Ode 2,19; vgl. *O. Broneer*, Crown 260).

Möglicherweise spielt Paulus mit der »vergänglichen Krone« sogar unmittelbar darauf an. Paulus selbst spricht gelegentlich von der Gemeinde als »seinem Kranz« (Phil 4,1; 1 Thess 2,19). Dies wird man nicht als Gegensatz zum eschatologischen Lohn verstehen dürfen (vgl. 2 Tim 4,8), an den hier primär zu denken ist (vgl. 1 Petr 5,4; Jak 1,12; Offb 2,10). Konkret denkt Paulus wohl an das durch die Auferstehung erreichte Leben (vgl. 15,42.50.52-54). Der eigentliche Vergleichspunkt ist die Enthaltsamkeit, die sowohl mit den Entbehrungen der apostolischen Existenz (vgl. 4,11-13) als auch mit dem von Paulus geübten und von der Gemeinde zu erreichenden Rechtsverzicht (8,9.13; 9,12.15.19-23) korreliert. Doch während in der bisherigen Argumentation der Verzicht immer nur bezüglich des Heils der Schwachen zur Debatte stand, kommt jetzt auch das dadurch zu erreichende eigene Heil in den Blick.

V. 26 bringt zwei negative Beispiele. Die Zielgerichtetheit, um die es dabei geht, erlaubt den Wechsel vom Bild des Laufens (V. 24.26a) zu dem des Boxkampfs (V. 26b). Der Wechsel in die Ich-Form (1. Person Singular) könnte anschaulich-diatribischer Stil, d. h. generisch gemeint sein. Doch wird man den Bezug auf die Person des Apostels in keinem Fall ausschließen dürfen. Das bestätigt der nächste Vers.

V. 27 führt das Bild vom Boxkampf zunächst weiter. Es wird deutlich, daß in V. 26 nicht der Kampf gegen andere, sondern gegen sich selbst gemeint war und das Bild sich insofern im Rahmen der in V. 25 genannten Selbstzucht bewegt. Der mit »schinden« wiedergegebene Begriff (›hypōpiazein‹) heißt wörtlich: »jemanden so ins Gesicht (unters Auge) schlagen, daß er blaue Flecken (›ein blaues Auge‹) bekommt u dadurch entstellt wird« (*K. Weiß:* ThWNT VIII 588,32 f.). »Mein Leib« ist auf die ganze Person, näherhin auf den Menschen als kommunizierender Existenz, zu beziehen (siehe zu 6,13). V. 27b zeigt, daß Paulus jetzt eindeutig das apostolische Ich vor Augen hat. Sachlich will Paulus zum Ausdruck bringen, daß er sich selbst mit aller Anstrengung, ja sogar Gewalt auf die ihm zugewiesene apostolische Existenz (vgl. 9,16) einläßt. Konkret ist an die in den Peristasenkatalogen aufgezählten widrigen Umstände des apostolischen Lebens (4,9-13; vgl. 2 Kor 4,7-12; 6,4-10; 11,23-33; 12,10) gedacht, aber auch an den freiwilligen Verzicht des Paulus auf Versorgung durch die Gemeinde. Indem Paulus in der gezeigten Weise sich für den apostolischen Dienst gefügig und damit zum Sklaven gemacht hat (vgl. 19), will er vermeiden, daß er anderen »verkündet«, selbst aber die Probe nicht besteht (zu dieser Bedeutung von ›adokimos‹ vgl. *Bauer*); letztlich wird man dabei an das eschatologische Gericht zu denken haben (*IIWolff*). Paulus gibt sich also alle Mühe, um das Ziel, das er anderen vorstellt, selbst zu erreichen. Insofern ist V. 27b das sachliche Pendant zu V. 23. Auf der anderen Seite geht der Vers mit der Betonung der Mühe und der Anstrengung über das bis V. 23 Erläuterte hinaus. Unter diesem Aspekt ist V. 27 die reale Quintessenz des vorher bildlich Ausgedrückten. Paulus spricht von sich, will aber pragmatisch die Korinther auf Anstrengung und Bemühung einstellen. Damit ist der nächste Aspekt angesprochen, den er im folgenden Kapitel (10,1-22) behandeln wird.

Um die Logik des weiteren Gedankengangs zu verstehen, soll mit einem kurzen Blick zurück geschlossen werden: In 8,1-13 hatte Paulus die Frage, ob man Götzenopferfleisch essen darf, unter dem Aspekt der Erkenntnis behandelt. Eingangs hatte er darauf hingewiesen, daß die Erkenntnis von Liebe geleitet sein muß. In concreto war er zum Ergebnis gekommen, daß das Essen nicht in Frage kommt, wenn die Schwachen Schaden leiden. Eine Teilnahme an direkten oder indirekten Kultmählern war damit praktisch ausgeschlossen. Im Exkurs des Kapitels 9 hat Paulus dann den angemahnten Rechtsverzicht nicht als Verlust von Freiheit, sondern als Konkretion der Freiheit vor Augen gestellt. Mit Kapitel 10 wird ein neuer Aspekt ins Spiel kommen. Was bislang als Rechtsverzicht vermittelt wurde (unter dem Aspekt der Erkenntnis konnte es gar nicht anders vermittelt werden), wird nun schlichtweg verboten. Die Teilnahme an heidnischen Kultmählern ist mit der Teilnahme am Tisch des Herrn unvereinbar. Dieser neue Aspekt kommt allerdings nicht von ungefähr. Er war in 8,4-6 bereits angedeutet und spielte möglicherweise schon in der korinthischen Argumentation eine Rolle. Man kann sich jedenfalls gut vorstellen, daß die Korinther der Meinung waren, daß die für sie allein maßgebliche Wirklichkeit des einen Gottes und des einen Kyrios sie gegen alle eventuell zu befürchtenden schädlichen Einflüsse der Götter-Wirklichkeit immunisiere. Dagegen argumentiert Paulus in 10,1-22. Er verweist darauf, daß das Sakrament keine Sicherheit bietet. Es verlangt vielmehr Bemühung und ständiges Auf-der-Hut-Sein. Insoweit ist 9,24-27 die Vorbereitung darauf.

2.4 Die Väter in der Wüste als Warnung 10,1-13

1 Denn ich will euch nicht in Unkenntnis lassen, Brüder, daß unsere Väter alle unter der Wolke waren und alle durch das Meer hindurchzogen 2 und alle auf Mose getauft wurden in der Wolke und im Meer 3 und alle dieselbe geistliche Speise aßen 4 und alle denselben geistlichen Trank tranken. Denn sie alle tranken aus einem geistlichen Felsen, der (ihnen) folgte; der Fels aber war Christus. 5 Doch an der Mehrzahl von ihnen hatte Gott kein Wohlgefallen; denn sie wurden in der Wüste niedergestreckt. 6 Dies(e Ereignisse) sind als Vorbilder für uns geschehen, damit wir nicht nach Bösem Begehrende seien, so wie jene begehrten. 7 Werdet auch nicht Götzendiener wie einige von ihnen, wie geschrieben steht: *Das Volk setzte sich, zu essen und zu trinken, und sie standen auf, zu tanzen*. 8 Laßt uns auch nicht Unzucht treiben, wie einige von ihnen Unzucht trieben, und (es) fielen an *einem* Tag 23 000. 9 Laßt uns auch nicht Christus versuchen, wie einige von ihnen (ihn) versuchten und von den Schlangen umgebracht wurden. 10 Murrt auch nicht, gleichwie einige von ihnen murrten und von dem Verderber umgebracht wurden. 11 Dies aber widerfuhr jenen vorbildlich, geschrieben aber wurde es zur Warnung für uns, zu denen das Ende der Äonen gelangt ist. 12 Also, derjenige, der zu stehen meint, sehe zu, daß er nicht falle. 13 Es hat euch noch keine Versuchung erfaßt als nur menschliche. Treu aber (ist) Gott, der (es) nicht zulassen wird, daß ihr über das hinaus, was ihr (ertragen) könnt, versucht werdet, sondern mit der Versuchung auch den Ausgang schaffen wird, so daß ihr (sie) ertragen könnt.

Literatur (s. auch die Lit. zu 8,1-11,1): *W. Baird*, I Corinthians 10:1-13: Interp. 44 (1990) 286-290; *A. J. Bandstra*, Interpretation in 1 Corinthians 10:1-11: CTJ 6 (1971) 5-21; *I. Broer*, »Darum: wer da meint zu stehen, der sehe zu, daß er nicht falle.« 1 Kor 10,12f. im Kontext von 1 Kor 10,1-13, in: *H. Merklein (Hrsg.)*, Neues Testament und Ethik, FS R. Schnackenburg, Freiburg – Basel – Wien 1989, 299-325; *G. Bruni*, Eucaristia nella prima lettera ai Corinti (10,1-18; 11,17-34): RBR 12 (1977) 35-55; *G. D. Collier*, »That we Might not Crave Evil«. The Structure and Argument of 1 Corinthians 10.1-13: JSNT 55 (1994) 55-75; *R. F. Collins*, »It was indeed written for our sake« (1 Cor 9,10). Paul's Use of Scripture in the First Letter to the Corinthians: SNTU.A 20 (1995) 151-170; *H. Conzelmann*, Korinth und die Mädchen der Aphrodite. Zur Religionsgeschichte der Stadt Korinth, in: *ders.*,

Theologie als Schriftauslegung. Aufsätze zum Neuen Testament (BEvTh 65), München 1974, 152-166; *R. Dabelstein*, Die Beurteilung der ›Heiden‹ bei Paulus (Beiträge zur biblischen Exegese und Theologie 14), Frankfurt/M. – Bern – Cirencester/UK 1981; *I. Dugandzic*, Das »Ja« Gottes in Christus. Eine Studie zur Bedeutung des Alten Testaments für das Christusverständnis des Paulus (FzB 26), Würzburg 1977, 240-248; *E. E. Ellis*, A Note on First Corinthians 10,4: JBL 76 (1957) 53-56; *A. Feuillet*, L'explication »typologique« des événements du désert en 1 Co 10,1-4: SMR 8 (1965) 115-135; *L. Goppelt*, Paulus und die Heilsgeschichte. Schlußfolgerungen aus Röm. IV und I. Kor. X.1-13: NTS 13 (1966/67) 31-42; *J. Habermann*, Präexistenzaussagen im Neuen Testament (EHS.T 362), Frankfurt/M. – Bern – New York – Paris 1990, 189-223; *F. Hahn*, Teilhabe am Heil und Gefahr des Abfalls. Eine Auslegung von 1 Ko 10,1-22, in: **L. de Lorenzi (Hrsg.)*, Freedom 149-171; *H. Halter*, Taufe und Ethos. Paulinische Kriterien für das Proprium christlicher Moral (FThSt 106), Freiburg – Basel – Wien 1977, 152-163; *R. L. Jeske*, The Rock was Christ: The Ecclesiology of 1 Corinthians 10, in: *D. Lührmann – G. Strecker (Hrsg.)*, Kirche. FS G. Bornkamm, Tübingen 1980, 245-255; *E. A. Knauf*, Supplementa Ismaelitica 14: Mount Hor and Kadesh Barnea: BN 61 (1992) 22-26; *B. J. Koet*, The Old Testament Background to 1 Cor 10,7-8, in: [II]*R. Bieringer (Hrsg.)*, Correspondence 607-615; *B. Kollmann*, Ursprung und Gestalten der frühchristlichen Mahlfeier (GTA 43), Göttingen 1990, 52-58.68-70; [II]*W. Kraus*, Volk Gottes 185-188; *L. Kreitzer*, 1 Corinthians 10:4 and Philo's Flinty Rock: CV 35 (1993) 109-126; *P. V. Legarth*, Typology and its Theological Basis: EuroJTh 5 (1996) 143-154; *M. Lods*, La leçon d'histoire sainte de I Corinthiens 10:1-13: PosLuth 27 (1979) 251-258; *H. E. Lona*, Der Tisch des Herrn, in: *J. Schreiner (Hrsg.)*, Freude am Gottesdienst. Aspekte ursprünglicher Liturgie, FS J. G. Plöger, Stuttgart 1983, 307-317; *G. Martelet*, Sacrements, figures et exhortation en 1 Cor. X,1-11: RSR 44 (1956) 323-359.515-559; *W. A. Meeks*, »And Rose up to Play«. Midrash and Paraenesis in 1 Corinthians 10:1-22: JSNT 16 (1982) 64-78; *H. Merklein*, Der Theologe als Prophet. Zur Funktion prophetischen Redens im theologischen Diskurs des Paulus, in: [II]*ders.*, Studien II 377-404; *A. Miranda*, L'»uomo spirituale« (πνευματικὸς ἄνθρωπος) nella Prima ai Corinzi: RivBib 43 (1995) 485-519; *C. D. Osburn*, The Text of I Corinthians 10:9, in: *E. J. Epp – G. D. Fee (Hrsg.)*, New Testament Textual Criticism. Its Significance for Exegesis. Essays in Honor of B. M. Metzger, Oxford 1981, 201-212; *P. von der Osten-Sacken*, Gottes Treue bis zur Parusie. Formgeschichtliche Beobachtungen zu 1. Kor. 1,7b-9, in: [II]*ders.*, Evangelium 31-55; *ders.*, »Geschrieben zu unserer Ermahnung...«, in: *ders.*, Die Heiligkeit der Tora. Studien zum Gesetz bei Paulus, München 1989, 60-86; *C. Perrot*, Les exemples du désert (1 Co. 10.6-11): NTS 29 (1983) 437-452; *H. Räisänen*, Zum Gebrauch von ΕΠΙΘΥΜΙΑ und ΕΠΙΘΥΜΕΙΝ bei Paulus: StTh 33 (1979) 85-99; *K.-G. Sandelin*, ›Do Not Be Idolaters!‹ (1 Cor 10:7), in: *T. Fornberg – D. Hellholm (Hrsg.)*, Texts and Contexts. Biblical Texts in Their Textual and Situational Contexts. Essays in Honor of Lars Hartman, Oslo – Copenhagen – Stockholm – Boston

1995, 257-273; *W. Schrage*, Einige Hauptprobleme der Diskussion des Herrenmahls im 1. Korintherbrief, in: *¹¹R. Bieringer (Hrsg.)*, Correspondence 191-198; *J. Smit*, »Do not be Idolaters.« Paul's Rhetoric in First Corinthians 10:1-22: NT 39 (1997) 40-53; *S. K. Stowers*, Elusive Coherence: Ritual and Rhetoric in 1 Corinthians 10-11, in: *E. A. Castelli – H. Taussing (Hrsg.)*, Reimagining Christian origins. A Colloquium Honoring Burton L. Mack, Valley Forge, 1996, 68-83; **E. Synofzik*, Gerichts- und Vergeltungsaussagen 25.

2.4.1 Zum Text und zur Übersetzung

Anstelle des Passivs »sie wurden getauft« (›ebaptisthēsan‹) in V. 2 lesen B und der Mehrheitstext das Medium ›ebaptisanto‹ = »sie ließen sich taufen«. Ist das letztere eine Änderung im Blick auf die jüdische Praxis (Selbsttaufe der Bekehrten)? Doch wird man so scharf nicht fragen dürfen, da auch das Passiv den medialen Sinn von »sich ... lassen« haben kann (BDR § 314; vgl. § 317). Eine sichere Entscheidung ist daher kaum möglich. Anstelle von »Christus« in V. 9 lesen etliche gewichtige Handschriften (darunter Sinaiticus, B, 33) »den Herrn«; doch dürfte dies eine Erleichterung darstellen und daher sekundär sein (das gilt noch mehr für die Lesart »Gott«, die u. a. von A bezeugt wird).

2.4.2 Analyse

Ein- und übergeleitet durch 9,24-27 wendet sich der Text mit Kapitel 10 einem neuen Aspekt des korinthischen Problems zu. In Kapitel 8 hatte Paulus das Thema »Essen von Götzenopferfleisch« unter dem Aspekt der Erkenntnis behandelt. Durch 8,7-13 wurde deutlich, daß es konkret nicht nur um die mehr oder weniger zufällige Begegnung mit der umstrittenen Materie (zum Beispiel beim Fleischkauf auf dem Markt oder bei der Einladung zu heidnischen Verwandten und Bekannten) ging, sondern auch um den bewußt oder sogar provokativ herbeigeführten Genuß von Götzenopferfleisch. Paulus jedenfalls stellt die Teilnahme an einem Mahl im Temenosbereich als den Fall heraus, an dem er demonstriert, worum es ihm geht. Wahrscheinlich war dieser Fall auch der eigentliche Stein des Anstoßes in Korinth. Von daher behandelt 10,1-22 kein neues Thema, sondern einen neuen Aspekt des gleichen Themas. War es in Kapitel 8 die *subjektive Perspektive*, unter der das »Götzenopferfleisch« betrachtet wurde (also die Frage, ob die Erkenntnis vom Nicht-Sein der Götzen das Essen von Götzenopferfleisch zum Adiaphoron macht), so kommt jetzt die *christologische Perspektive* ins Spiel (also die Frage, ob die [soteriologische] Bindung an den Herrn den Kontakt mit den Götzen zum Adiaphoron macht, indem sie gegen eventuelle schädliche Wirkungen etwa bei der Teilnahme an kultischen Mählern gefeit macht). Doch auch diese christologische Perspektive hatte Paulus in Kapitel 8 schon vorbereitet, indem er die subjektiv verstandene »Erkenntnis« der Korinther in die soziale und ekklesiale Dimension der Liebe hineinstellte und die Verantwortung gegenüber dem Bruder bzw. der Schwester von Christus her begründete und einforderte. Jetzt drängt der christologische Aspekt in den Vordergrund. Dessen praktische Grundlage war möglicherweise schon in 8,5 f. angedeutet, wenn dort damit argumentiert wurde, daß die »Götter und Herren«, die trotz aller christlichen Erkenntnis noch gesellschaftliche oder sonstwie geartete Wirklichkeit bleiben, für die Christen und Christinnen nicht mehr maßgeblich sind. Auf diese Nuance der korinthischen Argumentation war Paulus noch nicht eingegangen. Er tut es nun in 10,1-22.

Von der Argumentationsstruktur her lassen sich zwei Abschnitte unterscheiden: 10,1-13 und 10,14-22. 10,1-13 nimmt typologisch auf die Wüstengeneration Bezug und leitet aus der Typologie allgemeine ethische Anweisungen ab. 10,14-22 geht dann auf die antitypische Entsprechung des in 10,1-5 Geschilderten ein und wertet sie speziell im Blick auf die mögliche Teilnahme an kultischen Mählern aus. Der Umstand, daß die typologische Bezugnahme ohne Erwähnung eines kasuellen Anlasses geschehen kann, bestätigt die eben geäußerte Einsicht, daß mit Kapitel 10 kein neuer Fall eingeführt, sondern lediglich ein spezieller Aspekt des eigentlich schon in Kapitel 8 anstehenden Problems diskutiert wird.

Nur relativ kurz kann die *synchrone Analyse* von 10,1-13 angesprochen werden. Von der *syntaktischen* Struktur her fällt auf, daß die Sätze sehr verbalbetont sind. Das gilt ganz besonders für VV. 6b-12, wo die Verbalphrasen fast ausschließlich von Verben ohne Akkusativ-Objekte (Ausnahme: V. 9a) und nur mit wenigen anderen (Dativ-)Objekten (VV. 8bβ.11a) gebildet sind. Die wenigen Präpositionalausdrücke sind zweimal zudem durch das Passiv bedingt (VV. 9bβ.10bβ), so daß nur der Ausdruck von V. 11bα übrig bleibt, mit dem es aber semantisch eine besondere Bewandtnis hat. Relativ stark von (Akkusativ-)Objekt-Sätzen geprägt sind dagegen VV. 1-5 und V. 13, nämlich in VV. 1a.3.4a.13abβγ; daneben besitzen auch die Präpositionalausdrücke der VV. 1bαβ.2.4b.5a.13bβ eine objektivische Funktion. Von besonderer Bedeutung sind die Sätze mit Prädikatsnomen in VV. 4c.6.7a.13bα, insbesondere diejenigen mit metasprachlicher Funktion (VV. 4c.6). Gerade sie markieren auch *semantische* Wendepunkte. V. 4c schließt die vom Subjekt »Väter« bzw. »alle« beherrschte Beispielreihe der VV. 1b-4b ab, bevor dann in V. 5 – semantisch-antithetisch – das vom Subjekt »Gott« ergehende Urteil vorgestellt wird. Der metasprachliche V. 6a blickt sachlich zurück, verweist mit der Zielangabe »damit wir nicht ... seien« (im Griechischen als substantivierter Infinitiv [›eis to mē einai ...‹]) aber zugleich voraus auf die folgenden Vergleiche mit der gegenwärtigen (Christen-)Generation bzw. den Korinthern in VV. 6b.7a.8.9.10. Unterbrochen wird die Vergleichsreihe nur durch das Schriftzitat V. 7b. V. 11 bildet das semantische Widerlager zu V. 6, indem er über das Stichwort »vorbildlich« (›*typikōs*‹) an das »Vorbild« (›*typos*‹) von V. 6 anknüpft und den eschatologisch-*typo*logischen Charakter des Schriftwortes hervorkehrt. VV. 12 f. formulieren eine Nutzanwendung und schließen – unter Versicherung der Treue Gottes – mit einem zuversichtlichen Ausblick. Der Durchgang durch den semantisch-thematischen Duktus des Textes deutet bereits dessen *pragmatische* Intention an. Schon der einleitende V. 1a macht deutlich, daß die folgenden Beispiele VV. 1b-4 inklusive der Wertung des V. 5 um der Leser und Leserinnen willen vorgebracht werden. Dem entspricht auf sachlicher Ebene der typologische Charakter der Schrift (VV. 6-11), aus der die Beispiele genommen sind. Die darin involvierte Vergleichsreihe VV. 6-10 ist nicht nur gegenwartsorientiert, sondern auch unmittelbar performativ ausgerichtet. Interessant dabei ist der Wechsel zwischen den inklusiven Handlungsformen des Adhortativs (1. Person Plural: VV. 8a.9a) und den exklusiv die Adressaten ansprechenden direkten Imperativen (2. Person Plural: VV. 7a.10a). Letztere bilden eine Klammer um erstere. Inhaltlich zielen die Imperative unmittelbar auf die korinthische Situation; das gilt zumindest für das Verbot des Götzendienstes (V. 7a), vielleicht aber auch für das Verbot des Murrens (V. 10) (s. die Einzelauslegung). Nicht unwesentlich ist der Wechsel von der Totalität des Handlungssubjekts in VV. 1b-4 (»unsere Väter *alle*« V. 1bα mit vierfacher Wiederholung von »alle« in VV. 1bβ.2.3.4a) hin zu dessen Partitivität in VV. 7-10 (viermal »*einige* von ihnen«), wobei die abschließende Einschränkung in V. 5 (»die *Mehrzahl* von ihnen«) und die einführende anaphorische Bezugnahme darauf in V. 6 (»jene«) die Brücke bilden. Textstrategisch ist mit diesem Wechsel eine Botschaft an die Leser bzw. Leserinnen verbunden. Es wird deutlich, daß aus der prinzipiell kollektiven Heilsgabe nicht automatisch ein kollektives Heil folgt. Das gilt via typologischer Adaption selbstverständlich auch für das eschatologische Heilsvolk. Auch hier ist mit einem Teilausfall zu rechnen, wenn das Handeln dem Heil zuwiderläuft. Die Nutzanwendung in V. 12 zeigt jedoch, daß nicht nur ein Fehlverhalten zu korrigieren, sondern – viel schlimmer noch – auch einer falschen Sicherheit entgegenzutreten war, mit der die Gefährlichkeit eines solchen Handelns kaschiert wurde. Die schlimmsten Befürchtungen, die damit den Lesern und Leserinnen suggeriert werden, werden allerdings in V. 13 wieder eingeschränkt, zumal jetzt – zumindest indirekt – die ganze Gemeinde (»ihr« bzw. »euch«) unter dem Schild der Treue Gottes zu stehen kommt. Im einzelnen könnte man den Gedankengang dann folgendermaßen gliedern (vgl. auch *I. Broer*, Darum 306 f.; *J. Habermann*, Präexistenzaussagen 191-196):

1-5: Obwohl die Väter in der Wüste die Heilsgaben empfingen, die typologisch bereits die geistlichen Gaben Christi vorwegnahmen (VV. 1-4), fanden sie in ihrer Mehrheit kein Gefallen vor Gott (V. 5).

6-11: Dem typologischen Charakter (VV. 6a.11) des Fehlverhaltens von einigen von ihnen entspricht die Mahnung bzw. Forderung, es ihnen nicht gleich zu tun (VV. 6b-10).

12 f.: Einer falschen Sicherheit, welche die Gefährlichkeit des Fehlverhaltens bagatellisiert, ist daher zu wehren (V. 12), wie überhaupt nur die Treue Gottes der einzige Garant christlicher Gewißheit sein kann.

Auf eine ausführliche diachrone Analyse kann nicht eingegangen werden, wenngleich es in der Forschung nicht an entsprechenden Vorschlägen fehlt, von denen die wichtigsten hier wenigstens erwähnt werden sollen. Schon *Weiß* hatte die Übernahme einer midraschartigen Vorlage postuliert. Diese These wurde mehrfach übernommen bzw., was den Umfang der Vorlage betrifft, modifiziert. Die meisten denken vor allem an eine Vorgabe für VV. 1-5 (vgl. *F. Hahn*, Teilhabe 155 [VV. 1-4]; **D.-A. Koch*, Schrift 214 f.). Nach *R. L. Jeske* hat Paulus eine umfangreichere Tradition (VV. 1-4.6a.11.13.16 f.) durch seine Einfügungen korrigiert (Rock 251). *Conzelmann* rechnet für VV. 1b-10 mit einem »schon vor der Abfassung des Briefes einigermaßen geprägte(n) Lehrstück« (202; vgl. [II]*U. Luz*, Geschichtsverständnis 117-119). *W. A. Meeks* hält VV. 1-13 insgesamt für eine christliche Homilie, die Paulus weitgehend (mit Ausnahme des von ihm stammenden V. 4c) übernimmt (And Rose up; vgl. *G. D. Collier*, That we Might). Die Beweisführung bleibt jedoch schwierig (zur Kritik: *I. Broer*, Darum 307-310; *IIWolff* 212 f.; vgl. *IISchrage* II 383 f.; zu VV. 1b-4: *W. L. Willis*, Meat [s. zu 8,1-11,1] 127 f.; *B. Kollmann*, Ursprung 52-58; zu VV. 6-11: *C. Perrot*, examples 442 f.). Das schließt in keiner Weise aus, daß Paulus in reichem Maße traditionelle Motive verarbeitet, auf die im Rahmen der Einzelauslegung verwiesen werden soll. Daß die Auswahl der Texte, auf die Paulus anspielt, durch liturgische Lesegewohnheiten angeregt sein soll, ist unwahrscheinlich. Zumindest würde man einen Hinweis auf das Osterfest erwarten, wenn die Themen durch die Lesungen des Osterfestkreises beeinflußt sein sollten (gegen: *A. Strobel*; der Hinweis auf den weit zurückliegenden Vers 5,7 ist m. E. nicht ausreichend).

Im Vorblick auf den weiteren Gedankengang ist zu bemerken: Der folgende Abschnitt 10,14-22 wird sich der sakramentalen Auswertung der christologischen Typologie zuwenden. Der Imperativ von V. 14 bildet die Überleitung. Die Anwendung erfolgt sachgemäß nicht mit (ethischen) Imperativen, sondern mit der sakral bedingten Feststellung von V. 21.

2.4.3 Einzelerklärung

Vers 1a: Die Einleitung »Ich will euch nicht in Unkenntnis lassen« findet sich mehrfach bei Paulus (12,1; 2 Kor 1,8; 1 Thess 4,13; Röm 1,13; 11,25). Die Formulierung hebt hervor. Ob das Hervorgehobene den Adressaten und Adressatinnen schon bekannt war (so: *Barrett*), läßt sich allenfalls theoretisch behaupten. Die sonstigen Verwendungsweisen dieser Einleitung deuten auf die Mitteilung von Unbekanntem *(IIWolff)*. Inhaltlich kann es sich um eine einfache Information (so 2 Kor 1,8; Röm 1,13), aber auch um eine theologisch qualifizierte Kundgabe handeln. An zwei Stellen geht es mit ziemlicher Sicherheit um die Mitteilung einer prophetischen Erkenntnis (1 Thess 4,13; Röm 11,25) (vgl. *H. Merklein*, Theologe). Setzt man diese Qualität auch hier voraus, dann wäre die typologische Schriftauslegung, die Paulus im folgenden betreibt, ein Beispiel prophetischer Rede. Dies ist zumindest ein erwägenswerter Gedanke. Vielleicht darf man die »Unkenntnis« (›agnoein‹), die Paulus beseitigen will, auch in Verbindung mit der von den Korinthern beanspruchten »Erkenntnis« (›gnōsis‹) (8,1) sehen. Wenngleich unterschwellig und verdeckt, hätte die Einleitung dann eine leicht ironische Note: Ihr, die ihr »Erkenntnis« habt, braucht eben doch Aufklärung!

Verse 1b-4: Die Beispiele, auf die Paulus in den folgenden Versen verweist, sind in ihrer Auswahl nur von ihrer Ausrichtung auf Christus hin verständlich. Das Verfahren ist also das einer Typologie (vgl. V. 6). Zur Typologie gehört immer Ähnlichkeit und Unähnlichkeit. Ohne Ähnlichkeit gäbe es keine Vergleichbarkeit zwischen Typos und Antitypos. Doch erst die übersteigernde Unähnlichkeit verleiht der Vergleichbarkeit ihre spezifisch typologische Eigenart. Der Typos ist auf den Antitypos hin angelegt. Erst im Antitypos gelangt das im Typos Angelegte zu seiner Eigentlichkeit. Dies gilt auch und insbesondere von der hier vorliegenden Typologie. Die den Vergleich ermöglichende Kontinuität ergibt sich aus dem einleitenden Begriff »unsere Väter«, der die Wüstengeneration mit der Christengemeinde verbindet. Paulus sieht also keinen Bruch zwischen Israel und Kirche. Die Väter (und Mütter) Israels sind zugleich die Wurzeln der Kirche.

Aus heutiger Sicht müßte man – der Substitutionstheorie (nach der die Kirche an die Stelle Israels getreten ist) entgegensteuernd – bei solchen Formulierungen eher auf die Gefahr einer einseitigen Vereinnahmung aufmerksam machen und betonen, daß die Väter (und Mütter) selbstverständlich auch die Väter (und Mütter) Israels sind – genealogisch sogar immer noch in primärer Weise! Dabei sollte man die genealogische Verbindung nicht vorschnell für theologisch irrelevant erklären. Denn bei aller schöpferischen Diskontinuität, die Gott bei der Gestaltung der Heilsgeschichte zuzutrauen ist, würde ein völliger Ausfall genealogischer Kontinuität doch auch die Frage nach der Gültigkeit göttlicher Verheißungen aufwerfen.

Der Topos vom Ungehorsam des Volkes trotz der Heilstaten Gottes ist alt (Ps 78; 106; Weish 11-19; vgl. Neh 9,9-20). Die Beispiele, die Paulus als Typos auswertet, sind bunt zusammengemischt. In **VV. 1b.2** spricht er zunächst den Durchzug durch das Schilfmeer an (vgl. Ex 14). Dort allerdings zieht die Wolke (als Zeichen der Gegenwart Gottes) vor dem Volk her oder schirmt es ab (Ex 13,21f.; 14,19f.; vgl. Ps 78,14). Eine mit V. 1b vergleichbare Aussage findet sich jedoch in Ps 105,39: »Eine Wolke breitete er aus, um sie zu decken«. Das Beispiel von der Wolke und vom Meer gewinnt seine Konsistenz weniger durch den Gehalt seiner Elemente. Die Wolke paßt nur schwer zur Taufe. Aber auch das Wasser des Schilfmeers paßt nur indirekt dazu, da das Volk trockenen Fußes durch das Meer zog, das ausgetrocknet (Ex 14,21a [Jahwist]) war bzw. rechts und links wie eine Mauer stand (Ex 14,22b [Priesterschrift]). Oder setzt Paulus, wie MekhY zu Ex 14,6 (36a), eine Art Tunnel voraus (»Das Meer wurde gespalten, es wurde wie ein Wölbung [Tunnel] ...«), so daß das »Umschlossensein von Wasser« der Vergleichspunkt wäre (^{11}*Wolff*)? In jedem Fall geschieht die Auswahl des Typos bereits mit Blick auf den Antitypos (**H.-J. Klauck*, Herrenmahl 253 f.). Von daher ist auch zu verstehen, daß die Väter »auf Mose getauft wurden«. Ein Bezug zur Proselytentaufe ist religions- und traditionsgeschichtlich problematisch. Der Ausdruck ist eine Parallelbildung zur Taufe »auf Christus bzw. auf den Namen Christi« (1,13.15; Gal 3,27; Röm 6,3; vgl. Apg 2,38; 8,16; 19,5 u. ö.). Eine soteriologische Funktion soll damit dem Mose nicht zugeschrieben werden; diese ergibt sich erst aus dem Antitypos. Doch auch so bleibt die Parallelisierung – vor dem Hintergrund anderer (antithetischer) Gegenüberstellungen (vgl. Gal 3) – für Paulus bemerkenswert. Sie zeigt, daß Paulus das Verhältnis von Mose und Christus auch ungebrochen positiv darstellen kann.

Mit »Speise« und »Trank« wird in **VV. 3.4a** auf die wunderbare Speisung durch das Manna (Ex 16,13-36) und das Wasser, das Mose aus dem Felsen schlug (Num 20,1-11; Ex 17,1-7), angespielt. Sachlich geht es um eine Analogie zum Essen und Trinken des Herrenmahls, so daß hier (singulär im Neuen Testament) Taufe und Herrenmahl zusammengestellt sind (zum Verhältnis der beiden vgl. *B. Kollmann*, Ursprung 62-65; zur eucharistischen Interpretation des Manna vgl. Joh 6,52-58). Als Bezug auf das Herrenmahl wird man auch die Qualifizierung als »geistliche« Speise und »geistlichen« Trank verstehen müssen (vgl. Did 10,3) (*Conzelmann*; ^{11}*Schrage* II). Immerhin wird schon in alttestamentlicher Tradition das Manna nicht nur als »Brot vom Himmel« (Ps 78,24), sondern auch unmittelbar als »Himmels- bzw. Engelsbrot« (Ps 77,24 f. LXX; vgl. Ps 104,40 f. LXX; Weish 16,20) bezeichnet. In Neh 9,20 (II Esdr 19,20) liegt sogar eine Verbindung von Geist, Manna und Wasser (aus dem Felsen) vor: »Du gabst ihnen deinen guten Geist, um sie zur Einsicht zu bringen. Du entzogst ihnen dein Manna nicht und gabst ihnen Wasser für ihren Durst«. Schon die Tradition sieht also im Brot und im Wasser der Wüste mehr als nur Nahrung für den Leib. Paulus nennt sie vollends »geistlich«, weil sie ein Vorausbild (Typos) der wirklich heilsamen Nahrung sind, die im Herrenmahl die Gemeinschaft mit Christus herstellt und befestigt. Dieser typologische Bezug zu Christus wird in **V. 4bc** schließlich ausdrücklich thematisiert, indem dann der ebenfalls als »geistlich«

bezeichnete Fels mit Christus identifiziert wird. Die Voraussetzung dafür ist die Vorstellung von dem »Felsen, der ihnen folgte«. Paulus greift hier wohl eine jüdische Auslegungstradition auf, die aus den verschiedenen Orten (Horeb: Ex 17,1-7; Kadesch: Num 20,1-11; Beer: Num 21,16-18) ein Mitwandern des Brunnens (so: tSuk 3,11-13; TPsJ zu Num 21,16 ff. [vgl. Bill. III 406-408]) oder des Felsens erschloß. In den um 100 n. Chr. verfaßten Antiquitates Biblicae (Pseudo-Philo) heißt es: »Und es folgte ihnen der Herr in der Wüste vierzig Jahre lang, und er stieg auf den Berg mit ihnen und stieg hinab in die Ebenen« (11,15). Kurz zuvor war von dem »Brunnen mit dem nachfolgenden Wasser« die Rede (LibAnt 10,7). Im Kontext solcher Traditionen ist eine christologische Deutung wie die des Paulus fast naheliegend.

In der christlichen Tradition wandert der Fels übrigens weiter: Kadesch wird in byzantinischer Zeit mit Petra (Wadi Musa) identifiziert (dafür gibt es schon alttestamentliche und frühjüdische Vorgaben: 1QGenAp XXI,11; Num 33,36f.; Josephus, Ant. IV,4,7; vgl. *E. A. Knauf*, Supplementa). Der frommen und neugierigen (curiosa) Pilgerin Etheria werden die Mosequellen beim Nebo (Uyyun Musa) mit der Erklärung gezeigt: »Das ist das Wasser, das der hl. Moses den Söhnen Israels gab in dieser Wüste« (Peregrinatio Etheriae 11,2; vgl. 10,8; zit. nach *H. Donner*, Pilgerfahrt ins Heilige Land. Die ältesten christlichen Palästinapilger [1. – 7. Jahrhundert], Stuttgart 1979, 107).

Die Identifikation mit Christus ist um so leichter, als Paulus von der Präexistenz Christi ausgeht und der Felsen schon im hellenistischen Judentum (bes. Philo) mit der göttlichen Weisheit (All II 86 [in Verbindung mit Manna!]; vgl. Weish 10,15-11,4) bzw. mit dem göttlichen Logos (Det 115-118) gleichgesetzt wurde. Die auffällige (bei Paulus einmalige) Verwendung des Christustitels für den Präexistenten erklärt sich vielleicht »aus dem alttestamentlich geprägten Kontext« ([11]*Wolff* mit Verweis auf Röm 9,5; 15,8; Gal 3,16). Mit der Identifizierung des Felsens mit Christus ist freilich, wenn man es genau nimmt, von der typologischen in die eigentliche Rede übergewechselt. Dies unterstreicht zum einen noch einmal ganz deutlich die Kontinuität zwischen Christus bzw. Kirche und Israel (ansonsten stellt Paulus die Kontinuität in dieser Direktheit nur über Abraham her [vgl. Röm 4; Gal 3]) und zeigt zum andern, daß bereits Israel an dem (von Paulus christologisch gedachten) Heil partizipierte. Was die Wüstengeneration mit Manna und Wasser empfangen hat, war also ein Vorausbild, ja eine Partizipation an dem durch Christus vermittelten geistlichen Heil. Das argumentative Ziel des Paulus ist allerdings nicht eine Belehrung über die »Sakramente« der Taufe und des Herrenmahls. Typologische und identifizierende Rede wollen vielmehr nur die Voraussetzung schaffen, um den Korinthern das anschließend geschilderte Gericht exemplarisch ebenfalls als existentielle Möglichkeit vor Augen zu stellen. Dies geschieht im nächsten Vers.

Vers 5: Trotz der »sakramentalen« Teilhabe am Geist und trotz der »sakramentalen« Gemeinschaft mit Christus »hatte Gott an der Mehrzahl von ihnen kein Wohlgefallen; denn sie wurden in der Wüste niedergestreckt.« Paulus erinnert an das göttliche Strafgericht, das mehrfach die Wüstengeneration wegen ihrer Verfehlungen getroffen hat. Nach Num 14,30 und 26,64f. waren Kaleb und Josua überhaupt die einzigen, die von der Wüstengeneration übriggeblieben sind und gewürdigt wurden, ins verheißene Land einzuziehen. Insofern ist die paulinische Einschränkung »an der Mehrzahl« eine wohlwollende Interpretation. »Sakramentale« Gemeinschaft schützt nicht vor dem Gericht. Sie gewährt keine Heilssicherheit, die von der eigenen sittlichen Verantwortung dispensieren könnte. Der Empfang der Sakramente nimmt dem Götzendienst nicht seine Gefährlichkeit (vgl. [II]*Wolff* 212). Damit hat Paulus seine Leser und Leserinnen an den Punkt geführt, an dem er sie existentiell ansprechen kann. Im Vorblick auf den nächsten Abschnitt wird schon jetzt deutlich, daß das Verbot des Götzendienstes Gehorsam verlangt, unabhängig von der Frage nach der (gesellschaftlichen) Wirklichkeit oder (ontischen) Existenz der Götzen; in dieser Hinsicht stimmt Paulus mit der gesamten alttestamentlich-jüdischen Tradition überein.

Verse 6-11: V. 6 gibt die Hermeneutik an. Die im Zusammenhang mit der Wüstengeneration aufgezählten Ereignisse sind Vorbilder (›typoi‹) für uns, in denen etwas für uns Bedeutsames seine Vor-Abbildung erfährt. Die typologische Schriftauslegung ist zu unterscheiden von der allegorischen. Die allegorische Interpretation sagt etwas durch ein anderes, sie unterlegt dem Literalsinn einen anderen (tieferen, geistlichen) Sinn. Die Typologie sieht in dem literarisch Dargestellten eine Präfiguration für ein Späteres, wobei die Präfiguration sich im wesentlichen erst aus dem Späteren ergibt (weiteres bei V. 11). Die typologische Auswertung ist vor allem an V. 5 interessiert. Die vorher in den VV. 1-4 genannten Ereignisse waren ja schon typologisch betrachtet worden. Jetzt geht es um die Begründung von V. 5 und deren typologische Auswertung. Da-

bei dürfte das zuerst in V. 6b genannte »Begehren« als eine Art Zusammenfassung und Themenangabe für die dann genannten Einzelvergehen stehen. Jedenfalls wird man bei »begehren« nicht nur die Sehnsucht nach den ägyptischen Fleischtöpfen im Auge haben dürfen (vgl. Num 14,4.34; Ps 78,29f.; 106,14), so sehr sich von da aus das Sachthema des Götzenopferfleischessens assoziieren ließe. Begehren kann für Paulus das eigenmächtige Streben schlechthin sein, dessen Eigenmächtigkeit und damit Sündigkeit gerade durch das Gesetz zutage tritt (vgl. Röm 7,7f.). Der Hinweis, daß im hellenistischen Judentum das »Begehren« als Grundsünde verstanden werden konnte (4 Makk 2,4-6; Philo, SpecLeg IV,84; Decal 142.150.153.173), hilft nur teilweise weiter, weil dort damit vor allem die Sünden der zweiten Dekalogtafel zusammengefaßt wurden, während es Paulus hier auch als Oberbegriff für den Götzendienst verwendet. Man wird das Begehren daher mehr allgemein auf die gegen den Geist gerichtete, fleischliche (und damit heidnische) Begierde zu beziehen haben (vgl. Gal 5,16.24; Röm 6,12; 1 Thess 4,5). Im Kontext geht es um die Mahnung, es der Wüstengeneration nicht gleich zu tun, die trotz der von Gott bzw. Christus stammenden (geistlichen) Gaben nach Bösem begehrt hat.
Woran Paulus im einzelnen denkt, sagt er im nächsten Vers. V. 7 erinnert an die Geschichte, die in die Bibel als die Anbetung des Goldenen Kalbes eingegangen ist (Ex 32,1-6). Es geht also um Götzendienst. Daß Paulus jetzt darauf zu sprechen kommt, ist nur teilweise bzw. sogar nur scheinbar eine Verschiebung gegenüber Kapitel 8. Denn auch dort ging es nicht nur um den Götzenopferfleischgenuß im allgemeinen. Zumindest das Beispiel, an dem Paulus das Thema »Essen von Götzenopferfleisch« (8,4) erörtert, bezieht sich auf die Teilnahme am Kultmahl (8,10). Nichts anderes meint die Mahnung in V. 7a, die wohl nicht zufällig direkt an die Adressaten in imperativischer Form ergeht. Die Gefahr einer Anbetung der Götzen bestand in Korinth nicht, es geht hier allein um die Frage der Teilnahme an Kultmählern. Von daher erklärt sich auch die Auswahl des Zitates. Vollständig lauten die entscheidenden Verse der Erzählung: »Als Aaron das sah, baute er vor dem Kalb einen Altar und rief aus: Morgen ist ein Fest zur Ehre des Herrn. Am folgenden Morgen standen sie zeitig auf, brachten Brandopfer dar und führten Tiere für das Heilsopfer herbei. Das Volk setzte sich zum Essen und Trinken und stand auf, um sich zu vergnügen« (Ex 32,5f.). Aus der Kombination mit Ex 32,19 (»Als Mose dem Lager näher kam und das Kalb und den *Tanz* sah, entbrannte sein Zorn«) hat man »spielen, sich vergnügen« meist als

»tanzen« konkretisiert. So wird es auch Paulus gesehen haben. Im Blick auf das korinthische Problem, nämlich eine Teilnahme an Kultmählern, scheint das Spielen bzw. Tanzen überschüssig zu sein, wenn man nicht von der eher unwahrscheinlichen Annahme ausgehen will, daß Paulus an mögliche Darbietungen bei Kultmählern gedacht hat (so: *Weiß*; anders: *[II]Schrage* II). Ein weiterführender Hinweis ist vielleicht der rabbinischen Exegese zu entnehmen, die den Begriff auf den Götzendienst bezogen hat, so z. B. R. Aqiba (zu Gen 21,9): »›Spielen‹ bedeutet nichts anderes als Götzendienst, wie es heißt: Und sie standen auf, um zu spielen (Ex 32,6)« (tSot 6,6; ähnlich SifDev 6,4 §31 [72a]; BerR 53 [34a] als Wort R. Jischma'els). Paulus hätte dann das Spielen bzw. Tanzen noch mitzitiert, um klar zu machen, daß die Teilnahme an Kultmählern (das Essen und Trinken) Götzendienst ist. Ob die Korinther diesen Zusammenhang verstanden haben, ist eine andere Frage. Es verwundert nicht, daß das »Tanzen« bzw. der kultische Tanz in der jüdischen Tradition auch mit sexuellen Ausschweifungen in Verbindung gebracht wurde (vgl. ShemR 42 zu Ex 32,7).

Von daher assoziiert wohl auch Paulus die Unzucht, auf die er in **V. 8** zu sprechen kommt. Wenn er die Korinther mahnt »Laßt uns nicht Unzucht treiben!«, will er nicht von neuem zum Thema des 5. oder 6. Kapitels zurückkehren. Götzendienst und Unzucht gehören schon in der Bibel (vgl. Num 25,1-9) und im Judentum (TestRub 4,6; 5,9f.; 6,9; TestSim 5,3) zusammen, ja der Abfall von Gott kann als Unzucht zur Sprache gebracht werden (Hos 1-3; 4,11-19; u.ö.). Auch an u. St. dürfte »Unzucht« in erster Linie eine Metapher für den Götzendienst sein. An die Beteiligung von Hetären an Kultmählern (im Rahmen einer sakralen Prostitution) (*Fee*; vgl. dagegen: *H. Conzelmann*, Korinth; *[II]W. Elliger*, Paulus 240-242) oder an orgiastische Auswüchse bei den Kultmählern wird nicht gedacht sein. Das wird man auch nicht aus Num 25,1-9 (Unzucht mit den Moabiterinnen, Baal-Pegor) schließen dürfen, worauf Paulus mit der Zahl 23 000 wohl anspielt. Allerdings sterben nach Num 25,9 24 000 Menschen (so auch die Targumim und Midraschim; vgl. Bill. III 410). Vielleicht liegt ein Gedächtnisfehler, d. h. eine Verwechslung mit Num 26,62, vor, wo bei der Musterung der Leviten die Zahl 23 000 auftaucht (*B. J. Koet*, Background 611f., denkt an eine Kombination mit Ex 32,28). Paulus benutzt die Zahl zur anschaulichen Mahnung.

Eine interessante Wendung erhält die paulinische Darlegung in **V. 9.** »Laßt uns nicht Christus versuchen!« wendet sich an die Korinther bzw. an die christliche Gemeinde. Überraschend ist, daß dann aber auch schon die Sünde der Wüstengeneration als »Versuchen« gekennzeichnet wird, wobei als das gedachte Objekt wohl ebenfalls Christus vorauszusetzen ist. Das ist die Kehrseite der Typologie! Inhaltlich ist das Versuchen nicht eine weitere Explikation des Götzendienstes, sondern ein neuer Kasus. Er ergibt sich aus der Anspielung auf die Schlangenplage Num 21,4-6. Zwar fehlt dort der Begriff »versuchen«; stattdessen wird von einer Auflehnung gegen Gott und Mose gesprochen: »Warum habt ihr uns aus Ägypten heraufgeführt? Etwa damit wir in der Wüste sterben? Es gibt weder Brot noch Wasser. Dieser elenden Nahrung sind wir überdrüssig. Da schickte der Herr Giftschlangen unter das Volk« (Num 21,5f.). In Ps 78,18f. wird dies exklusiv als ein »Versuchen« Gottes interpretiert (allerdings ohne Erwähnung der Schlangenplage): »In ihrem Herzen versuchten sie Gott, forderten Nahrung für ihren Hunger. Sie redeten gegen Gott; sie fragten: ›Kann uns denn Gott den Tisch decken in der Wüste?‹«. Das Versuchen ist sachlich demnach identisch mit dem »Murren«, auf das Paulus in **V. 10** eingeht. Die klassische Bibelstelle für das versucherische Murren ist Ex 17,1-7 (Massa und Meriba [= Probe und Streit]: VV. 2.7 [»den Herrn versuchen«] und V. 3 [»murren gegen Mose«]; vgl. Dtn 6,16; Ps 95,8f.; auch Num 17,6-15). Der sachliche Zusammenhang mit den Korinthern, die mit dem Imperativ wie in V. 7 wiederum unmittelbar angesprochen sind, ergibt sich wahrscheinlich über deren Verlangen nach Götzenopferfleisch. Paulus warnt die Korinther, nicht zu murren, wenn er ihnen die Teilnahme an kultischen Mählern verwehrt. Faktisch hat Paulus dies schon in 8,7-13 getan; das grundsätzliche Verbot wird im nächsten Abschnitt folgen. Woran Paulus bei dem »Verderber« denkt, läßt sich nicht sicher sagen. Der Verweis auf das Ende Korachs, Datans und Abirams, die sich gegen Mose und Aaron erhoben hatten (Num 16), hilft nicht weiter, da dort von einem »Verderber« nicht die Rede ist. Auf der literarischen Ebene wird man V. 9 und V. 10 als parallelismus membrorum verstehen müssen, so daß nicht nur »versuchen« und »murren«, sondern auch die »Schlangen« und der »Verderber« parallel zu setzen sind. Das entspricht den Fakten auf der erfahrungsweltlichen Ebene, schließt aber in keiner Weise aus, daß Paulus bei dem »Verderber« (›olothreutēs‹) eine metahistorische Größe als Verursacher im Auge hat. Man könnte an den Satan (vgl. 5,5, wo »Satan« und »Verderben« [›olethron‹] kombiniert sind) oder an einen Strafengel wie etwa den »Würgeengel« von Ex 12,23 (›olethreuōn‹; *Hebr 11,28; vgl. Weish 18,25*) oder überhaupt an den (strafenden) »Engel des Herrn« denken (2 Sam 24,16 [= 2 Kön 24,16 LXX]; 1 Chr

21,12.15; Jes 37,36; Apg 12,23; CD II,6; zum rabbinischen Material vgl. Bill. III 412f.). Die Tendenz, daß göttliche Handlungen vermittelt werden, ist schon dem Alten Testament eigen und nimmt im frühen Judentum zu.

V. 11 kehrt noch einmal metasprachlich zur Hermeneutik zurück (vgl. V. 6). Das Verderben, das die Wüstengeneration traf (vgl. VV. 5.8.9.10), widerfuhr ihr »vorbildlich«. Mit dieser Übersetzung ist allerdings der Sinn von ›typikōs‹ nur unzulänglich wiedergegeben. Denn es geht weniger um das *moralische* Vorbild (Beispiel, Modell), das zum Nacheifern von Tugenden oder zum Vermeiden von Lastern auffordert. Im Vordergrund steht vielmehr die *Präfiguration* (das Voraus-Bild, das Vor-Abbild) auf der geschichtlichen bzw. heilsgeschichtlichen Ebene (vgl. *[II]Schrage* II 403-406; J. *Habermann*, Präexistenzaussagen 214f.; *P. v. d. Osten-Sacken*, Geschrieben 84-86; *L. Goppelt*, Paulus). Der sachliche Vergleichspunkt ist primär die Verbindung von Erwählung bzw. geistlich-sakramentaler Begabung (VV. 1b-4) und entsprechendem menschlichen Handeln. Eben deswegen ist dieses präfigurative Geschehen – via negativa – »zu unserer Warnung geschrieben«. Die Aussage von 9,10 – »um unseretwillen wurde es geschrieben« – klingt wieder an, nur daß jetzt nicht die Heilsamkeit, sondern deren Kehrseite, die Warnung vor dem Unheil, angesprochen wird. Ihre Zuspitzung erfährt diese typologische Auswertung der Schrift dadurch, daß die Anwendung nicht nur die jeweilige Gegenwart der menschlichen Existenz zum Ziele hat, sondern die eschatologische Existenz bzw. die eschatologische Zeit (Endzeit). Erst in der Endzeit wird der wahre Sinn der Schrift deutlich (vgl. *[II]Wolff* 221-223). Mit einer vergleichbaren Hermeneutik haben die Kommentare (Pescharim) Qumrans die Schrift (bes. die Propheten) gedeutet (vgl. 1 QpHab II,5-10; VII,1-5). Die aufgezählten Beispiele aus der Wüstengeneration sind warnende Vorausbilder für den Ernst der Situation. Zwar ist Zeit in einer Weise immer ernst; anstehende Entscheidungen werden immer in »ihrer« Zeit getroffen oder vertan! In der Endzeit aber versammelt sich gleichsam der Ernst aller Zeit, weil es die letzte Zeit ist, in der überhaupt noch Entscheidungen getroffen werden können. Bemerkenswert ist, wie Paulus die endzeitliche Dimension der Gegenwart formuliert: »... Warnung für uns, zu denen das Ende (wörtl.: die Enden) der Äonen gelangt ist«. Der doppelte Plural »die Enden der Äonen« (›ta telē tōn aiōnōn‹) will wohl die (eigentlich abfolgenden) Enden aller Zeitalter zu einem gemeinsamen Ende versammeln, um so das eschatologische Ende aller Zeitläufte zum Ausdruck zu bringen (vgl. Dan 2 bzw. 7, wo am »Ende der Tage« [2,28] noch einmal alle Weltzeiten und Weltreiche versammelt werden, bevor sie vom Reich Gottes abgelöst werden). In der Formulierung bricht die Naherwartung durch, von der Paulus erfüllt ist. Doch will auch beachtet sein, daß Paulus die Endzeit nicht objektiv feststellt. Die Enden der Zeiten sind zu »uns« gelangt. Vielleicht darf man daraus lesen, daß diese Endzeit, von der Paulus redet, eine christliche Gewißheit ist, von der die Menschen außerhalb der christlichen Gemeinde nichts bemerken. Dann formuliert die Aussage (sowohl hinsichtlich der Naherwartung als auch hinsichtlich der Warnung) ein bleibendes christliches Existential. Eine anti-jüdische Note (in der Weise, daß »die Gegenwart der *Juden* ... in dem ›hēmōn‹ [= »uns«; Anm. d. Verf.] der VV 6.11 nicht enthalten sein (dürfte)« [*I. Broer*, Darum 315]) sollte man hier nicht unterstellen, wenngleich Paulus das eschatologische Heil ausschließlich von Christus her definiert. Die Paulus noch genügende Auskunft, daß am Ende auch das nicht an Christus glaubende Israel wieder eingepflanzt werden wird (Röm 11,17-31), reicht allerdings nach 2000 Jahren nicht mehr aus. Hier müssen neue hermeneutische Modelle gefunden werden, die den christologischen Grund des Heils nicht als Ausschluß Israels definieren.

Verse 12f.: Das Ende der Äonen qualifiziert die Gegenwart als kondensierte Zeit zur Entscheidung (vgl. die »zusammengedrängte Zeit« von 7,29). Solche Entscheidung bewegt sich zwischen Gewißheit und Verunsicherung. Die Enden der Äonen sind ja nicht einfach objektiver Tatbestand, sondern Teil der Glaubensentscheidung. So steigt mit der Gewißheit, dem Heil nahe zu sein, auch die Anfechtung. Diese Spannung muß ausgehalten werden. Wer sie überspielt, die Anfechtung aus der Gewißheit verdrängt, von der anfechtbaren Gewißheit also in die Heilssicherheit wechselt, begibt sich in um so größere Gefahr. Gerade den Sicheren trifft die Versuchung unvorbereitet. Wer nicht damit rechnet, ist am meisten anfällig. Darauf verweist V. 12. Mit dem Gegensatz von »Stehen und Fallen« (vgl. Röm 14,4) deutet Paulus an, daß die Erwählung nicht beansprucht, sondern durch entsprechendes Handeln eingeholt werden muß (vgl. *I. Broer*, Darum 318-321). Die Frage, ob das Fallen auf eine Einzelsünde oder den Heilsstand als solchen zu beziehen ist, wirft m. E. ein Scheinproblem auf, da im konkreten Fall gerade vor der Verharmlosung des Einzelfalls (Teilnahme an Kultmählern) gewarnt werden soll. Denjenigen, »der zu stehen meint«, als den »selbstgewisse(n), selbstvermessene(n) Pneumatiker« zu beschreiben (*IISchrage* II), ist vielleicht zu hoch gegriffen. Der Sachlage nach ging es in Korinth um eine Heilssicherheit, die sich auf die für Christen und Christinnen allein maßgebliche Herrschaft Christi (8,5 f.) und – wie im folgenden zu sehen ist – auf die sakramentale Gemeinschaft mit ihm (10,16 f.) stützte. Diese Einschätzung ging einher mit einer Erfahrung des Geistes, die im konkreten Fall insbesondere als »Erkenntnis« wahrgenommen und verstanden wurde. Nicht prometheische Selbstvermessenheit, sondern eine schiefe Interpretation des Geistes ist der Punkt, von dem Paulus die betreffenden Korinther abbringen will.

Noch hat die Versuchung – so sagt V. 13 – ein menschliches Maß. »Keine Versuchung ... als nur menschliche« will nicht sagen, daß die Versuchung einen menschlichen Ursprung hat. Wie die Fortsetzung zeigt, geht es um das menschlich tragbare Maß an Versuchung (*Weiß*). Noch – so meint Paulus – ist das Ausmaß der Versuchung beherrschbar. Stillschweigend ist damit angedeutet, daß die Versuchung, je länger und je selbstsicherer man sich ihr aussetzt, eine Dimension erreichen könnte, die über das hinausgeht, »was ihr ertragen könnt«. Das gilt nicht zuletzt im Blick auf die Beteiligung an kultischen Mählern, wo man sich dem Einfluß der Dämonen aussetzt, wie Paulus gleich ausführt. Der Hinweis auf die Treue Gottes dient nicht der Beruhigung der Korinther, sondern drückt die Hoffnung des Paulus aus, daß Gott es nicht zulassen wird, daß die Korinther sich noch tiefer in die Versuchung hineinbegeben. Dabei hat es den Anschein, daß es Gott selbst ist, der die Versuchung bewirkt (*Weiß;* trotz Jak 1,13; anders: *IIWolff*). Dafür spricht möglicherweise das Passiv (das man als passivum divinum deuten kann) und die Aussage, daß Gott »mit der Versuchung auch den Ausgang schaffen wird.« »Mit« ist nicht zeitlich im Sinne von »gleichzeitig mit«, sondern verknüpfend gemeint: Gott, der in die Versuchung hineinführt, schafft auch den Ausgang. Gott, der in die Versuchung führt (vgl. das Vaterunser Lk 11,4 par), ist gewiß ein schwieriger theologischer Gedanke. Er trägt der Allwirksamkeit Gottes Rechnung (vgl. Jes 45,5-7) und ist von der Überzeugung geleitet, daß auch die negativen Seiten der menschlichen Existenz im göttlichen Heilsplan eine positive Bedeutung haben. Bei der Versuchung könnte man etwa daran denken, daß durch sie die göttliche Erwählung erprobt und stabilisiert wird. Beides, Hinein- und Herausführen, will jedenfalls als Zeichen der Treue Gottes verstanden werden. Sachlich ist die Aussage von V. 13 eine Variante zu 1,9: »Treu ist Gott, durch den ihr berufen wurdet in die Gemeinschaft seines Sohnes Jesus Christus, unseres Herrn«. Möglicherweise kann Paulus hier wie dort auf traditionelle Treuesprüche zurückgreifen (vgl. *P. v. d. Osten-Sacken*, Treue 36-38.43 f.). Sachlich ist die Erwählung die Klammer, die Berufung, Versuchung und Ausgang zusammenhält. Eben deswegen ist sich Paulus gewiß, daß die Korinther die Versuchung ertragen können. Die Spannung zwischen VV. 12.13a und V. 13b ist von der Sache her bedingt; die Annahme eines Stimmungwechsels bei der Niederschrift ist daher nicht erforderlich (gegen: *Weiß*). Pragmatisch gesehen, hofft Paulus, daß die Korinther auf seine Argumente und seine Anweisungen eingehen und nicht länger mit dem Feuer einer unbedenklichen Teilnahme an kultischen Mählern spielen. *I. Broer* betont zu Recht, daß V. 13 nicht »als Abschwächung«, sondern »als Verstärkung der Warnung« (von V. 12) zu verstehen ist (Darum 325). Damit sind die nötigen Vorbereitungen getroffen, um nun klar und unmißverständlich zu sagen, was zu tun und zu lassen ist. Das geschieht im nächsten Abschnitt.

2.5 Sakrament und Götzendienst
10,14-22

14 Deshalb, meine Geliebten, flieht vor dem Götzendienst! 15 Wie zu Verständigen rede ich; urteilt selbst (wörtl.: ihr) über das, was ich sage. 16 Der Becher des Segens, den wir segnen, ist (er) nicht Teilhabe am Blute Christi? Das Brot, das wir brechen, ist (es) nicht Teilhabe am Leib Christi? 17 Weil (es) *ein* Brot (ist), sind wir, die vielen, *ein* Leib; denn wir alle haben an dem *einen* Brot teil. 18 Seht auf das Israel dem Fleische nach! Sind nicht diejenigen, die die Opfer essen, Teilhaber am Altar? 19 Was will ich damit nun sagen (wörtl.: Was sage ich nun)? Daß Götzenopferfleisch etwas ist oder daß ein Götze etwas ist? 20 Vielmehr, daß sie das, was sie opfern, Dämonen und nicht Gott opfern; ich will aber nicht, daß ihr Teilhaber der Dämonen werdet. 21 Ihr könnt nicht den Becher des Herrn trinken und den Becher der Dämonen, ihr könnt nicht am Tisch des Herrn teilhaben und am Tisch der Dämonen. 22 Oder wollen wir den Herrn zur Eifersucht reizen? Sind wir etwa stärker als er?

Literatur (s. auch die Lit. zu 8,1-11,1): *S. Aalen*, Das Abendmahl als Opfermahl im Neuen Testament: NT 6 (1963) 128-152; *D. T. Adamo*, The Lord's Supper in I Corinthians 10:14-22, 11:17-34: ATJ 18 (1989) 36-48; *N. Bau-*

mert, ΚΟΙΝΩΝΙΑ ΤΟΥ ΑΙΜΑΤΟΣ ΤΟΥ ΧΡΙΣΤΟΥ (1 Kor 10,14-22), in: *IIR. Bieringer (Hrsg.)*, Correspondence 617-622; *IIJ. Blank*, Paulus 1982, 156-165; *C. Burchard*, The importance of Joseph and Aseneth for the study of the New Testament: A general survey and a fresh look at the Lord's supper: NTS 33 (1987) 102-134; *J. Y. Campbell*, ΚΟΙΝΩΝΙΑ and Its Cognates in the New Testament, in: *ders.*, Three New Testament Studies, Leiden 1965, 1-28; *D. Cohn-Sherbok*, A Jewish Note on ΤΟ ΠΟΤΗΡΙΟΝ ΤΗΣ ΕΥΛΟΓΙΑΣ: NTS 27 (1981) 704-709; *R. Dabelstein*, Die Beurteilungen der ›Heiden‹ bei Paulus (BET 14), Frankfurt/M. – Bern – Cirencester/U. K. 1981; *F. J. Dölger*, Der Kelch der Dämonen. Religionsgeschichtliche Bemerkungen zu I Kor 10,21: AuC 4 (1934) 266-270; *J. A. Gibbs*, An Exegetical Case for Close(d) Communion: 1 Corinthians 10:14-22; 11:17-34: ConcJ 21 (1995) 148-163; *H. Greßmann*, Η ΚΟΙΝΩΝΙΑ ΤΩΝ ΔΑΙΜΟΝΙΩΝ: ZNW 20 (1921) 224-230; *F. Hahn*, Teilhabe am Heil und Gefahr des Abfalls. Eine Auslegung von 1 Ko 10,1-22, in: **L. De Lorenzi (Hrsg.)*, Freedom 149-171; **J. Hainz*, KOINONIA 17-33; *B. Holmberg*, Paul and Commensality, in: *T. Fornberg – D. Hellholm (Hrsg.)*, Texts and Contexts. Biblical Texts in Their Textual and Situational Contexts. Essays in Honor of Lars Hartman, Oslo u. a., 1995, 767-780; *G. V. Jourdan*, ΚΟΙΝΩΝΙΑ in I Corinthians 10,16: JBL 67 (1948) 111-124; *E. Käsemann*, Anliegen und Eigenart der paulinischen Abendmahlslehre, in: *ders.*, Exegetische Versuche und Besinnungen, Göttingen 1964, 12-34; *M. Karrer*, Der Kelch des neuen Bundes. Erwägungen zum Verständnis des Herrenmahls nach 1 Kor 11,23b-25: BZ N. F. 34 (1990) 198-221; *H.-J. Klauck*, Eucharistie und Kirchengemeinschaft bei Paulus, in: *IIders.*, Gemeinde 331-347; *B. Kollmann*, Ursprung und Gestalten der frühchristlichen Mahlfeier (GTA 43), Göttingen 1990, 58-62.68-70; *IIW. Kraus*, Volk Gottes 188f.; *W. H. Lawson*, First Corinthians 9:24-10:22 in its contextual framework, Ann Arbor 1985; *X. Léon-Dufour*, Corps du Christ et eucharistie selon saint Paul, in: *V. Guénel (Hrsg.)*, Le corps et le corps du Christ dans la première épître aux Corinthiens, Paris 1983, 225-255; *H. Lietzmann*, Messe und Herrenmahl. Eine Studie zur Geschichte der Liturgie (AKG 8), Berlin 1967 (= Nachdr. ³1955); *H. E. Lona*, Der Tisch des Herrn, in: *J. Schreiner (Hrsg.)*, Freude am Gottesdienst. Aspekte ursprünglicher Liturgie. FS J. G. Plöger, Stuttgart 1983,307-317; *E. Mazza*, L'Eucaristia di 1 Corinzi 10, 16-17 in rapporto a Didachè 9-10: EL 100 (1986) 193-223; *M. McDermott*, The Biblical Doctrine of ΚΟΙΝΩΝΙΑ: BZ N.F. 19 (1975) 64-77.219-233; *H. Merklein*, Der Sühnetod Jesu nach dem Zeugnis des Neuen Testaments, in: *IIders.*, Studien II 31-59; *P. Neuenzeit*, Herrenmahl. Studien zur paulinischen Eucharistieauffassung (StANT 1), München 1960, 54-66.201-219; *L. Ramaroson*, Paraboles évangéliques et autres textes néotestamentaires »à double ou triple pointe«: ScEs 49 (1997) 175-180; *N. Schneider*, Die rhetorische Eigenart der paulinischen Antithese (HUTh 11), Tübingen 1970; *W. Schrage*, Einige Hauptprobleme der Diskussion des Herrenmahls im 1. Korintherbrief, in: *IIR. Bieringer (Hrsg.)*, Correspondence 191-198; *ders.*, »Israel nach dem Fleische« (1 Kor 10,18), in: *H. G. Geyer – J. M. Schmidt u. a. (Hrsg.)*, »Wenn nicht jetzt, wann dann?« FS H.-J.

Kraus, Neukirchen-Vluyn 1983, 143-151; W. *Sebothoma*, Koinonia in 1 Corinthians 10:16: Neotest. 24 (1990) 63-69; P. *Sigal*, Another Note to 1 Corinthians 10.16: NTS 29 (1983) 134-139; J. *Smit*, »Do not be Idolaters«. Paul's Rhetoric in First Corinthians 10:1-22: NT 349 (1997) 40-53; J. *Thuruthumaly*, Blessing in St. Paul (Eulogein in St. Paul), Kerala 1981, 137-156; L. *Wehr*, Arznei der Unsterblichkeit. Die Eucharistie bei Ignatius von Antiochien und im Johannesevangelium (NTA N. F. 18), Münster 1987; O. *Wischmeyer*, Das Adjektiv ΑΓΑΠΗΤΟΣ in den paulinischen Briefen. Eine traditionsgeschichtliche Miszelle: NTS 32 (1986) 476-480.

2.5.1 Zum Text und zur Übersetzung

In V. 20 lesen die meisten Textzeugen (darunter auch p46^{vid}, Sinaiticus, A, 33; nicht jedoch B, D): »daß das, was *die Heiden* opfern, sie den Dämonen ... opfern«. Trotz der guten Bezeugung handelt es sich wahrscheinlich um eine Glosse, die den Bezug auf Israel V. 18 ausschließen soll. Nebenbei ist zu bemerken, daß die eckigen Klammern, die im Text von Nestle-Aland^{26} um das zweite »opfern« (›thyousin‹) in V. 20 gesetzt sind, wohl unzutreffend sind. In V. 17 könnte man unter philologischer Rücksicht auch anders abteilen: »Denn *ein* Brot, *ein* Leib sind wir, die vielen; denn ...«.

2.5.2 Analyse

Syntaktisch enthält der Text eine überdurchschnittliche Anzahl von Sätzen mit Prädikatsnomen: VV. 16ab.17b.18b.19bc.20b.22b, d. h., er ist *pragmatisch* sehr stark um die Abklärung des *semantischen* Codes bemüht. Worum es dabei geht, sagt bereits der einleitende Imperativ, der die Flucht vor dem *Götzendienst* befiehlt. Über die Imperative, die mit Objektsätzen (Satz mit [Subjekt] + [Prädikat] + [(in der Regel Akkusativ-)Objekt]) verbunden sind und eine bestimmte Haltung zu einem Objekt (dazu zählt sachlich auch das »Fliehen *vor dem Götzendienst*« V. 14) einfordern, läßt sich der Text weiter strukturieren. Die Imperative der VV. 14 f. einerseits und der des V. 18a andererseits schließen eine von der 1. Person Plural beherrschte Satzreihe ein. Sie deutet auf Sachverhalte, die offensichtlich zwischen Autor und Adressaten unstrittig sind. Der Text ist also auf Einvernehmlichkeit ausgerichtet. Darauf deutet auch schon der Imperativ des V. 15 hin, der den Befehl von V. 14 an die (vom Autor vorausgesetzte) Überzeugungskraft dessen, was er zu sagen hat, bindet. Der Imperativ von V. 18a greift zurück auf 10,1-13, insbesondere auf V. 7. War die Code-Abklärung in VV. 16f. ausschließlich an Tätigkeiten, die Autor und Adressaten gemeinsam sind (1. Person Plural), versucht worden, so geschieht dies in VV. 18b-20 überwiegend sachlich-referentiell in der 3. Person, sei es rein sachbezogen (V. 19bc), sei es rückbezogen auf das Beispiel der Wüstengeneration (V. 20a). Hier konzentriert sich also – zumindest potentiell – die eigentliche Überzeugungskraft. Die semantische Brücke führt über den Begriff der »Teilhabe«, der in verschiedenen Kontexten durchgespielt wird – vom unstrittigen Beispiel des Herrenmahls ausgehend (V. 16) über die daraus folgende Wertung der Mahlteilnehmer in der Wüste (V. 18b) bis hin zur Abwehr der Dämonenpartizipation (V. 20b). Zur Strategie der Einvernehmlichkeit gehört wohl auch die 1. Person Singular, die bis V. 20 immer wieder zu Wort kommt. Der Autor will »*verständige*« Leserinnen und Leser von *seiner* Meinung, die er teils mit diesen bereits gemeinsam hat (VV. 16f.), teils diesen erst nahebringen will (VV. 18-20), überzeugen; dazu gehört auch die Konfrontation mit *seiner* Besorgnis, die er mit dem in bezug auf die Adressaten geäußerten »ich will nicht« (V. 20b) zum Ausdruck bringt. Mit dem sachlichen Ausschluß der Dämonenteilhaberschaft in V. 20b wird das Negativbeispiel der Altar-Teilhaberschaft der Wüstengeneration aus V. 18 auf die Adressaten appliziert. VV. 21f. ziehen die Schlußfolgerung. V. 21 tut dies allerdings nicht im unmittelbaren Imperativ, sondern – das grundsätzlich nicht Mögliche anzeigend – im Indikativ der 2. Person Plural. Auch hier ist der Autor also um Einvernehmen bemüht, das schließlich noch einmal in der Autor und Adressaten zusammenschließenden 1. Person Plural der Frage von V. 22 zum Ausdruck kommt. Sachlich ist das Reizen des Herrn zur Eifersucht (V. 22) – im Sinn des Autors – die semantisch-pragmatische Variante des Götzendienstes von V. 14a. Sofern auch die Adressaten dies erkennen, ist die durch den Text intendierte Kommunikation geglückt.

Für V. 16 rechnen viele mit der Übernahme einer Tradition (*Weiß; Conzelmann; *[II]*Schrage* II 431-434; [II]*Wolff; E. Käsemann*, Anliegen 12f.; *W. L. Willis*, Meat [s. zu 8,1-11,1] 193-196). Von der Satzsyntax her ist dies allerdings nicht unbedingt zwingend. Immerhin gibt es einige semantische Auffälligkeiten, wie etwa die Verwendung von »segnen« (›eulogein‹) statt »danken« (›eucharistein‹) und vor allem gewisse Unterschiede gegenüber 11,23-25, die auf eine Nähe zur markinischen Tradition (Mk 14,22-24) hindeuten. Bemerkenswert ist auch die Reihenfolge von Becher und Brot, die von der eucharistischen Abfolge von Brot und Wein bzw. Becher abweicht. Zur traditionsgeschichtlichen Bewertung s. unten zu V. 16.

2.5.3 Einzelerklärung

Verse 14f.: Die Hoffnung auf die Treue Gottes (V. 13) berechtigt nicht zur eigenen Untätigkeit. Die Treue Gottes kann nur beanspruchen, wer seinerseits der Erwählung entsprechend lebt. Weil *Gott* es ist, der das Heil wirkt, kann es nicht als sicherer Besitzstand vereinnahmt werden. Das gegenwärtige Heil steht unter eschatologischem Vorbehalt. Es fordert die Bewährung im Vollzug der Lebenspraxis. Unter dieser Voraussetzung, die Paulus im vorhergehenden Abschnitt dargelegt und typologisch untermauert hatte, folgt nun die konkrete Anweisung, mit der Paulus wahrscheinlich auf den zweiten Aspekt der korinthischen Unbedenklichkeitsargumentation (siehe zu 8,5) reagiert: Das Essen von Götzenopferfleisch und selbst die Teilnahme an kultischen Mählern kann uns nichts anhaben, weil es für uns nur einen Herrn gibt, dessen sakramentale Gemeinschaft uns gegen eventuelle schädliche Einflüsse der sogenannten Götter immunisiert (vgl. zu 8,5).
Wie es in 8,1-13 das Ziel des Paulus war, die Korinther von seinen Argumenten zu überzeugen, so ist er auch jetzt weit davon entfernt, zu dekretieren. Er will die Korinther und Korintherinnen gewinnen. Dem steht auch der Imperativ – »flieht vor dem Götzendienst!« – nicht entgegen. Dieser allgemeinen Ausdrucksweise wird man in Korinth gerne zugestimmt haben. Niemand wollte Götzendienst betreiben. Das Problem bestand eher darin, daß man die Teilnahme an Kultmählern als unbedenklich und nicht als Götzendienst einstufte. Von dieser Einschätzung will Paulus die Korinther und Korintherinnen abbringen. Paulus spricht sie als »meine Geliebten« an. Sachlich greift er damit »eine jüdische, spezifisch theologisch gefüllte Diktion auf, die Gottes Erwählung aussagt« (*O. Wischmeyer*, Adjektiv 478). Dieselbe Anrede findet sich nur noch in Phil 2,12. Eine ähnliche Formulierung hatte Paulus in 4,14 (»geliebte Kinder«) verwendet. Pragmatisch signalisiert er damit (besonders durch »*meine* Geliebten«), daß seine Anweisung zum Wohl und nicht zur Gängelung der Gemeinde erfolgt.
Der pragmatischen Versicherung des grundsätzlichen Einverständnisses dient auch **V. 15.** Paulus appelliert an das Verständnis der »Verständigen«. Man wird darin weder ein fishing for compliments

noch – etwa vor dem Hintergrund von 4,10; 6,5 (vgl. 2 Kor 11,19) –
eine Ironie sehen dürfen. Verglichen mit 3,1-4; 4,6-13; 5,1-13;
6,1-11 und anderen Stellen zeigt sich, daß Paulus sehr unterschiedliche (pragmatische) Strategien fahren konnte. Dies wird nicht nur
von rhetorischen bzw. pragmatischen Erwägungen abhängig, sondern auch in der Sache bedingt gewesen sein. In bezug auf das Essen von Götzenopferfleisch ist die Sache offensichtlich noch nicht
so verfahren, daß Paulus nicht mehr mit der Einsicht der Korinther
und Korintherinnen rechnen könnte. Er nimmt sie, die beanspruchen, »Erkenntnis zu haben« (8,1), beim Wort. Paulus gibt sich
überzeugt, daß sie die nötige Urteilskraft haben, um dem beizutreten, was er zu sagen hat.

Verse 16 f.: V. 16 wird häufig für traditionell gehalten (s. oben zur
Analyse). Dafür könnten der Parallelismus sowie die für Paulus
ungewöhnliche Ausdrucksweise (Becher des Segens, Brotbrechen)
sprechen. Die Schwierigkeiten beginnen bei der genauen Abgrenzung der Tradition. Diskutiert wird vor allem, ob die Aussage von
der »›koinōnia‹ (Teilhabe oder Gemeinschaft; s. dazu unten) des
Blutes bzw. Leibes Christi« schon traditionell ist. Der Begriff ›koinōnia‹ könnte auch für Paulus sprechen (so *J. Hainz*, KOINONIA 22 f.). Eine m. E. unbeweisbare Hypothese bleibt dabei allerdings die Meinung, die Wendung »der Becher bzw. das Brot ... *ist*
›koinōnia‹ des Blutes bzw. Leibes Christi« beziehe sich auf das »so
lang und hart umstrittene ›estin‹ bei den Synoptikern« (*E. Käsemann*, Anliegen 28; gemeint ist das Deutewort: »Dies *ist* mein Leib
bzw. Blut«, Anm. d. Verf.), gleichgültig, ob man es mit *E. Käsemann* als Umschreibung (Anliegen 28) oder mit **J. Hainz* als Interpretation (KOINONIA 23) dieses ›estin‹ versteht. Ist aber der
Charakter von V. 16 als Kommentar zu den Einsetzungsworten (so
mit Nachdruck *G. Bornkamm*, Herrenmahl [s. zu 8,1-11,1] 157) in
Frage zu stellen (so: *B. Kollmann*, Ursprung 61), dann kann auch
der Sinn von ›koinōnia‹ nicht einfach von dort aufgefüllt werden.
Religionsgeschichtlich verweist der Begriff in den Bereich der hellenistischen Opfermahl- und Mysterienterminologie (vgl. **H.-J.
Klauck*, Herrenmahl 261; *B. Kollmann*, Ursprung 59 f.). Wir haben
es also entweder mit einer hellenisierenden vorpaulinischen Herrenmahltradition zu tun oder mit einer entsprechenden paulinischen Ad-hoc-Bildung unter Rückgriff auf traditionelle eucharistische Begrifflichkeit.
Auffällig ist, daß in 11,25 der Becher auf den neuen Bund bezogen
wird, während hier der Becherinhalt als Blut Christi gedeutet wird.

Doch läßt sich auch daraus nicht die Traditionalität folgern. In jedem Fall scheint Paulus neben der in 11,23-25 zitierten Abendmahlsüberlieferung auch die von Mk 14,22-24 bezeugte Form zu kennen, bei der Leib und Blut parallel gesetzt sind. Daß erst der Becher und dann das Brot genannt wird, wird meist auf das Konto des Paulus verbucht, der das Brot bzw. den Leib Christi im nachfolgenden V. 17 für seine Argumentation ausnützen will (so: *Conzelmann; Barrett;* [11]*Schrage* II; *P. Neuenzeit*, Herrenmahl 59). [11]*Wolff* macht aber zu Recht darauf aufmerksam, daß »der Bezug auf die Einheit der Gemeinde ... ein kleiner Exkurs« ist, während »die gewichtige Einleitung V. 15 ... den Ton erst einmal auf V. 16« legt, »so daß dieser nicht sogleich in Verbindung mit dem Exkurs V. 17 zu verstehen« ist (228). [11]*Wolff* selbst sieht den Grund für die Voranstellung des Bechers in der Parallelität mit heidnischen Kultmählern, wo wohl der Becher, nicht aber das Brotbrechen eine Rolle spielte. Aus der unüblichen Reihenfolge auf eine andere (von 11,23-25 abweichende) Praxis der Herrenmahlsfeier zu schließen (so: *E. Mazza*, Eucaristia), wird von den meisten zu Recht abgelehnt. Wie die damit übereinstimmende Reihenfolge von Did 9,1-4 (anders Did 9,5; 10,3) zu erklären ist, ist ein Problem für sich (vgl. dazu *K. Wengst*, Didache [Apostellehre], Barnabasbrief, zweiter Klemensbrief, Schrift an Diognet [SUC II], Darmstadt 1984, 48-53; *B. Kollmann*, Ursprung 79-101; **H.-J. Klauck*, Herrenmahl 262f.; *L. Wehr*, Arznei 337-352). Die Differenz, daß der »Leib« in V. 16 eucharistisch und in V. 17 ekklesiologisch verstanden wird, ist das stärkste (aber keineswegs zwingende) Argument für die Traditionalität des gesamten Verses.

Damit können wir uns den sachlichen Problemen des Verses zuwenden, die teils semantischer, teils hermeneutischer Art sind. Semantisch stellt sich vor allem die Frage, was mit »dem Becher des Segens, den wir segnen« (›*potērion tēs eulogias ho eulogoumen*‹), und mit dem Begriff der ›*koinōnia*‹ gemeint ist. Hermeneutisch schwierig ist, daß der Text nicht selten vom Standpunkt einer späteren, wiederum kontroverstheologisch entwickelten Eucharistielehre her gelesen wird. Davon muß man sich möglichst frei machen bzw. das eigene Vorverständnis bewußt machen.

Die Bezeichnung »Becher des Segens« (›*potērion tēs eulogias*‹) kommt aus der urchristlichen Liturgie, die den Begriff ihrerseits (über das letzte Mahl Jesu) dem jüdischen Ritus des Paschamahls oder des feierlichen Mahls entlehnt hat. Der ›*kōs ha-b^{e}rakah*‹ bzw. ›*kōs schēl b^{e}rakah*‹ (mischnisches Hebräisch) bzw. ›*kasā d^e-birk^{e}tā*‹ (aramäisch) ist der dritte Becher beim Paschamahl bzw. der Becher, bei dem das Dankgebet nach dem Essen gesprochen wird (Bill. IV/1 72f.; IV/2 627-634; *D. Cohn-Sherbok*, Note 707f.; *P. Sigal*, Note). Gemeint ist also der Becher, über den der Segen (die Beraka) gesprochen wird (*Schlatter;* [11]*Schrage* II), nicht der Becher, der Segen vermittelt oder enthält. Die Interpretation im Sinne des Kelches, »mit dem wir den Segen *Gottes* erfahren« (*M. Karrer*, Kelch 214), kann zwar auf JosAs 8,9; 19,5 zurückgreifen (vgl. dazu: *C. Burchard*, Importance), muß aber mit zwei verschiedenen Subjekten des Segnens (Gott und die Feiernden) rechnen. Demgegenüber scheint es doch besser zu sein, den relativischen Zusatz als Explikation des Genitivs zu verstehen: »der Segensbecher, über den wir den Segen sprechen«. Die Tautologie, die so entsteht, ist wohl ein Zeichen besonderer Feierlichkeit (vgl. *Conzelmann*). Vielleicht war in der hier reflektierten Tradition der Begriff »Segensbecher« – bedingt durch den jüdischen Sprachgebrauch – zu einer Art terminus technicus geworden, der dann durch die relativische Wendung nochmals präzisiert werden sollte. Der Plural »*wir* segnen« (›*eulogoumen*‹) ist wohl ebenfalls aus der Feierlichkeit des Stils zu erklären. Die Schlußfolgerung, »daß jeder diesen Segen sprechen konnte« (so favorisiert von [11]*Schrage* II), entstammt einer anachronistischen Fragestellung.

Die Frage, ob ›*koinōnia*‹ die »Gemeinschaft« (communio) oder die »Teilhabe« (participatio) bedeutet, ist wahrscheinlich nicht alternativ zu entscheiden. Auch hilft es nicht viel, den ersteren Begriff personal und den letzteren sachlich zu verstehen. Von V. 17 her könnte man sagen, daß Paulus die communio betont, die aus der Teilhabe an dem einen Brot resultiert. ›*Koinōnia*‹ wäre dann die Gemeinschaft mit jemandem durch gemeinsame Teilhabe an etwas (in diesem Sinn: **J. Hainz*, KOINONIA 25). Dabei bleibt ein doppeltes Problem: 1. In V. 17 ist von ›*koinōnia*‹ nicht die Rede, der ekklesiologische »Leib« ist wohl besser als *societas* (denn als *communio*) anzusprechen (vgl. **H.-J. Klauck*, Herrenmahl 261). 2. In V. 17 ist die Teilhabe gerade nicht durch ›*koinōnia*‹, sondern durch ›*metechein*‹ ausgedrückt, das zu Recht nicht einfach als Synonym (so aber: *J. Y. Campbell*, KOINΩNIA 22-25), sondern nur als »visible act of participation« charakterisiert wurde (*G. V. Jourdan*, KOINΩNIA 120; vgl. **H.-J. Klauck*, a.a.O. 264). Wenn diese Unterscheidung zu Recht besteht, dürfte ein vertiefter Partizipationsgedanke (der die durch Teilhabe [›*metechein*‹] erreichte Gemeinschaft [*communio*] noch übersteigt) dem von Paulus mit ›*koinōnia*‹ Gemeinten nahekommen (vgl. *F. Hahn*, Teilhabe 166). Auszuschließen ist demnach, daß bloß die Teilnahme am Trinken des Bechers gemeint sein soll. Sonst fielen Bezeichnetes (Segensbecher bzw. Brot) und Bezeichnendes (Teilhabe am Blut bzw. Leib Christi) zusammen. Verfehlt, da anachronistisch, sind aber auch Überlegungen, die hier die Transsubstantiation abgelehnt oder bestätigt finden wollen (letzteres wird von *Gutjahr* vertreten). Positiv zielt die Teilhabe am Leib und am Blut Christi auf die Gemeinschaft mit Christus, der seinen Leib und sein Blut »für uns« hingegeben hat (vgl. 11,23-25), so daß wir in der Gemeinschaft mit ihm Vergebung der Sünden und Heil finden. Die Frage, auf welche Weise die Gemeinschaft mit Christus zustande kommt, ob also der Leib bzw. das Blut Christi lediglich Christus bedeuten oder ihn real präsentieren (zu derartigen Überlegungen vgl. *[II]Schrage* II 438 f. 452-458), verrät wiederum einen hermeneutischen Horizont, den Paulus noch nicht kannte. Für Paulus ist aber klar, daß die Teilhabe an Leib und Blut Christi nicht eine Wirk-lichkeit ist, deren Wirk-samkeit nur durch den Gedanken der Teilhabenden zustandekommt. Sonst könnte er die Teilhabe an den Dämonen (vgl. V. 20) für unbedenklich erklären. Vielmehr kommt durch die Teilhabe an Leib und Blut Christi eine wirk-liche und wirk-same Gemeinschaft mit dem zu unserem Heil handelnden Christus zustande. An dieser Stelle überhöht Paulus (oder schon die Tradition?) die Vorstellung von der Partizipation an der Gottheit, wie er in ähnlicher Weise auch die heidnischen Mysterienreligionen und sakralen Mahlgemeinschaften geprägt hat. Insofern ist es gewiß richtig, daß es der ›koinōnia‹ am Blut bzw. Leib Christi »um Anteil an der Heilswirkung des Todes Christi und um Stärkung der Gemeinschaft mit ihm« geht *([II]Wolff)*. Aber gerade unter soteriologischer Rücksicht dürfte es nicht genügen, die Anteilhabe nur sachlich zu definieren (»Anteil an der Heilswirkung des Todes Christi«). Es geht letztlich um personale Partizipation, so daß es sich nicht nur um eine innige Gemeinschaft zwischen zwei Personen, sondern um eine Partizipation der einen Person an der anderen handelt. Man könnte auf 6,16 f. verweisen (vgl. *[II]J. H. Neyrey*, Paul 121 f.), wo die Innigkeit der Geschlechtsgemeinschaft im Sinne der Identität gedeutet und die Gemeinschaft mit Christus analog als geistliche Identität beschrieben wird. Auch die Vorstellung vom Existenzwechsel in 6,11 ist in diesem Zusammenhang zu nennen. Seine adäquate theologische Begründung bekommt der Gedanke der personalen Partizipation in 2 Kor und Gal, in denen der traditionelle Stellvertretungsgedanke mit Hilfe des Identitätsgedankens zugespitzt wird (vgl. **H. Merklein*, Bedeutung 23-34; *ders.*, Sühnetod 42-51). Daß »Christus für uns gestorben ist«, bedeutet für Paulus, daß Christus unsere Identität, die Identität des homo peccator, angenommen hat, damit wir in ihm Gerechtigkeit Gottes werden (vgl. 2 Kor 5,21). Paulus kann daher sagen, daß wir mit Christus gekreuzigt sind (Gal 2,19), seinem Tod gleichgestaltet sind (Phil 3,10), oder einfach: »Nicht mehr ich lebe, sondern Christus lebt in mir« (Gal 2,20; vgl. 3,28). Da dies alles schon durch den Glauben bzw. durch die Taufe zustandegekommen ist (vgl. Röm 6,4f.: »wir wurden mit ihm begraben ... wir sind mit ihm verbunden in der Gleichgestalt seines Todes«), be-wirkt die Teilhabe am Leib und Blut Christi im Sakrament der Eucharistie eigentlich nichts Neues, sondern be-wirkt und bestärkt, was der Christ und die Christin immer schon sind und je immer werden müssen: ein *alter Christus*. Im Sinn des Paulus zielt die Teilhabe an Leib und Blut Christi letztlich auf Identitätsstiftung und -stabilisierung. Dabei kommt es nicht nur darauf an, daß sich der einzelne mit Christus identifiziert. Viel wichtiger ist, daß Christus durch seinen Tod am Kreuz – durch seine Identifizierung mit dem sündigen Menschen – überhaupt erst die Möglichkeit geschaffen hat, daß sich der Mensch – als homo peccator – in ihm wiederfinden kann und in der Identifizierung mit ihm ein anderer – ein Gerechter, letztlich ein *alter Christus* – wird. Gerade diese dem Menschen selbst nicht erschwingliche, sondern von Christus geschaffene und dem Menschen dargebotene Möglichkeit neuer Identität kommt in der Teilhabe an Leib und Blut Christi zur Erscheinung und zur Wirkung.

Für Paulus geht es bei der Eucharistie also um die christliche Identität. Diese Identität ist aber nicht nur eine Frage des Individuums. Die aus Gründen der Parallelität zu den heidnischen Kultmählern bedingte Voranstellung des Bechers gibt Paulus Gelegenheit, über den (auf diese Weise unüblich an zweiter Stelle stehenden) »Leib« Christi die ekklesiale Dimension christlicher Identität herauszuarbeiten.

Dies geschieht in V. 17. Aus der Formulierung »weil es *ein* Brot ist«, wird man wohl nicht folgern dürfen, daß in Korinth nur ein einziges Brot beim Herrenmahl verwendet wurde (so aber: *Weiß; Lietzmann; Klauck;* *J. *Hainz*, KOINONIA 19). Bei der Formulierung schlägt wohl schon die Bedeutung des Bezeichneten durch (ähnlich: [II]*Wolff*): Weil wir alle, die wir das Brot brechen, an dem *einen* (sakramentalen) Leib Christi teilhaben und alle die gleiche Identität besitzen, weil alle einzelnen ein *alter Christus* sind, sind wir alle *ein* Leib. Der Gedanke des »Leibes Christi« ist vorbereitet, aber noch nicht entfaltet (vgl. *H. *Merklein*, Entstehung 332-335). Das geschieht erst in Kapitel 12, wo Paulus ausführt, daß die gleiche Identität nicht Uniformität, sondern charismatische Vielfalt zur Folge hat. Darum geht es hier aber noch nicht. Doch ist mit dem Gedanken des Leibes zumindest indirekt die Vorstellung verbunden, daß diejenigen, die je für sich *alter Christus* sind, zusammenspielen müssen und füreinander Verantwortung tragen. Indirekt klingt damit der Gedankengang von Kapitel 8 an, wo Paulus bereits auf die soziale bzw. ekklesiale Dimension der im Tode Christi begründeten christlichen Existenz verwiesen hatte. Im Kontext der sakramentalen Argumentation von 10,1-22, der es im wesentlichen um die Inkompatibilität von heidnischer und christlicher Identität geht, ist V. 17 eher ein Nebengedanke (*[II]Wolff* 228 spricht zu Recht von einem »Exkurs«, vgl. ebd. 230f.), der aber noch einmal die Zusammengehörigkeit von Kapitel 8 und 10 und die Kohärenz des darin ablaufenden Argumentationsganges unterstreicht. Nach diesen grundsätzlichen Einlassungen, deren Plausibilität sich aus der gemeinsamen eucharistischen Praxis ergibt, kehrt Paulus wieder zurück zum typologischen Beispiel Israels, das er warnend in 10,1-13 vor Augen gestellt hatte.

Verse 18-20: Auffällig ist der Ausdruck »Israel dem Fleische nach«. Man kommt in eine völlige Schieflage, wenn man als Gegenbegriff ein »Israel dem Geiste nach« (›*Israēl kata pneuma*‹) konstruiert und dieses mit der Kirche identifiziert (so: *Weiß; Robertson-Plummer; Lietzmann; [II]Wolff*). Dem widerspricht, daß bereits die Wüstengeneration als »unsere Väter« bezeichnet wurden (10,1) und an der geistlichen Speise und dem geistlichen Trank teilhatten. Daß jetzt im Präsens und nicht, wie in 10,1-11, in der Vergangenheit (Aorist) formuliert wird, hängt wohl mit der Typologie zusammen, die appliziert wird; aus dem gleichen Grund dürfte auch das Zitat in V. 20 präsentisch formuliert sein. Dem Kontext nach besteht zwischen Israel und Kirche (typologische) Kontinuität. »Israel dem Fleische nach« kann demnach nur der Teil Israels sein, der Götzendienst betrieben hat und umgekommen ist. Der Hintergrund für die Aussage ist nicht der alttestamentliche Opferkult (so: *Weiß; [II]Wolff*), sondern die Verehrung des Goldenen Kalbes bzw. – für Paulus noch wichtiger – das damit verbundene kultische Mahl, wie es in 10,7 mit den Worten der Schrift dargelegt war: »Das Volk setzte sich zu essen und zu trinken, und sie standen auf zu tanzen« (ähnlich: *H. v. Soden*, Sakrament [s. zu 8,1-11,1] 246f.; *H.-W. Bartsch*, Mißbrauch [s. zu 8,1-11,1] 177; *G. Bornkamm*, Herrenmahl [s. zu 8,1-11,1] 164; *W. Schrage*, Israel 148f.; *[II]Schrage* II). Dieses Mahl wertet Paulus nun im Sinne des vorher an der Eucharistie entwickelten Teilhabegedankens aus: Sind diejenigen, die die Opfer (d. h. das Opferfleisch) essen, nicht Teilhaber am Altar? Daß »Altar« in diesem Kontext nicht »Deckwort für Gott« sein kann (so aber: *P. Neuenzeit*, Herrenmahl 63), liegt auf der Hand; im jüdischen Bereich ist »Altar« als Metonym für Gott auch nicht bezeugt (*G. V. Jourdan*, KOINΩNIA 122 f.). Wegen der Analogie zur Eucharistie kann es bei dieser Altar-Teilhaberschaft nicht nur um eine lockere, zeitweilige Gemeinschaft gehen, sondern um Teilhabe, die die Identität berührt und qualifiziert. Indirekt hat Paulus damit den Grund angegeben, warum dieses Israel dem Fleische nach umgekommen ist. Wohl bewußt hat Paulus ganz zurückhaltend nur von der Teilhabe am *Altar* gesprochen, ohne das eigentliche Subjekt zu nennen, an dem der am Altar Teilhabende teilhat.

Das führt zu **V. 19**, der Paulus zunächst noch einmal innehalten läßt, um das, was er gesagt hat, metasprachlich zu reflektieren: »Was will ich damit nun sagen?« (›*ti oun phēmi;*‹). Der Einwand, den Paulus sich selbst macht, stammt aus der Argumentation von Kapitel 8. Dort hatte Paulus den Korinthern zugestimmt, daß es keinen Götzen in der Welt gibt und daß es keinen Gott gibt außer einem (8,4). Offensichtlich hat Paulus den Eindruck, daß man aus der eben angesprochenen Teilhabe am Altar schließen könnte, daß es doch Götzen gibt. Wie V. 17 unterstreicht auch V. 19, daß von Kapitel 8 bis Kapitel 10 eine kohärente Argumentation abläuft, die nicht auseinandergerissen werden darf.

Paulus bleibt bei der mit den Korinthern geteilten Einsicht: Es gibt keinen Götzen! Aber – so sagt er in **V. 20a** – was sie opfern, opfern sie Dämonen und nicht Gott. Sind damit die eben abgeschafften Götzen wieder auferstanden? Oder lehnt Paulus die Götzen ab, um sich dann zu den Dämonen zu flüchten? Sind die Dämonen nur ein anderer Name für die Götter und Götzen? Das kann nicht sein, will man nicht annehmen, daß Paulus mit spitzfindigen Tricks arbeitet. Es will der Gegensatz beachtet sein: Gott vs Dämonen. Alles, was *nicht Gott* geopfert wird, wird den Dämonen geopfert. Wer nicht Gott opfert, opfert nicht ins Nichts, auch wenn es die Götter gar nicht gibt. Die Opfer an die Götter werden durch das Nicht-Sein der Götter nicht zu Opfern an einen Nicht-Adressaten. Alles, was nicht Gott geopfert wird, wird den Gegenspielern Gottes geopfert, und das sind für Paulus die Dämonen. Für die paulinische Negativzeichnung der Dämonen sind die paganen Vorstellungen nur bedingt hilfreich (vgl. dazu: **H.-J. Klauck*, Herrenmahl 266-268). Paulus bezieht sein Wissen wieder aus der Bibel (bzw.

aus dem Judentum vgl. *M. Rauer*, Die »Schwachen« [s. zu 8,1-11,1] 55f.; *R. Dabelstein*, Beurteilung 45-48). Am ehesten wird man an Dtn 32,17 denken, wo es von Israel heißt: »(16) Sie weckten seine Eifersucht durch Fremde, durch greuliche Wesen reizten sie ihn zum Zorn. (17) Sie opferten Geistern, die keine Gottheiten sind, und Göttern, die sie früher nicht kannten (LXX: ›ethysan daimoniois kai ou theō, theois, hois ouk ēdeisan‹) ...« (vgl. Dtn 32,21; Ps 96,5). Paulus denkt also immer noch an das typologische Verhalten Israels (10,7f.). Weil die kultische Verehrung des Goldenen Kalbes nicht Gott galt, war dies eine Verehrung der Dämonen. In bezug auf Korinth geht es um die »sogenannten Götter« (8,5). Sie sind nicht einfach mit den Dämonen zu identifizieren (gegen: *II Wolff*; *II Schrage* II; richtig: *II M. Dibelius*, Geisterwelt 69-71). Den sogenannten Göttern fehlt zwar die von ihnen bezeichnete ontische Wirklichkeit, dennoch sind sie in der antiken Gesellschaft wirklich und im gesellschaftlichen Diskurs äußerst wirksam. Dies kommt nicht von ungefähr und ist für Paulus nicht nur ein gesellschaftliches Phänomen. Hinter dem gesellschaftlichen Diskurs des Opferkultes sieht Paulus die Dämonen. Sie haben diesen Diskurs aufgezogen. Der Hinweis, daß es für Christen und Christinnen nur einen Gott und nur einen Herrn gibt (8,6), läßt also nicht die Folgerung zu, daß alles andere nicht mehr knechten kann. Daß es keine Götzen gibt, ist eine Erkenntnis, die an und für sich richtig ist. Aber schon unter der Rücksicht, daß die (heilsame) Erkenntnis eine ekklesiale Dimension hat, wird eine Erkenntnis an und für sich obsolet. Das gilt noch mehr unter der Rücksicht, daß die Erkenntnis im Kontrast steht zu der gesellschaftlichen Erkenntnis bzw. zu dem gesellschaftlichen Diskurs des Götterkultes, den die Dämonen aufgezogen haben. Hier nützt die an und für sich richtige Erkenntnis gar nichts, weil sie nur die wahren Hintergründe verschleiert. Der Opferkult führt zwar nicht zur Gemeinschaft mit den von ihm bezeichneten Göttern, wohl aber in die Gemeinschaft mit den Dämonen.

Davor will Paulus die Korinther und Korintherinnen bewahren. Er will nicht, daß sie »Teilhaber« (›koinōnoi‹) der Dämonen werden. Wiederum geht es nicht um bloße Gemeinschaft, sondern um Teilhabe. Zwar könnte man sagen, daß die Korinther und Korintherinnen – im engeren Sinn – gar nicht opfern. Doch darum geht es hier nicht. Paulus hatte in den vorausgehenden Versen alle Mühe darauf verwendet, daß gerade die Mahlgemeinschaft participatio begründet. Wer sich also an dem scheinbar nur gesellschaftlich bedingten Diskurs kultischer Mähler beteiligt, partizipiert an den Dämonen, die diesen Diskurs inszeniert haben. Das aber berührt die Frage eigener Identität, die man damit aufs Spiel setzt.

Verse 21 f.: **V. 21** formuliert die Schlußfolgerung genau auf diesen Punkt hin, d. h. in bezug auf die Mahlgemeinschaft. Die Schlußfolgerung ist antithetisch: Herrenmahl und heidnisches Kultmahl schließen sich aus (vgl. *N. Schneider*, Eigenart 117 f.). Die Schlußfolgerung ergibt sich aus dem Gedanken der Partizipation und der Erkenntnis des *einen* Herrn (8,6). Gerade weil es für Christinnen und Christen nur *einen* Kyrios gibt, schließt dies die Partizipation an anderen Herren aus. Partizipation begründet immer ein Abhängigkeitsverhältnis. Von dieser Abhängigkeit her bestimmt sich die Identität. Von der Wortwahl her ist bemerkenswert, daß Paulus beim Trinken den auch in der Abendmahlstradition verwendeten Begriff des ›*potērion*‹ (»Becher«) aufgreift, nicht aber den Begriff des »Brotes« bzw. des »Leibes«. Dies wird damit zu tun haben, daß von diesen Begriffen her kaum eine Parallelisierung von Herrenmahl und heidnischen Kultmählern möglich gewesen wäre. Der Begriff des »Tisches« (›*trapeza*‹) erlaubt diese Parallelisierung. Im Alten Testament und in der frühjüdischen Tradition kann der »Tisch des Herrn« gelegentlich den Altar Gottes bezeichnen (Mal 1,7.12; vgl. Ez 44,16; TestJud 21,5; TestLev 8,16). Doch dürfte es sich hier um einen direkten Rückgriff auf den heidnischen Kult handeln. Die Einladung zum kultischen Mahl konnte direkt als Einladung zum »Tisch des Gottes« o. ä. formuliert werden (Belege bei *Lietzmann* 49-51; **H.-J. Klauck*, Herrenmahl 269 f.; *[II]Schrage* II), z. B.: »Chairemon lädt dich ein zum Mahl an der Tafel (›*klinē*‹) des Herrn Sarapis im Sarapeum, morgen, d. h. am 15., von 9 Uhr an«.

V. 22a ist sachlich eine Deduktion aus der Vorstellung von der Einzigkeit Gottes. Konkret steht dahinter vielleicht wieder der biblische Kontext, auf den schon in V. 20a Bezug genommen wurde. Wenige Verse nach dem dort verarbeiteten Vers Dtn 32,17 ist in Dtn 32,21 zu lesen: »Sie haben meine Eifersucht geweckt durch einen Gott, der kein Gott ist (LXX: ›*autoi parezēlōsan me ep' ou theō*‹), mich zum Zorn gereizt durch ihre Götter aus Luft (LXX: ›*parōrgisan me en tois eidōlois autōn*‹)«. Der Kyrios ist im paulinischen Kontext selbstverständlich Christus. Nicht ganz einfach zu beantworten ist die Frage, ob **V. 22b** nur noch einmal das Thema der Eifersucht des Herrn variiert und signalisieren will, daß es Vermessenheit wäre, dem Herrn trotzig die Stirn zu bieten, oder ob vielleicht das Selbstbewußtsein der Korinther angesprochen ist, die meinten, die Gemeinschaft mit den Götzen könne ihnen nichts anhaben, wobei vielleicht gerade die sakramentale Gemeinschaft der Grund für ein solches Selbstbewußtsein gewesen sein könnte. Dem Argumentationsduktus nach und insbesondere 8,4-6 zufolge wird man letzteres aber für wahrscheinlich halten dürfen.

Ob Paulus sein argumentatives Ziel, die Korinther durch eigenes Urteil zur Einsicht zu bringen, erreicht hat, wissen wir natürlich nicht. Von der Strategie her ist Paulus jedenfalls sehr geschickt vorgegangen, indem er aus dem Herrenmahl den Partizipationsgedanken entnommen hat (was die Korinther wohl teilten), um von hier aus auf eine nicht akzeptable Partizipation an den Dämonen zu schließen. Die Einzigkeit des Herrn, die für die Korinther der Grund war, unbedenklich mit Götzenopferfleisch umzugehen, wird zum Argument, daß eine Teilnahme an Kultmählern nicht in Frage kommt. Damit ist der Fall, den Paulus bereits in 8,10-13 unter der Rücksicht des Bruders als inakzeptabel dargelegt hatte, aus sakramentalen Erwägungen heraus grundsätzlich in die Ferne gerückt.

2.6 Abschließende Regelungen für das Essen von Götzenopferfleisch 10,23-11,1

23 Alles ist erlaubt, aber nicht alles nützt. Alles ist erlaubt, aber nicht alles baut auf. 24 Niemand suche das Seine, sondern das des anderen! 25 Alles, was auf dem Markt verkauft wird, eßt, ohne um des Gewissens willen etwas zu untersuchen. 26 Denn *des Herrn* (ist) *die Erde und ihre Fülle.* 27 Wenn euch einer der Ungläubigen einlädt (wörtl.: ruft) und ihr hingehen wollt, eßt alles, was euch vorgesetzt wird, ohne um des Gewissens willen etwas zu untersuchen. 28 Falls aber einer euch sagt: »Dies ist Opferfleisch«, (dann) eßt nicht um dessen (wörtl.: jenes) willen, der den Hinweis gab, und des Gewissens (willen). 29 Ich meine aber nicht das eigene Gewissen, sondern das des anderen. Denn wozu soll meine Freiheit von einem anderen Gewissen beurteilt werden (wörtl.: wird ... beurteilt)? 30 Wenn ich in Dankbarkeit teilnehme, was soll ich in üblen Ruf gebracht werden (wörtl.: werde ich in üblen Ruf gebracht) dafür, wofür ich danke? 31 Ob ihr nun eßt oder trinkt oder (sonst) etwas tut, tut alles zur Ehre Gottes! 32 Gebt keinen Anstoß weder (den) Juden noch (den) Griechen noch der

Gemeinde Gottes, 33 so wie ich in allem allen zu Gefallen bin, indem ich nicht meinen (eigenen) Nutzen suche, sondern den der vielen, damit sie gerettet werden. 11,1 Werdet meine Nachahmer, so wie ich Christi (Nachahmer bin).

Literatur (s. auch die Lit. zu 8,1-11,1): *S. Aalen*, Das Abendmahl als Opfer im Neuen Testament: NT 6 (1963) 128-152; *W. P. de Boer*, The Imitation of Paul. An Exegetical Study, Kampen 1962, 154-169; *H. J. Cadbury*, The Macellum of Corinth: JBL 53 (1934) 134-141; *B. J. Dodd*, Paul's Paradigmatic ›I‹ and 1 Corinthians 6.12: JSNT 59 (1995) 39-58; *H.-J. Eckstein*, Der Begriff Syneidesis bei Paulus. Eine neutestamentlich-exegetische Untersuchung zum ›Gewissensbegriff‹ (WUNT, 2. Reihe 10), Tübingen 1983, 256-276; *C. Hinz*, »Bewahrung und Verkehrung der Freiheit in Christo«. Versuch einer Transformation von 1. Kor 10,23-11,1 (8,1-10,22), in: *K.-W. Tröger (Hrsg.)*, Gnosis und Neues Testament. Studien aus Religionswissenschaft und Theologie, Berlin 1973, 405-422; *D.-A. Koch*, »Seid unanstößig für Juden und für Griechen und für die Gemeinde Gottes« (1 Kor 10,32). Christliche Identiät im μάκελλον in Korinth und bei Privateinladungen, in: *M. Trowitsch (Hrsg.)*, Paulus, Apostel Jesu Christi. FS G. Klein, Tübingen 1998, 35-54; *E. Lohse*, Zu 1. Korinther 10,26.31, in: *ders.*, Die Einheit des Neuen Testaments. Exegetische Studien zur Theologie des Neuen Testaments, Göttingen ²1973, 245-248; *J. Murphy-O'Connor*, Eucharist and Community in First Corinthians: Worship 51 (1977) 56-69; *ders.*, Freedom or the Ghetto (1 Co 8,1-13; 10,23-11,1), in: **L. De Lorenzi (Hrsg.)*, Freedom 7-38; *N. Nabers*, The Architectural Variations of the Macellum: Opuscula Romana 9 (1974) 173-176; *C. A. Pierce*, Conscience in the New Testament. A Study of *Syneidesis* in the New Testament; in the light of its sources, and with particular reference to St. Paul: with some observations regarding ists pastoral relevance today (SBT 15), London 1955; *N. Schneider,* Die rhetorische Eigenart der paulinischen Antithese (HUTh 11), Tübingen 1970, 117; *S. K. Stowers*, Elusive coherence. Ritual and Rhetoric in 1 Corinthians 10-11, in: *E. A. Castelli – H. Taussig (Hrsg.)*, Reimagining Christian Origins. A Colloquium Honoring Burton L. Mack, Valley Forge 1996, 68-83; *D. F. Watson*, 1 Corinthians 10,23-11,1 in the Light of Greco-Roman Rhetoric: The Role of Rhetorical Questions: JBL 108 (1989) 301-318; *P. Zanker*, Pompeji. Stadtbild und Wohngeschmack (Kulturgeschichte der antiken Welt 61), Mainz 1995.

2.6.1 Zum Text und zur Übersetzung

Bemerkenswert ist vielleicht, daß in V. 23 der Mehrheitstext an 6,12 angleicht: »Alles ist *mir* erlaubt«. Interessant ist auch, daß der Mehrheitstext (und einige andere Textzeugen, z. B. D) in V. 28 »Opferfleisch« (›*hierothyton*‹) durch den abwertenden Begriff

»Götzenopferfleisch« (›eidōlothyton‹) ersetzen, der bisher in 8,1.4.7.10; 10,19 stets gebraucht wurde.

2.6.2 Analyse

Syntaktisch stehen Verbalphrasen (d. h. Sätze ohne explizites Subjekt) im Vordergrund; dazu zählen insbesondere die Sätze mit Imperativ (2. Person Plural): »Eßt« (VV. 25.27b), »eßt nicht« (V. 28b), »tut« (V. 31), »werdet« (10,32; 11,1). Die Imperativ-Sätze können noch einmal differenziert werden. In VV. 27b.28b sind sie jeweils durch Konditionalsätze eingeleitet (VV. 27a.28a). Beim Imperativ des V. 25 übernimmt die einleitende Partizipialwendung ›pan to en makellōi pōloumenon‹ (»alles, was auf dem Markt verkauft wird«) die Funktion der Kondition, unter welcher der Imperativ gilt. Diese ersten drei Imperativ-Sätze werden auch semantisch enger zusammengeschlossen, sofern das »Essen« mit dem Stichwort des »Gewissens« verbunden wird, sei es, daß das Essen, »ohne um des Gewissens willen etwas zu untersuchen«, gestattet (VV. 25.27b), sei es, daß das Essen »um des Gewissens willen« verboten wird (V. 28b). Semantisch eng mit V. 28 verbunden ist V. 29, der nur metasprachlich den Code des Begriffs »Gewissen« abklärt. Von der Satzsyntax her taucht in V. 29b der Satztyp des Subjekt-Prädikat-Satzes auf, der auch in V. 30ab vorhanden ist. Noch stärker die Nominalphrase betont V. 26. Inhaltlich geht es in VV. 26.30 um die Begründung bzw. Weiterführung des vorher Ge- oder Verbotenen. Insgesamt stellen die VV. 25-30 einen in sich geschlossenen Block dar, der pragmatisch der Regelung von drei konkreten Fällen dient. Dabei setzen der zweite (V. 27) und der dritte Fall (V. 28) eine gemeinsame Grundsituation voraus (V. 27a), so daß man auch von zwei Varianten sprechen könnte.

Die VV. 10,23 f.31-11,1 haben eine deutlich andere Funktion. Sie haben eine verallgemeinernde Tendenz, wie schon an den generalisierenden Subjekten »alles« bzw. »nicht alles« (V. 23) oder »niemand« (V. 24) abzulesen ist. Die gleiche Funktion hat das Objekt »alles« in V. 31. Semantisch eröffnet auch V. 32 einen universalen (die ganze Menschheit umfassenden) Horizont. Auf ihn sind die missionarischen Bemühungen des Apostels ausgerichtet (V. 33), der umgekehrt gerade so als nachahmenswertes Beispiel vorgestellt werden kann (11,1). Auf die vielfältigen Verflechtungen, die zwischen diesen allgemeinen Forderungen und den einzelnen Argumentationsschritten in 8,1-10,22 bestehen, soll im Rahmen der Einzelerklärung eingegangen werden. Pragmatisch gesehen, stecken die allgemein gehaltenen Stücke den Rahmen ab. Sie fordern ein Verhalten ein, das sich am »anderen« orientiert (V. 24). Daß dieser andere innergemeindlich der »Bruder« ist (vgl. Kap. 8), wird wohl vorausgesetzt. Die konkrete Formulierung läßt aber durchaus an den »anderen« im Sinne des allgemeinen gesellschaftlichen Kontextes denken, so daß die gesamte Öffentlichkeit als Verantwortungsraum christlichen Handelns erscheint (V. 32). Sachlich verbirgt sich hinter den beiden Aspekten im wesentlichen die Ablehnung einer christlichen Teilnahme an heidnischen Kultmählern, die in der vorausgehenden Argumentation ekklesiologisch und sakramental begründet worden war. Die in dem allgemeinen Rahmen eingeschlossenen VV. 25-30 behandeln die noch verbleibenden *regelbaren Fälle*.

2.6.3 Einzelerklärung

Der abschließende Abschnitt 10,23-11,1 ist keine Schlußfolgerung aus dem Vorangehenden. Dort war im wesentlichen – von 8,7 bzw. von 8,10 an – die Frage behandelt worden, ob Christen und Christinnen an kultischen Mählern teilnehmen können. Sowohl unter ekklesiologischer als auch unter sakramentaler Rücksicht hatte Paulus eine negative Antwort gegeben. Jetzt folgen einige Anweisungen über die verbleibenden regelbaren Fälle.

Verse 23 f.: »Alles ist erlaubt!« Ein ähnliches Wort war bereits in 6,12 begegnet. Hier wie dort handelt es sich wohl um eine Parole der Korinther. Möglicherweise steht auch die gleiche Gruppe, in jedem Fall aber eine ähnliche Geisteshaltung dahinter (s. oben 2.0.2). Es ist die Geisteshaltung der Wissenden, die im konkreten Fall des Essens von Götzenopferfleisch alles auf die christliche Erkenntnis gesetzt haben (»Wir alle haben Erkenntnis«, 8,1), daß es – als Kehrseite des Bekenntnisses zu dem einen Gott und dem einen Herrn – Götzen gar nicht gibt (8,4). So konnten sie Einladungen zu heidnischen Kultmählern bedenkenlos annehmen und gerade so die Zögerlichen durch ihr provokatives Verhalten zu gleicher Erkenntnis »aufbauen« (8,10). Der Schutz der Sakramente versicherte sie gegen mögliche schädliche Wirkungen einer ohnehin nur gesellschaftlich konstruierten Götterwirklichkeit (vgl. 10,1-22). Die Parole »Alles ist erlaubt« rekurriert also nicht nur auf 8,1-13, sondern gleichermaßen auf 10,1-22 und die dahinter stehende korinthische

Auffassung, die bestritt, daß die Teilnahme an heidnischen Kultmahlzeiten Götzendienst sei.
Die Parole als solche ist natürlich richtig. Sie ist Ausdruck einer auch von der (kynischen oder stoischen) Philosophie angezielten Freiheit (s. zu 6,12; zu gnostischen Texten vgl. *C. Hinz*, Bewahrung 411-416). Insbesondere die philosophierenden Tendenzen, die Apollos einbrachte, machten sie zum willkommenen Ausdruck christlicher Heilsbotschaft. Prinzipiell kann dem auch Paulus zustimmen (vgl. 3,21-23). Aber die Freiheit führt nicht in die Beliebigkeit. Weil Christen, indem sie Christus über sich verfügen lassen, über alles Verfügungsrecht haben, können sie beispielsweise nicht am Tisch der Dämonen teilhaben (10,20 f.). Sie würden gerade so ihr Verfügungsrecht preisgeben und sich den Dämonen unterwerfen. In ihrer prinzipiellen Richtigkeit ist die Parole ambivalent. Sie ist eine Form, die ihren Inhalt erst finden muß.
Paulus gibt zwei Kriterien an: »aber nicht alles nützt« und »aber nicht alles baut auf«. Das erste ist identisch mit 6,12. Man wird es nicht sofort einem ekklesiologisch oder soziologisch verpflichteten Ethos zuordnen dürfen (im Sinne eines bonum commune), sowenig dies aufgrund des zweiten Kriteriums ausgeschlossen werden kann. Doch ist das zweite keine tautologische Wiederholung des ersten. Dem Kontext nach entspricht »nicht alles nützt« eher dem zweiten Kriterium von 6,12: »aber ich soll mich nicht von irgendetwas beherrschen lassen«. Es geht um die eigene Freiheit, die beim Götzendienst verraten wird; und darum handelt es sich bei der Partizipation am Tisch der Dämonen, die eine andere Identität stiftet als die damit inkompatible Identität des Herrenmahls (10,21). Ein solcher Verlust von Freiheit ist mehr als bloß subjektive Verblendung, er hat objektive Folgen. Die Kehrseite des nicht vorhandenen Nutzens ist der Schaden, den Paulus in 10,1-13 im Gericht über die Wüstengeneration typologisch eindrucksvoll vor Augen gestellt und vor dem er in 10,22 mit dem Hinweis auf die Eifersucht des Herrn gewarnt hat. Diesen objektiven Schaden wird man zunächst auch bei »nicht alles baut auf« mithören dürfen, wenngleich – wie meist beim Wortfeld des »Aufbauens« bei Paulus (es gibt allerdings auch die Vorstellung eines Sichselbst-Aufbauens: vgl. 14,4) – hier viel stärker die soziale, insbesondere die gemeindliche Verantwortung in den Vordergrund rückt. Insofern greift das zweite Kriterium unmittelbar auf 8,1-13 zurück, wo Paulus eine an und für sich richtige Erkenntnis in die Schranken der auferbauenden Liebe gewiesen hatte (8,1) und das korinthische Vorgehen, die Schwachen durch provozierende Pra-

xis zur Erkenntnis zu führen, als Aufbau zum Götzenopferfleischessen ironisiert hatte (8,10).
V. 24 greift diesen Aspekt auf. Es will jedoch beachtet sein, daß als Gegenbegriff zur generell (»niemand«) ausgeschlossenen Suche des »Seinen« nicht einfach das Wohl des Bruders (8,13) oder des Glaubensgenossen (Gal 6,10), sondern »das des anderen« eingefordert wird. Das schließt die innergemeindliche Verantwortung in keiner Weise aus, verallgemeinert aber die Perspektive, so daß das christliche Freiheitshandeln auch vor dem Hintergrund der gesellschaftlichen Umwelt zu reflektieren ist. Daß der »andere« (›heteros‹) in diesem allgemeinen Sinn und nicht nur im Sinn von Kapitel 8 auszulegen ist, wird spätestens durch V. 29 deutlich, wo das Gewissen des »anderen« (›heteros‹), d. h. des den Hinweis von V. 28 gebenden Heiden, ins Spiel gebracht wird. Es geht Paulus also weniger – wie in Gal 6,2 – um die materielle Mahnung, »einander die Lasten zu tragen und so das Gesetz Christi zu erfüllen«, sondern um die formale Einforderung christlicher Verantwortung, die nicht nur unter ekklesiologischem Aspekt, sondern vor dem Horizont der gesellschaftlichen Wirklichkeit und mit Rücksicht auf die gesellschaftliche Relevanz des Handelns wahrgenommen werden soll. Unter dieser Rücksicht werden im folgenden die (nach 8,1-10,22 verbleibenden) regelbaren Fälle geregelt.

Verse 25f.: Als erster Kasus wird der Fleischkauf auf dem Markt genannt. Das entsprechende griechische Wort ›makellon‹ (lateinisch: ›macellum‹; zum griechischen Ursprung s. *Bauer*) ist terminus technicus für den Lebensmittelmarkt, näherhin für den Fleisch- und Fischmarkt (vgl. *C. K. Barrett*, Things [s. zu 8,1-11,1] 144f.). Archäologisch nachgewiesen sind solche Märkte u. a. für Pompeji (dazu: *Lietzmann;* ansonsten: *N. Nabers*, Variations), neuerdings auch für Gerasa (*E. Olavarri Goicoechea*, Excavaciones en el Agora de Gerasa en 1983, Madrid 1986; *M. Martin-Bueno*, Notes préliminaires sur le *macellum* de Gerasa, in: Jerash Archaeological Project 1984-1988, Bd. II, Paris 1989, 177-199; *ders.*, The Macellum in the Economy of Gerasa, in: SHAJ IV, Amman – Lyon 1992, 315-319). Aus Korinth sind zwei Inschriften mit dem lateinischen Wort ›macellum‹ bekannt (Corinth. Results of Excavations VIII/2, Cambridge/Mass. 1931, 100-104, Nr. 124.125; *H. J. Cadbury*, Macellum 137-140). Die baulichen Anlagen mit Brunnen im Mittelpunkt, peristyler Halle und Exedren bzw. Nebenräumen für den Fleisch- bzw. Fischverkauf entsprechen ihrer Funktion (vgl. *N. Nabers*, Variations). In Pompeji liegt das ›makellon‹ unmittelbar neben der Kultstätte für den Kaiser und überhaupt in der näheren Umgebung von Tempeln (vgl. den Plan bei *P. Zanker*, Pompeji 93). Ob man daraus eine architektonische Gesetzmäßigkeit ableiten darf, ist schon hinterfragt worden (*H. J. Cadbury*, Macellum 140f.). Doch ist die räumliche Nähe von Tempel (Opferstätte) und ›makellon‹ durch die zentrale Lage beider nahezu eine bauliche Selbstverständlichkeit (zum Stadtzentrum von Korinth s. *[II]W. Elliger*, Paulus 212f.306). Eine andere Frage ist, ob insbesondere das im ›makellon‹ verkaufte Fleisch ausschließlich aus Tempelschlachtungen oder auch aus Privatschlachtungen kam (s. zu 8,1; vgl. **H.-J. Klauck*, Herrenmahl 274f.). Doch würde der Kasus von V. 25 gegenstandslos, wenn man dort nicht auch profan geschlachtetes Fleisch hätte bekommen können. Darin bestand geradezu das Problem, das Paulus hier wie teilweise auch schon in Kapitel 8 anspricht: Darf man Fleisch auf dem Markt kaufen, wo zumindest mit der Möglichkeit gerechnet werden mußte, daß man bei solchem Einkauf auch Fleisch erhalten konnte, das aus der rituellen Schlachtung des Tempels und damit aus dem Kontext des Götzenopfers kam?

Die Antwort des Paulus ist klar: »*Eßt!*« Nicht ganz so eindeutig ist, was gemeint ist, wenn er hinzufügt: »*ohne um des Gewissens willen etwas zu untersuchen*«. Manche denken an eine Rücksichtnahme auf das Gewissen des schwachen Bruders (*[II]Schrage* II). Die Formulierung legt aber eher einen Bezug auf das eigene Gewissen nahe (*P. W. Gooch*, Conscience [s. zu 8,1-11,1] 247f.). Dabei soll natürlich nicht die banale Weisheit vermittelt werden: »Was ich nicht weiß, macht mich nicht heiß« (vgl. *C. A. Pierce*, Conscience 75f.). Nicht ein Handeln am Gewissen vorbei wird empfohlen; vielmehr ist gemeint, daß man sich in diesem Fall überhaupt kein Gewissen machen muß bzw. aus Gewissensgründen nicht nachforschen muß, wo das Fleisch herkommt (*H.-J. Eckstein*, Syneidesis 259-261; *[II]Wolff*). Dies bedeutet, daß das auf dem Markt verkaufte Fleisch als solches für Christen und Christinnen unbedenklich ist, d.h. selbst dann, wenn es *objektiv* (da aus dem Tempel stammend) Götzenopferfleisch sein sollte, und nicht nur weil es von einem, der nicht nachforscht, als solches nicht erkannt wird. Die Adressaten dieser Regel sind formal natürlich weiterhin (wie in 8,1; 10,23f.) die Wissenden (so betont: *[II]Schrage* II; *[II]Wolff*). Doch hätte Paulus ihnen kaum in imperativischer Form mitteilen müssen, was ohnehin ihrer eigenen Meinung und Praxis entsprach. D.h., V. 25 muß auch im Blick auf die Schwachen gesprochen sein, für die der Fleischkauf auf dem Markt überhaupt erst ein Problem war *(Weiß)*.

Die Regelung überrascht, nicht nur, weil Paulus liberaler entscheidet, als das für das rabbinische Judentum belegt ist (Bill. III 420f.; vgl. *K. Maly*, Gemeinde 148f.), sondern auch, weil die Regelung seiner eigenen Position in 10,23f. und 8,13 zu widersprechen scheint. Es wird deutlich, daß Paulus in der Frage des Götzenopferfleischessens (8,4-6) differenziert. Während er sich im Falle der Teilnahme an kultischen Mählern uneingeschränkt für die Schwachen stark macht (8,13), wendet er hier offensichtlich das »Suchen des anderen« auch in bezug auf die Wissenden an. Auch die Schwachen dürfen nicht dem Rigorismus verfallen. Es gibt für Paulus offensichtlich eine Grenze, bis zu der er den Standpunkt der Wissenden teilt und den Schwachen plausibel machen kann. Diese Grenze ist mit der Teilnahme an kultischen Mählern überschritten. Alles, was davor liegt, ist nicht grundsätzlich tabu. Dort, wo das Fleisch nicht mehr in einem unmittelbaren Verweissystem mit dem Götzenopfer steht (wie das bei dem auf dem Markt angebotenen Fleisch der Fall ist), gibt es für Christinnen und Christen keinen Hinderungsgrund, das Fleisch zu essen. Hier gilt, daß die Nicht-Existenz der Götzen (vgl. 8,4-6) auch die Möglichkeit einer objektiv an und für sich bestehenden Qualität als Götzenopferfleisch ausschließt. Wie Paulus den Wissenden gegenüber einer magischen Inanspruchnahme des Sakraments widerstanden hat (10,1-22), läßt er umgekehrt nicht zu, daß die Schwachen in ihrer Ängstlichkeit unter der Hand die magische Konstruktion eines objektiv existierenden Götzenopferfleisches betreiben. Die kultische Schlachtung, von der das auf dem Markt verkaufte Fleisch möglicherweise herkommt, hat dieses nicht magisch mit der Qualität eines objektiv existierenden Götzenopferfleisches infiziert. Dort, wo der gesellschaftlich konstruierte und von den Dämonen kontrollierte Kontext bzw. Diskurs des Kultes (vgl. zu 8,5; 10,20) wegfällt, ist Fleisch einfach Fleisch. Das Götzenopferfleisch verdankt seine Wirklichkeit allein dem von den Dämonen inszenierten kultischen Diskurs der heidnischen Gesellschaft. In diesem Punkt unterscheidet sich Paulus wahrscheinlich von der Regelung der sog. Jakobusklauseln (Apg 15,20.29), sofern diese nicht nur die Teilnahme an Kultmählern, sondern überhaupt das Essen von Götzenopferfleisch verboten haben; allerdings ist die Formulierung dort nicht einheitlich (V. 20: »Befleckung durch Götzen« [›alisgēmata tōn eidōlōn‹]; V. 29: »Götzenopferfleisch« [›eidōlothyta‹]). Unter der Voraussetzung, daß die Jakobusklauseln in ihrem Grundbestand mit der Regelung nach dem Antiochenischen Konflikt (Gal 2,11-14) in Verbindung zu bringen sind, würde deutlich, daß das Problem von 1 Kor 8-10 nicht nur hausgemacht ist, sondern mit der Frage einer christlichen Identitätsfindung im allgemeinen zu tun hat. Im Blick auf die unmittelbare Problemlage in Korinth bleibt festzuhalten, daß Paulus mit V. 25 eine Lösung vorträgt, die zwischen den Fronten der Wissenden und der Schwachen verläuft. Im Falle des auf dem Markt feilgebotenen Fleisches bleibt 8,4-6 gültig, eine weiterreichende Folgerung etwa im Sinne von 8,10 bleibt aber durch 8,11-13 und 10,1-22 ausgeschlossen.

Zur Begründung der Regel von V. 25 verweist Paulus in **V. 26** auf Ps 24,1 (ähnlich: Ps 50,12; 89,12). Dahinter steht der Schöpfungsglaube, der allerdings auch nicht jedes Essen rechtfertigt, weder im Judentum noch bei Paulus. Paulus denkt allein an V. 25. Vom Schöpfungsgedanken her ist der »Herr« wahrscheinlich auf Gott selbst zu beziehen (so die meisten). Doch könnte man über den Gedanken der Schöpfungsmittlerschaft (vgl. 8,6; vgl. Kol 1,15.18) auch an Christus denken (so: ^{II}*Wolff*). Im rabbinischen Judentum wird das Psalmwort zur Begründung für das Tischgebet verwendet (*E. Lohse*, 1. Korinther). Möglicherweise hat Paulus das Wort aus diesem Kontext gekannt. Ob man aus dem Gegensatz zum rabbinischen Verbot, Fleisch vom ›makellon‹ zu kaufen (s. oben), folgern darf, daß die paulinische Weisung »im schroffen Gegensatz zur gesetzlichen Vorschrift der jüdischen Halaka« stehe (*E. Lohse*, 1. Korinther 247), hängt von der zeitlichen Ansetzung der rabbinischen Quellen und von der Pluriformität ab, die man dem zeitgenössischen Judentum zutraut. Semantisch gesehen ist es überdies so, daß ein nicht realisierter Gegensatz nicht ohne weiteres vorausgesetzt werden darf. Aus dem gleichen Grund ist es keineswegs ausgemacht, daß Paulus »inneralttestamentliche Sachkritik übt und damit zugleich die jüdischen Reinheitsvorschriften trifft« (^{II}*Schrage* II), wenngleich Paulus eine Offenheit zeigt, hinter der die Rabbinen meist zurückbleiben (vgl. *B. W. Winter*, Responses [s. zu 8,1-11,1] 218f.). Es wurde bereits angedeutet, daß man mit Ps 24,1 als Argument auch die kultischen Mähler für erlaubt erklären könnte. Es wird deutlich, daß die Grenze, die Paulus beachtet, nicht einer magischen Theorie entstammt: Nicht durch Kontakt mit den Götzen wird das Fleisch zum Götzenopferfleisch; entscheidend ist, ob die Situation bzw. der gesellschaftliche Kontext das Essen als Bejahung des Götzendienstes erscheinen läßt und somit für Paulus zur Teilhabe am Tisch der Dämonen macht.

Verse 27-30: Paulus stellt einen zweiten Fall mit zwei Varianten vor. Die Grundsituation ist die Einladung durch einen Nicht-Christen: **V. 27.** Gemeint ist selbstverständlich eine Einladung in das Privathaus; daß auch an eine Einladung zum Kultmahl gedacht sein könnte (so: *Conzelmann;* ¹¹*Schrage* II), ist auszuschließen. Vom »Tempel« bzw. »Götzentempel« (›eidōleion‹) wie in 8,10 steht nichts da. Eine solche Einladung nach 8,13 zu gestatten, wäre ein Widerspruch in sich. Auch die Auskunft »ohne um des Gewissens willen etwas zu untersuchen« würde sich im Falle des Tempelrestaurants erübrigen, da nicht nur feststeht, daß Götzenopferfleisch gereicht wird, sondern auch, daß man nach dem Verstehenskanon der Umwelt an der Verehrung der Götter teilnimmt, und das heißt christlich, am Götzendienst bzw. an dem von den Dämonen inszenierten Diskurs. »Um des Gewissens willen« kann in diesem Zusammenhang wohl nur das Gewissen des Eingeladenen meinen. »Und ihr hingehen wollt« kann einfach eine Floskel sein, könnte aber auch eine Einschränkung bedeuten: »ihr braucht ja nicht unbedingt, aber hindern kann und will ich euch nicht« (**H.-J. Klauck*, Herrenmahl 276). Indirekt würde Paulus dann auf den unterschiedlichen Verpflichtungsgrad gesellschaftlicher Konventionen hinweisen und Güterabwägung nahelegen. Vielleicht hat er dann schon das Problem der zweiten Variante vor Augen.

VV. 28-30 bringen eine zweite Variante bzw. einen Sonderfall der in V. 27 vorausgesetzten Situation. V. 28 auch auf V. 25 zu beziehen (so: *W. L. Willis*, Meat [s. zu 8,1-11,1] 242-245), legt sich schon aus sprachlichen Gründen nicht nahe. V. 27 ist ein sog. Realis (vgl. BDR §371,1), der unabhängig von der tatsächlichen Verwirklichung eine allgemeine, zur Regelung anstehende Annahme macht (»wenn ...«; griechisch: ›ei‹ mit Indikativ) und regelt. V. 28 hingegen ist ein Eventualis (vgl. BDR §371,4a), der für einen spezifischen Fall, sofern er eintritt (»falls ...«; griechisch: ›ean‹ mit Konjunktiv), eine Regelung trifft. In der Abfolge von Realis in V. 27 und Eventualis in V. 28 kann letzterer nur einen Spezialfall der in V. 27 gesetzten Annahme bedeuten. D.h., bei einer solchen Einladung, wie sie in V. 27 angesprochen ist, sagt »einer«: »Dies ist Opferfleisch!« Schon der – aus heidnischer Sicht – korrekte Ausdruck »Opferfleisch« (›hierothyton‹), der hier anstelle des aus christlicher Perspektive negativ qualifizierten Begriffs »Götzenopferfleisch« (›eidōlothyton‹) erscheint, läßt es geraten erscheinen, in dem »einen« (›tis‹) einen Heiden, sei es den Gastgeber selbst oder einen der Gäste, und nicht einen miteingeladenen christlichen Schwachen (so: *Weiß;* ¹¹*Schrage* II; *J. Murphy-O'Connor*, Freedom 34; *H.-J. Eckstein*, Syneidesis 263-265) zu sehen. Denn woher sollte der schwache Mitchrist wissen, daß das vorgesetzte Fleisch aus dem Tempel stammte? Setzt man aber voraus, daß er von vornherein damit gerechnet hätte, daß »Opferfleisch« aufgetischt würde, dann hätte er sich ja wohl kaum einladen lassen! Warum der ausdrückliche Hinweis auf das Opferfleisch erfolgt, läßt sich nur noch mutmaßen. Die ganze Palette möglicher Erklärungen faßt *H. v. Soden* treffend zusammen, wenn er meint, daß dies »in wohlmeinender Rücksicht oder in lauernder Absicht oder auch etwa in naiver Äußerung der eigenen Religiosität« geschehen sein könnte (Sakrament [s. zu 8,1-11,1] 251). Der Text sagt dazu nichts; ihm ist die Motivation offensichtlich völlig gleichgültig. Die Anweisung hingegen, was im Fall eines solchen Hinweises zu tun ist, ist ganz klar: »Eßt nicht!«, und zwar um des Hinweisenden willen und des Gewissens. Wie es beim Fleisch vom Markt nicht die mögliche Unkenntnis war, die das Götzenfleisch neutralisierte, so ist es jetzt umgekehrt natürlich nicht der Hinweis, der das dargereichte Fleisch zum christlich nicht akzeptablen Götzenopferfleisch macht. Das Entscheidende ist vielmehr hier wie dort der Kontext, die Frage also, ob die konkrete Situation das Essen als Essen von Opferfleisch und damit als Zustimmung zum Götterkult erscheinen läßt. Und hier hätte in der Tat der Hinweisende annehmen müssen, daß der nun offensichtlich bewußt Opferfleisch essende Christ auch weiterhin der heidnischen Konstruktion gesellschaftlicher Wirklichkeit verhaftet ist, ohne zu bemerken, daß diese aus christlicher Sicht Götzendienst ist, den in Wahrheit die Dämonen installiert haben. Christlicher Glaube wäre als ein Kult neben anderen möglichen Kulten erschienen. Durch den Hinweis ist der status confessionis gegeben. Denn nun greift die Alternative von 10,21 bzw. – besser gesagt – der Ausschluß einer synchronen bzw. symmetrischen Teilnahme am Tisch der Dämonen und am Tisch des Herrn.

Die Erklärung von **V. 29a** überrascht nicht. Denn »das eigene Gewissen« wird durch den Hinweis nicht unmittelbar tangiert, es sei denn, es handelte sich um ein »schwaches« Gewissen wie in 8,7, was offensichtlich hier aber nicht vorausgesetzt wird. Im Normalfall ist das christliche Gewissen nicht angesprochen, weil der Hinweis das Fleisch weder sakralisiert noch dessen objektiv nicht vorhandene sakrale Qualität aufleben läßt. Man könnte höchstens daran denken, daß das eigene Gewissen indirekt tangiert ist, sofern es natürlich auch dem Christen nicht gleichgültig sein kann, wie der Hinweisende sein Verhalten deutet. Und eben darauf zielt Paulus mit der Erläuterung ab, daß das Gewissen »des anderen« gemeint sei. Auszuschließen ist daher (wie in V. 28), daß Paulus das

Gewissen eines schwachen christlichen Bruders vor Augen hat. Diese Erklärung erfreut sich allerdings großer Beliebtheit, sei es, daß man an einen anwesenden Schwachen denkt, sei es, daß man damit rechnet, ein Schwacher könnte hinterher von den Geschehnissen erfahren (vgl. *Lietzmann; Robertson-Plummer; Barrett;* **H.-J. Klauck,* Herrenmahl 277; *H.-J. Eckstein,* Syneidesis 265; *S. Vollenweider,* Freiheit [s. zu 8,1-11,1] 222 f.). Ersteres ist mit der oben vorgetragenen Erklärung des Hinweisenden von V. 28 nicht kompatibel. Letzteres wäre unter der gleichen Voraussetzung zumindest sprachlich sehr merkwürdig formuliert. Sachlich will es nicht so recht einleuchten, wie ein abwesender Bruder von dem Hinweis auf das Opferfleisch erfahren könnte (sofern man nicht ein regelrechtes Ausspionieren oder gezielte Information voraussetzen will). Bei einer privaten Einladung liegen die Dinge doch etwas anders als beim Besuch des Tempels in 8,10 (gegen: [II]*Schrage* II). Hätte im übrigen Paulus daran gelegen, daß etwaige Einwände schwacher Brüder in jedem Fall zu vermeiden seien, dann hätte er die Annahme von Einladungen rundweg verbieten müssen. Daher kann mit dem »anderen« nur der Hinweisende selbst gemeint sein (so auch: *Lang, Fee;* [II]*Wolff*). Warum soll der Christ dessen Gewissen achten? Es geht weniger um ein symmetrisches Verhalten gegenüber Christen und Heiden (gegen: [II]*Wolff*). Anders als im Falle des schwachen Bruders (vgl. 8,7.12) liefe eine Mißachtung des Gewissens hier weder auf eine Gewalttätigkeit gegenüber dem anderen noch auf eine Beschädigung von dessen Gewissen hinaus. Es ist daran zu erinnern, daß mit dem Begriff des Gewissens nicht die Norm, sondern die Kontrollinstanz gemeint ist, die ihre Funktion nach vorgegebenen Normen ausübt (s. zu 8,7). Die Norm, nach der das Gewissen des Heiden urteilt, lautet aber: Das Opferfleisch bringt in Kontakt mit den Göttern. Der Heide hätte das Essen des Christen als Anerkennung der Götter interpretieren müssen. Wenn der Christ dieses Urteil vermeiden und insofern dem Gewissen des Heiden Rechnung tragen will, darf er nicht essen.

Dazu paßt auch **V. 29b**. Es ist keineswegs notwendig, VV. 29b.30 »als den Ausruf eines ›Starken‹« zu interpretieren, der sich »nach Art des Diatribenstils« gegen die Regel von V. 28 wendet (gegen: *Lietzmann; *H.-J. Klauck,* Herrenmahl 277 f.). Dagegen sprechen nicht nur sprachliche Gründe (man würde dann eher eine adversative Partikel [›de, alla‹] statt der kausalen [›gar‹] erwarten; vgl. *Weiß*), sondern auch sachliche; schon *Lietzmann* mußte einräumen: »Auf die spitze Frage erwarten wir eine eingehende Antwort: aber sie bleibt aus, und Pls fährt in völlig anderem Ton fort«. V. 29b fügt sich nahtlos in den Gedankengang von VV. 27f. ein. Denn gerade indem der Christ auf das Gewissen des Heiden Rücksicht nimmt, vermeidet er es, daß seine Freiheit »von einem anderen Gewissen beurteilt« wird. Dabei geht es nicht um Kritik: »Du ißt ja das Opferfleisch unserer Götter; paßt das zu deiner christlichen Überzeugung von dem *einen* Gott?« (so: [II]*Wolff*). Es geht darum, wer oder was die Freiheit definiert. Wenn der Heide – wiederum nach seiner Norm – es als Freiheit beurteilt, wenn der Christ Opferfleisch ißt, dann hat er eben nicht erfaßt, daß für den Christen die Freiheit gerade darin besteht, daß er sich »von den Götzen zu Gott hingewandt hat, um dem lebendigen und wahren Gott zu dienen« (1 Thess 1,9). Freiheit besteht für den Christen nicht in der Toleranz der Beliebigkeit, sondern im Herrschaftswechsel. Die Freiheit, die der Herr schenkt, schließt eine Unterwerfung unter die Götter bzw. Dämonen aus. Obwohl der Christ darum weiß, daß die Götzen nur Teil eines von der Gesellschaft bzw. von den Dämonen aufgezogenen fiktiven Diskurses sind, verzichtet er auf die Ausübung seiner Freiheit, sobald sie im Kontext eines realen gesellschaftlichen Diskurses (V. 28) als Anerkennung der Götter bzw. als Götzendienst ausgelegt würde. Insofern ist V. 29b eine Variation zum Thema von 9,1-23.

V. 30 bestätigt das. Bei der »Dankbarkeit« (›*charis*‹) in V. 30a und selbst bei »wofür ich danke« in V. 30b sollte man nicht sofort daran denken, daß die dargebotenen Speisen von Gott herkommen. Schwerlich wird ein Tischgebet gemeint sein, das der Christ im heidnischen Hause (!) spricht (so: [II]*Wolff*). Man müßte dann schon an ein stilles Gebet denken, das aber keine Kritik hervorgerufen hätte. Zunächst (und vor allem bei V. 30a) ist allgemein die Dankbarkeit gemeint, mit der der Christ am Gastmahl teilnimmt. V. 30a ist das Pendant zu »wenn ihr hingehen wollt« von V. 27. Wenn der Christ die Einladung annimmt und am Gastmahl teilnimmt, dann tut er das in Dankbarkeit. Natürlich weiß er, daß die vorgesetzten Speisen sich letztlich dem Schöpfer verdanken. Auf diese »Grundhaltung der Dankbarkeit« ([II]*Schrage* II) – und nicht auf ein Tischgebet – spielt »wofür ich danke« in V. 30b an. Diese Dankbarkeit für die Gaben des Schöpfers (vgl. V. 26) erlaubt es dem Christen ja auch, alles zu genießen, was vorgesetzt wird, ohne zu recherchieren, woher das Vorgesetzte stammt (VV. 25.27). Erst durch den Hinweis von seiten des Heiden und durch dessen Kontrollsystem (Gewissen) wird der Christ in üblen Ruf gebracht (›*blasphēmoumai*‹). Dabei wird man nicht an subjektive Kritik oder Schelte zu denken haben (gegen: [II]*Schrage* II). Der üble Ruf hat objektiven

Charakter, sofern die – nach heidnischem Urteil – an den Tag gelegte »Toleranz« aus christlicher Sicht auf Gotteslästerung hinausläuft. Wenn es dem Heiden möglicherweise als liberal erscheint, wenn der Christ trotz Hinweis ißt, so wird der Christ eben dadurch objektiv um seinen guten Ruf gebracht, und zwar wegen des Hinweises, der das objektiv belanglose bzw. sogar als Geschenk des Schöpfers zu wertende Fleisch in den Kontext eines Diskurses stellt, der vom Christen nicht geteilt werden kann, sondern als Götzendienst abgelehnt werden muß.

Verse 10,31-11,1: V. 31 resümiert mit einem allgemeinen Grundsatz. Es wird deutlich, daß Paulus mit keiner der angegebenen Regelungen irgendwelche Freiräume schaffen wollte, in denen der Christ vom Gehorsam gegen Gott frei und nur seinem eigenen Belieben verpflichtet wäre. V. 31a wird man allerdings nicht so banalisieren dürfen, daß damit einfach das *gesamte* christliche Tun zusammengefaßt ist (vgl. Kol 3,17). Vom Kontext her ist die Aussage durchaus differenziert mit den unterschiedlichen Situationen in Verbindung zu bringen, so daß man paraphrasieren könnte: Wie immer ihr euch in den verschiedenen Situationen entscheidet, ob ihr also in dem einen Fall eßt (vgl. VV. 25.27) und in einem anderen nicht eßt (vgl. V. 28; 8,10-13), ob ihr im konkreten Fall trinkt oder nicht trinkt (vgl. 10,21), entscheidet euch – und das gilt für alles, was ihr sonst noch (zu ›ti‹ vgl. BDR §480,1) tut – immer so, daß es »zur Ehre Gottes« geschieht. Ganz ähnlich hatte auch 6,20 geschlossen. Vom Essenskontext her könnte man auch an Röm 15,7 (als Konsequenz von Röm 14,1-15,16) denken. Doch während dort die Binnenperspektive im Vordergrund steht, geht es vor dem Hintergrund der vorausgehenden Ausführungen hier um Binnen- und Außenperspektive, um das Verhalten dem Bruder gegenüber und um die Wirkung des christlichen Verhaltens im Spiegel der Umwelt. Im weiteren Sinne steht dahinter also auch ein missionarisches Anliegen, das im nächsten und vor allem im übernächsten Vers auch ausdrücklich genannt wird.

V. 32 erklärt zunächst negativ: »Gebt keinen Anstoß (›aproskopoi ... ginesthe‹)«! Eine ähnliche Formulierung gab es bereits in 8,9 (vgl. Röm 14,13). Doch während es dort um den schwachen Bruder ging, dem durch die Inanspruchnahme eines (an und für sich bestehenden) Rechtes Anstoß gegeben werden könnte, hat der Befehl hier einen umfassenden Horizont. Beide Stellen konvergieren aber in dem Sachverhalt, daß Freiheit auch Rechtsverzicht bedeuten kann. Nur unter dieser Voraussetzung, die Paulus am eigenen Beispiel durchexerziert hat (9,1-23), ist es überhaupt möglich, Anstoß zu vermeiden. Auffällig, da durch den vorausgehenden Text eigentlich nicht vorbereitet, ist die Rücksichtnahme auf die Juden. Ist das durch die konkrete Rücksichtnahme auf die Synagoge in Korinth bedingt? Will Paulus die Möglichkeit zur Gewinnung der dortigen Juden offen halten? Oder ist die Erwähnung der Juden bereits durch das Beispiel des Paulus im nächsten Vers (vgl. dazu 9,20-23) bedingt? Es ist schwer zu sagen. Die Frage, wie man es gleichzeitig den Juden und den Heiden und der Gemeinde Gottes recht machen kann (vgl. *[11]Schrage* II), stellt sich hier genauso wenig wie in 9,19-23. Paulus ist tatsächlich davon überzeugt, daß man es allen recht machen kann, wenn man sich nur nach seinen Ausführungen in Kapitel 8 bis 10 richtet (vgl. *Conzelmann; D.-A. Koch*, Seid unanstößig 52-54). Die Teilnahme an Kultmählern ist (aus ekklesiologisch-ethischen und sakramental-christologischen Gründen) ausgeschlossen. Damit war der schlimmste Anstoß bei den Juden vermieden. Die verbleibenden regelbaren Fälle hat Paulus in 10,25-30 behandelt. Sie geben der Gemeinde in einer heidnischen Umwelt den nötigen Spielraum (VV. 25 f.27), ohne erstere in letzterer aufgehen zu lassen (VV. 28-30). Bei der »Gemeinde Gottes« wird man aufgrund des Vortextes (und wie meist bei Paulus) zunächst an die Ortsgemeinde von Korinth zu denken haben. Doch bleibt hier – gerade im Verbund mit »Juden« und »Griechen« – der traditionsgeschichtlich angestammte Aspekt des gesamten eschatologischen Gottesvolkes virulent (s. zu 1,2). Eine Universalgemeinde, die allgemeingültige Regeln erläßt, ist noch nicht in Sicht. In anderen Gemeinden (wie etwa in der gemischten Gemeinde von Antiochia) hätte man andere Regeln aufstellen müssen! Aus der Zusammenstellung mit »Juden« und »Griechen« ergibt sich noch nicht, daß die »Gemeinde Gottes« von Paulus als *tertium genus* betrachtet wurde (so zuerst in der Praedicatio Petri bei Clemens Alexandrinus, Stromateis VI 5,41: »Ihr aber seid es, die ihn (Gott) neu auf *dritte Weise* verehrt, die Christen«). Es geht im Grunde um eine Zweiteilung zwischen Juden und Griechen einerseits und der Gemeinde Gottes andererseits (so auch *Weiß*, wenngleich er anschließend dann doch vom »tertium genus« spricht). Das entspricht der Sicht von 1,22-24. Wenn Paulus als Gegenüber zur Gemeinde Gottes dann doch noch einmal zwischen Juden und Griechen differenziert, dann lebt darin die jüdische Zweiteilung zwischen Beschnittenen und Unbeschnittenen fort. Es zeigt sich, daß die Gemeinde Gottes trotz Gal 3,28 die alten Unterschiede zwischen Juden und Griechen nicht einfach einebnet, während die Unterschiede zwischen Juden und Gemeinde Gottes auf einer gemeinsamen Schnittfläche sich erheben (vgl. im Kontext nur die Typologie von den Vätern in 10,1-13). So wird man die Dreiteilung auf der Textoberfläche als sachliche Zweiteilung mit wechselnden Fronten zu verstehen haben, je nachdem, ob man die Welt von der Warte der Heilsgeschichte oder von der Warte der Rechtfertigungslehre (wie in 1,21 [s. dort]) betrachtet.

V. 33 greift auf den Halbvers 9,22b zurück (»*allen* bin ich *alles* geworden, damit ich in jedem Fall einige *rette*«) und verknüpft dessen Aussage mit 10,24 (»niemand *suche* das Seine [›to heautou‹, im Griechischen lautlich »meinem Nutzen« = ›to hemautou symphoron‹ sehr ähnlich]) und 10,23a (»... nicht alles *nützt*«). Damit ist nun deutlich das von den Korinthern eingeforderte Verhalten mit dem missionarischen Impetus des Paulus parallelisiert. Der Rückblick auf 9,20-22 zeigt im übrigen, daß dort bereits die Drei- bzw. Zweiteilung von V. 32 präludiert war. Mit Opportunismus haben weder 10,33 und 9,19-23 einerseits noch das von Paulus geübte und von den Korinthern verlangte Verhalten andererseits etwas zu tun. Wenn Paulus »allen *zu Gefallen ist* (›areskō‹)«, dann erweist er keine propagandistische Gefälligkeit (vgl. Gal 1,10!), so wie er umgekehrt die Korinther etwa in 10,28-30 nicht auf den Weg gefälliger Liberalität und Toleranz, sondern auf den Weg des status confessionis verweist.

V. 11,1 ist nur die persönliche Anwendung des bereits vorher geschehenen Rückbezugs auf 9,19-23 (vgl. auch 4,16). Die Reihung Gemeinde – Apostel – Christus könnte arrogant wirken. Um so wichtiger ist es, ihre sachlichen Grundlagen zu sehen. Sie ergeben sich einerseits aus dem Auftrag des Apostels, der durch die Offenbarung Jesu Christi (vgl. Gal 1,12) zum Repräsentanten Christi und damit zum Gegenüber der Gemeinde geworden ist, und andererseits aus der dem Apostel und allen Christen gemeinsamen Identität mit Christus. Diese Identität ist letztlich der Grund, daß Paulus seinen spezifisch apostolisch begründeten Rechtsverzicht (9,1-23) als Modell für den von den Korinthern geforderten Rechtsverzicht (8,9) vorstellen kann. Sachlich geht es beim korinthischen Rechtsverzicht um die Wahrung der christlichen Identität, die nicht intolerant gegen den Bruder, um dessentwillen Christus gestorben ist, durchgesetzt (8,10-13), aber erst recht nicht in toleranter Partizipation an den Dämonen (10,1-23) verwirklicht werden kann. Um die christliche Identität ist es geschehen, wenn sie im Namen einer isolierten Erkenntnis und einer falsch verstandenen Freiheit nach außen hin unsichtbar wird. Dort, wo die Umwelt diesen Eindruck gewinnen könnte, ist der status confessionis gegeben.

2.7 Rückblick auf 8,1-11,1: Bedeutung für heute

In einer Welt, in der sich niemand mehr (zumindest ausdrücklich) zu Göttern bekennt, ja viele (zumindest nach ihrer eigenen Einschätzung) nicht einmal mehr an Gott glauben, erscheint ein Text wie 8,1-11,1 wie ein Relikt aus einer vergangenen, fremden Welt. Das ist, wenn man an der Oberfläche des unmittelbar behandelten korinthischen Problems bleibt, gewiß richtig. Niemand hierzulande bewegt die Frage des Essens von Götzenopferfleisch. Dennoch sind unter der Oberfläche der unmittelbaren korinthischen Fragestellung zwei strukturelle Probleme verborgen, welche die christliche Existenz und damit die Frage der christlichen Identität grundsätzlich betreffen. Das eine ist primär im innergemeindlichen Raum angesiedelt und betrifft das Verhältnis von Freiheit bzw. Recht und sittlicher Verantwortung, das andere betrifft das spezifisch christliche Ethos in Abgrenzung zu einer anders, d.h. nichtchristlich agierenden Umwelt.

Was das Verhältnis von Recht (›exousia‹) und sittlicher Verantwortung betrifft, so tut man allerdings gut daran, unserem Text nicht die Lösung eines abstrakten Grundsatzproblems zuzumuten. Auch in der Anwendung auf heute bleibt zu berücksichtigen, daß Paulus das Problem im Blick auf die »schwachen« Gemeindemitglieder abhandelt. Wer die »Schwachen« (in der Gemeinde) heute sind, ist nicht in einer einfachen personellen Sortierung zu bestimmen. Die vielfach üblichen Klassifizierungen in Progressive und Konservative oder theologisch Gebildete und einfache Gläubige helfen nicht weiter. Schwächen, die gleichsam die Kehrseite einer allzu forsch in Anspruch genommenen Vollmacht (›exousia‹) sind, gibt es auf allen Seiten. Die Theologie wäre blind, wenn sie nicht wahrnähme, daß durch sie viele einfache Gläubige, die von der Theologie nicht selten als konservativ belächelt werden, verunsichert wurden und noch werden. Es muß umgekehrt aber auch festgestellt werden, daß gelegentlich auch die Theologen und Theologinnen die »Schwachen« waren (und sind), die ein ›exousia‹-bewußtes Amt zu formal-konservativer Linientreue »aufzubauen« versuchte. Von den paulinischen Direktiven her ist beides zu verwerfen, ohne daß man bestreiten müßte, daß es tatsächlich unüberschreitbare Grenzen gibt. Die Freiheit eines aufgeklärten Glaubenswissens ist durchaus erstrebenswert. Wie sollte man sonst die Verantwortung eines selbstbewußten Subjekts wahrnehmen? Wie sollte man sonst in einer aufgeklärten Gesellschaft die eigene Entscheidung rechtfertigen? Ganz abgesehen davon, daß Wissen immer – auch im Bereich des Glaubens – existentiell befreiende Wirkung hat! Dennoch ist es nicht in Ordnung, wenn solches Wissen gegen das Gewissen der Schwachen durchgesetzt wird. Hier muß die Theologie auf alle arrogante Selbstsicherheit verzichten, den Schwachen schwach werden und aus dieser Position heraus die Schwachen anleiten und stärken. Daß dies nicht immer gelungen ist, mag an der Selbstgefälligkeit mancher Theologen gelegen haben (oder liegen), hat aber wohl auch damit zu tun, daß das kirchliche Amt in ebenso selbstgefälliger Weise nicht selten sein konservatives Glaubenswissen als Instrument gebraucht hat, mit dem es gleichermaßen die Vollmacht (›exousia‹) der dem Amt eigenen Entscheidungskompetenz durchgesetzt und den nötigen Freiraum (›exousia‹) für eine auf lebendige Traditionsvermittlung bedachte Theologie zerschlagen hat. In beide Richtungen gilt es zu sagen, daß die für Christen und Christinnen kennzeichnenden Freiheitsrechte nach Paulus sich nicht an und für sich definieren, sondern sich immer am Gegenüber der schwachen Brüder und Schwestern bemessen, die durch die Wahrnehmung der eigenen Freiheitsrechte nicht gefügig zu machen, sondern aufzuerbauen sind. Die so geforderte Rücksichtnahme ist für Paulus alles andere als eine Einbuße an Freiheit, sondern geradezu deren Eigenart. Freiheit kommt erst im Rahmen der Liebe zu sich selbst. Selbstverständlich kann aber auch Rücksichtnahme nicht unbegrenzt gelten. Auch Paulus hat den Schwachen nicht unbegrenzt nachgegeben. So sehr er einerseits ihren Standpunkt teilte, wenn es um das Verbot ging, sich an kultischen Mählern zu beteiligen, so mutete er ihnen andererseits zu, den Fleischeinkauf auf dem Markt und den Fleischverzehr bei privaten Einladungen als unbedenklich zu akzeptieren. Auch die gebotene Rücksichtnahme auf die Schwachen kann diese nicht davon dispensieren, sich ihrerseits um Liebe und Rücksichtnahme gegenüber den Starken zu bemühen. Im übrigen liefe eine Verpflichtung zu totaler Rücksichtnahme nicht nur auf die Aufhebung von Freiheit hinaus, sondern könnte leicht auch zu einem gedankenlosen Verstoß gegen die Liebe werden. Denn selbstverständlich kann auch Paulus nichts dagegen haben, daß die Wissenden ihr Wissen, das ja richtig ist, den Schwachen vermitteln, wenn es nur in Liebe geschieht. Auf Wissensvermittlung überhaupt zu verzichten, wäre letztlich ein Akt der Lieblosigkeit, wie er für Selbstgefällige be-

zeichnend ist. Es gilt also jeweils auszutarieren. Den Schwachen darf und muß gelegentlich etwas zugemutet werden, aber die Zumutung muß die Züge der Liebe tragen. Sonst gilt 8,13!
Häufig wird 8,1-11,1 mit der Thematik von Sakrament und Ethik verbunden. Dabei handelt es sich um ein Subthema der beiden hier erörterten Fragenkreise, das deswegen auch zwischen den beiden ins Auge gefaßt wird. Unter dem Gesichtspunkt von Freiheit bzw. Recht und Verantwortung haben sich die Fronten allerdings total verkehrt. Denn während es damals die Wissenden waren, die meinten, im Sakrament zusätzlichen Schutz vor den geleugneten, aber vielleicht doch irgendwie wirksamen Götzen zu erhalten, sind es heute eher die Verunsicherten, die im sakramentalen Vollzug einer außer den Fugen geratenen Welt trotzen wollen. Doch auch hier gilt, daß das isolierte Sakrament nichts nützt, wenn es nicht in sittlicher Verantwortung in christliche Praxis umgesetzt wird. Das Verdikt des Götzendienstes läuft für Paulus nicht auf eine Weltflucht hinaus. Paulus hat überhaupt keine Berührungsängste mit der Welt, die er im missionarischen Zugriff wieder der Herrschaft Gottes unterwerfen möchte. Gerade deswegen will er allen alles werden (9,22). Das Sakrament immunisiert nicht vor der Welt, sondern will im Gegenteil zur Begegnung und zur Auseinandersetzung mit der Welt, letztlich zu ihrer Heimholung zurüsten.
Dies allerdings ist ein äußerst komplexer Vorgang, der weder in prinzipieller Öffnung zur Welt hin noch in prinzipieller Abgrenzung zu ihr zu bewältigen ist. Gerade unter dieser Rücksicht verdient die paulinische Regelung in bezug auf Götzenopfer und Götzenopferfleisch Beachtung. Dort, wo die Welt als Schöpfung begegnet, plädiert Paulus für Offenheit; man muß nicht künstlich eine mögliche heidnische Welt- und Sinndeutung aufspüren (10,25-27). Das Gleiche gilt im Prinzip für eine christlich entzauberte heidnische Weltkonstruktion (8,1.4). Wo allerdings die heidnische Weltkonstruktion im Gewissen des Mitchristen fortlebt oder vom heidnischen Gegenüber bewußt konfrontiert wird, ist Abgrenzung zunächst aus sittlichen Gründen geboten (8,7-13; 10,28-30). Die sittliche Motivation hat jedoch einen tieferen Grund. Denn nicht nur die heidnische, sondern auch die christliche Weltdeutung ist eine Konstruktion. Daß Welt Schöpfung ist, ist keine faktische Gegebenheit, sondern Deutung, d. h. die Konstruktion einer symbolischen Sinnwelt. Damit stehen sich heidnisch und christlich konstruierte Sinnwelt gegenüber. Wo diese Konfrontation ausdrücklich und bewußt ins Spiel kommt, kann es nur Abgrenzung geben, und zwar aus ganz prinzipiellen Gründen, da die Kon-

struktionen der beiden Welten inkompatibel sind. Man kann nicht der einen Sinnkonstruktion anhängen und gleichzeitig mit Teilen der anderen liebäugeln. Wer dies tut, zerstört die eigene Sinnkonstruktion. An dieser Stelle setzt Paulus die jüdische Weltsicht fort. Zwischen heidnischer und jüdisch-christlicher Weltsicht kann es keine Vermischung geben. Im Blick auf das paulinische Missionsprogramm gilt hier: Die (heidnische) Gegenwelt wird nicht durch Konformität bekehrt, sondern durch Alternative – dies freilich nicht mit Druck (dazu hatte das Urchristentum gar keine Möglichkeit), sondern mit Überzeugungskraft der eindeutigen Entscheidung (Identität) und der besseren Lebenspraxis. Dies ist wahre Toleranz, die nichts mit Standpunktlosigkeit zu tun hat, sondern den eigenen Standpunkt durch überzeugende Praxis in die Pluralität der Gesellschaft einbringt.

Der Umstand, daß es dabei nicht um eine theoretische Lehre, sondern wirklich um Praxis im Sinne eines identitätsstiftenden Ethos geht, stellte das Urchristentum vor nicht geringe Probleme. Nun haben neue Bewegungen am Anfang fast immer Identitätsprobleme. Für das junge Christentum paulinischer Prägung gilt das in besonderem Maß. Dadurch, daß Paulus vehement dafür eintrat, die Heiden nicht auf jüdische Lebensweise zu verpflichten (vgl. Gal 2,14), begann das Christentum – gemessen am Standard des Judentums – mit einem erheblichen Ethosdefizit. Selbstverständlich stand auch für Paulus völlig außer Zweifel, daß Christen und Christinnen nicht heidnisch leben dürfen und verpflichtet waren, die Sittlichkeit des Alten Testaments etwa im Rahmen der Dekaloggebote, die sich wiederum im Liebesgebot zusammenfassen ließen (Röm 13,8-10; Gal 5,14), zu verwirklichen. Aber dies bezog sich überwiegend auf den Bereich der persönlichen Moralität, die in der antiken Umwelt zum Teil sicherlich als different (man muß nur an die Sexualmoral denken [vgl. 1 Kor 6,12-20]), kaum aber als völlig fremd empfunden wurde. Christliche Identität konnte auf diesem Wege zwar profiliert, kaum aber definiert werden. Vom Standpunkt einer philosophischen heidnischen Ethik aus konnte die jüdisch-christliche Sittlichkeit weitgehend als ideale Verwirklichung des Eigenen verstanden werden. Dies war ja auch der Grund, daß im Umfeld der jüdischen Diasporagemeinden immer auch eine Anzahl von Sympathisanten (sog. Gottesfürchtige) anzutreffen war. Was sie vom Übertritt zum Judentum abhielt, war nicht die Ethik, sondern das Ethos, d. h. jener Bereich von habitualisierten Handlungen, die das Judentum als etwas Anderes und der heidnischen Umwelt gegenüber Fremdes erscheinen ließen. Konkret gehörte dazu vor allem die Beschneidung und die Beachtung von Speisegeboten. Indem nach paulinischer Sicht gerade dieser Bereich wegfiel, konnten die einstigen Sympathisanten des Judentums sich um so leichter dem Christentum anschließen (das ihnen vielleicht als liberales Judentum erschien). Die Kehrseite war das eben angesprochene Ethosdefizit. Was machte – auch gesellschaftlich wahrnehmbar – den Christen zum Christen, was machte seine Identität aus? Daß die Identitätsprobleme sogar bis in den Bereich der Ethik reichen, zeigt ganz besonders der 1. Korintherbrief. Vor allem aber erwuchsen die Identitätsprobleme aus dem nicht – bzw. noch nicht – vorhandenen Ethos. Zwar kannte auch schon das Urchristentum ritualisierte Handlungen wie etwa Taufe, Gottesdienste und Sakramente. Doch diente dieses Ethos mehr der Binnendefinition. Soweit es von außen wahrgenommen wurde, wird man es der persönlichen Frömmigkeit zugeordnet haben, die – man denke nur an die Mysterien – in der damaligen Zeit eine breitgefächerte Pluriformität aufwies. Was christliche Identität nach außen hin sichtbar machte, war vor allem der Umstand, daß die hohe (aus dem Judentum adaptierte) Sittlichkeit eingebettet war in den Rahmen eines Eingottglaubens, der – anders als der Monotheismus der heidnischen Gebildeten und Philosophen – nicht kompatibel war mit der Konstruktion einer von Göttern durchwalteten Welt. Auch wenn das Christentum nicht wie das Judentum als »system of purity« (*J. Neusner*) in Erscheinung trat, teilte es doch mit diesem den Anspruch der Heiligkeit, die der Sittlichkeit eine geradezu ontische Basis verlieh, indem es – darin von jüdischen Gedanken einer zu verwirklichenden Reinheit unterschieden – von einer bereits eschatologisch verwirklichten Heiligkeit ausging. Die Gemeinde war bereits die Versammlung der endzeitlichen Heiligen und Gerechtfertigten. Die Gemeinde wie der einzelne waren selbst Tempel Gottes, in dem der Geist Gottes wohnte (3,16; 6,19). Dieses Eingebettetsein christlicher Ethik in ein System der Heiligkeit wird man als das Kennzeichen des christlichen Ethos bezeichnen dürfen, das auch von außen wahrgenommen wurde. Dies geschah zwar weniger aufgrund eigener Riten (daran war das Urchristentum noch relativ arm), wohl aber durch eine von Fall zu Fall zu zeigende Nonkonformität mit einer heidnischen Welt, nämlich dort, wo diese ebenfalls mit dem Anspruch der Göttlichkeit dem eigenen System der Heiligkeit gegenübertrat.

Blickt man aus dieser Perspektive auf die heutige Situation, so ergeben sich mehrere (miteinander zusammenhängende) Problemzonen. Zum einen fehlt es weithin an einer bewußt bezeugten christ-

Rückblick auf 8,1-11,1: Bedeutung für heute

lichen Sittlichkeit. Das heißt nicht, daß es keine Christen und Christinnen gäbe, die nach christlichen Maßstäben leben. Dies geschieht aber überwiegend verdeckt, beschränkt auf das private Leben, und nicht in Konfrontation mit einer (zu Unrecht sich postmodern nennenden) Mentalität des »everything goes«. Die anonymen Christen sind heute zumeist die Christen selbst. Dies hängt wohl nicht zuletzt damit zusammen, daß ein identitätsbildender Ethosrahmen für die von den einzelnen zu lebende Sittlichkeit weitgehend verlorengegangen ist. Die klassischen Erscheinungsformen dieses Ethos waren die Feier des Gottesdienstes, die rhythmisierte Zeit des liturgischen Jahres, die religiöse Sozialisation in der Familie mit Hilfe bestimmter Rituale und die katechetische Bildung (meist im Konnex mit einer Gemeinde). Von den meisten Christen wird all dies nur mehr sehr sporadisch realisiert bzw. nur insofern rezipiert, als es der Gestaltung von Familienfesten oder der sittlichen Ertüchtigung der Kinder dient, wobei »sittlich« im Sinne einer privaten Anständigkeit verstanden wird. Fast völlig ausgefallen ist das Bewußtsein, daß christliche Sittlichkeit zum einen auf das kollektive Ethos einer sie tragenden Gemeinschaft angewiesen ist und zum anderen gerade darin ihre identitätsbildende Eigentlichkeit erreicht. Dabei ist das Auseinanderdriften von persönlicher Sittlichkeit und kirchlicher Ritualität nur die Außenseite einer viel tiefer greifenden Entwicklung. Denn wahrscheinlich hängt die Anonymität persönlicher Sittlichkeit und die selektive Rezeption kirchlich ritualisierter Handlungen mit dem mangelnden Bewußtsein zusammen, daß Christentum ein System der Heiligkeit ist. Gerade so steht man einer Weltkonstruktion der Dekonstruktion allgemeiner Werteverbindlichkeit bzw. einer Welt, die ihren Sinn im »Spaß« eines immer weiter zu steigernden Erlebens sucht, hilflos gegenüber, versteckt sich in ihr, statt ihr gegenüber sich abzugrenzen, nicht nur, um sie in die Schranken zu weisen, sondern mehr noch, um sie durch die Alternative einer sinnvoll konstruierten Welt zu gewinnen. In dieser Situation hilft der offizielle kirchliche Katzenjammer freilich genau so wenig wie die Schuldzuweisung an die immer abständiger werdenden Gläubigen. Die Fehlerquelle liegt offensichtlich tiefer. Zumindest sollte es zu denken geben, daß das Angebot des offiziell ritualisierten Ethos für viele Gläubige keine Plausibilität mehr besitzt. Hier gälte es zum einen, den einzelnen gegenüber Überzeugungsarbeit zu leisten. Sie müßten von neuem erkennen, daß Sittlichkeit ihrerseits ihre Plausibilität verliert, wenn sie nicht eingebettet ist in ein umfassendes Ethos, das christlicherseits als Ethos der Heiligkeit zu definieren ist. Zum anderen stünde aber auch der Kirche und den Gemeinden im einzelnen die Aufgabe ins Haus, neue Formen ritualisierter Heiligkeit zu finden. Dies kann im Rahmen und in Weiterentwicklung herkömmlicher Formen (die keineswegs einfach aufzugeben sind!) geschehen, bedarf aber wohl auch der kreativen Etablierung neuer Formen, die stärker den heutigen gesellschaftlichen Gegebenheiten entsprechen. Damit ergäbe sich gleichzeitig die Möglichkeit, mehr Demokratisches und Emanzipatorisches (religiös gesprochen: Geschwisterliches) sowie mehr Transparenz in die Kirche hineinzuholen.